高度成長期日本の国立公園

――自然保護と開発の激突を中心に――

村串 仁三郎 著

時潮社

序　文

1

　本書『高度成長期日本の国立公園』は、私がこれまで研究してきた国立公園研究のうち、最初の著作『国立公園成立史の研究』（2005年）、2番目の著作『自然保護と戦後日本の国立公園』（2011年）につぐ、3番目の著作である。

　実は、私は、2006年3月に36年間の法政大学勤務を終えて70歳の定年退職を機に一切の研究活動を終了して、余生を遊び惚ける予定であった。大学勤務から解放されて自由人になってみると、健康のために長い間つづけてきたテニスやスキー、旅行や読書だけに明け暮れるのでは、心が満たされないことがわかった。

　最初、定年退職後5年ほど、やり残した戦後の国立公園の研究をつづけ、2011年に『自然保護と戦後日本の国立公園』を出版し、これで研究を終えたいと思った。ところが、そう決心したものの、残されていた問題が多かった高度経済成長期の国立公園の研究をどうしてもやり遂げたいと考え、気の向くままに何の気兼ねなしに自由に75歳から研究をつづけ、2015年10月に80歳の傘寿の祝いに花を添えるべく、本書の刊行を計画した。

　2015年10月におこなわれた元村串ゼミ生たちの企画してくれた傘寿を祝う会には間に合わせるつもりでいた本書の出版は、昨年、法政大学経済学部同窓会が20年前に学徒出陣を記念して作った『平和祈念碑』の建立20周年『記念誌』の編集と、私の80歳の傘寿の祝を機に『法政大学経済学部村串ゼミ35年のあゆみ』誌の編集などの仕事が重なって出版作業が遅れてしまい、年明けの5月に延びてしまった。

　80歳になった今度こそ一切の研究をやめて、老い先短い余生を楽しみたいと決意している。果たしてこの決意は守られるかいささか自信がない。

　私の本来の研究テーマであった日本の鉱夫の同職組合「友子」の研究については、幸い土井徹平君という後継者がでて、北九州市立大学に教職をえて、安定して研究してもらえることになってひと安心した。しかし残念ながら日本の国立公園研究については、私の構想するような研究の後継者はでていない。

高度経済成長期が終わって安定成長期からリゾート開発ブームのバブル経済期にいたる国立公園のあり様も気になる。しかし今度こそ私は、それらの期の国立公園研究をおこなうことが出来ないだろう。

　私は、私の国立公園研究を踏み台にして、現行の国立公園制度に批判的な、かつ国立公園を自然保護の砦として、国立公園の自然保護機能を守り強化していくような研究をおこなってくれる若い研究者の出現にひたすら期待するほかない。

2

　本書の第Ⅰ部は、以下のように法政大学経済学部紀要『経済志林』に連載した原稿を圧縮し修正して再編したものである。

　「高度成長期における自然公園法下の国立公園制度の基本的枠組」、『経済志林』第80巻第2号、2012年12月。本書第1章に再録。

　「高度成長期における脆弱な国立公園の管理行政機構」、『経済志林』第80巻第4号、2013年3月。本書第2章に再録。

　「高度成長期における貧弱な国立公園財政」、『経済志林』第81巻第1号、2013年7月。本書第3章に再録。

　「高度成長期における国立公園の過剰利用とその弊害（上）」、『経済志林』第81巻第2・3・4号、2014年3月。「高度成長期における国立公園の過剰利用とその弊害（下）」、『経済志林』第82巻第1・2号、2015年3月。二つの論稿は本書第4章の第1節、第2節に再録。

　「高度成長期における国立公園行政当局の自然保護政策の展開」、『経済志林』第83巻第1号、2015年6月。本書第5章に再録。

　なお本書第6章「高度成長期における新設環境庁の国立公園政策」は本書のために新たに書き下ろしたものである。

　第Ⅱ部は、高度経済成長期における国立公園内の開発計画とそれにたいする反対運動を扱ったものであるが、以下の二つの論稿がすでに『経済志林』に掲載されたものの再録である。

　「高度経済成長期の日光国立公園内の観光開発計画と自然保護」、『経済志林』第83巻第2号、2015年11月。これは本書第7章に再録。

　「大雪山国立公園内の大雪山縦貫観光道路建設計画と反対運動」、『経済志林』第83巻第3号、2016年2月。これは本書第9章の1に再録。

第Ⅱ部のその他の章は、すべて本書のために書き下ろしたものである。

本書に再録した論考は、旧稿を圧縮したものであるので、旧稿は問題のより詳しい記述となっており、詳細を望む場合はぜひ旧稿を参照していただきたい。

3

私が、本業の労働問題、鉱山労働史の研究から外れて、国立公園研究に入り込んだ事情については、前著『自然保護と戦後日本の国立公園』の序文で記したので、ここでは繰り返さない。

ただここで強調しておきたいのは、70歳を過ぎてなお、私を国立公園研究に駆り立てたのは、わが国においては、国立公園研究があまりにも手薄であり、この貴重な制度が十分に研究し尽くされていないということへの不満であった。

近年、自然保護、環境保全の必要が声高に叫ばれて、自然保護、環境保全の研究も盛んになってきているにも拘わらず、なお国立公園の研究が不振であるというのは私には理解しがたいことである。

『自然保護と戦後日本の国立公園』の出版に際しても書いたことであるが、私自身の研究は、不十分な出来だと自覚している。しかしあえて今回、拙著を出版するのは、幾分でも今後の国立公園研究への刺激、問題提起となればとの熱い思いによるものである。

本書によって、貧しい制度でありながらなお自然保護にとって日本の国立公園制度は大きな意義があり、しかも国立公園は依然自然保護の砦となりうる貴重な制度であり、国立公園の自然は、国立公園内の開発に反対し、自然を保護しようとする運動によって支えられてきたということが理解してもらえれば幸いである。

私は、ささやかな本書が、日本の自然を愛する方々に広く読まれることを期待したい。

『自然保護と戦後日本の国立公園』については、管見する限りで、以下のような方々から暖かい書評をえた。

小祝慶紀「国立公園制度を戦前、戦後、そして現代へとつなげた包括的研究」、『図書新聞』2011年10月8日号。

俵浩三「国立公園の歴史・とくに戦後の『保護開発』をめぐって」、『国立

公園』699号、2011年12月。この一文は、『国立公園』誌には書評欄がないので、上記のような表題にして本書の書評をいただいたものである。

　西沢栄一郎「村串仁三郎著『自然保護と戦後日本の国立公園』」、『大原社会問題研究所雑誌』No.639、2012年1月。

　武田泉「自然保護と戦後日本の国立公園―続『国立公園成立史の研究』」、『北海道教育大学大雪山自然教育研究施設研究報告』第47号、2013年3月。

　なお、最初の拙著以来私の研究に注目していただいてきた東京大学大学院農学生命科学研究科の古井戸宏通准教授は、2007年3月林業経済学会のシンポジューム「国立公園と森林管理」の際と同様に、2014年3月30日に開催された林業経済学会のシンポジューム「国立公園の新たな管理へ向けて」に非会員の私を特別スピーカーとしてお招きいただいたことは、書評ではないが、林業経済学会で拙著が、一定の評価をえた結果であると受け止めている。

　ちなみに私の報告は『林業経済研究』60-1、2014年3月号に掲載されており、私の報告についてのディスカッションの内容は、『林業経済研究』67-11、2015年2月号に掲載されている。

　4

　最後にこれまで私の国立公園研究を指導し、支援していただいた方々に感謝の気持を記しておきたい。

　最初に感謝の気持を述べたいのは、俵浩三先生である。

　俵浩三先生は、私が国立公園の研究をめざした時に、私の研究の手引き書となった『北海道の自然保護』の著者であり、私の最初の著書が出版されると、素人の私の国立公園研究に注目して、その後の私の国立公園研究を励ましてくれた、文字通り私の研究上のただ一人の先生である。

　俵先生からは、一連の拙稿や2著について、文中の誤植、誤記、間違いにいたるまで細かに指摘していただき、かつ私の国立公園研究に積極的な励ましの言葉をいただいた。とくに俵先生は、貴重な資料の所在を教えてくれただけではなく、それらの資料の多くをわざわざコピーして送ってくれた。とくに北海道関係の拙稿は、こうした俵先生の助力なしには、出来上らなかったと思っている。改めて先生の学恩に感謝したい。

　つぎの感謝をささげたいのは、古井戸宏通准教授である。このことも前著に書いたことであるが、私の国立公園研究の有力な資料は、国立公園協会発

行の『国立公園』誌であったが、戦後の『国立公園』誌は国会図書館にも完全には揃っていなかった。最初の拙著が縁で、2007年3月の林業経済学会のシンポジューム「国立公園と森林管理」に参加させていただいて以来、古井戸宏通准教授から、東京大学大学院農学生命科学研究科の小野良平准教授の研究室に揃っていた『国立公園』誌の閲覧とコピーをさせていただく機会をえた。このことなしに私の国立公園研究も十分なものとならなかったであろう。

　また小野良平准教授には、ご自身が整理された田村剛文庫の存在を教えてくださり、田村剛文庫を利用する機会を与えていただいたことに深く感謝したい。

　そのほか、拙著の書評をしていただいた方々、とくに法政大学経済学部の同僚だった西沢栄一郎教授、友人小祝慶紀氏（東北工業大学教授）にもお礼を記しておきたい。また鉱山研究会の友人であり『サリドマイド事件全史』（緑風出版、2010年）の著者である川俣修壽氏にも、多くの資料提供と助言をえたことに心からの感謝を記しておきたい。

　法政大学経済学部の経済学会には、『経済志林』への自由な投稿を認めていただいたことに深く感謝しておきたい。私の国立公園研究は、他の私の研究と共に長い間のこうした自由な発表機会と若干の稿料の研究費への利用なしには成りたたなかったからである。法政大学経済学部の自由さが、私の研究を支えてくれたと感謝している。

　私の国立公園研究に、国立公園の問題を報じた『朝日新聞』『読売新聞』を利用させてもらったことにも、深く感謝しておきたい。時々の新聞報道なしには、国立公園の問題点を知ることができなかったからである。

　最後に、私の研究書の5冊目の出版を引き受けてくれた時潮社、先代の故大内敏明氏から引き継いで、『大正昭和期の鉱夫同職組合「友子」制度』、『自然保護と戦後日本の国立公園』、そして今回の本書の3冊目の出版を引き受けてくれた時潮社の相良景行氏に深く感謝の意を記しておきたい。

目　次

序　文　3

第Ⅰ部　高度成長期における国立公園

第1章　高度成長期における国立公園制度の基本的枠組
　　はしがき　18
　1　自然公園法体制の成立　18
　　（1）自然公園法の制定の経緯　18
　　（2）自然公園法の要旨　19
　　（3）自然公園法の抱える重大な問題点　26
　2　高度成長期下の国立公園制度を規定した政府の社会経済政策　34
　　（1）保守党政府の社会経済政策　34
　　（2）保守党政府の経済成長戦略としての観光開発政策　38

第2章　高度成長期における脆弱な国立公園行政管理機構
　　はじめに　54
　1　高度成長期の脆弱な国立公園行政管理機構　54
　　（1）高度成長期に継承された戦後の脆弱な国立公園行政管理機構　54
　　（2）国立公園行政当局の本部要員数と現地要員数の僅少さ　58
　　（3）国際的にみた国立公園行政管理機構の驚嘆すべき脆弱性　66
　2　高度成長期における国立公園基本政策の展開　70
　　（1）高度成長期の自然公園審議会の保守化・体制内化　70
　　（2）国立公園行政当局の国立公園政策の展開　73

第3章　高度成長期における貧弱な国立公園財政
　　はしがき　88
　1　わが国の貧弱な国立公園財政の確認　88
　2　高度成長期における貧弱な国立公園財政の構造　92
　　（1）高度成長期における国立公園部局の予算分析　92
　　（2）国立公園行政当局による国立公園予算の増額要求　110

第4章　高度成長期における国立公園の過剰利用とその弊害

　はじめに　116

　1　国立公園の観光化と国立公園利用のためのインフラ整備　116
　　（1）国立公園内の山岳観光有料道路の建設と一般道路の整備　116
　　（2）国立公園内の観光・レクリエーション施設の整備　118
　　（3）国立公園内の集団施設地区の指定と利用諸施設の整備　119
　2　高度成長期における国立公園の過剰利用とその弊害　122
　　（1）国立公園の利用者数の実態　122
　　（2）国立公園別の利用者数　123
　　（3）国立公園の過剰利用による弊害　129
　　（4）国立公園の過剰利用対策　130
　3　二大国立公園における過剰利用とその弊害の実態　131
　　はじめに　131
　　（1）日光国立公園内尾瀬の場合　132
　　（2）富士箱根伊豆国立公園内の富士山の場合　149

第5章　高度成長期における国立公園行政当局の自然保護政策の展開

　はじめに　170

　1　自然公園法の改正　170
　2　自然保護のための国立公園の新たな指定と指定準備　171
　3　新たな特別保護地区の指定　176
　4　国立公園行政当局の国立公園内の開発計画にたいする否定的対応　180
　5　日本自然保護協会の再編と新体制の特質　182

第6章　高度成長期における新設環境庁の国立公園政策

　はじめに　200

　1　環境庁の設立と国立公園行政の環境庁への移管　200
　2　環境庁自然保護局の脆弱な国立公園行政機構　202
　3　環境庁管理下の国立公園財政　205
　4　環境庁管理下の国立公園政策　210
　　（1）初期自然保護局の一般的な環境・自然保護政策　210
　　（2）初期自然保護局の国立公園政策　212

第Ⅱ部　高度成長期の国立公園内の自然保護と開発の激突

第7章　日光国立公園内の観光開発計画と自然保護運動
　はしがき　220
　1　日光国立公園内の日光道路拡幅・太郎杉伐採計画とその反対運動　220
　　（1）栃木県による日光道路拡幅計画案の提起と計画反対の動き　220
　　（2）国立公園行政当局の日光道路拡幅計画案の承認とその後の反対
　　　　運動　224
　　（3）日光道路拡幅計画案をめぐる鈴木丙馬・江山正美論争　228
　　（4）宇都宮地裁での東照宮勝訴と建設省・栃木県の東京高裁への控訴　231
　　（5）東京高裁による建設省・栃木県の控訴棄却と東照宮の最終的勝訴　234
　　小　括　237
　2　尾瀬縦貫観光有料道路建設計画とその反対運動　239
　　（1）尾瀬縦貫観光有料道路建設計画の提出と国立公園行政当局の承認　239
　　（2）尾瀬縦貫観光有料道路建設工事の開始と反対運動の始動　244
　　（3）環境庁長官の道路建設中止発言と反対運動の展開　249
　　（4）大石環境庁長官の提案と3県知事との協議その後の攻防　253
　　（5）尾瀬縦貫観光有料道路建設計画の最終的中止決定と後始末　256
　　小　括　257

第8章　中部山岳国立公園内の開発計画反対と自然保護運動
　はしがき　264
　1　西穂高・上高地ロープウェイ建設計画と反対運動　264
　　（1）上高地について　264
　　（2）西穂高・上高地ロープウェイ建設計画の提起　265
　　（3）ロープウェイ建設計画にたいする賛否　267
　　（4）西穂高ロープウェイの承認と上高地ロープウェイの不許可　269
　2　上高地観光有料道路建設計画と反対論　271
　　（1）長野県による上高地観光有料道路建設計画の提起　271
　　（2）上高地観光有料道路計画案の消滅　273
　3　乗鞍観光有料道路建設計画と反対意見　274
　4　朝日スーパー林道建設計画の問題　278

第9章　北海道国立公園内の観光道路・オリンピック施設開発計画と自然保護運動

　　はじめに　282

　　1　大雪山国立公園内の二つの縦貫観光道路建設計画と反対運動　283
　　　（1）大雪山赤岳観光道路建設計画と北海道知事による計画中止　283
　　　（2）北海道開発庁の大雪山縦貫観光道路計画と反対運動　285
　　　小　括　319
　　2　支笏洞爺国立公園内の恵庭岳滑降コース開発計画と自然保護運動　321
　　　（1）恵庭岳オリンピック施設建設計画の決定経緯　321
　　　（2）オリンピック施設建設計画にたいする国立公園行政当局、北海道自然保護協会の対応　323
　　　（3）条件付き恵庭岳開発計画の承認・妥協　327
　　　（4）札幌冬季オリンピック終了前後の新たな問題　328
　　　（5）札幌冬季オリンピック終了後の復元問題　330
　　　小　括　331

第10章　富士箱根伊豆国立公園内の観光開発計画と自然保護運動

　　はじめに　342

　　1　富士スバルライン・観光有料道路建設計画　342
　　　（1）富士スバルライン建設計画の立案と国立公園行政当局による承認　342
　　　（2）富士スバルライン建設による富士山自然破壊と批判　344
　　　（3）補遺―表富士周遊道路・富士山スカイラインの問題　348
　　2　富士登山鉄道建設計画と反対運動　349
　　　（1）山梨県による「富士山頂までの地下ケーブル」計画の提起　349
　　　（2）「富士山トンネル・ケーブルカー」建設計画の全容と計画の撤回　350

第11章　南アルプス国立公園内のスーパー林道建設計画と自然保護運動

　　はじめに　358

　　1　南ア・スーパー林道建設計画の提起と国立公園行政当局の承認
　　　　―1967～1970年―　359
　　　（1）南ア・スーパー林道建設計画の提起と国立公園行政当局の認可　359
　　　（2）南ア・スーパー林道建設工事による自然破壊　361

2　南ア・スーパー林道建設の一時凍結と反対運動の勃発
　　　　―1971年〜1974年―　363
　　　（1）大石環境庁長官による南ア・スーパー林道建設の一時凍結　363
　　　（2）凍結後のスーパー林道問題の膠着化と反対運動の盛り上り　365
　　3　南ア・スーパー林道建設工事再開の動きと林道建設反対派の抵抗
　　　　―1975〜1977年―　371
　　　（1）小沢辰夫環境庁長官の南ア・スーパー林道建設工事再開の動き　371
　　　（2）工事再開の動きの強まりと反対運動の抵抗と動揺　373
　　4　山田環境庁長官による南ア・スーパー林道建設工事再開と林道完成
　　　　―1978年〜1980年―　379
　　　（1）山田就久環境庁長官による林道建設工事再開と反対運動の終焉　379
　　　（2）南ア・スーパー林道完成後の自然破壊と過疎化対策の失敗　387
　　小　括　394

第12章　他の国立公園内における開発計画と自然保護運動

　　はじめに　402
　　1　上信越高原国立公園内の観光開発計画と自然保護運動　402
　　　（1）苗場山スキー場建設計画と行政当局による規制　402
　　　（2）妙高高原観光有料道路計画と反対運動　405
　　2　磐梯朝日国立公園内の月山スカイライン建設計画と自然保護運動　409
　　3　吉野熊野国立公園内の大台ケ原観光有料道路建設と自然保護運動　412
　　　（1）大台ケ原観光有料道路計画の杜撰さと反対運動　412
　　　（2）大台ケ原観光有料道路建設工事の困難・杜撰さによる自然破壊　414
　　　（3）大台ケ原観光有料道路経営の赤字と同観光有料道路の無料化　417
　　　（4）製紙会社による自然林の伐採計画と自然保護運動　418
　　　小　括　422

あとがき　427

凡　例

1　縦書きの引用文中の和数字は、本書が横書きなので、洋数字になおした。
2　引用中の文章の誤記、脱字、誤植の類で明確なものについては訂正し、不明確なものについては、ママとルビを付した。
3　引用文は「　」で示し、引用文中の「　」の用語は『　』で示し、長文の「　」については〈　〉で示した。

第Ⅰ部
高度成長期における国立公園

上高地河童橋

第1章
高度成長期における国立公園制度の基本的枠組

はしがき
1　自然公園法体制の成立
2　高度成長期下の国立公園制度を規定した政府の社会経済政策

はしがき

本章は、高度経済成長期における日本の国立公園制度のあり方と国立公園内の幾つかの開発計画に反対してきた自然保護運動を全体として規定してきた自然公園法と、政府の基本的な社会経済政策について考察する。

1 自然公園法体制の成立

（1）自然公園法の制定の経緯

これから論じる高度経済成長期における国立公園制度は、1957年に制定された自然公園法体制のもとで推移し、発展してきた。ここではまずこの自然公園法がどのような経緯で制定され、どのような問題点を抱えていたかを検討する。

自然公園法の制定の経緯については、すでに拙著『自然保護と戦後日本の国立公園』において簡単ながら指摘しており、また甲賀春一「自然公園法制定の経緯と解説」においても明快に説明されているので、ここで詳しく述べることもない。ただここでは、最小限必要な自然公園法制定の経緯と拙著で指摘しそびれた論点を補足的に述べるにとどめたい。

1951年4月に黒川武雄厚生大臣は、国立公園審議会に「自然公園の体系整備」についての政策をだすように諮問したが、その際、森本潔国立公園部長は、諮問の理由として「全国に亘り国立公園、国定公園、都道府県立公園について自然公園体系として綜合する必要」を指摘した。

そうした考えは、すでに戦前からあったのであるが、1951年11月に国立公園委員会は、自然公園法要綱案についての諮問をうけ、同年12月に自然公園法要綱案についての答申をだした。

この答申の要点は、1、自然公園の名称は、都道府県立公園の場合は「自然」の文字を削除すること、2、都道府県立公園は、厚生大臣が指定するのでなく、都道府県が指定すること、3、特別保護地区は、国立公園にのみ指定されているが、国定公園、都道府県立公園にも設けると、いうようなもの

であった。⁽⁵⁾

　その後、この自然公園法制定の準備は停滞したが、自然公園候補地の設定などは進捗した。1957年に至って自然公園法は、制定準備が急遽すすめられ、同年5月に法案が衆議院を通過し、6月に公布された。

　自然公園法が急遽制定された理由として、甲賀は「主として建設省が所管する都市公園上の公園との調整がつかなかったため」遅延していたのだが、都市公園法の成立をみて「建設省との間に公園行政についての調整がついた」ことをあげている。⁽⁶⁾

　以上のように、自然公園法は、戦前から戦後にすすめられていた国立公園、国定公園あるいは都道府県立公園についての政策を法制化したものであった。従って自然公園法は、戦前、戦後を通じて明らかになった国立公園制度の構造的欠陥、つまり管理機構の脆弱さ、貧しい財政、自然保護規定のあいまいさ、縦割り行政の弊害、あるいは戦前、戦後おこなわれた国立公園内の産業開発計画に対抗する自然保護政策の不十分さなどの問題点を是正し、克服するため新たな法的改正をおこなうものではなかった。

　自然公園法は、戦前の旧国立公園法を引き継ぎ、単にそれらを総合的な法律に統合したものにすぎなかった。

（2）自然公園法の要旨

1957年に制定された自然公園法は、つぎのような目次からなっている。[7]
　第1章　総則（第1条―第3条）
　第2章　国立公園及び国定公園
　　第1節　自然公園審議会（第4条―第9条）
　　第2節　指定（第10条―第11条）
　　第3節　公園計画及び公園事業（第12条―第16条）
　　第4節　保護及び利用（第17条―第24条）
　　第5節　費用（第25条―第31条）
　　第6節　雑則（第32条―第40条）
　第3章　都道府県自然公園（第41条―第48条）
　第4章　罰則（第49条―第54条）
　総則の第1章第1条は、「（目的）」と題して、「この法律は、すぐれた自然

の風景地を保護するとともに、その利用の増進を図り、もつて国民の保健、休養及び教化に資することを目的とする。」と規定した。

旧国立公園法において欠落していた国立公園の「目的」規定が、この自然公園法においては以上のように与えられた。しかしそれは、自然公園法が、国立公園の「目的」規定について、特別に新しい規定を付け加えたことを意味しない。

何故なら、第1条の規定は、旧国立公園法の制定時に、安達謙蔵内務大臣が法案の「提案理由」として、「優秀ナル自然ノ大風景ヲ保護開発シテ、一般世人ヲシテ容易ニ之ニ親シマシムルノ方途ヲ講ジマシテ、国民ノ保健休養乃至教化ニ資セントスル為」と規定した主旨を、やや簡潔に言い換えたものにすぎないからである。

第1条で与えた自然公園の目的は、旧国立公園法の制定に際して田村剛が一貫して主張してきた国立公園の概念を踏襲するものであった(8)。つまり、国立公園は、国立公園の自然の保護と国立公園を開発して国民に資するという2重の目的を並列して捉えたものである。

総則の第1章第2条は、「(定義)」と題し以下のように規定している。

第2条「この法律において、次の各号に掲げる用語の意義は、それぞれ当該各号に定めるところによる。

1　自然公園　国立公園、国定公園及び都道府県立自然公園をいう。
2　国立公園　わが国の風景を代表するに足りる傑出した自然風景であって、厚生大臣が第10条第1項の規定により指定するものをいう。
3　国定公園　国立公園に準ずるすぐれた自然の風景地であって、厚生大臣が第10条第2項の規定により指定するものをいう。
4　都道府県立自然公園　すぐれた自然の風景地であって、都道府県が第41条の規定により指定するものをいう。
5、6は省略。

ここでは、旧国立公園体制では、ばらばらに存在していた国立公園、国定公園、都道府県立自然公園の3種の公園を「自然公園」という一つの制度に統一した。

戦前から使われてきた「自然公園」という概念は、一般的に必ずしも明確ではなかったが、甲賀は、常識的に人工公園あるいは都市公園と区別し、自然公園法の定義にある「すぐれた自然の風景地」を公園化したものと理解し

ている。

ここで問題なのは、「自然公園」としての「国立公園」、「国定公園及び都道府県立自然公園」のそれぞれの特徴であり、相互の相違である。

「国立公園」は、自然公園法第2条2項により、「わが国の風景を代表するに足りる傑出した自然風景」と国によって指定されたものである、と定義されたのである。

従って、自然公園法による国立公園の定義は、第1条の自然公園の目的規定と、第2条での国立公園の定義を合成して、国立公園とは、国によって指定された「わが国の風景を代表するに足りる傑出した自然風景」を「保護するとともに、その利用の増進を図り、もって国民の保健、休養及び教化に資することを目的とする」制度であると理解できる。

この自然公園法による国立公園の定義は、これも自然公園法上の大問題であり、次項で詳論することにする。

なお「国定公園」は、第2条3項によって「国立公園に準ずるすぐれた自然の風景地」と国によって指定されたもと定義された。こうした規定は、1931年の旧国立公園法にはみられなかったが、戦前から戦後を通じて、国立公園行政によって実体化されてきた考えであり、自然公園法によって明確に法的に規定されたものである。

問題は、「都道府県立自然公園」である。「都道府県立自然公園」は、第2条3項で、国の指定でなく、都道府県が、一定の「すぐれた自然の風景地」、「自然公園法選定要領」によれば、「都道府県を代表する傑出した自然の風景地」として指定されている。

国が指定、管理する公園について法制化した自然公園法に、都道府県が指定、管理する都道府県立自然公園を何故含めるのかについては、ここでは立ち入らないことにする。

第3条は、（財産権の尊重及び他の公益との調整）と題し、「この法律の適用に当たっては、関係者の所有権、鉱業権その他の財産権を尊重するとともに、自然公園の保護及び利用と国土の開発その他の公益との調整に留意しなければならない。」と規定している。

この規定は、旧国立公園法にはなかったが、国立公園法の運用において、すでに戦前戦後に「留意」されてきたことであり、甲賀の指摘するように「従来と同様の方針を明文にしたものである」。

問題は、「自然公園の保護及び利用と国土の開発その他の公益との調整」で、国立公園行政当局が、関係者との「調整」でどれだけ力を発揮できるかということであるが、この点についても次項で詳論したい。
　第2章「国立公園及び国定公園」の第1節は、「自然公園審議会」について規定している。
　第4条は、（設置及び権限）と題して、1項で「厚生大臣の諮問に応じ、国立公園及び国定公園に関する重要事項を調査審議させるために、厚生省に、付属機関として自然公園審議会（以下審議会という）を置く。」とし、2項において「審議会は、国立公園及び国定公園に関する重要事項について、関係行政機関に意見を具申することができる。」と規定した。
　ここで国立公園及び国定公園政策の決定機構を提起するのであるが、この規定は、すでに旧国立公園法および附則において与えられていたものであり、自然公園法は、旧国立公園法の審議制度・国立公園委員会を自然公園審議会に置き換えたのにすぎず、とくに新しい規定を何も付け加えていない。
　そして第5条から第9条までは、審議会の組織のあり方について具体的に規定したものであるが、旧国立公園法の規定を引き継いだもので、とくに論じるべきものはない。
　第2章の第2節「（指定）」は、審議会の活動の一つである国立公園、国定公園の指定について規定したものである。国立公園については、従前の規定を法制化したものであり、国定公園については、「厚生大臣が、関係都道府県の申出により、審議会の意見を聞き、区域を定めて指定する。」と規定し、慣行を法制化しものである。
　第3節は、（公園計画及び公園事業の決定）について規定したもので、第12条は、旧国立公園法と同じように「国立公園に関する公園計画及び公園事業は、厚生大臣が、審議会の意見を聞いて決定する。」と規定した。
　国定公園については、第12条の2項で「国定公園に関する公園計画のうち、保護のための規制に関する計画並びに利用のための施設に関する計画で集団施設地区及び政令で定める施設に関するものは、厚生大臣が、関係都道府県の申出でにより、審議会の意見を聞いて決定し、その他の計画は、都道府県知事が決定する。」と規定した。第12条の3項では、「国定公園に関する公園事業は、都道府県知事が決定する。」と規定した。
　要するに、国定公園については、審議会は、国定公園計画のうち特別地域、

特別保護地区に関し、また集団施設地区及び政令で定める利用施設に関して関係都道府県の申し出により、意見を聞いて、厚生大臣が決定するとした。それ以外の計画は、都道府県知事が決定するとして、都道府県の権限を認めた。
(11)

　第14条は、（国立公園の公園事業の執行）と題し、「国立公園の公園事業は、国が執行する」と定めた。そして第15条は、「（国定公園の公園事業の執行）」の場合、「国定公園の公園事業は、都道府県が執行する」と定めた。

　以上のように、自然公園審議会の役割、自然公園事業の国による執行については、基本的に旧国立公園法で規定してきたものをそのまま継承したものであり、何ら新しい規定は付け加えられなかった。

　第4節「保護と利用」は、自然公園の保護の方策と利用の問題について規定している。

　第17条は、自然公園を保護する方策として「（特別地域）」について規定したもので、「厚生大臣は、国立公園又は国定公園の風致を維持するため、公園計画に基いて、その域内に、特別地域を指定することができる。」と定めた。これは、旧国立公園法で規定されていた「特別地域」を国定公園にも指定できるとしたものである。

　第17条3項は、「特別地域」内における1－9にわたる開発行為を、国立公園の場合は、厚生大臣の許可、国定公園については、都道府県知事の許可をえなければならないと規定し、開発に一定の制限を付して自然の保護を目指した。この点では、旧国立公園法よりほんの少し厳しくなっている。しかし特別地域の規定は、自然保護にとってあまり役立ってはいなかった。

　第18条は、（特別保護地区）と題し、「厚生大臣は、国立公園又は国定公園の風致を維持するため、特に必要があるときは、公園計画に基いて、特別地域内に特別保護地区を指定することができる。」と定めた。

　特別保護地区の規定は、旧国立公園法でも1947年の国立公園法の改正に際に加えられた新しい自然保護規定で、国立公園の「傑出した自然風景」の「風致」保護を厳しく義務付ける注目の規定であった。

　自然公園法では、国定公園にも特別保護地区を設置することが規定された。国定公園に特別保護地区を設置することについては、法案制定準備期に反対もあったが、最終的に設置が認められ、保護規定が一応強化された。その代わり都道府県立自然公園での特別保護地区の設置規定は、国立公園行政当局

の希望どおりには実現しなかった。(12)

　第18条の3項は、「特別保護地区」内における1－8にわたる行為を、国立公園の場合は、厚生大臣の許可、国定公園については、都道府県知事の許可をえなければならないと規定した。

　国立公園内の「特別保護地区」の設定については、改正国立公園法と同じであるが、幾つかの要許可事項が、特別地域の要許可事項に移され、新たに6項目加えられ、開発事項が厳しく規定された。もちろん、この規定は、都道府県知事の要許可規定でもあるが、国定公園にも適応されるので、そのかぎりで、自然公園法の保護規定は、より広い地域に及んだと指摘できる。これらの要許可についての詳しい問題点は、甲賀を参照されたい。

　なお特別地域の場合、「風致維持のため」とし、「特別保護地区」の場合は、「特に景観維持のため」とした点については、「風致」と「景観」という用語によって保護の度合を示した。「風致維持」、「特に景観維持」という保護対象についての判定は、すべて国立公園行政当局と自然公園審議会の判定に依存していた。従って、自然公園が保護すべき自然の対象は、法的には極めてあいまいなものであったと指摘できる。

　なお、私は、旧稿で「特別地域の場合、『風致維持のため』とし、『特別保護地区』の場合は、『特に景観維持のため』とした点について、保護規定に言葉のニュアンスをつけたもので、特別な意味はないと思われる」と指摘したのであるが、国立公園行政担当者の間では、「風致と景観とは明確に区分して理解されていた」と俵浩三先生から書状による指摘があり、「特別の意味はないと思われる」という指摘を撤回したい。

　第20条は、（普通地域）と題して、「国立公園又は国定公園の区域のうち特別地域に含まれていない区域（以下「普通地域」という）内において、次の各号に掲げる行為をしようとする者は、あらかじめ、都道府県知事にその旨を届け出なければならない。」と規定した。

　自然公園法では、旧国立公園法にはないが、旧国立公園法規則にあった「普通地域」という規定を取り出し、国立公園又は国定公園を、普通地域、特別地域、特別保護地区の3地域に明快に分類し、自然保護に濃淡をつけた。

　なお、普通地域内での開発行為は、届け出制であり、自然公園審議会の認可が不要であったため、ほぼ野放しとなった。

　第21条は、（原状回復命令等）についてと題され、前述の規定の条件、処分

の違反者は、「その保護のために必要な限度において、原状回復を命じ、又は原状回復が著しく困難である場合に、これに代わるべき必要な措置をとるべき旨を命ずることができる。」と規定した。

　この規定は、旧国立公園法にあったものだが、実際にどれほど実現したか甚だ疑わしく、厳しい自然公園管理機構をともなわなければ、単なる画餅にすぎなかった。⁽¹³⁾

　第23条は、(集団施設地区)と題し、「国立公園又は国定公園の利用のため施設を集団的に整備するため、公園計画に基いて、その区域内に集団施設地区を指定するものとする」と規定し、自然公園の利用の仕方を定めた。

　ここで「集団施設地区」とは、旧国立公園には明記されていないが、戦後の政令によって改正された国立公園施行令第14条にみられた規定で、戦後の国立公園又は国定公園において設置されてきたものである。この制度は、開発枠を規制して自然保護を重視しつつ、自然公園の国民的な利用に資するため積極的に設置されたものであったが、限られた予算の中で運用されなければならなかったので、後に論ずるように財政的負担があり、内容的に乏しいものであった。

　第24条は、(利用のための規制)と題し、特別地域や集団施設地区においておこなうべきでない行為、「利用者に著しく不快の念」や「けんおの情」を抱かせ「迷惑をかける」行為を禁じた。また当該職員は、そうした行為をしている者に行為をやめさせるべく指示できるとした。こうした規定も、厳しい自然公園管理機構がなければ、意味がなかった。

　第2章第5節は、「費用」(第25条―第31条)について規定したもので、第25条は、(公園事業の執行に要する費用)と題し、「公園事業の執行に要する費用は、その公園事業を執行する者の負担とする」と規定し、国がおこなう国立公園事業につては、国の負担としたが、第26条は、(国の補助)と題して、旧国立公園法にもあった規定であるが、国立公園に関する地方自治体の公園事業、あるいは都道府県の国定公園に関する公園事業に「補助」を与えると規定した。

　第27条は、(地方公共団体の負担)と題し、第26条とは逆に、旧国立公園法にあったように、国のおこなう「公園事業の執行が特に地方公共団体を利する」場合は、「受益の限度」において、「費用の一部を負担させることができる。」と規定した。そして2項でその際、地方公共団体に意見を聞かなけれ

ばならないと新しく規定された。この規定は、負担を地方に押し付ける、あるいは分散させる、安上がり財政システムを支えるものであった。

第28条は、(受益者負担) と題し、「国又地方公共団体は、公園事業の執行により著しく利益を受けるものがある場合」、「受益の限度において」、「費用の一部を負担させることができる」と規定した。これは、国立公園や国定公園の有料自動車道の料金などを認める根拠であった。

第2章第6節は、雑則で、(実地調査)、(訴願)、(損失の補填)、(訴えの提起)、(負担金の強制徴収)、(権限の委任)、(協議) などについての規定であるが、基本的には、旧国立公園法に規定されていたものを整備したもので、とくに注目するものではない。

第3章は、「都道府県立自然公園」について規定したもので、国立公園論の本題から離れるので、ここでは言及を省略した。なお、第4章は、「罰則」規定であるが、自然公園法違反、それにたいする「罰則」の問題は、重要な論点であるが、自然公園管理保護の機構のもとでは、取締りがままならず、ほとんど意味がなかったと指摘しておきたい。

(3) 自然公園法の抱える重大な問題点

以上のような自然公園法は、国立公園制度にとって幾つかの重大な問題点を抱えていた。しかし自然公園法成立以後出版された国立公園論に関する著書を瞥見するかぎり、自然公園法の問題点についてとくに立ち入った批判的言及はほとんどみられない。日本の国立公園研究が貧弱である証明である。

加藤峰夫『国立公園の法と制度』(2008年) は、自然公園法の解説をするだけで、自然公園法が、欠陥だらけの旧国立公園法を引き継いだものにすぎない点や、私が提起するような自然公園法のもつ問題点についての立ち入った言及は何もない。[14]

戦後、国立公園のレンジャーをつとめ、国立公園行政に深く関わってきた瀬田信哉の『再生する国立公園』(2009年) も、自然公園法について若干言及しているが、氏の経験を踏まえて認識したであろう自然公園法の問題点については立ち入って言及していない。[15]

自然公園法は、先に自然公園法の要旨をみてきた際に示唆しておいたように、幾つかの重大な問題点をもっていた。

第1、全体として自然公園法と旧国立公園法の関係はどのようなものであったかという問題。

前項で指摘したように、自然公園法は、旧国立公園法とその附則類を基本的に引き継いだものであり、旧国立公園法下でおこなわれてきた自然公園政策、国立公園、国定公園、都道府県自然公園などの政策を単にそれらを一つの法律に整理・統合したものにすぎず、そこには何らの新しい法的規定を付け加えるものではなかった、ということである。

自然公園法は、戦前戦後を通じて、旧国立公園法が、自然を著しく破壊する産業開発計画を阻止するために充分な機能を果たせなかったという苦い経験を反省し、自然を著しく破壊する産業開発計画を阻止する新しい規定を定めた形跡が何もなかった。

だから、自然公園法は、高度経済成長期におきた従前にはまったくみられなかった国立公園内における未曽有の観光開発を規制し、自然保護を貫き、国立公園の円滑かつ好まし国民的な利用を保障していくことができなかった。

むしろ、日本の国立公園は、自然公園法のもとで、高度経済成長によってもたらされた大衆的なレジャーブームによって手荒に扱われ、国立公園の観光資源化を目指す政府及び観光業、建設業によって乱開発され、国立公園内の自然を大きく破壊されて、環境を著しく悪化させられてきたのである。その限りで、われわれは、国立公園を荒廃させた自然公園法とは何だったのかということを厳しく問われなければならない。

第2、第2条の国立公園の定義の理解に関わる問題。

第2条で規定されている国立公園の定義には、3点にわたって問題がある。

一つ目の問題からみてみよう。

環境庁自然保護局編『自然保護行政のあゆみ』が指摘しているように、1931年に制定された「国立公園法には、国立公園の定義について何ら明示されていない[16]」が、伊藤武彦が「国立公園の意義如何に関しては国立公園法中に明文を置かざりしも観念上自ら定まるものもある。」と指摘していたように、旧国立公園法にも国立公園の定義らしきものは存在していた[17]。

では自然公園法では、国立公園の定義あるいは概念がどのように規定されたのであろうか。

先に指摘したように、自然公園法では、国立公園とは「わが国の風景を代表するに足りる傑出した自然風景」を「保護するとともに、その利用の増進

を図り、もって国民の保健、休養及び教化に資することを目的とする」制度であると定義していると解することができる。

　旧国立公園で「自然ノ大風景ヲ保護開発シテ」利用するという文言が、自然公園法では、「保護開発」という用語が、「自然風景」を「保護する」という文言と、「自然風景」を「利用の増進を図り」、「国民の保健、休養及び教化に資する」制度という二つの文言に分離されて、より明確化に表現された。

　その限りで自然公園法は、国立公園の定義をより明確に表現したように見受けられるが、国立公園の定義そのものは、一向に明確になってはいない。

　そもそもアメリカで制定された国立公園は、各国にそのアイデアが輸入され、それぞれの国の国立公園形成に大きな刺激となったが、その際に問題になったのは、国立公園は、自然保護を重視するのか、国立公園の利用を重視するのかということであった。

　拙著『国立公園成立史の研究』で詳しく論じたように、日本の国立公園の場合もそうであった。大正期の国立公園論争でも、昭和期の法案をめぐる国会での論議においても、国立公園は自然保護を重視する制度とみるか、国立公園の利用を重視する制度とみるか論争されたのである。[18]

　しかし国立公園法制定当局は、この問題に正面から答えることなく、国立公園制定運動を主導した田村剛の国立公園論にみられるような、国立公園は、自然保護と国民の利用のための制度であるという単純な二重目的論にもとづいて、国立公園法で、国立公園とは「優秀ナル自然ノ大風景ヲ保護開発シテ」「国民ノ保健休養乃至教化ニ資セントスル為」の制度であるとあいまいに規定したのである。しかも自然公園法も、そのあいまいな規定を引き継いだのである。

　だからこの定義について二つの解釈が生まれている。

　自然公園法を解説した国立公園行政官の甲賀春一は、先に指摘したように、第1条の理解について、「自然公園は、あくまでもすぐれた自然の風景地に指定されたものであり、…したがって、すぐれた自然の風景地の自然を保護することが第一義的目的である。」と解説した。[19]

　甲賀春一の解説は、法文的には根拠はなく、国立公園は「自然を保護することが第一義的目的である。」と期待をこめた解釈にしかすぎなかった。

　逆に旧国立公園法制定時に国立公園法を解説した伊藤武彦は、国立公園法では「国立公園は国民の保健休養教化を主眼とするものである」と解釈し、

「加ふるに国立公園は風景を資源とする一種の産業であって所謂ツーリズム・インダストリーは近時各国競いて之が発展に努めている」と述べた[20]。この解釈は、国立公園行政当局の本音を正直に吐露したのであり、国立公園行政当局の伝統的考え方であった。

　二つ目の問題点は、国立公園の定義の中の自然についての認識問題である。

　旧国立公園法でも自然公園法でも「保護」すべき対象は、「優秀ナル自然ノ大風景」か「傑出した自然風景」であって、ここでは「自然」が「風景」として把握され、自然が風景という文言に矮小化されている。自然の風景は、自然の表象であって、自然の内実は、必ずしも目にみえない、水、土、地質、動植物相であり、自然生態である。

　戦前にも戦後にも国立公園の保護すべき自然は、単に風景だけでなく、自然生態であることが問題になっていた[21]。ところが旧国立公園法の自然公園法への改変に際して、国立公園行政当局は、戦前や戦後の論議を無視して、国立公園の定義の中で、自然を風景としての認識する狭隘さを改めず、そのまま継承してしまったのである。

　なお私は、旧稿において「政府と国立公園行政当局のこの怠慢は、保護すべき自然は、風景だけではなく貴重な自然、環境の総体、なかんずく自然生態であることを覆い隠し、真の自然保護の意義を希釈し、国立公園の定義をあいまいに不明確にしてしまったのである。そうした自然の狭隘な規定は、風景が大事か開発が大事かという皮相な論争を生み、国立公園の意義を著しく貶める原因ともなった。」と指摘した。

　この指摘にたいし、先に指摘したように、俵浩三先生から「『風致』は人間にとって『好ましい』『美しい』など主観的ないし情緒的な価値観に基づく、自然の良好な状態を指すのに対し、『景観』は美醜に関係なく、たとえ醜く不快なものであっても、客観的な存在としての自然、即ち自然の生態をトータルにとらえる概念」であり、私の指摘に承服できないとの指摘をうけた。

　確かに私は、俵先生の指摘されるまで、「風致」とか「景観」の意味を十分に理解していなかったし、俵先生の「承服」できないという上記の私の主張は、やや誇張されていて適正を欠いているといわなければならない。しかし俵先生が、国立公園行政担当者が「風景」概念に「自然、即ち自然生態をトータルにとらえる」ものと意味づけておられるのには、疑問を感じる。国立公園行政担当者が、国立公園法や自然公園法のいう「風景」概念に「自然

生態をトータルにとらえる」ものと意味づけて、「自然生態」を保護しようとしたと訴える気持は理解できる。

　成立時の日本自然保護協会の規約でも、旧国立公園法の自然を「自然の大風景」として狭く把握する方法を改めて、「国民の生活環境としての国土の自然」としてとらえていたのである。

　だからといって国立公園法や自然公園法が「自然風景」を保護すると規定するときに、無条件に「風景」概念に「自然生態をトータルにとらえる」と理解するには相当の無理があるように思われる。

　三つ目は、自然公園法の自然保護の方策の問題である。

　自然保護の方策は、旧国立公園では、戦前には「風致を維持するために」として、風景の重要度にもとづいて地域を「特別地域」に指定して開発を規制し、風致の保護を規定した。さらに戦後の改正旧国立公園法では、「特別地域」内の重要な風致を保護するために新たに「特別保護地区」を指定し、開発を厳しき規制した。

　こうして自然保護の方策は、自然概念の一面性、あいまいさに影響されて「風致」の重要度によって決められ、自然総体の重要度を加味するシステムにならなかった。

　自然公園法は、第3節「保護と利用」の条項にあるように、こうした旧国立公園の自然保護の方策の一面性とあいまいさを何ら改めずにそのまま継承してしまった。自然保護の核心となる「特別保護地区」の指定や、ひいては国立公園の指定基準に「風景」の良し悪しに置くというあいまいさを生むことになる。

　以上のように自然公園法は、旧国立公園法の風景保護方策を継承し、先に指摘したように、開発を規制する枝葉的な事項で若干進化させたが、国立公園の自然保護方策に何ら新しい本質的規定を付け加えなかったのである。

　第3　国立公園の保護と利用との関係の理解あるいは保護と利用との「調整」の問題。

　旧国立公園法においては、国立公園の産業的利用という問題については、特別な規定はなく、国立公園内に電源開発や鉱山開発の計画が生じれば、国立公園委員会に諮ってその可否が論議され決定されることになっていた。しかもその際、国立公園行政当局と開発計画を管理する行政当局、あるいは計画当事者が事前に論議し、「調整」する慣行であった。

戦後には、すでに指摘したように、1949年5月の国立公園法改正にからんで、国立公園行政当局は、通産省と『覚書』を締結し、1「特別地域および特別保護地区の指定については、あらかじめ双方協議すること」。2「特別地域又は特別保護地区における要許可行為の処分に当っては、鉱物資源および水力電源および水力電源の開発に特に意を用いること、これらに重要な制限を与える処分については、あらかじめ双方協議すること」などを定めた。⁽²³⁾

　しかし開発計画をめぐるこの事前協議、調整の結果は、国立公園行政当局と関係官庁との力関係によって決定された。しかもその開発計画は、政府が後押しすれば、弱体の国立公園行政当局、その意をうけた国立公園委員会・国立公園審議会も反対できないし、多数決で押し切られる。

　自然公園法は、これまで法的に明確にしていなかったこの点を、第3条においてつぎのように規定した。

　第3条は、（財産権の尊重及び他の公益との調整）と題し、「この法律の適用に当たっては、関係者の所有権、鉱業権その他の財産権を尊重するとともに、自然公園の保護及び利用と国土の開発その他の公益との調整に留意しなければならない。」と規定した。

　しかしこの規定は、従来から慣行的におこなわれてきたことを明文化したものにすぎない。従って国立公園内の開発規制について何らかの新しい規定を付け加えたことにはならなかった。

　この保護と利用との関係の問題についても細部についてみると二つの論点がある。

　戦前、戦後には国立公園の産業的な利用は、もっぱら国立公園内の電源開発と鉱業開発であった。しかし戦後末期から高度経済成長期には、国立公園の本来の目的の一つである国民的な利用のための観光開発の問題が浮上した。

　ここでも第3条の自然公園の保護及び利用と国土の開発の「調整」が問題となる。

　国立公園の自然を保護すべき政府、国立公園行政当局と「国土の開発」の当局あるいは開発業者による「調整」は、開発計画が提起された場合に、旧国立公園法と同じように、自然公園審議会に判定を委ねるだけであって、特別なルールがあるわけではない。

　しかも旧国立公園法の規定を継承しただけの自然公園法は、国立公園の定義に観光開発と自然保護のいずれを重視するかの規定を欠くゆえに、観光開

発計画を自然保護より重視する含みをもっていた。しばしば指摘してきたように、政府、国立公園行政当局は、国立公園を観光、とくに国際観光のために制定した歴史的事情を強く反映して観光開発計画を自然保護より重視してきたのである。

先に指摘したように、伊藤武彦は旧国立公園法を解説して、「国立公園は国民の保健休養教化を主眼とするものである」と言い切り、「加ふるに国立公園は風景を資源とする一種の産業であって所謂ツーリズム・インダストリーは近時各国競いて之が発展に努めている」と主張したが、この主張は、まさに政府、国立公園行政首脳の伝統的な考え方であった。(24)

国立公園制定運動の重鎮であった田村剛は、1957年に「世界的に観念される国立公園は、国の産業、居住、交通等一般的利用から、取り除かれた区域であった、専らその自然景観を保護するために保留され、その自然環境をこわさない範囲で、国民のレクリエーションのために供用する自然保護区 Nature reserve である」と述べたが、「日本では、多分に国立公園の観光対象面としての一面が、強く認識され、評価され、その本質面が軽視され、また忘れられているように思う。」と吐露している。(25)

田村剛は、政府首脳が観光重視の国立公園論に立っていることを知っていたが、自然保護重視論に立って観光重視論に勇猛果敢に反対して闘うことを避けて、この現実に妥協を強いられてきたのである。(26)

1957年自然公園法制定当時の堀木謙三厚生大臣は、就任の挨拶で「自然保護の目的を達した自然公園の体系」云々といい、「一面において利用層の拡大に伴うある種の欠陥も現れてきた」ことを認めながら、国立公園の管理機構の充実を強調する代わりに、「一刻も忽にできないのは、利用施設整備の問題である」と利用開発を重視した。(27)

国立公園行政官僚も政府首脳が観光重視論に立っていることを熟知していた。例えば、国立公園部の計画課長田中順三は、1964年に、国立公園行政の不備を指摘しつつ、「中央官省、或は地方での開発計画をみても、自然公園はただ単に無性格な自然の観光未開発資源の一部として把握されているにすぎぬように扱われている」と指摘した。(28)

こうした現実に当面して1956年の国立公園部長川島三郎は、「自然の保護と利用のどちらに、重点が置かれているのかと質問」するのは、「極めて愚問だと思う」といい、「『自然の保護と利用』の問題は、保護と利用のどちら

に、重点が置かれるかという」「並列比較の関係ではなく、一体的関係にあって、軽重の度合の判定しがたいものというべきものである。」と指摘した。

そして自然の保護と開発の軽重を問わない川島は、「自然の敵」である産業と「自然の保護と両立する利用を立前とすべきものである」という伝統的な自然保護と利用の両立論を主張した。[29]

その実、この両立論は、両論を両立させるのでなく、国立公園の脆弱な保護・管理の機構のもとで、政府の開発重視論に自然保護論をねじ伏せ、現実の国立公園行政においては、国立公園の利用開発を優先し、自然保護を軽んじ、自然の破壊と環境の悪化を黙認してきたのである。

また1960年に国立公園部長だった畠中順一は、自然公園法第1条を引用して「自然公園制度そのものが、保護と利用の両輪が平衡を保って進むところに、はじめてその目的を達成し得る」と述べ、独特の両立論を主張し、この保護と利用の両輪の「平衡は並行を意味しない」で、「自然公園における保護と利用とは、明らかに順序があって、まず保護され、しかる後に保護された自然を利用するのが、利用であるからである。」と説明する。そして「この場合の逆はまずないのであって」と、保護にたいして利用の優位を否定し、「この間の認識いかんが、自然公園行政における最も肝要な点であろうかと考えられる。」と付け加えた。[30]

私は、この国立公園行政担当者・畠中の自然保護重視の考え方に敬意を表するものであるが、彼の解釈は、自然公園法の趣旨ではなく、明らかに主観的な願望にしかすぎないと指摘せざるをえない。

自然公園法には、国立公園の利用、観光開発による自然破壊、環境悪化を厳しく規制する法システムを十分に保持していなかったから、国立公園内の自然保護は、国立公園行政当局による時々の個々の自然保護政策に依存していたのであり、結局、脆弱な国立公園の管理機構と乏しい財政のもで、自然保護政策が十分発揮されることはなかった。

第4、自然公園法は、従前の国立公園の脆弱な管理行政機構と貧弱な財政を克服する規定を付け加えたかという問題。

私は、自然公園法が、旧国立公園法下の国立公園制度の構造的欠陥を克服する法規定をどのように設定したかに大きな関心を抱いた。しかし、自然公園法の検討から明らかなように、自然公園法は、旧国立公園法下の国立公園制度の構造的な欠陥、脆弱な国立公園管理・保護機構と貧弱な財政を克服す

るような法規定をどこにも与えなかった。

　ただし法律は、あいまいであればそれなりに、一面に自然保護規定を含んでいるので、運用において悪くも良くもなる余地を多く含んでいた。自然公園法の自然保護規定を最大限利用し、国立公園行政当局、自然公園審議会が、国立公園の自然保護を重視し、利用と開発に厳しい規制を加え、しかもそれを可能にする政治体制、政府を樹立するならば、国立公園の自然保護はかなり成功しうるのである。果たして実際はどうだったか。

　以上が、高度経済成長期における国立公園制度の実態を分析する前に、あらかじめ指摘しておきたかったことである。

2　高度成長期下の国立公園制度を規定した政府の社会経済政策

（1）保守党政府の社会経済政策

　1957年に自然公園法が制定されて以後の日本の政治構造は、戦後の保守政治を継承する保守党政府が支配し、2分していた保守党が保守合同を果たして安定したほか、とくに大きく変化しなかった。

　1960年前後に国中を騒然とさせた三池闘争とそれに連動した安保反対闘争が盛り上がり、保守党政府は、危機的様相を示す局面もあったが、高度経済成長を達成して、政治支配を安定させた。

　表1－1をみればわかるように、1957年以降の自民党の支配は、次第に支持率を落としていくとはいえ、また高度経済成長のひずみや公害問題への国民の不満も増大してくるが、衆参両議院で過半数を維持し継続しえた。社共を合わせた革新勢力は、高度経済成長期に野党3分の1の壁を大きく破れず、ついに革新政権を樹立することができなかった。

　こうした政治状況は、高度経済成長期における国立公園行政を、保守政治の枠内に押しとどめ、幾分とも国立公園の自然保護を主張する革新勢力の浸透、強化を阻害し、国立公園制度の抜本的な変革を拒むことになった。

　保守党政府の展開した社会経済政策は、戦後には、経済自立と産業復興のための政策であり、その中でも国立公園のあり方に大きな影響を与えたのは、水力発電所建設計画を含む電源開発政策であった。

表1-1　高度成長期の衆議院選挙結果

	1958年		1960年		1963年		1967年		1969年		1972年	
	当選者(%)	得票数(%)	当選者(%)	得票数(%)	当選者(%)	得票数(%)	当選者(%)	得票数(%)	当選者(%)	得票数(%)	当選者(%)	得票数(%)
自由民主	287 (61.7)	(44.2)	296 (63.3)	(41.9)	283 (60.5)	(38.5)	277 (56.9)	(35.6)	288 (59.2)	(32.3)	271 (55.7)	(33.9)
社　会	166 (25.1)		145 (20.0)		144 (20.4)		140 (20.4)		90 (14.5)		118 (16.1)	
民主社会			17	(6.4)	23	(5.2)	30	(5.4)	31	(5.3)	19	(6.5)
共　産			3	(2.1)	5	(2.8)	5	(3.5)	14	(4.6)	38	(12.2)
革　新	166 (35.5)	(25.1)	165 (35.3)	(28.5)	172 (36.8)	(28.4)	175 (36.0)	(29.3)	136 (27.6)	(23.4)	175 (35.6)	(34.8)
公　明							25		47		29	
諸　派	1		1				0		0		2	
無所属	12		5		12		9		16		14	
合　計	467		467		467		486		486		491	

注　石川真澄『戦後政治構造史』、日本評論社、1978年、付表1から作成。得票率は絶対得票率のこと。

　高度経済成長期には、戦後とは著しく違って国立公園のあり方に大きな影響を与えたのは、積極的な経済計画と総合開発計画であり、なかんずく観光道路建設を軸とする観光開発政策であった。こうした事情の理解なしに、高度経済成長期の国立公園制度のあり方や実態を正しく認識することはできない。

　そこでごく簡単に高度経済成長期における政府の社会経済政策の概要をみておきたい。[31]

　自民党の岸信介内閣は、1958年5月の総選挙で得票数では44.2%だったが、議員数では、61.7%を獲得し、何とか過半数を制し、社会党などの他党を抑えて保守政権を維持し、1958年から「新長期経済計画」で国民の生活向上と完全雇用の目標をかかげ、高度経済成長を達成していった。5カ年計画の新長期経済計画は、実質成長率を平均6.5%としたが、3年で計画を大幅に上回る10.1%を達成した。[32]

　自民党は、1960年7月に安保反対闘争と三池争議に揺れた強硬派の岸信介に代えて池田勇人を総裁に選出し、池田総裁は、「寛容と忍耐」をとなえる

低姿勢で、民心の安定化を意図し、1960年11月の総選挙では、得票数では41.1%だったが、議員数では63.3%を獲得し、ゆうゆうと過半数を制し、社会党などの他党を抑えて保守政権を維持した。

選挙後、経済の安定をかかげる池田内閣は、三池闘争を収拾し、「所得倍増計画」を提出して、高度経済成長を確認し、さらなる経済成長をめざし、三池闘争と安保闘争で高揚した反政府運動の鎮静化に成功した。[33]

池田内閣は、1962年10月、「全国総合開発計画」（一全総）を発表し、大都市の過大・過密化と地域格差を是正し、国民のいっそうの生活向上と完全雇用の達成をめざした。それは「当時既に太平洋ベルト地帯で進められていた重化学工業を軸とする拠点開発方式で、地方都市を開発拠点化し、全国を開発しようとするもの」であった。[34]

その後池田内閣は、1963年の総選挙でも過半数を制したが、池田総理大臣が癌を患ったため、1964年11月に総辞職した。自民党は、1964年12月に佐藤栄作を総裁に選出し、佐藤内閣を誕生させた。

佐藤内閣は、1965年に「中期経済計画」を提起した。「中期経済計画」の骨子は、1964−68年の5カ年の実質成長率を8.1%とし、「所得倍増計画」の実績10.9%という高い水準より低く抑え、高度経済成長の中で生じた様々なひずみの是正をかかげ、物価上昇にたいする国民の不満を解消し、安定した成長を達成しようとするものであった。[35]

佐藤内閣は、1967年1月の総選挙で、得票数では35.6%に落ちたものの、議員数では、56.9%と従来より激減させたが、過半数を維持し、自民党の支持率の低下を意識しつつ、「中期経済計画」が終わらない1967年3月に、新たに「経済社会発展計画」を作成して体制の立て直しをはかった。

「中期経済計画」の骨子は、「中期経済計画」の年平均実質成長率10.8%以下の8.2%の計画目標をたて、「均衡がとれた充実した経済社会への発展」をうたい、高度経済成長の中で生じた様々なひずみの是正をかかげ、国民の不満を積極的に吸収しようと努めた。

こうした佐藤内閣の姿勢は、後に詳しくみるように、政府の観光政策、国立公園政策にも反映され、一定の反省を示すことになる。

しかし他方では、佐藤内閣は、1969年5月に「新全国総合開発計画」（二全総）を閣議決定した。その骨子は、1985年までを計画期間とし、「高福祉社会をめざして人間のための豊かな環境を創造すること」を基本目標にかかげ、

課題の一つに「長期にわたる人間と自然の調和、自然の恒久的保護保存」という口当たりのいい言葉をかかげながら、現実には大規模開発を促進し、いっそうの重化学工業化をはかり、高度経済成長を持続させようとする政策であった。

とくに「20年計画で全国に交通、通信のネットワークをはりめぐらし、全国をいわばひとつの都市としようとするもので、各地方をそれぞれ巨大コンビナート、大食料、大型酪農、中枢管理、巨大観光等の基地とするものであった」。これらの計画も多く失敗するが、「巨大観光基地構想や交通、通信ネットワークの構想は生き延びて」いくことになる(36)。

小論の課題から注目すべきは、政府は、新全国総合開発計画における林野面での「大規模開発プロジェクト構想一環として」「大規模林業圏開発計画」を樹立し、この計画では本来林道計画であるにも拘わらず、「森林レクリエーションエリアの整備」という「観光目的が表面に出てきたこと」である。これが後に国立公園に関わるスーパー林道に関連して問題になっていく(37)。

佐藤内閣は、1970年に、またまた「新経済社会発展計画」を提起し、公害を抑制し環境を保全する施策を示し、均衡ある発展で住みよい日本の構築を提起していったが、事態を改善する方向を示さなかった。

政府の経済成長政策は、一方では経済成長を達成し大きな成果を収めつつ、勤労者の賃金を大幅に引き上げ、国民の生活を向上させていった。

高度経済社会が進展するという明るい雰囲気の中で、勤労者の実質賃金は、ほぼ2倍に増加し、総労働時間も20％ほど短縮し、余暇が増え、新しい生活欲求を膨らませていった(38)。経済成長を支え、大都市の生活に疲弊した勤労者大衆は、健康維持、疲労回復、癒しをもとめ、政府の観光政策の実現によって用意された自然公園、国立公園に足をのばした。ここから国民により大衆的かつ急激に利用される高度経済成長期の自然公園、国立公園制度は、戦後とは異なる大きな問題に突き当たっていくことになる。

他方では、社会のひずみ、公害、環境の汚染、自然の破壊が生み出され、とくに自然公園、なかんずく国立公園の自然破壊、環境悪化が生み出されていった。政府は、その都度、社会のひずみ、公害、環境の汚染、自然の乱開発に手直しを加えつつ、さらなる経済成長を追求していった。

（２）保守党政府の経済成長戦略としての観光開発政策

①国立公園問題の前提としての戦後政府の観光開発政策

　高度経済成長期における政府の観光開発政策について論じる前に、前著『自然保護と戦後日本の国立公園』ではあまり明確にしてこなかった戦後政府の観光開発政策について、簡単に触れておきたい。

　戦後の政府は、すでに経済成長の基本戦略の一つとして観光開発を位置づけ、1949年7月に、全日本観光連盟から観光関係審議会設置の請願をうけ、内閣総理大臣官房総理府内に観光事業審議会を設置し、戦後の重要な産業政策として観光事業を推進した。

　政府は、観光政策の基本の一つとして、山岳観光道路の建設を位置づけ、1952年に、道路整備特別措置法を制定し、地方自治体による山岳観光有料道路建設政策を実施するために道を開いた。山岳観光道路は、高度経済成長期のモータリーゼーション、レジャーの大衆化に対応して、「利潤を追求する自動車産業や土木産業と、中央、地方の公権力の結託によって建設されたものである」。「地方自治体は、この法律をよりどころに、競いあうように観光道路を建設」するようになった。自然公園に関連する〇〇ラインなどと呼ばれる観光有料道路の建設である。

　1953年7月に観光事業審議会は、「観光行政機構の改革について」と題し、運輸省に観光局を、厚生省に国立公園局を設置する建議をおこなった。さらに1954年5月の観光事業審議会は、「観光事業振興方策の樹立」という勧告をだし、関係省庁に「観光関係事業の整備5カ年計画」の策定を要請し、政府は、それをうけて積極的に観光事業計画をたて観光開発を推進した。

　1955年8月に政府は、運輸省観光部を格上げして運輸省観光局に昇格させ、観光政策の推進に期待をかけた。1956年2月に自民党は、自民党政調会内に観光事業特別委員会を設置し、「観光事業の振興に関する基本方策」および「観光事業振興基本計画」を策定した。そして同年8月に政府は、「観光事業振興基本要綱」を閣議決定し、関係省庁に通達した。

　その基本要綱にもとづく「観光事業振興基本計画」は、総事業費1761億円におよぶ壮大なもので、観光地域・ルートとして46地区をあげ、その中には、20国立公園と12国定公園が含まれていた。とくに国際観光向け地域として支笏湖、十和田、日光、上信越、富士箱根伊豆、中部山岳、伊勢志摩、瀬戸内

海、雲仙、阿蘇、霧島の11の国立公園があげられた。[42]

かように自然公園法の制定される直前の「観光事業振興基本計画」で、国立公園は、観光開発の大きな対象に据えられたのである。

農林省でも、1956年に外郭団体である森林開発公団を設立し、多分に林道開発という名の観光道路の乱開発に乗り出した。これが国立公園にも影響を与えていくことになる。[43]

②高度経済成長前期1957－65年の観光開発政策

高度経済成長期における政府の観光開発政策は、前期1957－65年と後期1965－71年とに分けて検討するのが便宜的である。

政府は、1957年に自然公園法が施行されて、しばらく戦後後半期に作成された観光開発政策の実現に努めていただけで、とくに注目すべき政策を提起しなかった。

高度経済成長前期にすすめられた観光開発政策の中心は、観光道路の建設であった。表1－2は、国立公園に関連する観光有料道路の使用開始時期を示したものである。

国立公園に関連する観光有料道路は、おもに1952年に制定された道路整備特別措置法によって設置されたものであって、建設計画は、戦後後半期から高度経済成長期の前期に立案されたものがほとんどであった。

これらの観光有料道路は、使用開始期別にみると、1956年以前のもの4路線、1957年から60年のもの10路線、1961年から65年のもの36路線、1966年から70年までのもの18路線、全部で68路線であった。高度経済成長前期に開通したものが50道路で、如何にこの時期に建設がすすんだかがわかる。ちなみに道路計画の認可は、開通の数年前にさかのぼる。

これらの国立公園関連観光有料道路は、経営主体別にみると、日本道路公団の24路線、地方自治体の22路線、民間の22路線と経営主体が適当に按配されている。

こうした国立公園の観光インフラの建設は、厚生省自然公園行政当局の認可をえておこなわれたのは当然であるが、国策あるいは地方自治体の肝入りでおこなわれた点に留意しておきたい。これらの観光有料道路は、高度経済成長前期の観光ブームを支え、国立公園の国民による大衆的利用を準備することになった。

表1−2　各国立公園内の有料道路営業開始時期（〜1970年）

1　日本道路公団によるもの

国立公園名	道路名	区　　間	営業開始
磐梯朝日	磐梯吾妻道路	信夫高湯―土湯	1959年
日　光	金精道路	湯元―菅沼	1965年
同	日光道路第1イロハ	馬返―中宮祠	1954年
同	日光道路第2イロハ	同	1965年
上信越高原	草津道路	草津―長野原	1964年
同	志賀草津道路	志賀高原―草津	1970年
富士箱根伊豆	箱根新道	湯本―箱根峠	1962年
同	乙女新道	御殿場―仙石原	1964年
同	東伊豆道路（伊東）	伊東―八幡野	1956年
同	同　　　（熱川）	八幡野―熱川	1962年
同	下田道路	河津―下田	1957年
同	遠笠山道路	富戸―遠笠山	1960年
同	富士宮道路	上井出―根原	1970年
同	東伊豆道路	熱川―河津浜	1967年
中部山岳	立山登山道路	美女平―弥陀ヶ原	1955年
伊勢志摩	伊勢道路	伊勢宇治―磯部	1965年
瀬戸内海	寒霞渓道路	樫尾―険阻山	1970年
大山隠岐	大山道路	伯仙―大山寺	1963年
阿　蘇	別府阿蘇道路	湯布院―一の宮	1964年
同	阿蘇登山道路	黒川―古中坊	1957年
雲仙天草	雲仙道路	小浜―雲仙温泉	1957年
同	島原道路	島原―雲仙温泉	1960年
同	天草連絡道路	三角―松島林田温泉	1966年
霧島屋久	霧島道路	小林―高千穂河原	1961年

2　地方公共団体によるもの

国立公園名	道路名	区　　間	営業開始
支笏洞爺	支笏湖畔	支笏湖畔―ポロピナイ	1967年
十和田八幡平	八幡平	燕の湯―トロコ	1962年
磐梯朝日	磐梯山	桧原磐梯峯線鞍部―源橋猪苗代スキー場	1970年
日　光	ボルケーノハイウェイ	那須湯元―大丸	1965年
秩父多摩	三峰登山	二瀬―三峰	1967年
上信越高原	バードランド	長野市―戸隠	1964年
富士箱根伊豆	スバルライン	河口湖―五合目	1964年
同	宇佐美	宇佐美―大仁	1963年
同	御坂トンネル	河口湖―御坂	1967年
同	表富士周廻線	御殿場市中畑―富士市山宮	1969年

中部山岳	大町	大町―扇沢	1965年
吉野熊野	大台ヶ原	伯母峯峠―大台ヶ原	1961年
同	潮岬	潮岬―出雲	1968年
山陰海岸	但馬海岸	豊岡―竹原	1966年
大山隠岐	大山環状	黒田―宮西	1968年
同	日御碕神社線	枡水原―御机	1965年
瀬戸内海	六甲	灘篠原―六甲前ヶ辻	1956年
同	奥再度	再度公園―山田柿木畑	1957年
同	裏六甲	板木―原山	1962年
同	野呂山登山線	有野唐櫃―六甲山	1968年
阿蘇	仙酔峡	一の宮―仙酔峡	1964年
同	阿蘇山観光	湯の谷―阿蘇山	1965年

3　民間によるもの

磐梯朝日	羽黒山	羽黒口―羽黒山	1957年
同	湯殿山	湯殿口―湯殿山	1963年
上信越	鬼押出	峯の茶屋―鬼押出	1963年
同	三原	鬼押出―三原	1963年
同	万座	石津―万座	1958年
同	三笠	峯茶屋―三笠	1963年
同	万座峠	万座峠―万座	1960年
日光	山王峠八丁湯	山王峠―八丁湯	1968年
富士箱根伊豆	長尾峠	湖尻峠―長尾峠	1968年
同	吉田林道	浅間神社―馬返	1963年
同	大島	湯場―御神火茶屋	1963年
同	芦ノ湖スカイライン	箱根峠―湖尻	1962年
同	伊豆スカイライン	熱海峠―巣雲山	1962年
同	同	巣雲山―冷川―富士見台	1964年
中部山岳	美女平	桂台―美女平	1968年
同	立山室堂	追分―室堂	1964年
伊勢志摩	朝熊山	伊勢―鳥羽	1964年
瀬戸内海	芦有	芦屋―有馬	1961年
同	屋島	屋島口―屋島山上	1961年
同	五色台	根香―五色台	1964年
霧島	佐多岬	馬籠―佐多岬	1964年
阿蘇	赤川道路	久住山―赤川	1969年

注　天野重行「公園道路の設計」、『国立公園』No.218、1968年1月、21－24頁より作成。

高度経済成長前期にすすめられた政府の観光開発政策は、おもに観光道路の建設政策であった。

　内閣総理大臣官房総理府内に置かれた観光事業審議会は、政府の意をうけて、すでにあった1958年を初年度とする道路整備5カ年計画と別に、1958年11月に「観光事業振興基本計画」（昭和35－38年計画）と題する答申を提出した。[44]

　政府は、この答申に沿って、1959年2月に新たな「道路整備5カ年計画」を閣議決定した。この「道路整備5カ年計画」は、1958－62年の5カ年で、総額1兆円の投資を予定し[45]、とくに国立公園へのアクセスとしての観光有料道路を重視して、そのための投資2000億円を用意した。[46]

　この「道路整備5カ年計画」は、実は1955年に東京オリンピック誘致に失敗した後、1959年にIOCで1964年に東京開催の承認をえた東京オリンピックがらみの観光道路建設計画であった。[47]

　1959年に東京オリンピック開催が承認されると、池田総理大臣は、1961年12月に観光事業審議会に「オリンピック東京大会開催にともなう観光対策いかん」を諮問した。1962年7月に観光事業審議会は「観光事業審議会の答申について」と題する答申を提出した。

　この答申の骨子は、1、海外に観光宣伝活動をおこなうと共に、2、受入れ体制として、宿泊対策、交通対策、なかんずく空港、港湾、鉄道、道路、自動車、内航海運、通信の対策、等を強化し、旅行案内施設等を整備し、3、外客に対する接遇の充実をはかる、というものであった。[48]

　何時の世も、どこの国もオリンピックを自国の経済を盛り上げるために利用してきた。その経済効果は膨大で、東京オリンピックも日本経済の発展に大きく貢献した。[49]

　この答申をうけて政府は、さらに観光政策を本格化するため、1963年5月に自民党、社会党、民社党の3党共同提案による「観光基本法案」を国会に提出し承認をえた。「観光基本法」は1963年6月に制定された。[50]

　観光基本法の趣旨は、附則で指摘されているように、「国際親善の増進、国際収支の改善、国民生活の緊張の緩和等国民経済の発展と国民生活の安定向上に寄与する」ための「政策の目標」を示すというものであった。[51]

　政府は、観光基本法の制定を契機に、中央では総理府内閣官房審議室に観光推進の部署を置き、各地の自治体は観光課を設置した。これは奇妙な話で

あるが、自然公園を観光資源と捉える中央の意向を反映して、地方の自治体の多くは、自然公園行政を観光課に担当させることになった(52)。

こうして観光開発が地域開発の旗印となっていき、自然公園のある地域では、観光開発という名の地域開発熱に取り付かれ、中央、地方の政府は、1962年10月の「全国総合開発計画」(一全総)に導かれ、国土の観光開発に邁進することになった。

1963年7月に池田総理大臣は、「観光政策審議会」に「国民所得倍増計画を目標とする長期計画に対応する観光政策について」審議するように諮問した。観光政策審議会の答申に先立ち、1964年9月に議長臼井総理府総務長官、各省事務次官クラスからなる政府主導の「観光対策連絡会議」は、「国際観光地及び国際観光ルート」を内定して公表し、オリンピックに向けて国際観光事業の推進をはかった(53)。

そして1965年10月29日に、観光政策審議会は、諮問の答申として、先にみた「国際観光地及び国際観光ルート」案を踏襲した「国際観光地及び国際観光ルートの整備方針」を提起し、政府は、観光道路の整備を精力的にすすめた(54)。

この国際観光地ルートは、多くの国立公園に関わっており、国立公園の交通インフラを整備すると同時に、国立公園内の自然の乱開発をもたらし、著しい自然破壊、環境悪化を生み出していくことになる。

こうして高度経済成長期の中盤に、オリンピック景気と観光ブームが高揚し、観光開発が大々的に進展し、国立公園の観光開発にも拍車がかかり、各地の国立公園の過剰利用、乱開発と自然の破壊の問題、その反対の環境保全、自然保護の問題が生み出されていった。

③高度経済成長後期1965－71年の観光開発政策

『自然保護行政のあゆみ』が指摘しているように、1960年代の後半から「引き続いた高度経済成長と国土開発の波が、公害と自然破壊という歪みの顕在化によって、社会の激しい抵抗に会い、遅ればせながら対応の姿勢を整えながらも、なお一方で既定の開発路線を強力に進めていった時代であった。したがって、この時期、各方面で公害防止と環境保全のための制度が創設あるいは強化される一方、各地で開発と保全との対立、衝突が生じた」(55)。

まず、政府のすすめた高度経済成長後期の新しい観光開発政策からみてみ

よう。

　政府は、1965年「国際観光地及び国際観光ルートの整備方針」の答申に沿って、道路建設をすすめたことはいうまでもない。

　さらに政府は、1969年には第二次全国総合開発計画（新全総）を提起し、開発に拍車をかけた。この計画は、林野面で「大規模林業圏開発計画」を樹立し、全国7大規模林業圏（743万ヘクタール）を設置し「25の大規模林道（総延長1898キロメートル）を開設し」、そのうち「森林レクリエーションエリア整備」をおこない、林道の枠をこえた観光自動車道路を建設し、明らかに「森林の収奪と観光開発を狙ったもの」であり、1970年代－80年代に問題化することになる。[56]

　他方、政府は、高度経済成長後期に入って、観光開発政策をすすめながら、そこに従来の政策を反省する動きをみせた。

　その一つは、1965年10月29日に提出された政府の「行政管理庁の観光行政監査結果に基づく勧告」であった。[57]

　ここで、「勧告」の内容を詳しく紹介している紙幅がないので、ごく簡単に観光行政の批判点だけを指摘するにとどめたい。「勧告」は、

　第1に、幾つかの保護規制があるにも拘わらず「根本的には財政措置が伴わないため、最近の経済事情の変遷、都市的環境の急速な発展による風致景観の破壊に対処し得ない実情」と「観光資源の保護管理」の欠陥を批判し、「国民的遺産や優秀な自然景観等」につて「保護の万全を期するため」、特別保護地区の追加などの「措置」を提起した。

　第2に、「重要な観光資源について一旦破壊されると回復は困難である」から、これを防止するために、関係機関相互の事前の十分な「連絡調整」と「開発と観光資源保護との調和」の「必要」と勧告した。

　第3に、国立公園計画には「未だ詳細計画のない等未整備のものがある」と指摘し、「風致景観の維持管理を適切にするために公園計画の整備を促進する」必要を勧告し、特別保護地区の少ない現状を批判した。

　第4に、「最近、観光地においては、公衆道徳の欠如および法令規則無視の一般的風潮によって無許可の工作物設置や土石採取および観光客、地元住民、売店業者による汚物、ゴミ等の投棄その他の汚損行為等観光地の風致景観を害している事例がきわめて多い。」と批判し、その防止策を「勧告」した。

以上のように、「勧告」は、国立公園行政当局による観光資源の保護管理行政の不備、欠陥を一般的に指摘し、改善の方向を提示した注目に値する「勧告」であった。これは、これまで政府のすすめた観光行政が、観光の促進のみに目を奪われ、観光の生み出す問題に目をつむり、放置してきたことに気づき始め、改善を迫られていたことを示している。しかしこの画期的な「勧告」は、多分に抽象的で、改善の勧告も一般的なものにとどまっていた。

　1965年10月29日に行政管理庁の勧告がなされたすぐ後に、鈴木善幸厚生大臣は、同年11月20日に、自然公園審議会に「今後予想されるべき社会経済の変動に応じて自然公園行政は如何にあるべきか、その基本的方策について」の諮問をおこなった。⁽⁵⁸⁾

　鈴木厚生大臣は、自然公園審議会への諮問に際して、国民の生活向上、レクリエーション需要の急増という現状を踏まえ、「地域開発や観光開発による自然の破壊が指摘され、世論の批判を受けている」と現状を認識したうえで、従来の自然公園の「管理、計画、利用」について綜合的に審議し、「抜本的な検討」を要請したのであった。

　自然公園審議会は、1965年11月に「自然公園行政の基本に関する中間答申」を提出した。⁽⁵⁹⁾この中間答申は、後の最終的な答申の骨格をなすものであったが、多くの論点が未検討であったため、「中間答申」として公表された。

　自然公園審議会は、1965年11月に諮問がだされてから2年8ヶ月後、総合部会を14回、分科会を27回開催するという前例をみない熱心さで審議をつづけ、1968年6月に2万字をこえるかなり大部で極めて特異かつ重要な自然公園政策を提起した「自然公園行政の基本的方策に関する答申」を提出した。⁽⁶⁰⁾

　この膨大な答申のうち、おもに国立公園の管理保護の欠陥についての現状認識と現状の改善提案について紹介しておきたい。

　第1部「総説」の第1章「今後予想される社会経済の変動とその影響」では、産業経済活動の進展は、「都市周辺から急速に自然を失わせ、自然環境は後退を余儀なくされる」だけでなく、「野外レクリエーション需要の急速な増大は、自然公園の過剰利用を招来し、今後ますます重要度を加えるべき自然保護が、一層危機にさらされるという深刻な問題を提起することもまた疑いがない」と指摘し、自然公園行政の当面している問題点を抉り出した。

　第2章「今後の自然保護と野外レクリエーションの展望」は、まず1「自然保護」の節で、わが国の変化に富み優美な風景や原始的な景観を示してい

る「自然の場を対象として現に進みつつある各種の国土開発は、自然保護の危機をもたらしつつある」と現状を批判的に述べ、「在来の自然保護のみでは、急速に拡大する自然破壊に適切に対処することは困難となりつつあり、計画的積極的な自然保護の施策が講じられることが必要である」と指摘した。

ここでは「自然」が、「野外レクリエーションの場」であるだけでなく「学術研究の対象」であり、自然公園法で示された「風致的な観点からだけでなく」「自然そのもの」として捉えられ、自然の保護が「生物とその環境全体を含めた一体として」の「保護」でなければならないと指摘された。

そして「自然を保護することは、すなわち、人間と自然との正しい関係を確立し、人間が生きる環境の質を保全し、最終的には人間の福祉の向上を目指すものにほかならない」のであり、「このために、自然景観の破壊、大気の汚染や水質の汚濁等にたいしては、新しい科学や技術を応用し、科学的に自然保護を進めるとともに、自然景観の破壊を予防し、ひとたび破壊された自然は速やかに復元する努力を怠ってはならない」と高らかに宣言された。

第2章2「野外レクリエーション」の節では、野外レクリエーションが、現代社会において「増大する精神的緊張を緩和し、活力を再生産し、体力の増進に寄与」し、「失われつつある健全な人間性の回復をはかり、人間的能力の向上に資する」ものと指摘され、野外レクリエーション需要の急増状況と、そこに生まれる過密状況を解消する必要が指摘された。

第3章「現行自然公園制度の問題点」では、まず「地域制」を取り上げているが、「土地所有権その他の財産権や、各種の国土開発との調整に留意しなければならない」点を指摘し、「公用制限の運用を強化するための管理体制の充実を図るとともに、公園としての機能を果たすために不可欠な土地を確保する方策」の「必要」が一般的に指摘された。

つづいて野外レクリエーションの急激な増加によって生じている自然公園の「過剰利用」が、「自然破壊の要因ともなっている」と指摘された。「このような過剰利用を防止し」今後に対処するため「既存の公園の利用の適正化、合理化」と新たに自然公園の「開発」と著しく立ち遅れている「施設整備」の「充実と新規開発」の必要を提起した。

第4章「今後の自然公園行政の方向」では、「今後の自然公園行政の中心的課題」を提起した。それは、1、自然公園の量的拡大、2、「積極的に自然の保護と利用の適正を図るため」の「適正な公園計画」の策定と「既存の

公園計画」の「再検討」、3、自然公園の管理の複雑性に鑑み、「業務量の大幅な増加に対処して、適切な管理体制を確立」し「管理体制の充実」に努めること、4、自然公園「利用の増大に対処するため」の「公共施設、休養施設の整備」、そのための「財政措置の充実」、5、「自然愛護思想の普及」、「自然に親しむ野外レクリエーションの啓蒙」などであった。

第2部は、「当面の基本施策」として、五つの章を設けて当面の基本施策を論じた。そのうちとくに注目すべき論点として、第2章「公園計画の確立」で「保護計画」で従来の特別地域を第1種、第2種、第3種に区分して規制に強弱をつけていたものを制度化する必要が提起された。

第3章「自然公園の保護の強化」では、5点をあげ、1、自然保護を徹底するため民有地の買収の必要、2、景観的だけでなく「生態学的に貴重な自然が純粋に保存されている地域を恒久的に保存するために」自然保存地区制度の設置の必要、3、管理体制の充実のために、現下の国立公園の現地管理要員の不足と制度的弱体を認め、「その強化の必要」、4、「自然公園の美化清掃」の重視を指摘し、清掃費の補助と特別な清掃措置の必要、5、「各種の開発や過剰な利用により一度破壊された自然であっても、これをすみやかに復元するような措置が必要」などが提言された。

第4章「自然公園の利用の増進」では、1、自然の風景を損なうことなく「道路、駐車場、園地等の基盤的公共施設」、「野営場、スキー場、水泳等各種の公共的レクリエーション施設を計画的に整備」し、「将来の自動車旅行の増大に対処し」、そのための「施設を重点的に整備」し、2、「国民宿舎」「国民保養センター」「国民休暇村」などの「快適でしかも低廉に利用できる施設」を改善し、3、民間資本「企業としてややもすると、自然の保護を等閑視しがちである」と認め、民間資本の「健全な育成をはかるため、積極的かつ適切な指導」の必要などについて提言した。

第5章「自然保護思想の徹底」では、1「自然保護教育の普及」、2「自然保護技術の振興」、自然復元のための「自然保護に関する研究部門の充実」、3「さしあたり一大国民運動を起し、『自然保護憲章』の制定をはかること、などを提言した。

以上『答申』の内容について簡単に紹介してきたが、ここで注目される論点を4点ほどにまとめることができる。第1に『答申』は、国立公園の過剰利用あるいは自然公園の開発による著しい自然破壊と環境汚染が生じている

現状を厳しく認めていることである。第2に『答申』は、国立公園の自然破壊や環境汚染の原因が、自然公園管理・保護体制の著しい脆弱さにあることを認めていることである。第3に『答申』は、著しく脆弱な自然公園管理・保護体制を改めて、自然公園管理・保護体制の強化のため、各種の施策、管理機構の拡充・充実を提起していることである。第4に『答申』は、自然公園財源の増額を指摘していることである。

確かに答申は、これまでの自然公園審議会の答申にはまったくみられなかった画期的なものであった。しかし、答申は、相変わらず今後のニーズに応じるための観光開発の必要を主張し、これまで著しく脆弱な自然公園管理・保護体制を放置し、自然公園審議会が安易な開発に組みしてきたことについての反省を一言も述べていない。答申は、あたかも対応が遅れたから問題が起きたかのように論じており、答申を検討している直前に日光国立公園内の尾瀬地区に自動車道開設計画を認可したり、吉野熊野国立公園内の北山川電源開発計画を認可したことへの反省をどこにも示していない。

また後に詳論するように、答申の多くの提言が、ごく一部実行されただけで、実行されなかった部分も多く、多分に実行の伴わない建て前論、空論、画餅に終わっている面が著しい。とくに国立公園管理保護を強化するのための財源増強の提言などは、まったく実現されなかった。

従って、答申は、すべて正しい当然の提言ではあるが、野放しの観光開発の進行にたいする警戒心、抵抗を示しただけであって、観光開発による自然破壊にたいする自然公園行政の怠慢の弁解、自然公園行政当局のアリバイつくり的な政策提言に終わっていると指摘せざるをえない。

佐藤内閣は、1960年代の終わり近くに、公害を防止し自然保護、環境保全を強化する独自の方策として二つの施策を提起した。その一つは環境庁の設置であり、もう一つは、自然保護憲章の制定準備の支援であった。

1960年代の公害反対運動と自然保護・環境保全運動の激化に直面し、佐藤政府は、1967年に公害対策基本法を制定したが十分な対応ができず、1969年に縦割り行政をこえて、公害対策本部を組織し、公害対策の総合的、抜本的な検討に取組み、公害対策基本法、自然公園法の改正をおこない、1969年末に、環境保全関係の行政一元化をめざし、環境庁の設置を決定した。佐藤政府は、環境庁の設置を1971年1月の閣議で了承をえて、急遽、同年2月16日に環境庁設置法案を閣議決定し、国会に提出した。環境庁設置法は5月24日

に成立し、環境庁は7月1日に発足した。[61]

　自然公園行政機関は、1971年7月に環境庁が設置され、環境庁自然保護局に編成替えされたが、自然保護局とそのもとでの自然公園行政については、環境庁設立後の1970年代の国立公園制度の問題にかかわる問題であり、項を改め本書第Ⅰ部第6章において論じる。

注
　（1）拙著『自然保護と戦後日本の国立公園』、時潮社、2011年、133－137頁。
　（2）甲賀春一「自然公園法制定の経緯と解説」、『国立公園』No.95、1957年5月。
　（3）「国立公園ニュース」、『国立公園』No.18、1951年5月、27頁。
　（4）森本潔「国立公園行政の問題」、『国立公園』No.19、1951年6月、5頁。
　（5）前掲甲賀「自然公園法制定の経緯と解説」、『国立公園』No.95、4頁。
　（6）同上、4頁。
　（7）1957年『自然公園法』の全文は、前掲甲賀春一「自然公園法制定の経緯と解説」、に掲載されている。なお文中の和数字は読みやすくするため洋数字に直した。
　（8）拙著『国立公園成立史の研究』、法政大学出版局、2005年、76頁。
　（9）前掲甲賀論文、7頁。
　（10）同上、7頁。
　（11）同上、9頁。
　（12）同上、4頁。
　（13）例えば、戦後の国立公園審議会が黒部第四発電所建設計画を承認する際に、開発を規制するため種々条件を付したが、国立公園審議会も日本自然保護協会も、その条件が守られているかを厳しく監視した形跡はない。拙著『自然保護と戦後日本の国立公園』第7章「中部山岳国立公園内の黒部第四発電所建設計画と反対運動」を参照。
　（14）加藤峰夫『国立公園の法と制度』、古今書院、2008年。
　（15）瀬田信哉『再生する国立公園』、清水弘文堂、2009年。
　（16）環境庁自然保護局編『自然保護行政のあゆみ』、第一法規出版、1981年、113頁。
　（17）伊藤武彦「国立公園法解説」、『国立公園』第3巻第7号、1931年7月、14頁。
　（18）前掲『国立公園成立史の研究』、第Ⅰ部の第3章「大正期における国立公園論争」、第5章「国立公園法の制定と法の問題点」を参照。

(19) 前掲甲賀「自然公園法制定の経緯と解説」、『国立公園』No.95、6頁。
(20) 前掲伊藤「国立公園法解説」、『国立公園』第3巻第7号、12頁。
(21) 戦前の各地の国立公園で闘われた自然保護運動の要求を参照されたい。前掲『国立公園成立史の研究』第Ⅱ部を参照。
(22) 戦前の十和田湖の灌漑事業問題について国立公園行政当局と農林省との交渉をみよ。拙著『国立公園成立史の研究』第Ⅱ部第6章、348頁。
(23) 厚生大臣官房国立公園部『公園関係法令通知集』、1954年、国立公園協会、106頁。
(24) 前掲『国立公園成立史の研究』、116頁。
(25) 田村剛「国立公園の再認識」、『国立公園』No.86・87、1957年1・2月、7頁。
(26) この点については、前掲『自然保護と戦後日本の国立公園』、最終章の「田村剛小論」を参照されたい。
(27) 堀木謙三「国立公園行政に思う」、『国立公園』No.95、1957年10月、1頁。
(28) 田中順三「自然公園における保護と利用開発」、『国立公園』No.171、1964年2月、11頁。
(29) 川島三郎「国立公園の保護と利用」、『国立公園』No.79、1956年6月、20頁。
(30) 畠中順一「自然公園における自然保護」、『国立公園』No.126、1960年5月、2－3頁。
(31) 戦後以降の日本の政治経済については、私の認識に近い正村公宏氏の一連の著作、とくに正村公宏『戦後史』上下、筑摩書房、1985年、正村公宏『図説戦後史』、筑摩書房、1988年を参照させていただいた。
(32) 岸内閣については、前掲『戦後史』下、第10章を参照。
(33) 池田内閣については、同じく第11章を参照。
(34) 全国自然保護連合編『自然保護辞典』①［山と森林］増補改訂版、緑風出版、1996年、198頁。
(35) 佐藤内閣については、前掲『戦後史』下、第12章を参照。
(36) 前掲『自然保護辞典』①、198頁。
(37) 同上、95－97頁。
(38) 前掲『図説戦後史』、249頁、227頁。
(39) 前掲『自然保護行政のあゆみ』、134頁。
(40) 前掲『自然保護辞典』①、20頁。
(41) 前掲『自然保護行政のあゆみ』、134頁。
(42) 国立公園部「観光事業振興基本計画の確立」、『国立公園』No.80、1956年7月、26－27頁。

（43）前掲『自然保護辞典』①、93頁。
（44）佐藤寛政「道路行政と観光道路」、『国立公園』No.125、1960年4月、6－7頁。
（45）同上、8頁。
（46）藤森謙一「有料道路の現況と将来について」、『国立公園』No.125、1960年4月、11－12頁。
（47）同上、12頁。
（48）観光事業審議会「観光事業審議会の答申について」、『国立公園』No.153、1962年8月、2－4頁。
（49）関晴香「東京オリンピック大会について」、安居院平八「オリンピックと観光」、『国立公園』No.148、1962年3月。
（50）「観光基本法公布さる」、『国立公園』No.165、1963年8月、2頁。
（51）同上、2頁。
（52）前掲『自然保護行政のあゆみ』、135－136頁。
（53）「国際観光地および国際観光ルート内定する」、『国立公園』No.178、1964年9月、22頁。
（54）詳しくは「国際観光地及び国際観光ルートの整備方針について」、『国立公園』No.193、1965年12月を参照。
（55）前掲『自然保護行政のあゆみ』、173－175頁。
（56）前掲『自然保護辞典』①、93－95頁。
（57）行政管理庁「行政管理庁の観光行政監査結果に基づく勧告」、『国立公園』No.194、1966年1月。
（58）「今後予想されるべき社会経済の変動に応じて自然公園行政は如何にあるべきか、その基本的方策について」、『国立公園』No.194、1966年1月。
（59）「自然公園行政の基本に関する中間答申」、『国立公園』No.201・202、1966年8・9月。
（60）「自然公園行政の基本に関する答申」、『国立公園』No.223、1968年6月。
（61）「国立公園部『環境庁』自然保護局へ移管決定す」、『国立公園』No.255・256、1971年2・3月。

第2章
高度成長期における脆弱な国立公園行政管理機構

　はじめに
　1　高度成長期の脆弱な国立公園行政管理機構
　2　高度成長期における国立公園基本政策の展開

はじめに

　本章の課題は、第1に、高度経済成長期の政府が、戦前、戦後の脆弱な国立公園行政管理機構を継承して、その脆弱性を克服することなく、維持してきたかを明らかにする。第2に、国立公園政策の決定機構が、高度経済成長期においても、如何に保守的で体制的であったかを明らかにする。第3に、国立公園行政当局と自然公園審議会が、高成経済成長期に国立公園の利用が生み出す国立公園の自然破壊、環境侵害、景観毀損にある程度気が付き、国立公園の管理を強化し、保護する必要を提起したが、それが具体性を欠き、ほとんど実行性をともなわなかったことを明らかにする。第4に、国立公園行政当局と自然公園審議会が、利用が生み出す国立公園の自然破壊、環境侵害、景観毀損を阻止する体制を築くことなく、国立公園制度を積極的に改革することなく、もっぱら国立公園の量的拡大と利用政策をすすめ、国立公園の国民的な利用、観光化政策を提言してきたかを明らかにする。

1　高度成長期の脆弱な国立公園行政管理機構

（1）高度成長期に継承された戦後の脆弱な国立公園行政管理機構

　1957年に自然公園法が制定されたが、厚生省の国立公園管理行政機構は、1971年に新設された環境庁自然保護局のもとに編成替えされるまで、戦後の脆弱な旧体制を引き継いだだけで、特別に大きく変化しなかった。

　前著『自然保護と戦後日本の国立公園』で明らかにしたように、戦後の厚生省の国立公園管理行政機構は、貧弱な予算しかもたない行政組織として構成員の少ない小さな部局であった。

　すなわち、厚生大臣官房のもとに設置された国立公園管理行政機構の国立公園部は、1950年の事例でみると、本部に国立公園部長を頂点とし、傘下に管理課、計画課の2課を置き、40名の課員が配置され、国立公園とは関係のない3国民公園を管理する事務部を置き、34名の課員が配置されていた。[1]

　国立公園部は、この本部のほかに、地方に、13の国立公園を管理する事務

表2－1　1964年国立公園部局の要員構成

部　署	員　数
「中央」3課小計	47
管理課	23
計画課	14
休養施設課、	10
国民公園管理部門小計	116
皇居外苑管理事務所	30
新宿御苑管理事務所	55
京都御苑管理事務所	16
千鳥ヶ淵戦没者墓苑	5
現地国立公園管理部門小計	52
現地国立公園管理事務所	12
（日光）	（6）
（富士箱根伊豆）	（6）
現地国立公園管理員	40
〈＋都道府県委託職員〉	〈17〉
国立公園部門　合計	205

注　宮島剛「国立公園局の誕生について（前）」、『国立公園』No.177、1964年8月、3頁から作成。都道府県委託職員の数は、『国立公園』No.183・184、1965年2・3月、3頁。

部を置き、39名の管理要員を配置していた。[2]

　高度経済成長期における国立公園管理行政機構をわかりやすくするために、1964年の国立公園部局の行政組織を示せば、表2－1のとおりである。

　国立公園部局の管理行政組織は、1957年に自然公園法の制定後も、厚生省の部局とは別の厚生大臣官房のもとに置かれ、1名の国立公園部部長のもとで、国立公園等の中央業務をおこなう管理課、計画課、1962年に新設された休養施設課からなっていた。それぞれの課には、課長1名が置かれ、管理課に23名、計画課に14名、休養施設課に10名、中央3課に合計47名の要員が配置されていた。

　ここで注意しておきたいのは、国立公園部局には、本来国立公園とは直接関係のない国民公園と温泉の管理をおこなう部署が置かれていたことである。すなわち、皇居外苑管理事務所に30名、新宿御苑管理事務所に55名、京都御苑管理事務所に16名、それに千鳥ヶ淵戦没者墓苑に5名、3事務所、1墓苑、温泉関係には要員がゼロで、合計116名が配置されていたことである。

国立公園の中央行政要員は、合計126名ということになる。

それら国民公園の要員を無視すれば、国立公園の中央行政要員は、何と驚くべきことに、国民公園管理部門の要員116名の半分にも満たない少人数であり、戦後の44名の定員より3名多いたったの47名だったのである。

現地の国立公園行政は、現地に派遣される国立公園管理員によっておこなわれた。この業務の一部は、国立公園関連の費用から雇われる都道府県委託要員17名によっても担われていた。

1964年には、国立公園部局から現地に派遣される国立公園管要員には、2種あって、一つは、各地の国立公園に派遣される一般的な現地要員であり、もう一つは、主要な国立公園内に設置される国立公園管理事務所に派遣される要員であった。

各地の国立公園に派遣される一般的な現地要員についていえば、1964年に23存在した国立公園に派遣される現地国立公園管理員は、たったの52名であった。彼らは、1国立公園に平均1.3名でしかなかった。すぐ後に詳しくみるように国立公園内の派遣駐在地が複数あれば、単身赴任地も多く、特別な事務所もなく、借家を事務所とするなど、孤立した小さな存在にしかすぎなかった(3)。

さらに現地の国立公園管理は、国立公園管理員を補佐する補助員、そして国立公園管理費の補助によって雇われる都道府県からの要員などによっても担なわれており、彼らは国立公園部管理機構の一端を担っていた。1964年の場合、17名がカウントされている。

以上のように、国立公園部局の行政組織は、1964年には合計205名の要員によって担われているが、国立公園行政に無関係な国民公園管理要員101名を除く純粋な国立公園行政要員は、実に96名であった。それは、戦後の純粋な国立公園部局の国立公園行政要員80名からごくわずかに増えたにすぎない驚くべき少人数であった。ここに国立公園管理行政機構の決定的な脆弱性が読み取れる。

ここにみた自然公園法下の国立公園部局の管理行政機構は、度々指摘するように、1957年の自然公園法の制定から1971年の国立公園行政部門の環境庁への移転まで、本質的に何らの変化がみられなかったのである。

それでも国立公園部行政組織には、若干の変化もみられた。それは、厚生大臣官房国立公園部の厚生省国立公園局へ昇格と休養施設課の増設であった。

1964年に厚生大臣官房国立公園部は、いわば特設的部署から正式な厚生省の諸局の中の一つとして国立公園局に昇格した。この昇格は、制度的には厚生省に11局目の局を増やすもので、形式的には画期的な意義があったかもしれない。

　1964年当時の国立公園部管理課長宮島剛は、国立公園部の局昇格の経過と意義を述べ、国立公園部の局昇格の理由を「近年における国民の余暇利用への旺盛な欲求に対応してその業務量は年々急激に増大してきて昨今では、大臣官房の中の一部で処理することが事実上困難になってきていた」ことだと指摘している(4)。

　しかしこの国立公園局への昇格は、実際には多分に名目的なものにすぎず、後に詳しくみるように、要員も増えず、国立公園財政にも変化を及ぼさず、何ら国立公園局行政の内容に大きな変化をもたらさなかった。

　1964年に初代国立公園局長だった今村譲は、国立公園部予算は「甚だ少ない額である」と指摘し、「率直にいって、国立、国定公園の事実上の管理組織は、まだ名目的なものにすぎないといって過言ではないであろう」、「現場の事実上の管理という点になると自然公園法の所期する状態からは程遠いといわねばならない」と指摘している(5)。

　そしてせっかく昇格した厚生省国立公園局は、佐藤内閣のすすめる行政簡素化政策の一省一局削減により、1968年6月15日に再び厚生省大臣官房国立公園部に降格されてしまったのである(6)。この国立公園局の国立公園部への降格事例は、政府の国立公園部行政への関心の低さを如実に示すものであった。

　この降格に関連していえば、過去にもあった考え方であったが、一部の筋から国立公園、文化財保護、観光などの行政を観光行政機構に一元化したらという意見がだされた(7)。これは、厚生省所管の国立公園行政機関の独自性を否定する意見であった。

　この国立公園行政の観光行政機構への一元化論にたいして、1968年8月22日の関係閣僚間協議は、一元化をおこなわないと決定した。園田直厚生大臣は、自然公園行政が、観光行政とは異なる自然保護行政を抱えており、観光行政に一元化できない、と強力に反対し、灘尾文部大臣や自民党の政調会社会部も一元化に絶対反対した(8)。

　厚生省国立公園部は、1968年から1971年に環境庁に吸収されるまで、局に復帰することはなかった。

何故、国立公園行政が環境庁自然保護局に移されたか、そして環境庁自然保護局のもとで、国立公園行政がどのように変化していくかについては、環境庁成立後の1970年代以降における国立公園管理行政機構の問題であり、本書第6章で論じることにする。

（2）国立公園行政当局の本部要員数と現地要員数の僅少さ

　高度経済成長期における国立公園行政管理機構の脆弱性は、国立公園部局の本部行政要員数と現地要員数の僅少さに典型的に現われている。

　国立公園部局の管理行政機構の中枢は、国立公園部の2課、1964年より3課からなっている。この2、3課からなる国立公園部局は、国立公園計画と国立公園事業を企画立案し、また国立公園の計画案と事業案を自然公園審議会に提出して審議にかけ、承認された国立公園の計画案と事業案を執行する。

　国立公園行政本部要員は、戦前、戦後から定員制がしかれ、増員が厳しく抑制されてきた。これは、政府が基本的に国立公園政策を低くみて、国立公園財政を小さく抑え、国立公園行政要員の人件費を極小に抑制してきたからにほかならなかった。

　国立公園部の行政本部要員は、1950年には41名であったが、自然公園法制定後の1964年には、たったの47名にすぎなかった。1964年9月に公務員の「増員抑制の閣議決定」がなされて、国立公園行政本部要員数は、いっそう厳しく抑制された[9]。

　その後の国立公園本部要員数は、1965年に2名、1966年に2名の増員要求があったが、実現された形跡がない[10]。

　高度経済成長が軌道に乗って、国民のレジャーの大衆化も広がり、自然公園、とくに国立公園の利用も急増し、国立公園の拡大・拡充が進展した。

　国立公園部局の国立公園関連中央業務は、すでに1957年には19カ所存在した国立公園の管理に加え、1962年から1964年に4カ所の国立公園を新設するための準備作業と、1972年に新たに指定されることになる4国立公園の指定準備があった。さらに、1963年から1971年までに11国立公園で地域の拡大がはかられたが、そのための準備作業もまた巨大であったはずである。

　さらに国定公園についていえば、1957年までに9カ所の国定公園が存在したが、1957年から1971年までに30カ所が新たに指定された[11]。これらの指定の

ための準備作業は、国立公園部局の国立公園本部要員の業務であった。

　後に詳しく検討するようになる国立公園の利用が高度経済成長期に急増したため、国立公園本部は、国立公園の利用施設を整備し、大量に入り込む入園者を管理し、入園者による国立公園の破壊、侵害を防止し、環境を保全し、自然を保護する膨大な業務を企画し、現地の国立公園管理員を監督、指導しなければならなかったはずである。

　ところが、こうした増大が予定された国立公園部局の中央行政業務量をこなす本部要員は、1964年に47名であり、その後1965年と1966年に2名の増員要求があったが、[12]その実現が確認できず、極めて少数の要員にとどまっていたことは明らかである。

　そのため結局、国立公園部中央業務は、十分におこなわれず、ないがしろにされ、日本の国立公園制度は、形だけで管理の内実のともなわない貧弱なままに放置されたのである。

　このことは、政府が伝統的に国立公園部局の中央行政を軽視して、時代に相応しい国立公園行政に本腰を入れなかったことを如実に示すものであった。1967年に提出された自然公園審議会の先にみた「答申」が提起した国立公園行政要員の不足を改善するための増員の進言は入れられず、政府は、国立公園行政要員の大幅な増員をおこなって脆弱な国立公園管理行政機構の欠陥を克服しようとしなかった。

　国立公園制度を含め自然公園行政の業務の拡大に比較して本部要員数の貧弱さは、後に詳しく検討するように、国立公園行政の中央業務の決定的な停滞を生み、国立公園の保護管理を怠り、国立公園の自然破壊、環境悪化、景観毀損を生み出すことになる。

　国立公園管理行政機構で注目されるのは、国立公園現地管理機構である。中央の国立公園管理機構が貧弱であると同時に、国立公園の現地管理機構もまたいっそう貧弱であった。

　例えば表2－1に示した1964年の事例をみれば明らかなように、国立公園の現地管理機構は、23の国立公園に52名の国立公園管理要員が派遣されているだけであった。

　それに主要な国立公園には、1964年から国立公園管理事務所が設置されて重点的な国立公園管理をおこなう建前になっているが、表2－1に示したように、1964年には、2カ所の国立公園事務所が開設され、日光に2名、富士

箱根伊豆に6名、合わせて8名が配置されていただけであった。

さらに現地の国立公園には、メインの管理要員の代役を果たしたり、あるいはメインの管理要員を補助したりする都道府県に委託した職員17名が配置され[13]、日雇い職員20数名とボランタリー要員も配置されていた[14]。

しかも各地の国立公園管理体制なるものは、駐在地に派遣される国立公園管理員が、平均で1国立公園2名程度が張り付く計算になるが、実際には1国立公園に2、3カ所の駐在地があれば、1駐在地に1名しか張り付けず、まともな事務所もなく、時には自治体の事務所の一角に身を寄せたり、借家したりして、冬には現地を離れて、都市部の自治体の事務所に身を寄せたりして、各地の国立公園管理をおこなうという何とも信じがたいものであった[15]。

以上のように国立公園現地管理機構は、実に貧弱極まりない体制であった。これまでの国立公園研究は、こうした事実をみて見ぬふりをし、公然と批判することを避けてきた。

ここでもう少し現地国立公園管理機構の実態に詳しく触れてみたい。

アメリカにならって通称レンジャーと呼ばれた国立公園管理員は、自然公園法の制定翌年の1958年に、「常勤労務者」の身分を改め「厚生技官」の身分に改編され、40名が定員化された[16]。しかしこれは、国立公園管理員の身分の改善であり、国立公園管理員制度を本質的に改善するものではなかった。

そもそも国立公園管理員は、現地でどのような職務を実行するのであろうか。1953年に制定された「国立公園管理員執務要領」による「国立公園管理員の業務内容」は、以下のとおりであった[17]。

「1、担当区域内における保護管理業務
　（1）自然公園法に基づく国立公園事業及び要許可等の申請に関する書類の授受。事前指導、現地判断、意思具申、行為中及び事後の指導監督を行うこと。
　（2）自然公園法違反行為の取締を行うこと。
　（3）国立公園の美観、秩序、環境の保持又は増進について指導監督を行うこと。
　2、担当区域内における利用指導業務
　（1）国立公園利用者に対し、案内、指導、自然解説等を行うこと。
　（2）国立公園利用者の遭難防止、救急対策に協力すること。
　（3）国立公園思想の普及徹底に努めること。

3、厚生省国立公園部所管国有財産の維持管理業務（集団施設地区管理規則）
4、国立公園の指定、計画並びに事業決定及び執行に関する実地調査
5、その他
（1）保護及び利用に関する詳細計画案を策定すること。
（2）その他国立公園部長又は都道府県知事の特命事項を実施すること。」

　この国立公園管理員の業務規定は、その後も継承されてきたのだが、実に膨大な業務内容を指摘しているが、この膨大な業務内容は、一見してわかるように、実際に1、2名、多くて数名しか派遣されていない個々の国立公園の管理員が、それを十全に実施することなど不可能である。

　ここに指摘されている業務は、建前上のものであって、第1に、多くは本来国立公園本部がおこなうべき性質のものであり、1、2名しか配置されていない国立公園管理員が実際におこないうる業務ではなく、第2に、確かに現地でおこなわれる業務であるにしても、1、2名しか配置されていない国立公園管理員ではほとんど実行しうる範囲をこえた業務であると指摘しなければならない。

　そのため本来おこなわれるべき各地の国立公園の管理、保護は疎かにされて、当時の国立公園管理員の報告から窺えるように、単身または複数の管理員の仕事は、形式的な事務業務や管理にからむ地元住民との付き合いなどに費やされ、本来の現地でおこなわれるべき国立公園の管理、保護のための業務はほとんど実行できなかったのである。[18]

　高度経済成長期における国立公園管理員数は、表2－2に示したように、1958年には厚生技官に定員化されて40名、その後自然公園の増大、国立公園の利用者の増加を反映して1960年には52名に増員された。しかしこれも自然公園法制定前の1957年の常勤労務者57名とくらべてもなお5名も少ない人員であり、自然公園法制定によって、国立公園管理制度が強化されたとは到底いえない。

　現地の国立公園管理要員の定員は、52名体制がしばらくつづいたが、1960年代の後半に高度経済成長の成果が現われ、レジャーブームが生じて、国立公園の国民的な利用への対応を迫られて、1967年に3名増員され55名となり、以後1971年まで55名を推移した。国立公園管理要員を補強する委託技師の員数は17名どまりであった。

表2－2　現地の国立公園管理員数の推移

	定員数	都道府県委託技師数（その他）
1957年	57	12
1958年	40	
1959年	46	
1960年	52	17（20）
～1966年	52	17
1967年	55	17
～1970年	55	17
1971年	53＊	17
1972年	62＊＊	

注　前掲『レンジャーの先駆者たち』、403頁、1957年についてのみ『国立公園』No.181、1964年12月、3頁による。都道府県委託技師（その他）については、各年度の国立公園部の予算報告による。＊は、私の調べでは56名、＊＊は後にみるように65名となる。

　現地の国立公園管理要員がほとんど増加せず、国立公園制度の拡大・拡充、後に詳論するように国立公園の国民的な利用の急増にも拘わらず、国立公園管理機構の脆弱性は、まったく克服されることはなかったのである。

　なお、1957年に導入されたボランティアの自然公園指導員制度は、表2－3に示したが、員数こそ大きいが、その具体的機能は、よくわかってていない。その実態解明は今後の課題としたい。

　国立公園行政当局は、国立公園行政管理機構の脆弱性を、もっぱら現地国立公園管理制度の不十分さとして捉えて、現地の国立公園管理に責任をもつ部署の強化を試みた。

表2－3　自然公園指導員の推移

1957年	導　入
1963年	300余名
1966年	690名
1967年	800名
1971年	800名
1972年	1200名

注　『国立公園』誌に掲載された国立公園部予算報告から作成。

現地国立公園管理制度の強化の試みは、第1に、主要な国立公園に国立公園管理事務所を設置して国立公園管理の強化をはかることであり、第2に、現地国立公園管理員の増員要求をはかることであった。しかし国立公園行政当局の声は、中央政府には通じず、現地国立公園管理制度の強化は実現しなかった。

まず国立公園管理事務所の設置の試みについてみてみよう。

1959年に国立公園部管理課長中西哲郎は、「現地管理機構の充実を図るため、取り敢えず明年度において他の国立公園に比し利用者数及び許認可等の事務量の多い、日光、富士箱根伊豆の2国立公園管理事務所を新設し、保護、管理の適正を期すること」と指摘した。

その際の国立公園管理事務所の組織構想は、表2-4に示したように、1事務所、3係を置き、日光国立公園には8名、富士箱根伊豆国立公園には9名の現地国立公園管理要員を張り付ける計画案であり、従来にない積極的な現地国立公園管理制度案であった。

表2-4 国立公園管理事務所の組織構想（1959年）

職　種	員　数	事務分担事項
所長（技官）	1名	
庶務係 　係長（事務官） 　係員	 1名 1名	1、管理事務所事務全般 2、国有財産の管理
保護管理係 　係長（技官） 　係員	 1名 2名	1、国立公園の保護管理 2、国立公園詳細計画の決定及び施設の維持
利用指導係 　係長（技官） 　係員	 1名 2名	1、国立公園利用者の指導及び遭難予防救助 2、国立公園資料の蒐集及び弘報活動
合計　3係長、5係員	9名	ただし日光は庶務係員なく8名。
備考	臨時管理員 2名程度	（賃金6ヶ月）

注　中西哲郎「明年度予算要求について」、『国立公園』No.120、1959年11月、3頁より作成。

しかしこの要求は、政府には入れられず、1960年に日光国立公園事務所の設置が2名の現地要員で承認されだけであった。また富士箱根伊豆国立公園管理事務所の設置も、1962年に2名の現地要員の配置変えで承認されたのみであった。[20]

　しかも日光国立公園事務所の2名の現地要員は、1962年3月には1名に減らされ、富士箱根伊豆国立公園管理事務所の2要員も、1968年には1名に減らされた。[21]

　1964年の報告に日光、富士箱根伊豆の2国立公園事務所に6名配置とあるのは、それぞれの国立公園の各地に派遣されていた人員の数合わせであった。[22]

　その後国立公園部局は、1965年に1公園1管理事務所の設置、駐在所に2名以上の配置という構想の5ヶ年計画をたて、1966年に5管理事務所の増設と現地要員28名の増員要求をだしたが、しかし政府はそれをいっさい認めなかった。[23]

　国立公園部局は、1966年にも1967年度に5管理事務所の設置要求をだしたが、やはりゼロ回答であった。1967年には、1968年度に阿蘇と阿寒の2事務所の開設を要求したが、阿蘇事務所の開設のみ承認された。1968年に1969年度に、阿寒と十和田の2事務所の開設を要求したが、阿寒事務所の開設のみ承認された。1969年の1970年度要求は、十和田と瀬戸内海の2事務所の開設であったが、2事務所とも承認された。[24]

　以上のように、国立公園部局は、当初現地の国立公園管理のために国立公園事務所制度の運用に期待したが、期待には程遠い成果しかえられなかった。国立公園管理事務所は、制度としては結構だが、全国立公園1事務所設置の要求に程遠い6事務所が設置されただけであり、しかも実際に配置された管理員数も1事務所に1、2名が配置されたにすぎず、現地の国立公園管理機構の脆弱性を少しも改善するには至らなかった。

　国立公園行政当局は、現地の国立公園管理機構を強化するために一般的な国立公園管理員の増員要求をおこなった。

　国立公園部局は、表2-5に示したように、1957年に、自然公園法の改正もあって1958年度に「常勤要員」を厚生技官に改変することを要求し、45名の定員化を要求した。しかし常勤要員の厚生技官は認められたが、45名の定員化は、認められず40名の定員化にとどまった。[25]これは従前の実績45名より5名少なかった。

表2−5　国立公園管理員の増員要求と実現数

要求年度	増員要求	実現数
1957年	54名	
1958年	40名を45名に増員	40名の定員化 実質5名の減員
1959年	46名に17名の増員	6名増員
1965年	52名に28名の増員 5カ年計画で300名の増員 各国立公園に1事務所設置要求	0
1966年	52名に28名の増員	3名増員
1968年	55名に10名の増員 3カ年計画で85名の増員	0 0
1969年	55名に7名の増員	0
1970年	55名に6名の増員	0
1971年	55名＋4名	1名増員
1972年	56名＋43名	9名

注　『国立公園』誌に掲載された各年の国立公園予算報告と予算要求から作成。

　1959年に国立公園行政当局は、2国立公園事務所の設置要求をおこない、管理員17名の配置を要求したが、日光の事務所設置と1名の増員しか認められなかった。なお『レンジャーの先駆者たち』のデータによれば、1960年には前年の46名から52名に増員されており、6名の増員が認められたようである。

　その後しばらく国立公園行政当局の国立公園管理員の増員要求は、不明であるが、国立公園利用者の急増があって国立公園管理の必要が強まり、1964年に国立公園部局は、1965年から5カ年間計画で全国立公園に事務所を開設すべく、300名の国立公園管理員の増員を提起し、1965年に28名の増員を要求した。しかしこの要求は、行政管理庁の人員抑制の方針のもとに、すべて拒否され、1名の増員も認められなかった。

　国立公園行政当局は、1966年に1967年度に5事務所の開設と24名の増員を要求したが、3名の増員だけ認められ、国立公園管理員52名体制から55名体制となった。

　さらに1967年に国立公園行政当局は、3カ年計画として95名の国立公園管理員増員の要求を提起し、1968年度に10名（内訳は6事務所に6名、一般の管

理員4名）の増員を要求した。その結果は、1事務所の開設を認めたが、人員の増員は認められなかった。⁽²⁹⁾

　国立公園行政当局は、1968年に1969年度に、国立公園管理員7名（内訳、事務所に6名、他に1名）の増員を要求したが、2事務所の開設は認められたが、管理員の増員は認められなかった。⁽³⁰⁾

　1969年には、1970年度の6名（内訳、事務所に4名、他に2名）の増員を要求したが、すべてゼロ回答であった。⁽³¹⁾1970年には、1971年度に4名（内訳、小笠原1名、海中公園3名）の増員を要求したが、1名の増員が認められた。⁽³²⁾

　1971年は、国立公園部が環境庁に吸収された年であったから、国立公園行政当局は、これを機会として43名の増員要求をだし、9名の増員が認められた。⁽³³⁾

　以上のように、国立公園行政当局は、それなりに国立公園管理機構の貧弱さを認識し、国立公園管理員300名の増員要求を提出し、全国の国立公園に1管理事務所の設置を要求したが、国立公園管理員数を1958年の46名から1961年までに10名増やし、国立公園管理事務所を6カ所設置しただけにとどまった。国立公園行政当局の努力はまったく叶えられなかったことは明らかであり、国立公園管理機構の脆弱さがいささかも克服されなかった。

（3）国際的にみた国立公園行政管理機構の驚嘆すべき脆弱性

　以上のように、高度経済成長期の国立公園行政管理機構は、貧弱極まりないものであったが、ここで改めてアメリカの国立公園制度と比較して、その脆弱性を確認しておきたい。

　まず高度経済成長期の国立公園部局の総予算は、表2－6に示したように、自然公園法の制定された1957年に1.7億円であったが、1960年には2.3億円に倍増し、1965年には、6.7億円、環境庁への国立公園部の移管の年の1971年には、13.6億円となっている。国立公園部局の総予算は、10年間で8倍にも増大している。

　しかし国立公園部局の総予算の内訳をみると、国立公園財政で増えているのは、自然公園の設備整備費だけであって、自然公園管理維持費が設備整備費ほど増えていない。

第 2 章　高度成長期における脆弱な国立公園行政管理機構

表 2 − 6　国立公園部財政と自然公園等維持管理費（単位円）

	国立公園部予算総額 a	自然公園等維持管理費 b、(b／a)	自然公園施設整備費 c、(c／a)
1957	1.7億	0.12億 (7.2)	1.4億 (79.4)
1960	2.3億	0.10億 (4.3)	1.9億 (82.4)
1965	6.7億	0.18億 (2.7)	6.1億 (91.4)
1970	12.4億	0.52億 (4.2)	10.9億 (87.9)
1971	13.6億	0.72億 (5.3)	11.7億 (86.0)

注　前掲『自然保護行政のあゆみ』より作成。

　おもに国立公園管理費である自然公園等維持管理費は、1957年には、1200万円程度であったが、その後、1960年には、1000万円、1965年に至っても、1800万円、1971年にも7200万円であった。

　額面では、1957年の1200万円から1971年に、6倍に増えているが、総じて国立公園部局の総予算に占める自然公園等維持管理費の比重は、1957年には7.2％だったものが、1960年には4.3％に落ち、1971年には5.3％にしかすぎなかった。

　これにたいしてアメリカの国立公園局の総予算は、表 2 − 7 に示したように、1956年に175.9億円、1957年に244.8億円であった。

表 2 − 7　1956・57年アメリカの国立公園局の財政・支出予算

項　目	1956年		1957年	
国立公園局総予算額	175.9億円	100.0	244.8億円	100.0
内訳				
（1）一般管理運営費	4.5億円	2.5	4.5億円	1.8
（人件費、庁費）				
本省費	2.8億円	1.6	2.8億円	1.1
地方管区事務局費	1.6億円	0.9	1.6億円	0.6
（2）保護及び管理費	37.5億円	21.3	41.6億円	16.6
（3）建設費	101.0億円	57.4	162.1億円	66.2
（4）施設維持修理費	32.7億円	18.6	36.5億円	14.9

注　川島三郎「アメリカの国立公園の予算」、『国立公園』No.86・87、1957年 1・2 月、
　　9 頁より作成。1 ドル＝360円で換算。

日本の国立公園部局の総予算は、アメリカの国立公園局総予算とくらべると著しく小さいことがわかる。1965年の国立公園部局の総予算は、1957年のアメリカの2.7％、36分の1、1971年の国立公園部局の総予算でも、1957年のアメリカの5.5％、18分の1にしかすぎない。アメリカの国立公園制度の大きさが浮かび上がる。

　だが問題は、国立公園行政管理機構であって、アメリカの国立公園の管理費は、表2－7に示したように、(1)一般管理運営費と(2)保護及び管理費とであるとみれば、1956年に42億円、1957年に46.1億円であった。そしてアメリカの国立公園管理費は、国立公園局総予算の1956年の場合、23.8％、1957年の場合、18.4％であった。

　日本の自然公園等維持管理費は、1965年には、1956年のアメリカの国立公園管理保護費の、350分の1、1971年には、1956年のアメリカの国立公園保護管理費の340分の1であった。

　日本の自然公園等維持管理費は、比較にならないほどアメリカの国立公園の管理費より極端に小さい。日本の国立公園行政管理機構が財政的に如何に極小であるかわかる。それはまた、日本の自然公園が如何に安上がりに出来上がっているかを如実に証明するものであった。

　さらに日本の国立公園行政管理機構を管理要員の面からアメリカとの比較でみてみよう。

　アメリカ国立公園局の行政職員の総数は、不勉強で1960年代の資料を提示できないが、1946年には、経常職員1795名、臨時職員1524名、合計3319名であった。[34]戦後相当に増加したはずである。

　日本の場合は、1960年代に、国立公園部局の要員は、国民公園要員を除いて全体で100名前後であったから、アメリカ国立公園局行政職員数の約3％、33分の1にも満たない。

　これを個別の国立公園、例えばヨセミテ国立公園の管理要員と比較してみよう。

　表2－8に示したように、1956年のヨセミテ国立公園管理事務所の要員数は、総勢約300－340名である。その内訳は、レンジャーが58名、インタープリターと呼ばれている解説者・ナチュラリストが24名、そのほか、夏期とくに多いといわれているが、工事・エンジニアリング部の要員が180名、森林保護要員と察せられる山林部、夏期のみとくに多いといわれる山林部要員32－

表2-8　ヨセミテ国立公園管理事務所の要員（1956年）

部署区分	人員
レンジャー部	58
解説・インタープリター（ナチュラリスト）部	24
工事・エンジニアリング部（夏期のみ特に多い）	180
山林部（夏期のみ特に多い）	32-64
造園・ランドスケープ建設部	4
予算会計部	12
庶務・管理行政部	3
合　計	313-345

注　川島三郎「レンジャーの組織機構について」、『国立公園』№89、1957年4月、16頁。

64名、さらに予算会計部に12名、造園・ランドスケープ建設部に4名、庶務・管理行政部に3名、総勢300-350名、内、年間常勤だけでも101名に達する。

　日本の場合は、現地国立公園管理員は、富士箱根伊豆や日光などの主要国立公園でさえ、7、8名程度しか張り付いておらず、あとは2、3名が張り付いているにすぎない。これは、アメリカの有名なヨセミテ国立公園で公園の管理運営に当たっている人員（総勢300-350名、季節的な要員を外しても101名）とくらべると、如何に極度に僅少であるかがわかる。

　日本の国立公園の要員があまりにも少ないという事実は、国立公園の形態が、地域制であるとか、営造制であるとかの公園形態と無関係に、日本の国立公園制度が安上がりの、名目だけのものであるかを端的に示している。

　この安上がりの国立公園制度こそ、後に詳しく分析するように、国立公園の過剰利用を生み出し、国立公園の自然や環境を破壊し危殆にさらす原因なのである。しかもこのことをこれまでの国立公園行政当局、国立公園関係者、国立公園研究者は、大きな声で批判してこなかったのである。

2　高度成長期における国立公園基本政策の展開

（1）高度成長期の自然公園審議会の保守化・体制内化

　戦後幾分とも革新的な側面を保持していた国立公園行政当局は、自然公園法下で保守化・体制内化していったが、それは、国立公園政策の重要な決定機構の一角をなしていた自然公園審議会も同じであった。

　そこで従来の方式にならって、高度経済成長期の自然公園審議会のメンバーを分析し、その社会的な性格を検出しておきたい。

　分析の結論を先に述べれば、高度経済成長期に厚生大臣によって任命された自然公園審議会委員は、戦後に国立公園の産業開発に批判的であり、自然保護を重視し革新的であった学者文化人が、世代交代もあって審議会から退き、高度経済成長期に相応しい開発に熱心で、自然保護意識の弱い官僚、元官僚や民間人などが大勢を占めてきているということである。

　従って自然公園審議会は、第1章で詳しく分析したように、高度経済成長期にすすめた政府の観光政策を支持し、国立公園の観光開発計画を大幅に承認に、国立公園の観光開発計画がもたらす自然破壊、環境侵害に反対せず許容してきた。

　表2－9に示したように、自然公園審議会の委員構成は、戦後には官僚と元官僚の比重が43.5％であったが、1957年には62.2％に増大し、その後その傾向が維持された。現役の官僚、元官僚は、政府の政策、国立公園部局の提出する国立公園政策案に好意的であり、批判的でありえなかった。

　これと対照的に戦後に自然保護に熱心であり、革新的であった尾瀬保存期成同盟参加者は、1949年に16名、国立公園審議会委員の34.8％であったが、1957年には、世代交代もあって9名に減じ、自然公園審議会委員の20.0％に低下した。さらに尾瀬保存期成同盟参加者は、1960年から1970年にかけて1名となり、委員構成の2％に激減した。

　また同様に国立公園審議会における委員のうち、戦後に自然保護に熱心であり革新的であった日本自然保護協会参加者の数は、1949年には16名、委員の34.8％を占めていた。

　ところが1957年の自然公園審議会では、日本自然保護協会参加者の数11名、

表2-9　自然公園審議会委員の経歴構成比の推移

	1949年国立公園委員会		1957年自然公園審議会		1960年自然公園審議会		1968年自然公園審議会		1970年自然公園審議会	
現役官僚	10	21.7	13	28.8	13	28.8	13	28.8	13	28.8
元官僚	10	21.7	15	33.3	15	33.3	15	33.3	15	33.3
小　計	20	43.5	28	62.2	28	62.2	28	62.2	28	62.2
政治家・実業家	9	19.5	10	22.2	10	22.2	10	22.2	10	22.2
大学教授・学者・文化人	10	32.7	7	15.5	7	15.5	7	15.5	7	15.5
尾瀬保存期成同盟参加者	16	34.8	9	20.0	1	2.0	1	2.0	1	2.0
日本自然保護協会参加者	16	34.8	11	24.4	12	26.6	7	16.2	8	18.6
委員総数	46	100.0	45	100.0	45	100.0	45	100.0	45	100.0

注　『国立公園』誌掲載の各年の自然公園審議会委員名簿から作成。

全委員の24.4％に減少した。1960年には12名、26.6％と微増し、1968年には7名、16.2％、1970年には8名、18.6％に減少した。

　他方、高度経済成長期の日本自然保護協会でも、戦後に活躍した尾瀬保存期成同盟参加者が減退し、組織が充実する反面、著しく保守化・体制化の傾向に陥っていた。従って高度経済成長期に日本自然保護協会参加者は、自然公園審議会で一定程度の数が維持されていたが、戦後のように、自然保護に熱心で革新的であったとはいえなかった。

　戦後の国立公園制度に係わる自然保護運動で活躍した尾瀬保存期成同盟参加者の学者や文化人たちの武田久吉、鏑木外岐雄、辻村太郎、田中啓爾、三浦伊八郎、田部重治、本田政次、佐竹義輔、小林義雄、中井猛之進、文化人の川崎隆章、東良三、村井米子、足立源一郎、岡田紅陽、冠松次郎、関口泰、塚本閤治、実業家・経営者の三田尾松太郎、川崎隆章、別宮貞俊、松方義三郎、元官僚の田村剛、折下吉延、武部英治、関口泰、政治家の徳川宗敬、安倍定たちは、高度経済成長期には、ほぼまったく自然公園審議会や日本自然保護協会の一線から姿を消してしまった。[35]

　表2-10に示したように、高度経済成長期の自然公園審議会委員をみると、自然保護に熱心な委員がそれほど確認できない。日本自然保護協会参加者が散見されるが、日本自然保護協会自体が、高度経済成長期には、後の第5章でみるように、著しく体制化し、自然保護を強調する姿勢を弱めていたのである。

表2-10 高度成長期の自然公園審議会委員一覧
(●は尾瀬保存期成同盟参加者、○は日本自然保護協会参加者)

1957年　　　　　　　　　　　　1968年

氏　名	経　歴	氏　名	経　歴
会　長　下村宏	元逓信省官僚、元拓大学長	会　長　足立正	日本商工会議所会長
現役官僚	省　略	関係行政機関	省　略
元官僚		元官僚	
下村宏	元逓信省官僚、元拓大学長	上村健太郎	日本科学技術振興財団副理事長
石神甲子郎○	元厚生省国立公園官僚	大山正○	環境衛生金融公庫理事長
葛西嘉資	元厚生省官僚、日赤副社長	菊池明	日本道路協会副会長
藤原孝夫○	元厚生省官僚、国立公園協会嘱託	田村剛●○	元厚生省国立公園官僚
浜野規矩雄	元厚生省予防衛生局長	津田正夫	国家公安委員
児玉政介	元厚生省官僚事務次官	中村建城	新都市開発センター株式会社社長
田村剛●○	元国立公園官僚	林修三	首都高速公団理事長
足立収	元内務省神社局官僚	原分兵衛	公害防止事業団理事長
吉坂俊蔵	元戦後内務省社会局長	吉村清英	森林開発公団理事長
金森誠之	元内務省官僚、河川技師	政治家・実業家	
折下吉延●○	元宮内技師、造園家	荒垣秀雄	朝日新聞社社友、評論家
平山孝	元運輸省官僚	井上司朗	ニッポン放送常任監査役
安芸皓一	元安本資源調査会事務局長	岩切章太郎○	日本観光協会副会長
		学者・文化人	
西尾寿男	元運輸省官僚、鉄道弘済会理事長	竹之下林蔵	東京教育大学教授
		館稔	人口問題研究所長
磯田好裕	元大蔵官僚	新野弘○	東京水産大学名誉教授
東竜太郎	元厚生省官僚、元東大教授	原島進	慶応大学名誉教授
		桧山義夫○	東京大学教授
		尾留川正平	東京教育大学教授
政治家・実業家		深田久弥	作家
山縣勝見	元厚生大臣、政治家	宝月欣二	東京都立大学教授
根津嘉一郎	東武鉄道社長	三好重夫	元公営企業金融公庫総裁
浜口雄彦	銀行役員	山階芳麿○	山階鳥類研究所長
諸井貫一	秩父セメント社長	吉川虎雄	東京大学教授
松方三郎●○	共同通信、登山家	吉坂隆正	早稲田大学教授
犬丸義一	帝国ホテル支配人	横山光雄	東京大学教授
渡辺鉄蔵	元東大教授・議員、東宝社長	臨時委員	
樋口重雄	日本鉱業協会副会長	石神甲子郎○	日本自然保護協会常任理事
松根宗一	日本電気連合会常務理事		

岸衛●○	国立公園施設協会会長	佐藤昌	都市計画協会常務理事
学者・大学教授		鈴木忠義	東京工業大学助教授
鏑木外岐雄●○	東京大学教授（動物学）	荘村義雄	電気事業連合会副会長
田中敬爾●○	立正大学教授（地理学）	千家哲麿	国立公園協会理事長
辻村太郎●○	東京大学教授（地理学）	高野日出男	日本鉱業協会専務理事
本田正次●○	東京大学教授（植物学）	宮脇昭	千葉大学助教授
三浦伊八郎●○	元東大教授、日本山林会理事長		
谷口吉郎	東工大教授（建築家）		
福島慶子	評論家		

注　1957年の委員は前掲『自然保護行政のあゆみ』、484－485頁。
　　1968年の委員は『国立公園』№225・226、1968年8・9月、36－37頁から作成。
　　日本自然保護協会の参加者は、1966年理事（『国立公園』1966年12月、32頁）と1967年の理事（『自然保護行政のあゆみ』、211－212頁）を対象とした。

　高度経済成長期の日本自然保護協会は、すでに戦後の後期から組織としては整備されたが、自然保護団体としての質は低減してきていた。後に第5章で明らかにするように、日本自然保護協会は、尾瀬保存期成同盟から編成替えして設立され、1950年代の初めには、自然保護に熱心であり、政府の展開する国立公園内の産業開発にも相当に批判的であったが、次第に妥協的な傾向を強めた。その傾向は、自然公園審議会の1956年の黒四電源開発計画承認を追認したことなどに端的に現われいる(36)。

　こうして高度経済成長期における自然公園審議会は、構成員の性格から自然保護意識を弱めていったといえよう。その指標は、自然公園審議会が、すでにみた高度経済成長期に国立公園の観光化のための大型開発計画を承認し、国立公園の自然、環境、景観を危殆に陥れてきたことである。

　その象徴的な事例は、自然公園審議会が、反対運動によって計画がすすまなかった北山川電源開発計画を1961年に承認したことであり(37)、後に詳論するように、1967年に日光国立公園内で尾瀬沼を横断する尾瀬公園計画を無謀にも承認してしまうことなどであった。

（2）国立公園行政当局の国立公園政策の展開

①国立公園行政当局の一般的な政策概要

　高度経済成長期の国立公園行政当局は、これまで述べてきた面からも、戦

後の国立公園行政当局とくらべて特筆すべき国立公園政策を企画し実行できなかった。国立公園行政当局は、戦後の国立公園管理行政機構を、ごく一部改善して引き継いだだけで、日本の国立公園制度の構造的な欠陥であった安上がりで脆弱な管理行政機構を克服することができなかった。

国立公園行政当局が実施した政策は、国立公園制度を根本的に改善することなく、国立公園の利用の増大を反映してまた政府のすすめる観光政策に応じて、国立公園の観光的利用の施設を整備する政策と国立公園の量的な拡大政策を積極的に推進するだけであった。

そうした政策の結果は、国立公園の利用増大を促進し、国立公園の過剰な利用が国立公園の自然破壊、環境侵害、景観毀損を生み出していった。しかし国立公園行政当局は、脆弱な国立公園管理行政機構を改めて、国立公園の自然、環境、景観の保護政策を展開することを放棄してきた。

第1章でみたように、高度経済成長も軌道に乗ってきた1960年代の半ば、国立公園の過剰な利用、国立公園の自然破壊、環境侵害、景観毀損が問題化した際に、国立公園行政当局は、そうした現象を察知し、自然公園審議会を通じて、国立公園の過剰利用の実態に警告を発し、国立公園の保護と管理の強化を提言した。

しかし国立公園行政当局は、国立公園制度の意義を無視する政府のもとで、脆弱な国立公園管理行政機構を具体的に改めて、国立公園の自然、環境、景観を保護する体制を築く政策を打ち出すことができなった。

残念ながら社会も国民も、そうした国立公園行政当局にたいして大きな圧力をかけ、国立公園行政当局に脆弱な国立公園管理行政機構を改めさせ、国立公園内の自然を積極的に保護する政策を実施させることに成功しなかった。

②自然公園審議会による貧困な国立公園管理保護政策の提言

高度経済成長期における自然公園審議会が提起し承認した基本的な国立公園政策は、内容的に三つに分けられる。

第1は、国立公園制度の拡大・拡充についての政策の承認であり、第2は、国立公園制度のあり方についての特別な政策の提起であり、第3は、国立公園の利用計画の承認であった。

国立公園制度の拡大・拡充政策は、戦後後期に形成された国立公園制度の充実、整備拡大政策を継承して、新しい時代に即応して立案されたものであ

表2−11 国立公園の新規指定と地域拡大

国立公園の拡充

指　　定	指定年月
白　山	1962年11月
山陰海岸	1963年7月
南アルプス	1964年6月
知　床	1964年6月
西　表	1972年5月
小笠原	1972年10月
足摺宇和海	1972年11月
利尻礼文	1974年9月

拡大・改名	拡大・改名年月	拡大地域
瀬戸内海	1963年3月9日	加太地域
大　山	1963年4月1日	隠岐島、島根半島、三瓶山、蒜山などの地域
霧島屋久島	1964年3月16日	旧国定公園錦江湾、屋久島の地域
陸中	1964年6月1日	釜石以南の地域
富士箱根伊豆	1964年7月7日	旧伊豆七島国定公園地域
吉野熊野	1965年3月25日	洞川地域
雲仙天草	1965年12月5日	天草五橋沿線地区
瀬戸内海	1968年8月23日	五色台地区
吉野熊野	1970年7月1日	錆浦地区
陸中海岸	1971年1月22日	久慈海岸地区
瀬戸内海	1971年4月12日	六甲山地区の一部

注　『国立公園』誌に報告された自然公園審議会各答申より作成。

った。従って、特別に注目すべき政策ではなかった。

　自然公園審議会は、国立公園行政当局の意図にしたがって、国立公園制度の拡大・拡充政策の一連の答申をおこなった。それを表にしたものが、表2−11である。

　1957年から1971年の自然公園審議会の答申が候補地として承認し、新規に指定された国立公園は、1962年に白山、1963年に山陰海岸、1964年に南アルプスと知床、1972年に西表、小笠原、足摺宇和海などであった。

　指定された地域は、それぞれ国立公園に指定されるだけの価値を強くもったものも多く、国立公園に指定しなければ、観光乱開発の犠牲になった違いない地域であった。第5章で明らかにするように、その限りで高度経済成長

期の国立公園の新規指定は、たとえ財政的な裏づけや十分な管理体制をともなわなかったとはいえ、わが国の貴重な自然、優れた景観の保護にとって極めて重要な意義をもっていたと指摘できる。

さらに自然公園審議会は、表2－11に示したように、既存の国立公園の地域拡大も承認した。しかしこれら既存の国立公園の地域拡大は、政府が真面目に国立公園財政を担保し国立公園管理を厳しく実施する手立てもなしにおこなわれたという意味では、国立公園数量のインフレ化、制度の乱発、国立公園制度の希釈化であり、国立公園制度の真の意義を軽減するものでもあった。国立公園制度をもっとコンパクトにして管理の内実を強化すべきだったという政策の方向もありえたのではなかろうか。

自然公園審議会は、1958年から1971年までに33カ所を国定公園に指定し、多くの地域で国定公園を拡大した[38]。これも、国立公園の拡大・充実、国定公園の拡大と同じようなことがいえる。

③自然公園審議会による国立公園管理保護政策の注目すべき提言

つぎに問題となるのは、国立公園制度のあり方についての自然公園審議会の政策提言である。

高度経済成長後期に入ってから、国立公園制度のあり方についての注目すべき自然公園審議会の動きが起きた。すでに前章で指摘したように、それは、園田直厚生大臣に提出した「自然公園制度の基本方策に関する答申」（1968年6月）であった[39]。

この答申については前章で詳しく紹介したので、ここでは論述を省くが、要するに『答申』は、国立公園制度の欠陥、管理行政機構の脆弱性、貧しい国立公園財政、国立公園保護政策の不十分さを指摘し、それらの改善を提言するものであった。その限りで『答申』は、以前にない画期的な注目すべき提言であったと評価できる。しかし政府は、この提言を多分に抽象的であったためもあるが、完全に無視した。国立公園行政当局は、自然公園審議会も、日本自然保護協会も含め、政府の提言無視を覆すことができなかった。だからその提言は、その後に何ら実行されない画餅としての提言に終わった。

この答申のほかに、国立公園制度のあり方についての自然公園審議会の政策提言は、「自然公園の量的拡大」・「確保」というものもあったが、これはすでに指摘した貴重な自然地域である4国立公園の内の、知床、南アルプス、

白山国定公園の国立公園指定であり、さらに1972年の西表、小笠原、利尻礼文の国立公園指定の準備となって実現した(40)。

そのほかとくに自然保護の政策についての「答申」の提言では、環境庁成立後に実現したものもあった。例えば、特別地域の3種ランク付け、自然保存地区の設定が提唱された。さらに「保護計画」で従来、特別地域を第1種、第2種、第3種に区分して規制に強弱をつけていたものを制度化する必要が提起されたが、後の自然公園法の改正に際して採用された(41)。

また「特別保護地区」の制度の提言もあったが、自然公園法の中では実現せず、また結果的には、「自然保存地区」設定の提言は、環境庁への国立公園行政の吸収後、国立公園制度と別個に制定された(42)。

以上のように「答申」は、積極的な国立公園制度の改善提言を含んでいたが、その施策内容は抽象的で具体的な施策の提言を欠いており、実際に1968年以降、1970年代においても国立公園制度の改善、とくに管理機構の改善策はほとんど実施されなかった。

④自然公園審議会による国立公園の国民的な利用計画の承認

国立公園内の国立公園利用計画の一般的な承認

国立公園行政当局は、すでにみた政府の積極的な観光政策に後押しされて、戦後末期から高度経済成長期にかけて、国立公園を国民の利用に期するための施策を積極的に講じてきた。

とくに高度経済成長期に入って政府が東京オリンピックを奇貨として観光開発政策を展開したのに応じて、国立公園行政当局も、国立公園の国民の利用のための開発、観光・レクリエーション施設の建設を積極的にすすめた。

自然公園法の施行令第4条によれば、公園事業としてつぎのような利用「施設」の建設を認めていたからである。道路、橋、広場、園地、宿舎、休憩所、展望施設のほか、「野営所、運動場、水泳場、舟遊場、スキー場、スケート場、ゴルフ場、及び乗馬施設」、さらに「運輸施設」、「自動車、船舶、水上飛行機、鋼索鉄道又は索道」（ケーブルカー、ロープウェイのこと）の建設を認めていたのである。要するに、ほぼ一般的なあらゆる観光・レクリエーション・娯楽施設の建設が原則的に認められていたのである(43)。

こうして国立公園行政当局は、すでにみたように、政府の国立公園の観光開発の基本政策として国立公園内に観光有料道路の建設計画をたて、自然公

園審議会は、それらの計画を、2、3の例外を除いてほぼ全面的に承認した。2、3の例外については本書第Ⅱ部で詳論したい。国立公園内の観光有料道路の建設は、国立公園の国民的な利用を生み出す大きな基盤となった。

さらに国立公園行政当局は、こうした観光有料道路のほか、国立公園内の大型利用施設開発計画、とくに山岳観光用のロープウェイ、スキー場、ゴルフ場、宿泊施設、その他のインフラ施設（駐車場、トイレ、道路）などのレクリエーション・観光・娯楽施設の建設計画をたて、自然公園審議会は、ここでも2、3の例外を除いてほぼ全面的に承認した。

園立公園利用計画にとって重要な意味をもつのは、集団施設地区制度であった。自然公園法は、第23条で国立公園等の利用のために「集団施設地区」の指定を定めたが、立ち入った規定はない。国立公園行政当局にとっては、「自然公園内にあって、一定の範囲を定めて宿泊・休養・教化施設を総合的に整備し、自然公園の利用基地とするため」の制度として捉えられていた。[44]

国立公園行政当局は、この「集団施設地区」を中心に宿泊・休養・教化施設の公園事業計画をたてて、審議会がそれを承認して計画を実現していった。

しかし、国立公園の国民的な利用の施設の建設、整備は、国立公園の管理・保護を十全なものにしておこなわなければ、国立公園の自然、環境、景観を破壊し毀損することになる。次章で明らかにするように、国立公園財政は、もっぱら国立公園の利用施設の建設、整備のために支出され、国立公園の管理保護のために支出されなかった。そのために何が生じるかは自ずと明らかであるが、詳しくは後に詳論する。

国立公園内のレクリエーション・観光施設の開発計画の承認

自然公園審議会は、国立公園内に観光有料道路の建設計画を承認したほか、国立公園内における一連のレクリエーション・観光施設の開発計画（ロープウェイ、ケーブルカー、ゴルフ場、スキー場の建設計画など）を承認した。

とくにレクリエーション・観光施設の開発計画は、おもに関連自治体による地域経済活性化のための地域開発計画として提起され、国立公園行政当局は、これを受け止めて国立公園事業計画としてまとめ、自然公園審議会の承認をえて実現していった。

政府の観光審議会は、1959年にだした「答申」の「観光施設整備に関する計画」で、「国立公園利用施設」について「重点地域内における国立公園の園地、園路、路傍駐車展望施設等、利用施設の整備」をうたい、国立公園整備

表2−12 国立公園内のケーブルカー、ロープウェイの計画、運行・建設

指　定	運行及び建設計画
1957年	雲仙国立公園（雲仙ロープウェイ） 阿蘇国立公園（阿蘇山ロープウェイ） 支笏洞爺国立公園（登別温泉ケーブル） 瀬戸内海国立公園（六甲ケーブルカー） 瀬戸内海国立公園（屋島の登山電車建設計画） 富士箱根国立公園（富士山ケーブルカー建設計画）
1958年	富士箱根国立公園（箱根駒ヶ岳ケーブルカー営業開始）
1959年	中部山岳国立公園（白馬八方尾根ロープウェイ） 支笏洞爺国立公園（有珠山ロープウェイ認可） 富士山ケーブルカー建設計画（山梨側案、静岡側案） 瀬戸内海国立公園（屋島の登山電車建設計画）
1960年	富士箱根国立公園（箱根ロープウェイ開通） 上信越国立公園（志賀高原の高原ロープウェイ認可、谷川岳ロープウェイ認可） 上信越国立公園（草津逢の峰ロープウェイ認可）
1961年	阿蘇国立公園（鶴見ロープウェイ認可） 富士箱根国立公園（駒ヶ岳ロープウェイ建設）
1963年	大山国立公園（大山ケーブルカー開通）
1965年	大雪国立公園（大雪山黒岳ロープウェイ営業開始）
1967年	中央アルプス駒ヶ岳ロープウェイ営業開始
1968年	中部山岳国立公園（西穂高ケーブルの建設計画認可）

注　『国立公園』誌の自然公園審議会ニュースなどから作成。

4カ年計画の事業費総額28.4億円を計上した。[45]

これをうけて国立公園行政当局は、国立公園の利用施設の整備に励み、国立公園内における一連のケーブルカー、ロープウェイの建設計画を提起し、自然公園審議会もそれを承認した。

表2−12に示したように、多くの国立公園内に観光用のケーブルカー、ロープウェイの建設が確認された。なお確認されないものも多かったように思われるが。

ケーブルカー、ロープウェイの建設は、特別地域や特別保護地区にある集団施設地区周辺に設置されることが多く、有力な多くの国立公園内の特別地域や特別保護地区の景観地、貴重な自然環境地域への利用者の大量輸送をもたらし、観光を容易化し過剰利用を生み、建設期に大幅な自然破壊をともな

い、自然破壊、環境汚染、景観毀損を生む可能性が大きかった。

それゆえ国立公園内のケーブルカー、ロープウェイの建設については、国立公園部行政当局の周辺にも、疑問視する意見があった。

例えば、1959年に国立公園部の官僚池ノ上容は、「特にブームを呈している情況から注意を払うべきものに、ケーブルカーやロープウェイの問題がある」とし指摘し、「公園利用施設として法定」されているが、「事業の性質上、営利事業として企画されるこの事業は、その企業価値を高めるため、殊更景観保護上、極めて重要な影響があると認められる場合がある」と警告している。[46]

国立公園行政官僚だった江山正美は、1968年に「国立公園における保存と開発の問題の中で、見解の対立する最も困難な問題ロープウェイ」があると指摘しながら、「ロードレスエリヤの周辺までロープウェイや車道を計画することは誤りである」が、車道のある「自然景観地にロープウェイを否定する根拠は何ら見当たらない」と国立公園内のケーブルカー、ロープウェイの建設を肯定した。[47]

確かに国立公園行政当局内部には、ケーブルカーやロープウェイについての考え方に多少の違いはあったにせよ、自然公園審議会は、富士山のケーブルカー、上高地から西穂岳へのロープウェイ、宮島ケーブルカーの建設計画など２、３の例外を除き、大方の計画を承認したのである。[48]

さらに国立公園行政当局は、レジャー大衆化を背景にして、レクリエーションの華ともいうべきスキー場、ゴルフ場の建設計画を支持し、自然公園審議会もそれをほぼ全面的に承認していった。

国立公園内にあえてゴルフ場やスキー場を建設することは、造成時の自然破壊、景観毀損、平常時の農薬散布による環境汚染、地形改造にともなう気候異変、排水異常、などを生む可能性が大きく、国立公園の保護・環境保全の観点から慎重に扱い、なるべく避けなければならないものであった。[49]

しかしレジャーブームを背景に、政府の後押しによって、国立公園関連自治体の地域開発、観光開発計画の要求を受け入れて、国立公園行政当局、自然公園審議会は、国立公園内のゴルフ場、スキー場の建設計画をほぼ全面的に承認していった。

表２－13は、高度経済成長期に国立公園内で建設計画の承認が確認されたゴルフ場を示したものである。

表2−13　国立公園内のゴルフ場建設許可（1957年以降）

建設許可年次	ゴルフ場名
1957年	瀬戸内海国立公園（4ゴルフ場）
1958年	富士箱根国立公園（山中ゴルフ場、富士箱根の仙石原ゴルフ場）
	瀬戸内海国立公園（神戸ゴルフ場）
1959年	富士箱根国立公園（三島市海の平ゴルフ場）
1960年	富士箱根国立公園（箱根蛸川ゴルフ場、箱根野馬ヶ池ゴルフ場、静岡県田方郡茨ヶ原ゴルフ場）
	上信越高原国立公園（赤倉ゴルフ場）
	朝日磐梯国立公園（猪苗代沼尻ゴルフ場）
1961年	阿蘇国立公園（別府扇山ゴルフ場）
	富士箱根伊豆国立公園（本栖・富士ヶ峯ゴルフ場）
1963年	富士箱根伊豆国立公園（箱根町湖尻ゴルフ場）
1965年	阿蘇国立公園（阿蘇町赤水ゴルフ場）

注　『国立公園』誌の自然公園審議会ニュースなどから認可が確認されたもの。

　自然公園審議会は、ゴルフブームの第1期である1957年からの約10年間に、国立公園内の多くのゴルフ場建設計画を承認してきた。高度経済成長期のゴルフ場の数は、一般的には1957年には116カ所、1960年には195カ所、1965年には424カ所、1970年には583カ所と急速に増大してくるが、その後ゴルフ場開発ブームにくらべればまだ絶対数はそれほど多くはなかった。そしてまだゴルフ場での過剰な除草剤、防腐剤などの農薬投与などによるゴルフ場の自然破壊、環境汚染は顕在化せず、ゴルフ場建設反対運動もまだ起きていなかった。そのため国立公園内の多くのゴルフ場建設問題もまだ問題化しなかった。

　国立公園行政当局は、レクリエーションの一つとしてスキーについては早くから関心を示していた。『国立公園』誌にもたびたびスキー、スキー場の問題が取り上げられてきた。

　スキー場の開発は、規模にもよるが、スキーゲレンデの造成、リフト、ロープウェイの設置のために大幅な自然破壊、環境汚染をともなうため、ゴルフ場にもまして問題が多かった。

　それでも1960年代にはまだスキーブームもそれほど大きくはなく、国立公園内のスキー場乱開発の弊害もそれほど激しくなく、まだ大きな問題として顕在化しなかった。

表 2-14　国立公園内のスキー場、リフトとロープウエーの建設（1960年12月現在）

国立公園名	スキー場、リフトとロープウェイ
大雪山	士幌糠平、層雲峡、勇駒別、十勝岳（リフト数不明）
支笏洞爺	定山渓、登別、オロフレ（リフト数不明）
十和田八幡平	酸ヶ湯、蒸の湯、八幡平（リフト数不明）
磐梯朝日	沼尻（リフト1）、信夫高湯リフト1、土湯（リフト1）、岳（リフト1）、猪苗代（リフト2）、裏磐梯（リフト1）、月山、白布（リフト数不明）
日光	那須湯本（リフト1）、塩原新湯（リフト1）、日光湯元（リフト2）、中宮司（ロープウェイ）、鬼怒高原（シャンツエ）
上信越高原	苗場、土合、四万、鹿沢（リフト数不明）、谷川岳（リフト1、ロープウェイ1）、草津（リフト4、ロープウェイ1）、万座（リフト4、ロープウェイ）
	志賀高原の丸池（リフト3、ロープウェイ1）、木戸池（リフト1）、法坂（リフト2）、発哺（リフト6、ロープウェイ1）、熊の湯（リフト5）山田温泉（リフト1）、菅平（リフト3）、新鹿沢（リフト1）、高峰（リフト3）
	妙高高原の妙高赤倉（リフト11）、池ノ平（リフト3）、五最杉（リフト1）、関（リフト1）、燕（リフト1）
中部山岳	平湯（リフト1）、乗鞍の鈴蘭（リフト数不明）、立山弥陀ヶ原（リフトなし）
富士箱根伊豆	籠坂峠、小御岳（リフト数不明）
大山	大山寺（リフト3）、桝水原（リフト1）

注　『国立公園』No.133、1960年12月、2頁より作成。

　それでも自然公園審議会は、一部に自然保護に配慮して、貴重な地域の開発を認めない事例もあった。[51]

　表2-14は、1960年12月現在までに国立公園内で開発の認可が確認されたスキー場を示したものである。すでに国立公園内にたくさんのスキー場が存在していることがわかる。

　表2-15は、1960年以降に建設許可された国立公園内のスキー場である。

　スキー場は、多くのスキーヤーに楽しみを与え、大きな経済効果を生むが、ゴルフ場以上に自然破壊、環境汚染、景観毀損の問題を残す。

　国立公園内のゴルフ場、スキー場は、多くの問題を抱えたが、1960年代には、そうした問題は見過ごされ、無視されていった。国立公園内のゴルフ場、スキー場の問題は、70年代80年代に、ゴルフ場、スキー場の乱開発、リゾート開発ブームの中で大問題となり、自然保護運動の主要な対象となっていくのである。

　最後に国立公園内の公共宿泊施設についていえば、国立公園行政当局は、

表2－15　1960年以降の建設許可された国立公園内のスキー場

年次	スキー場名
1961	日光国立公園（福島県新甲子スキー場）
	十和田八幡平国立公園（雫石網張スキー場）
	日光国立公園（霧降高原丸山スキー場、那須湯本スキー場、天狗の鼻スキー場、鶏頂山スキー場）、大雪山国立公園（士幌町糠平スキー場）、支笏洞爺国立公園（定山渓スキー場）
1962	上信越高原国立公園（苗場山麓スキー場）
1965	大雪山国立公園（十勝岳スキー場）
1966	日光国立公園（那須湯元スキー場、鶏頂山スキー場）
	上信越高原国立公園（妻恋地蔵峠スキー場）
1967	中部山岳国立公園（白骨スキー場）
	磐梯朝日国立公園（岳スキー場）

注　『国立公園』誌のニュースから作成。

国立公園の利用整備のために国民宿舎、休暇村建設計画を提起し、自然公園審議会は、それらを問題なく承認していった。

　国立公園内の公共宿泊施設は、その不足、不十分さ、貧しさの問題はあっても、国立公園内のケーブルカー、ロープウェイ、ゴルフ場、スキー場の大型開発とくらべれば問題性が少なかった。従って紙幅の都合もあるが、ここで立入った検討は割愛する。

注
（1）拙稿「高度成長期における脆弱な国立公園の管理行政機構」、『経済志林』第80巻第4号、2013年3月、384頁。
（2）同上、384頁。
（3）自然公園財団編『レンジャーの先駆者たち』、㈶自然公園財団、2003年、404－412頁参照。
（4）宮島剛「国立公園局の誕生について（前）」、『国立公園』No.177、1964年8月、2頁。
（5）今村譲「国立公園行政の今後の課題」、『国立公園』No.178、1964年9月、6頁。
（6）滝沢信夫「昭和43年度国立公園局の予算について」、『国立公園』No.219・220、1968年2・3月、1頁。
（7）編集部「国立公園局、部に逆戻りか？」、『国立公園』No.218、1968年1月、

19頁。
- （8）ニュース「観光行政機構一元化問題決着す」、『国立公園』No.227、1968年10月、30頁。
- （9）久保田竜象「昭和40年度国立公園関係予算について」、『国立公園』No.183・184、1964年2・3月、3頁。
- （10）1965年度の2名増員要求は、『国立公園』No.181、1964年12月、2頁、1966年度の2名増員要求は、同上No.191、1965年10月、2頁。
- （11）環境庁自然保護局監修『日本の自然公園』、講談社、1989年、430－431頁。
- （12）『国立公園』No.181、1964年12月、3頁、同上No.191、1965年10月、2頁。
- （13）『国立公園』No.178、1964年9月、6頁。
- （14）武井宏「国立公園管理員制度の現状」、『国立公園』No.131、1960年10月、10頁。
- （15）前掲『レンジャーの先駆者たち』を参照。
- （16）前掲『自然保護行政のあゆみ』、129頁。
- （17）前掲「国立公園管理員制度の現状」、『国立公園』No.131、10頁。
- （18）前掲『レンジャーの先駆者たち』、各地からの証言を参照。
- （19）中西哲郎「明年度予算要求について」、『国立公園』No.120、1959年11月、3頁。
- （20）『国立公園』No.120、1959年11月、3頁。同上No.137、1961年4月、2頁。2名ずつの要員配置、前掲『レンジャーの先駆者たち』、406頁。
- （21）前掲『レンジャーの先駆者たち』、406－407頁。
- （22）同上、406－407頁。
- （23）『国立公園』No.191、1965年10月、2－3頁。
- （24）1967年度の事務所設置要求は、『国立公園』No.203、1966年10月、2頁、1968年度の事務所設置要求は、『国立公園』No.215、1967年10月、3頁。回答は、『国立公園』No.219・220、1968年2・3月、1頁。1969年度の事務所設置要求は、『国立公園』No.227、1968年10月、2頁。回答は、『国立公園』No.231・232、1969年2・3月、24頁。1970年度の事務所設置要求は、『国立公園』No.243・244、1970年2・3月、1頁。
- （25）『国立公園』No.100、1958年3月、7頁。
- （26）『国立公園』No.120、1959年11月、3頁。
- （27）『国立公園』No.178、1964年9月、6頁。回答は、同上No.183・184、1965年2・3月、3頁。
- （28）『国立公園』No.203、1966年10月、2頁。回答は、同上No.209、1967年4月、8頁。

(29) 『国立公園』No.215、1967年10月、3頁。
(30) 『国立公園』No.227、1968年10月、2頁。回答は、同上No.231・232、1969年2・3月、24頁。
(31) 『国立公園』No.231・232、1969年2・3月、24頁、回答は、同上No.243・244、1970年2・3月、1頁。
(32) 『国立公園』No.243・244、1970年2・3月、26頁。回答は、同上No.255・256、1971年2・3月、14頁。
(33) 『国立公園』No.264、1971年11月、7頁。回答は、同上No.267・268、1972年2・3月、13頁。
(34) 前掲拙著『自然保護と戦後日本の国立公園』、54頁。
(35) 同上、96－97頁。
(36) 同上、232頁以下参照。
(37) 同上、326頁。
(38) 国定公園の拡大の実態については、紙数の事情で省略した。
(39) 「自然公園行政の基本に関する答申」、『国立公園』No.223、1968年6月。
(40) 詳しくは本書第5章の174頁以下を参照のこと。
(41) 前掲加藤『国立公園の法と制度』、73－74頁参照。
(42) 同上、第5章を参照。
(43) 自然公園法施行令については、『国立公園』No.96、1957年11月、18頁。
(44) 前掲『自然保護行政のあゆみ』、125頁。
(45) 『国立公園』No.119、1959年10月、7－8頁。
(46) 池ノ上容「自然公園の利用施設と景観保護」、『国立公園』No.113、1959年4月、9頁。
(47) 江山正美「自然と人間・保存と開発」、『国立公園』No.229、1968年12月、6－7頁。
(48) 「ニュース」、『国立公園』No.116・117、1959年7・8月、21頁。これら問題化した計画、中止した計画については、本書第Ⅱ部で詳しく論じることにしたい。
(49) ゴルフ、スキーの公害についてはここで詳しく論じる紙幅がないので、ゴルフ場については谷山鉄郎『日本ゴルフ列島』、講談社、1991年、スキー場については藤原信『スキー場はもういらない』、緑風出版、1994年を参照されたい。
(50) 拙稿「日本のゴルフの遊び方」、村串・安江編『レジャーと現代社会』、法政大学出版局、1999年、283頁。
(51) 苗場山麓スキー場の認可経緯については、『国立公園』No.239、1969年10月、

および本書第12章を参照。

第 3 章
高度成長期における貧弱な国立公園財政

はしがき
1　わが国の貧弱な国立公園財政の確認
2　高度成長期における貧弱な国立公園部財政の構造

はしがき

　本章の課題は、すでにこれまで私がたびたび一般的に指摘してきたわが国の貧弱な国立公園財政について、高度経済成長期にける国立公園財政の貧弱な構造をやや詳しく立入って分析し、改めてとその問題点を摘出してみることである。

　本稿の分析の結論を予め指摘すれば、第1に、高度経済成長期の国立公園制度は、日本政府の基本政策に災いされて、歴史的に貧弱な国立公園財政という特質を克服することができなかったということである。第2に、高度経済成長期の国立公園制度は、貧弱な国立公園財政のもとでも、国立公園の国民的な利用に供するという自然公園法の目的の一つにしたがって、国立公園施設をある程度は整備しえたということである。第3に、しかし高度経済成長期の国立公園制度は、貧弱な国立公園財政のために、国立公園の自然、景観を十分に保護して、国立公園の国民的な利用による自然の破壊、環境の汚染、景観の毀損を防御する国立公園財政を構築してこなかったということである。第4に、伝統的に貧弱な国立公園財政を克服する方策について、国立公園行政当局周辺の試みがあったことも概観できる。

1　わが国の貧弱な国立公園財政の確認

　私は、これまで拙著『国立公園成立史の研究』において日本の国立公園制度が、財政の手当てが乏しく、貧弱で安上がりの構造をもって形成されことを明らかにした。さらに拙著『自然保護と戦後日本の国立公園』において、戦前形成された貧弱で安上がりの国立公園の財政構造が、戦後に復活した国立公園制度においても維持されてきたことを証明してきた。[1]

　1957年に自然公園法が制定された際に、田村剛は、わが国の国立公園財政の本質について、つぎのように指摘した。

　「国立公園に対する国家の関心は、決して十分だとはいえない。久しく国立公園は日本政府の孤児であるとか、生みっ放しで育て方をしらないとか非難されて来たものだが、国家の関心を示す尺度たる予算面について見ると、

国立公園部局の予算は本年度で1億8000万円、うち国立公園国定公園に対する施設費は1億円にすぎない。厚生省の全予算の600分の1位のものである。これは一体どうしたことだろうか。」

従ってとくに国民的な利用の面から、「国立公園の施設整備」が著しく立ち遅れており、また「広大な自然公園を管理」するのに不十分であり、「されば年々僅少な予算の増額では、公園の箇所や面積の増加にも追いつけないから施設の改善にはあまり役立たない。23の国立公園はやや施設も整備されてきたが、これを全面的に及ぼさなくては設定の主旨にもとることになる。従って来年度の予算については、少なく5、6億程度の自然公園施設整備費を計上されるよう強く要望するものである。」(2)

この指摘は、これまで私が繰り返し指摘してきたように、日本の国立公園にたいする政府の関心の低さ、冷遇、極めて貧弱な国立公園予算、ひいては日本の国立公園管理機構の脆弱性を率直に吐露しものである。

こうした田村剛の国立公園財政の貧弱さについての批評にも拘わらず、ついに政府は、これを克服するすべを講じなかった。

高度経済成長期の国立公園財政を分析して一般的にいえることは、以下のとおりである。

第1に、表3－1に示したように、1957年に1.7億円から1960年に2.3億円、1965年に6.7億円、1971年には、13.6億円までに増えたが、もともと1957年の予算が小さかったので、全体としては、国立公園予算は、なお絶対的に過少であった。

そしてこのことは、アメリカの国立公園予算などとくらべれば、一目瞭然たる事実であった。すなわち、例えば、1957年の日本の国立公園予算1.7億円は、1957年のアメリカの国立公園予算244.8億円の2.7％、36分の1でしかなかったということから明らかである。

さらにこの過少さは、厚生省の予算とくらべるとより明確であった。

国立公園部局の池ノ上容は、表3－2に示したように、1957年度の厚生省の予算総額は、1015億円であったのに、国立公園予算は、1.7億円にしかすぎず、国立公園予算は厚生省予算総額の500分の1にもおよばないと嘆いた。(3)

表3-1　国立公園予算の主要項目別推移（単位億円）

	国立公園部 予算総額 a	自然公園等 管理費 b	b/a %	自然公園等 施設整備費計 c	c/a %
1955	0.74	0.30	40.5	0.43	58.1
1956	1.12	0.33	29.4	0.78	69.6
1957	1.77	0.36	20.3	1.41	79.6
1958	2.25	0.34	15.1	1.90	84.4
1959	2.08	0.37	17.7	1.70	81.7
1960	2.32	0.40	17.2	1.91	82.3
1961	3.26	0.38	11.6	2.88	88.3
1962	4.03	0.36	8.9	3.67	91.0
1963	4.95	0.49	9.8	4.46	91.1
1964	5.90	0.61	10.3	5.29	89.6
1965	6.74	0.61	9.0	6.13	90.9
1966	7.19	0.78	10.8	6.41	89.1
1967	8.97	0.97	10.8	7.96	88.7
1968	9.18	0.99	10.7	8.15	88.7
1969	10.25	1.21	11.8	9.90	96.5
1970	12.43	1.48	11.9	10.91	87.7
1971	13.60	1.83	13.8	11.71	86.1
1972	19.61	4.12	21.0	15.19	77.4
1973	30.99	6.60	21.2	21.46	69.2

注　前掲『自然保護行政のあゆみ』、490-3頁から作成。本表の原表には、「環境庁」とい う項目（x）で、本庁（省）の事務費が記載されているが、ここでは無視した。従って、国立公園部予算総額 a ＝ b ＋ d ＋ x である。

表3-2　厚生省予算と国立公園予算（単位億円）

	厚生省予算a	指　数	国立公園部予算b （　）内はb/a
1957年	1015	100	1.7 (0.16)
1960年	1647	162	2.3 (0.11)
1965年	4819	474	6.7 (0.13)
1970年	1兆1035	1087	12.4 (0.11)
1971年	1兆3021	1282	13.6 (0.10)

注　厚生省の予算は、厚生省『厚生省五十年史』資料編、1988年より作成。

　しかもそうした関係は、高度経済成長期に基本的に変わらなかった。すなわち、高度成長期に、厚生省の予算も拡大し、国立公園の利用も格段に増大しているに拘わらず、厚生省予算に占める国立公園予算の比率は、1957年の0.16％から、1960年の0.11％、1965年の0.13％、1970年の0.11％と低下した。

　第2に、高度経済成長期の国立公園財政の貧困さについて立入ってみると、国立公園予算の中で、国立公園の自然保護や環境保全、景観維持のために費やされるべき自然公園等管理費が、絶対的に過少であったということがわかる。

　自然公園等管理費は、表3－1に示したように、1957年に3600万円、1960年に4000万円、1965年に6100万円、1970年に1.4億円だった。

　この額の小ささは、国立公園部局の総予算の中に占める自然公園等管理費の比率の小ささによって端的に示される。すなわち国立公園部局の総予算の中に占める自然公園等管理費の比率は、1957年に20.3％、1960年に17.2、1965年に9.0％、1970年に11.9％であり、環境庁の設置が予定された1971年には13.8％と微増した。要するに、自然公園等管理費は、国立公園予算の中でも極めて小さな比率（10％程度）でしかなかった、ということである。

　第3に、国立公園部局予算は、自然公園管理費を低く抑えておいて、自然公園等施設整備費を相対的に大きくしてきた。すなわち自然公園等施設整備費は、1957年に1.4億円、1960年に1.9億円、1965年に6.1億円、1970年に10.9億円、1971年には11.7億円だった。

　国立公園部局の予算に占める自然公園等施設整備費の比率は、1957年に79.6％、1960年に82.3％、1965年に90.9％、1970年に87.7％であり、環境庁の設置が予定された1971年には86.1％であった。

要するに自然公園等施設整備費は、国立公園部局予算の8、9割という圧倒的比重を占めているということであった。
　自然公園等管理費が小さく自然公園等施設整備費が大きいというアンバランスあるいは捻じれ現象は、政府の国立公園政策のゆがみと貧困さを如実に示すもの以外の何ものでもなかった。しかも国立公園等管理費を極度に僅少に抑えておいて、国立公園の観光化をすすめれば、次章で明らかにするように、国立公園の国民的利用を急激に拡大し、国立公園の自然、環境、景観の保護を危殆に陥れることは火をみるより明らかである。
　日本の国立公園制度の矛盾、悲劇は、すべてこの安上がりの国立公園財政構造にあるのであり、日本政府が、進歩的かつ自然保護を重視する自然公園法の一面を無視して、安上がりの国立公園制度政策を一貫して維持してきたことにある。
　第4に、高度経済成長期の国立公園財政の貧困さについて論じる場合、貧しい国立公園予算を補填する方策について考える必要があった。日本の国立公園は、伝統的に国家支出が小さいのであれば、せめて国立公園予算を補充するための、とくに管理維持費を補充するための独自の収入を、国立公園の入園料として徴収するという方策がとられてもよかったかもしれない。この問題については、ここで言及できなかったが、旧稿で論じてあるので参照されたい。

2　高度成長期における貧弱な国立公園財政の構造

（1）高度成長期における国立公園部局の予算分析

①国立公園部局の「自然公園等管理費」の分析

　国立公園予算は、大項目別にみると、「自然公園等管理費」と「自然公園等施設整備費」の2項目に区分されているが、まず「自然公園等管理費」について詳しく分析することにしよう。
　自然公園等管理費は、自然公園維持管理費、国民公園維持管理費、温泉関係維持管理費、さらに1967年から鳥獣法が制定されて鳥獣関係維持管理費からなっていた。[4]

表 3 − 3　国立公園予算中の自然公園管理費の内訳（単位万円）

	自然公園等管理費 a	内 自然公園等維持管理費 b	b/a %	内 国民公園維持費 c	c/a %	温泉関係 e	鳥獣関係 f	f/a %
1955	3088	1012	32.7	2048	66.3	28		
1956	3373	1187	35.1	2158	63.9	28		
1957	3645	1290	35.2	2326	63.8	28		
1958	3485	910	26.1	2548	73.1	26		
1959	3794	978	25.7	2791	73.5	25		
1960	4093	1005	24.5	3062	74.8	25		
1961	3802	1079	28.3	2697	70.9	25		
1962	3609	1051	29.1	2532	70.1	24		
1963	4920	1463	29.7	3432	69.7	24		
1964	6109	1873	30.6	4211	68.9	24		
1965	6157	1860	30.2	4272	69.3	24		
1966	7817	3179	40.6	4613	59.0	24		
1967	9724	2936	30.1	5393	55.4	24	1370	14.0
1968	9941	3071	30.8	5463	54.9	22	1383	13.9
1969	1億2141	3604	29.6	7159	58.9	22	1385	11.4
1970	1億4810	5250	35.4	8052	54.3	22	1485	10.0
1971	1億8374	7245	39.4	9468	51.5	22	1638	8.9
1972	4億1261	2億4209	58.6	1億0621	25.7	22	6407	15.4
1973	6億6041	4億5529	68.9	1億2651	27.7	104	7755	11.7

注　前掲『自然保護行政のあゆみ』、490−493頁から作成。

　表3−3をみると、幾つかの興味深い特徴が読み取れる。
　第1に、自然公園等維持管理費は、1957年に1290万円で、1958年の910万円から1962年に1057万円でほぼ同水準であったが、1963年の1463万円に漸増し、1966年に3179万円、1970年に5250万円、1971年に7245万円に漸増していった。

国立公園行政が環境庁に吸収された翌年の1972年には、一挙に2億4209万円に増大し、自然公園等維持管理政策の好転が予想された。

しかしわずかな国定公園維持管理費を含むおもに国立公園維持管理費である自然公園等維持管理費は、自然公園等管理費のうちほぼ一貫して30％前後でしかなかったということである。つまり事実上の国立公園維持管理費は、実は、自然公園等管理費の3分の1程度でしかなかったということである。

第2に、国民公園維持管理費は、1957年に2326万円で自然公園等管理費の2倍もあり、そうした傾向は1969年まで続き、1970年に8052万円、1971年に9468万円となって、やや増え方が低下した。

ここで指摘しておきたいことは、第1のこととは反対に、自然公園等管理費には、本質的に自然公園と異なる国民公園の維持管理費が含まれていて、1960年代の中頃までは、自然公園等管理費の6、7割を占め、1960年代の後半以降も5割程度を占めていたということである。

そもそもここでの国民公園とは、都市公園の特別な存在である皇居外苑、新宿御苑、京都御苑、千鳥ヶ淵戦没者墓苑のことである。元来厚生省が公園行政をおこなってきた歴史的事情から、戦後国立公園部局が、国民公園の維持管理を引き受けたのである。

前章の国立公園管理機構の考察に際して、国立公園行政要員の中で、国民公園管理要員が、国立公園要員に匹敵する人員だったという異様な事実を明らかにしたが、ここでも、そうした異様な事実が、財政的に裏づけられたということである。本来の国立公園行政なり財政を考える場合は、国立公園とはまったく異なる国民公園の維持管理費を除いて考えなければならない。

第3に、1967年から国立公園部局に鳥獣関係行政が含まれるようになって、国立公園部局予算に鳥獣関係管理維持費が計上されたが、1967年に1370万円、1970年に1638万円、1972年に一挙に6407万円であった。

ここで指摘しておきたいことは、その分が、国民公園の維持管理費から廻され、国民公園維持管理費の自然公園等管理費に占める割合が50％台に低下したことである。

以上、国定公園維持管理費を含むおもに国立公園維持管理費であった自然公園等維持管理費、事実上の国立公園管理費は、実は、自然公園等管理費の3分の1程度でしかなかったということであり、国立公園部局予算の中でもいっそう少額でしかなかったということである。

では自然公園等維持管理費、事実上の国立公園管理費は、どのように使われたのであろうか。しかし一貫した資料も不足し、そもそも部外者には国立公園の保護管理費というものが、どんなものかわかりにくいのであるが、例えば1963年度と1969年度の事例でみてみよう。

1963年度と1969年度の国立公園部局の予算のうち、国民公園、温泉関係の管理費を除く自然公園管理費が、国立公園管理費として算定されている。

表3－4と表3－5に示したように、国立公園管理費の内容が、ある程度明らかである。

国立公園管理費は、本省事務費、保護費、国立公園管理事務所維持費、集団施設地区管理費、調査費、その他などに分けられている。

1963年度の国立公園管理費は、項目だけでその内容はわかりにくいが、1969年度の国立公園管理費は、項目に若干内容が付記されていて、国立公園管理費がどのように使われていたかを示唆している。

従って、1969年度の国立公園管理費について詳論しよう。国立公園管理費は、1969年の場合、3475万円であったが、本省事務費として、200万円が配分されており、全体の5.7%であった。本省事務費の内容をみると、都道府県指導旅費、管理員制服等と記されており、各地に散在している国立公園への指導のための国立公園職員の旅費、何故か現地管理員の制服の費用であっ

表3－4　1963年度の国立公園管理費の内訳

	費用　単位万円	％
国立公園管理費	1396	100.0
本省事務費	165	11.8
自然公園審議会	32	2.2
保護費	345	25.3
国立公園管理事務所維持費	55	3.9
調査費	139	9.9
集団施設地区管理費	647	67.8
行政代執行	5	0.3
補償費	5	0.3
温泉法施工費	24	
国民公園維持管理費	3432	

注　『国立公園』No.169、1963年12月、4頁より作成。

表3－5　1969年度国立公園管理費の内訳（単位万円）

項　目	費用	％
国立公園管理費	3475	100.0
1．本省事務費（都道府県指導旅費、管理員制服等、他）	200	5.7
2．保護費（県庁連絡費、管理事務所連絡旅費、スキー用具、オートバイ他）	795	22.8
3．国立公園管理事務所維持費（保護管理旅費、ストーブ、複写機、ジープ、スキー用具、など）	356	10.2
4．集団施設地区管理費	1733	49.8
内　訳		
ア．美化清掃費（当省所管地の美化清掃、45地区）	745	21.4
イ．財産管理費（集団施設地区内の道路等補修など）	828	23.8
ウ．土地評価等調査費	54	
エ．物病虫害防除費	159	4.5
5．報償費	5	
6．不動産購入費	11	
7．調査費	313	9.0

注　『国立公園』No.239、1969年10月、3－5頁から作成。

た。本格的な国立公園管理事務のための費用とは思われない。

　2の保護費であるが、795万円が配分されており、全体の22.8％であった。この保護費も、本格的な国立公園の保護費というようなものとしてではなく、各地の国立公園関連の県庁への連絡費、あるいは、主要な国立公園に設置されていた管理事務所との連絡旅費や、管理事務所に必要な道具、スキー用具や交通手段、オートバイ1台（小笠原）やモーターボート借用（桜島）、アクアラング1式の借用費（桜島）などと記されていた。要するに国立公園管理事務所への補助費だった。

　3の国立公園管理事務所維持費は、国立公園管理事務所の管理員たちの旅費、管理事務所の必要備品類、ストーブ2台、複写機6台、交通手段のジープ2台、スキー用具6台、などの費用と記されていた。

　4の集団施設地区管理費は、各地に散在している集団施設地区の各種の費用で、1733万円が用意され、全体の費用の49％であった。

　集団施設地区管理費とは、第1に40の集団施設地区の美化清掃費で745万円、全体の21.4％、集団施設地区管理費の42.9％であった。ちなみに1集団施設地区の美化清掃費は、18.6万円である。

1集団施設地区の美化清掃費が、18万円程度だったすれば、果たしてどの程度の美化清掃がおこなえるか、想像に難くない。例えば後に詳しく検討するように、尾瀬の集団施設地区の美化清掃費は、すずめの涙でしかなく、シーズン中に大量に入山するビジターが汚す尾瀬を清掃するのにまったく焼石に水の費用でしかなかったことは周知の事実であった。[5]

　第2の集団施設地区管理費は、財産管理費であり、828万円が配分され、全体の23.8％、集団施設地区管理費の47.7％であった。

　この管理費は、集団施設地区内の道路等補修などと記されている。後にみる自然公園等施設整備費とどう異なるか不明だが、国立公園部局が特別に設置した集団施設地区の特別財産の管理費として道路等補修を計上したものと推察される。とにかく清掃費と財産管理費で集団施設地区管理費の90％を占めていた。

　そのほか植物病虫害防除費は、一種の自然環境保護費であるが、159万円配分されているが、全体の4.5％であった。

　5の補償費は、5万円が配分されているが、何の補償費であるのか不明である。6の不動産購入費は、私有地の買入れ費用であるが、項目としては注目されるが、11万円配分されていて、全体の0.3％にすぎず、国立公園予算の実態としては、まったく問題にならない。

　最後に調査費であるが、調査費は、313万円が配分され、全体の9.0％であった。国立公園の管理維持を本格的におこなうためには、膨大な調査費を献上して、日々全国の国立公園の実情を調査し、とくに問題が生じているところの国立公園については詳細な調査が必要であった。

　しかし、たかだか313万円でどんな調査ができるというのだろうか。不十分ながら、日本自然保護協会による国立公園の実情調査がおこなわれてきたが、国立公園行政当局は、独自に国立公園の新設、拡大、国立公園計画、国立公園の事業計画をたてる際に、さらに国立公園の実態把握のために、積極的に調査をおこなうことが必要であったはずである。313万円程度の調査費で十分な調査がおこなわれるわけがなかった。

　以上のように、国立公園管理費の僅少さは、国立公園の管理をないがしろにし、国立公園の保護を怠り、国立公園の自然、環境、景観を損ねてきたのである。

　最後に国立公園管理の人件費について言及しておきたい。

表 3 − 6　公務員年収（単位円）

	平均月給	想定年収
1960年	21,600	259,000
1965年	36,640	439,680
1970年	62,500	750,000

注　早川征一郎・松井朗『公務員の賃金』、労働旬報社、1981年、207頁より作成。

　国立公園部局の人件費は、国立公園部局の予算では算定されず、本省の人件費として別枠になっていた[6]。今ここでは、年額レベルで明らかにできないが、すでにみたように、国立公園部局で純粋に国立公園行政に関わっていた要員数は、100人前後であったから、かれらの人件費が、国立公園管理費に加えられれば、国立公園管理費の実態となる。

　公務員年収は、ある資料によって想定すれば、1965年に43.9万円だった。国立公園の管理に当たった国立公園部局の要員は、120名前後であったから、国立公園部局の要員の年間人件費は、5268万円程度と想定される[7]。

　1965年の国立公園管理費1860万円に人件費を加えると、7128万円となる。人件費を加えてもなお、国立公園管理費は、1億円に達しておらず、わが国の国立公園管理費の絶対的な貧弱さを示している。

　以上のように、日本の国立公園の管理費は、本格的な国立公園管理のための費用となっていない。要するに日本の国立公園制度管理システムの形式はあるが、その形式に実体が乏しい。

　アメリカの国立公園の管理システムは、例えば1956年についてみると、管理費が42億円程度計上されていて充実している[8]。

　日本の国立公園の場合は、国立公園を管理する要員120名程度と少なく、国立公園行政機関が大臣官房の1部で3課しかない小さな部局であった。

②国立公園部局の「自然公園等施設整備費」の分析

　「自然公園等施設整備費」は、すでに表3−1でみたように国立公園部局の予算の80％から90％を占め、国立公園部局予算がほぼ「自然公園等施設整備費」であったといっても過言ではない。

　その自然公園等施設整備費は、直轄自然公園等施設整備費と自然公園等施設整備費補助に大別され、直轄自然公園施設整備費は、国立公園施設整備費

と国民公園施設整備費に分けられ、1972年からは鳥獣関係の施設整備費が計上されたが、国立公園部局が環境庁に吸収されて以後の問題なのでここでは言及を省略する。

自然公園等施設整備費のうち直轄自然公園等施設整備費は、表3－7のとおり、1957年には9119万円、1958年には1億1519万円と若干伸びたが、その後、伸びが停滞し、1960年には9173万円から、1962年に1億5105万に増え、以後漸増し、1965年には3億2727万円に増加したが、その後3億円台に停滞し、1972年に4億7912万円に増えた。

他方、都道府県への補助費である自然公園等施設整備費は、1957年には5000万円、1960年には直轄の施設整備費をこえて1億円に増え、1965年には2.8億円で直轄を下回ったが、1966年以降は、直轄と並び、1967年には、直轄の3.3億円を追い越し、4.6億円に増え、1970年には、直轄の3.5億円を大幅に追い越し、7.3億円へと増加していった。

以上のように、補助の自然公園等施設整備費は、高度経済成長期の後半から大幅に増加していったことがわかる。

そうした傾向は、自然公園等施設整備費の構成比でみるといっそう明瞭となる。表3－8をみると、自然公園等施設整備費に占める直轄自然公園等施設整備費の割合は、1957年の64％を頂点として、以後しだいに低下し、1960年には47.8％、1965年には53.3％、1970年には32.5％にまで低下した。

その逆に補助の自然公園等施設整備費の比率は、1957年には35.4％であったが、1960年には52.1％、1965年には46.6％と比重を落とすが、1966年以後次第に比重を高め、1969年には60.6％にまで高まり、1971年に68.1％にまで高まった。

ということは、自然公園等施設整備費は、高度経済成長期の中頃から直轄が減り、補助の自然公園施設整備費の比率が高まってきたということである。政府は、自然公園の施設整備を、一定の国費を投じておこなうが、直轄でおこなうより、都道府県に補助しておこなう方向に向かったということである。

こうした傾向をどう評価すべきか、即断できないが、国立公園行政当局の役割が軽くなっていくことは事実である。

自然公園等施設整備費は、国定公園を含むおもに国立公園の施設整備に費やされたのであるが、『自然保護行政のあゆみ』の統計表では、国定公園の施設整備費は明確にならない。

表3－7　国立公園予算中の自然公園等施設整備費の内訳（単位万円）

	自然公園等施設整備費a	直轄自然公園等施設整備費b	その内国立公園等施設整備費c	国民公園施設整備費d	補助自然公園等設備費e	その内国立公園関係設備費f	温泉関係g
1955	4352	4352	3982	370			
1956	7870	7870	7450	420			
1957	1億4119	9119	5476	3642	5000	5000	
1958	1億9019	1億1519	7453	4066	7500	7500	
1959	1億7052	9052	7930	1121	8000	7500	500
1960	1億9173	9173	7909	1263	1億0000	9300	700
1961	2億8822	1億1322	9909	1413	1億7500	1億6500	1000
1962	3億6705	1億5105	1億1809	3296	2億1600	2億0400	1200
1963	4億4631	1億8352	1億4581	3771	2億6278	2億5078	1200
1964	5億2986	2億6886	2億2080	4806	2億6100	2億4900	1200
1965	6億1327	3億2727	2億4329	8398	2億8600	2億7400	1200
1966	6億4116	3億1516	2億7480	4036	3億2600	3億1400	1200
1967	7億9687	3億3587	2億9406	4181	4億6100	4億4900	1200
1968	8億1592	3億2992	2億9393	3599	4億8610	4億7400	1200
1969	9億0053	3億5453	3億0448	5005	5億4600	5億3400	1200
1970	10億9147	3億5547	3億0421	5126	7億3600	7億2400	1200
1971	11億7161	3億6661	3億0421	6240	8億0500	7億9300	1200
1972	15億1912	4億7912	3億6105	6511	10億4000	10億2500	1500
1973	21億4609	6億1676	5億3157	6757	15億2932	14億6770	2200

注　前掲『自然保護行政のあゆみ』より作成。鳥獣関係の施設整備費は省略。

表3－8　自然公園等施設整備費の構成

	自然公園等施設整備費 a	直轄自然公園等施設整備費 b/a	その内国立公園等施設整備費 c/a	その内国民公園施設整備費 d/a	補助自然公園等施設整備費 e/a	その内国立公園関係設整備費 f/a	その内温泉関係 g/a	直轄と補助合計の国立公園関連等設整備費 c＋f/a	直轄と補助合計の国立公園関連等設整備費 c＋f
1957	100.0	64.5	38.7	25.7	35.4	35.4		1.04	73.7
1958	100.0	57.8	39.1	21.3	39.4	39.4		1.49	78.4
1959	100.0	53.0	46.5	6.5	46.9	43.9	2.9	1.54	90.5
1960	100.0	47.8	41.2	6.5	52.1	48.5	3.6	1.72	90.0
1961	100.0	39.2	34.3	4.9	60.7	57.2	3.4	2.64	91.6
1962	100.0	41.1	32.1	8.9	58.8	55.5	3.2	3.22	87.7
1963	100.0	41.1	32.6	8.4	58.8	56.1	2.6	4.04	90.5
1964	100.0	50.7	60.5	9.0	49.2	46.9	2.2	4.69	88.6
1965	100.0	53.3	39.6	12.6	46.6	44.6	1.9	5.19	84.6
1966	100.0	49.1	42.8	6.2	50.8	48.9	1.8	5.88	91.9
1967	100.0	42.1	36.9	5.2	57.8	56.3	1.5	7.43	93.3
1968	100.0	40.3	36.0	4.4	59.5	58.0	1.4	7.67	94.1
1969	100.0	39.3	33.8	5.5	60.6	59.2	1.3	8.38	93.1
1970	100.0	32.5	27.8	4.6	67.4	66.3	1.0	10.28	94.2
1971	100.0	31.2	25.9	5.3	68.7	67.6	1.0	10.97	91.1
1972	100.0	31.5	23.7	4.2	68.4	67.4	0.9	13.90	91.5
1973	100.0	28.7	24.7	3.1	71.2	68.3	1.0	19.98	93.1

注　表3－7から作成。

　国立公園予算報告によれば、表3－9に示したように、国定公園への補助金は、1957年に1000万円、1960年に3000万、1966年に6300万、1967年には1億0800万円に達し、次第に増えてきた。しかし国定公園への補助金の自然公園等施設整備補助費に占める割合は、20％から30％の間を変動し、それほど大きな額ではなかった。

表3－9　国定公園への補助金（単位万円）

	国定公園補助費 a	自然公園等施設整備費補助費に占める a の割合
1957	1000	20.0
1958	1500	20.0
1959	1500	18.7
1960	3000	30.0
1962	3600	20.5
1963	4500	20.7
1964	5000	19.1
1965		
1966	6300	19.2
1967	1億0800	23.4
1968	1億4800	30.0
1969	1億6800	30.7
1970	1億4300	19.4

注　『国立公園』誌掲載のNo.101、1958年4月、No.159・160、1963年2・3月、No.181、1964年12月、No.231・232、1969年2・3月、No.252、1970年11月の国立公園予算、観光予算の報告から作成。

　ところで直轄の自然公園等施設整備費のうち、国民公園のための施設整備費は、国民公園の維持管理費が大きかったのと異なり、表3－4に示したように、額面でも数千万にとどまり、それほど大きくはなかった。また表3－8に示したように、直轄の自然公園等施設整備費に占める国民公園のための施設整備費の比率では、一時期を除いて数％にすぎず、それも次第に低減していった。

　ともあれ自然公園等施設整備費は、表3－10に示したように、直轄と補助を併せれば、ほぼ8、9割が国立公園の施設整備費だったといえよう。政府の国立公園政策は、国立公園維持管理では手を抜いたのであったが、貧しかったとはいえ、国民の利用のためにせっせと国立公園の施設整備をおこなうものであったと指摘できる。

　なお、国立公園のどのような設備が整備されたかについては、詳細はわからないのであるが、国立公園管理費の場合と同じように、1969年の「国立公園等施設整備費」の事例からその内容を垣間みることにしよう。

　表3－10に示した国立公園等施設整備費は、国民公園、温泉、鳥獣関係の数字を省いた、国立公園と国定公園の施設整備費からなっている。ここでは、

表3-10　1969年度国立公園等施設整備費の内訳

	費用　単位万円	%
国立公園等施設整備費	8億8880	100.0
（1）国立公園等施設整備直轄費	2億9400	33.0
一般集団施設地区		
特別集団施設地区		
（2）国立公園補助金（1/2補助）	3億1600	35.5
（3）国定公園補助金（1/2補助）	1億6800	18.9
一般集団施設地区		
特別集団施設地区		
（4）不動産購入費	5580	6.2
ア．集団施設地区所管換費	580	
イ．国立公園民有地買上費（1/2補助）	5000	
ウ．国立公園民有地買上費（1/2補助）	0	

注　『国立公園』No.239、1969年10月、6頁から作成。

『自然保護行政のあゆみ』のデータによる表3-1の数字と少し異なるが、国定公園補助金が明記されている。

　注目されるのは、わずかであるが、不動産購入費である。民有地であった国立公園の買上げ費が、5000万円、国立公園等施設整備費の6.2％が支出されたことである。

　こうした政策は、自然公園法にもとづくものであったが、重要な自然地区、景観地の国有化を可能とする制度としては積極性をもち、国立公園制度を強化するための一つの方策として注目されてよい。

③政府による国立公園観光化財政

　国立公園予算の自然公園等施設整備費は、以上のようなものであったが、すでに指摘したように、政府は、東京オリンピックをまじかに控えて、国立公園を観光資源の大きな目玉と位置付けて、国立公園予算とは別個に、観光事業計画をたてて国立公園の観光化に邁進した。

　政府の国立公園の観光化を含む観光計画は、二つ提起された。一つは、1956年の観光事業振興5カ年計画、もう一つは1959年の観光施設整備4カ年計画であった。これらの計画は、従来ほとんど注目されていないが、国立公園観光のためのインフラ整備、直接国立公園の施設整備に、国立公園部予算

とは別途に大きな役割を果たした。

　まず前者からみておこう。政府は、1957年に自然公園法の制定に先立って、1956年8月に「観光事業振興基本要綱」を閣議決定し、同年12月に「観光事業振興5カ年計画」を立案した。

　観光5カ年計画の総事業費は、2919億円という膨大なものであったが、そのうち国立公園関連の観光事業費は78.7億円であった。表3－11に示したように、その内訳は、国費で43.8億円、財政投融資で26億円、地方債約9億円であった。

　国立公園関連の観光事業費78.7億円を5年で割れば、1年平均15.7億円である。これは、1957年から1961年の国立公園予算の平均、2.3億円の7倍である。さらに国立公園関連の観光総事業費のうちの国費による事業費、43.8億を5年で割れば、1年平均8.7億円であり、1957年から1961年の国立公園部局予算の平均、2.3億円の3.7倍である。これらの計画は、政府の国立公園関連の観光化への思いが現わされている。

　この5カ年計画の中の国立公園関連の観光事業振興5カ年計画事業概要は、表3－11のとおりである。

　国立公園関連の観光事業振興5カ年計画の内容を検討してみよう。

　まず国費による国立公園関連観光事業計画費用、総額43.8億円は、国立公園部局の予算編成項目にならって、国立公園保護管理費、9.5億円、国立公園施設整備費、18億万円、国定公園施設費に2億円、その他が、14.2億円である。

　国費による国立公園保護管理費、9.5億円は、保護管理に4.2億円、施設管理に1億円、保護施設に1.4億円、用地買収に2.7億円が計上された。なお国立公園の観光化のために国立公園保護管理費9.5億円が計画されたことの意味は理解し難いが、国立公園の観光化のためにあえて国立公園保護管理費を配分したのであろうか。

　国費による国立公園施設整備に18億円、そのうち、集団施設に12億円、単独施設に2.2億円、公園道に2.9億円、自然研究路に7000万円が用意された。

　国費による国定公園については、集団施設に2億円、その他の環境整備に1億円、維持管理に3.3億円、施設整備に9.4億円が配分されているが、具体的な使途はわからない。

　財政投融資による国立公園の観光事業振興計画は、26億円であったが、国

表3-11 国立公園関連「観光事業振興5カ年計画事業概要」(単位億円)

	国　費	財政投融資	地　債	計
国立公園保護管理				
保護管理	4.2			4.2
施設管理	1.0			1.0
保護施設	1.4			1.4
用地買収	2.7			2.7
小　計	9.5			9.5
国立公園施設整備				
集団施設	12.0			12.0
単独施設	2.2		2.2	4.5
公園道	2.9		2.9	5.9
自然研究路	0.7		0.7	1.5
国民宿舎等		14.0		14.0
小　計	18.0	14.0	5.9	38.0
国定公園施設				
集団施設	2.0		2.0	4.0
国民宿舎等		3.0		3.0
小　計	2.0	3.0	2.0	7.0
その他1				
国立温泉研究所	0.5			0.5
環境整備	1.0		1.0	2.0
国民宿舎等		9.0		9.0
小　計	1.5	9.0	1.0	11.5
その他2				
維持管理	3.3			3.3
(施設整備)	9.4			9.4
小　計	12.7			12.7
合　計	43.8	26.0	8.9	78.7

注　池ノ上容「国立公園の予算の問題点」『国立公園』№96、1957年11月、3頁より作成。

立公園施設整備費として、もっぱら低額で清潔な公的宿泊施設である国民宿舎等の施設整備費として14億円が計上され、国定公園施設として、国民宿舎等のために3億円、その他の場合も9億円が国民宿舎等のためであった。要するに財政投融資26億円は、国民宿舎等のために計上された。

　地方債による国立公園の観光事業振興計画は、8.9億円であったが、国立

表3-12 観光事業振興5カ年計画の国立公園観光化事業費の実績（単位億円）

	国立公園計画額	実施成績額	実施率（％）
1957年	5.53	1.77	32
1958年	12.24	2.25	20
1959年	10.37	2.06	20
3カ年合計	27.14	6.08	22

注　大井道夫「観光事業振興のための諸計画」、『国立公園』No.119、1959年10月、3頁による。

公園施設整備費として5.9億円が計上され、国立公園内の単独施設に2.2億円、公園道に2.9億円、自然研究路に7000万円が配分された。

地方債による国定公園施設には、集団施設に2億円が用意された。その他では、環境整備に1億円が配分された。

なおこれらの計画の実現度であるが、国立公園部局の国費についてみることにしよう。表3-12は、観光事業振興5カ年計画のうち、1957年から1959年の3カ年の国立公園部局の事業計画費と3カ年の事業計画費と実施成績額を示したものである。

3カ年の実施計画額27.1億円は、6億円、計画の22％しか実現されなかった。観光事業振興5カ年計画は、計画倒れだったことがわる。

ただ注意深くみると、3カ年の国立公園計画額は、表3-14に示した国立公園部局の各年度要求額とほぼ同じあり、かつまた22％しか実現しなかった3カ年の実施成績額6億円、その平均2億円は、当時の各年の国立公園部局の予算2億円に等しかった。

ということは、国立公園部の各年度要求額は、観光事業振興5カ年計画にもとづいてだされ、かつ国立公園部の予算は、観光事業振興5カ年計画の実績に沿って組まれたように思われる。

財政投融資と地方債による約34億円の実現度は、不明であるが、相当程度実現していったと推察される。

以上のように、国立公園関連の観光事業振興5カ年計画は、国立公園部局の予算に該当する国費を別にすれば、名目どおり国立公園の観光化のための投資、国立公園の利用を促進する国民宿舎の建設、整備費であったことがわかる。

政府は、これらの国立公園関連「観光事業振興5カ年計画」のほかに、各

表3－13　各省の観光事業関係予算（国立公園部予算を除く）

所管省	事業名	1957年	1958年
文部省文化財	保存・修理・防災施設	1億8713	2億2141
	利用施設	0	1693
	小　計	1億8713	2億3834
建設省	都市施設整備	2億8400	3億2600
	公共道路整備	424億6700	546億0800
	有料道路整備	18億5400	5億0000
	小　計		551億1080
運輸省	ユースホステル	4000	0
	対外宣伝	1億3000	1億4500
	小計		1億4500
総務省	観光事業調査	5000	5000

注　田中順三「昭和34年度観光予算」、『国立公園』№101、1958年4月、25頁より作成。

省の観光事業予算を作成し実施していった。その詳細については、明らかにする余裕がないが、例えば1957年、1968年の観光予算から国立公園に関連しそうな予算をみてみよう。

　表3－13に示したように、各省の観光予算として提出されたものの中で注目すべきは、まず建設省の観光予算であり、とくに、公共道路整備と有料道路整備の建設費である。

　公共道路整備は、1957年に424.6億円、1958年546.8億である。これらの公共道路整備予算は、建設省の観光予算として計上されている以上、詳細は不明であるが相当程度、国立公園へのアプローチとしての意味をもったインフラ整備、あるいは国立公園の観光地化のために大きな効果を生んだと考えられる。

　とくに有料道路整備は、おもに有料道路が国立公園の観光化を意図して建設されたことを考えると、まさに国立公園のインフラ整備、あるいは国立公園の観光地化に大きな役割を果たしたことがわかる。

　ちなみに先に本書第1章で明らかにしたように、国立公園がらみの観光有料道路は、1947年から1970年までに約68ルート近くが建設されており、1959年策定の「道路計画5カ年計画」では、2000億円が計上されていた。[11]

　こうした国立公園用の有料道路整備費は、国立公園部予算に組み入れられていない別途のものであったが、国立公園のインフラ整備、あるいは国立公

園の観光地化に大きな役割を果たし、国立公園の国民的な利用を大きく促進したことは間違いない。

そのほか、文部省文化財保護局関連の予算も、国立公園に関連した側面をもっていた。詳細は明らかにしにくいが、国立公園内の文化財保護に関連する費用、例えば国立公園内の天然記念物の保存・修理・防災施設への費用は、国立公園予算とは別途に国立公園の観光化費用として計上された。ただし国立公園内の文化財保護にそれほど大きく貢献したとは思われないが。

運輸省の観光予算として、ユースホステルの費用、4000万円も国立公園の利用に関連するが、その寄与率は、明らかではない。しかし対外宣伝費として、1957年に1.3億円、1958年に1.4億円が用意され、とくに鉄道による国立公園観光誘致の宣伝がなされ、国立公園の国民的な利用を大いに促進したことが推察される。

以上のように、各省の観光事業関連の予算は、国立公園部局の予算以外に国立公園観光化のための予算として、相当程度が充当され、国立公園の国民的な利用を促進した。しかし国立公園制度の問題としては、こうした国立公園の観光化予算が、国立公園の利用のためだけであって、文部省の化財保護のための保存・修理・防災施設費を除けば、決して国立公園管理維持、保護のために支出されたわけでなかったということも確認しておかなければならない。

その後政府は、1958年に入って、1956年に策定した「『観光事業振興5カ年計画』は既に時代遅れのものであり、しかも、この計画における昭和32年より34年に至る3カ年実施計画の実績も極めて微々たるものであった」と認め、1958年12月の観光審議会の答申にもとづき、1959年8月に「観光施設整備に関する基本計画」（1965年度から68年度までの4カ年計画）を策定した。(12)

この計画の方針は、「従来の5カ年計画を批判し、その結果、重点地域、重点事業並びに実施順位等を確立し事業実施の実効を期すべきという」ものであった。(13)

この観光施設整備4カ年計画の要点は、1、計画目標及び期間、2、重点地域並びにルート選定、3、施設整備計画、4、資金計画からなっていた。

1、計画目標は「誘致外国人35万人、その本邦消費額2億ドル」520億円とし、計画期間は1965年度から68年度の4カ年とする。

2、重点地域は、日光、京浜湘南、富士箱根伊豆、瀬戸内海、別府阿蘇長

崎、阿寒札幌支笏洞爺、名古屋岐阜、十和田仙台松島、伊勢志摩南紀、京阪神奈良、上信越高原の11地区を選定する。京浜湘南と名古屋岐阜を除けば9地区が国立公園所在地区であった。

そしてこの11地区を、3種に区分し、（1）「特に緊急に整備を図る」地区として、日光、京浜湘南、富士箱根伊豆、京阪神奈良の4区を選出し、（2）「総合的に施設を整備する地域」として、上記の4区に、名古屋岐阜、伊勢志摩南紀、別府阿蘇長崎の3地区を加えて7地区を選定した。（3）「当面特に必要な施設を整備する地域」として、阿寒札幌支笏洞爺、十和田仙台松島、上信越高原の3地区を選定した。これは、3区分して施設整備計画にアクセントをつけたのである。

ルート選定は、主要国際観光幹線ルートついて航空路9線、民有鉄道5線のほか、国際観光枝線ルートとして、11地区に136線の整備を選定した。

3、施設整備計画は、（1）交通施設、（2）宿泊施設、（3）公園施設、そのうち、国立公園利用施設、（4）文化財利用及び防災施設、（5）案内施設の5部門からなっていた。

4、資金計画は、おおむね697億円とし、国費194億円、特融241億円と想定された。

この計画は、国立公園の観光インフラを整備する興味深いものであるが、内容的には「観光事業振興5カ年計画事業」をより大規模化したものであり、そのもつ意味は「観光事業振興5カ年計画事業」と同じなので、紙幅の都合で言及を割愛するが、詳細については、旧稿を参照されたい。[14]

この観光施設整備4カ年計画は、膨大な資金を投入して相当程度を実現したと推察されるが、国立公園の交通関係、宿泊施設などのインフラ整備に大いに役立ち、国民の国立公園利用を急激に増大させたことを窺わせる。しかもこうした国立公園の観光化は、国立公園の維持管理費のそれなりの増加をともなわなかったから、国立公園の維持管理を疎かにし、国民の過剰な利用による国立公園の自然、環境、景観の破壊を抑えることができなかった。

ただ国立公園研究者としては、こうした膨大な経費697億円のうち、1割の69.7億円でもさいて、例えば1964年の貧弱な国立公園維持管理費（1873万円）に、支出してくれれば、日本の国立公園制度は格段と立派な制度に発展することがでたであろう。ひとえにこうしたことを不可能にしているのは、政府の国立公園制度への無理解であった。

（２）国立公園行政当局による国立公園予算の増額要求

わが国の国立公園財政の貧しさにつては、よく知られた事実である。

田村剛は、しばしば国立公園財政の少なさについて苦言を呈してきた。

田村は、1955年11月にも、「国立公園費年額4－5000万で何年かかったところで、国立公園らしいものには成りようがない。」と国立公園予算の少なさを嘆いていた。[15]

すでに引用したように、1957年に自然公園法の制定に際しても、田村剛は、「国立公園にたいする国家の関心は、決して十分だとはいえない。」と述べ、1957年度の「国立公園部の予算は、…1億8000万、うち国立公園国定公園に対する施設費」は1億円にすぎない。厚生省の全予算の600分の1にすぎない。これは一体どうしたことだろうか。」と指摘し、「来年度の予算については、少なくとも5、6億（原文は五六億とあるが、5、6億と解すべきである）円程度の自然公園施設整備費が計上されるように強く要望するものである。」と主張した。

そして「毎年10億程度の国費が自然公園に投ぜられようになれば、これに呼応して地方費や民間資金はこれに倍加する額が公園に投資されるであろうから、自然公園の施設は急速に改善され国民大衆の健全なレクリエーションを画期的に発展せしめる機運に向うであろう」と指摘した。[16]

田村剛の指摘のポイントは、自然公園施設整備費の少なさに重点があるが、ともあれ、実際には、翌年の国立公園の予算は、総額で2.2億円、施設整備費は、1.9億円が予算化されたにすぎなかった。田村剛の要求額の実現度は、総額で5分の1程度であり、田村剛の不満のほどが知れる。

国立公園行政当局は、現場を預かる部署として、年々の国立公園予算に満足していたわけではない。

国立公園部の職員池ノ上容も「国立公園のために、国が毎年割りあてる予算が、その『偉容』に比してあまりにも少額なことには、誰もが啞然とするようである。」と述べ、施設整備費が「年額にして8億もあれば」と指摘した。[17]

1966年に国立公園局管理課長だった岸野駿太は、「国立公園の予算は、その絶対額がそもそも小さいということで大方の理解と同情があった」と指摘している。[18]

第3章　高度成長期における貧弱な国立公園財政

表3-14　国立公園予算当初要求額と実績

	国立公園部の要求額	要求額の対前年度予算倍数	決定された年度予算額	要求の実現率 %	国立公園予算対前年度伸率 %	厚生省予算対前年度伸率 %
1957年			1.7億			12.4
1958年	11.2億	6.5	2.2億	20.0	27.1	5.7
1959年	10.3億	4.6	2.0億	20.2	−8.1	21.6
1960年	6.4億	2.7	2.3億	36.3	11.5	26.2
1961年	13.2億	5.7	3.2億	24.7	40.5	38.2
1962年			4.0億		23.6	19.6
1963年	12.4億	3.1	4.9億	39.5	22.8	21.7
1964年	14.7億	3.0	5.9億	49.2	19.1	20.4
1965年	14.2億	2.4	6.7億	47.1	14.2	20.8
1966年	13.2億	1.8	7.1億	54.4	6.6	20.4
1967年	21.1億	2.9	8.9億	42.5	25.3	15.7
1968年	16.7億	1.8	9.1億	54.4	2.2	14.5
1969年	14.5億	1.5	10.2億	70.3	12.0	17.6
1970年	19.7億	1.9	12.4億	62.9	21.5	22.1
1971年	22.4億	1.8	13.6億	60.5	9.6	18.0
1972年	33.2億	2.4	19.6億	89.1	44.1	22.7
1973年			30.9億		57.6	37.0

注　国立公園部の要求額は、『国立公園』誌掲載の各年度末の次年度の予算要求である。
　　厚生省予算の伸率は、厚生省『厚生省五十年史』資料編による。

　国立公園部局の年ごとの予算要求をみても、そのことは確認できる。表3-14に示したように、国立公園部局は、1957年の自然公園法制定後5年程度は、次年度の予算について、年度の実績よりほぼ5、6倍の大きさの額を要求した。
　すなわち、1957年には、前年度予算実績の1.7億円の6.5倍、11.2億円を要求した。しかし実際には、2.2億円しか認められなかった。要求の実現度は、

20%であった。

1960年の場合は、1959年度の予算実績の2.3億円の2.7倍、6.4億円しか要求しなかったため、実現率は、36.3%と若干高かった。

しかし国立公園部局の予算要求は、1963年以降、急激に縮小の傾向をたどった。すなわち国立公園部局の予算要求は、1963年度には、1962年の実績の3.1倍であったが、1965年度には、1964年の実績の2.4倍に縮小し、さらに1966年度には、1965年の実績の1.8倍に縮小し、1967年度の要求を除き、1971年度まで、2倍をこえることがなかった。

こうした傾向は、政府の国立公園への無理解、政府の厳しい予算抑制圧力の結果であると同時に、国立公園部局が大幅な予算要求を諦め、抑制してきていることを示している。

また国立公園部局予算の対前年度伸び率は、景気変動や政府の予算抑制策の影響で、さまざまであった。

自然公園法が成立した1957年は、前年の1.1億円から1.7億円へ、54.5%伸び、1958年に、2.2億円、27.1%も増え、厚生省の対前年度伸率よりはるかに高かった。1959年には、国立公園部局予算は、厚生省の対前年度伸率は21.6だったにも拘わらず、対前年度伸率はマイナス8.1%となった。その後、1966年と1968年、1971年に国立公園部局予算の伸びが、縮小した。

いずれにしろ、ここで強調しておきたいことは、国立公園部局の予算要求が、高度経済成長期の当初には、国立公園行政当局の思いを反映して、かなり高いものであったが、次第に予算要求自体が委縮していったということである。

なお旧稿では、「貧弱な国立公園財政の補塡策としての入園料問題」、「国立公園観光経済からみた国立公園財源の可能性」について論じたが、ここでは紙幅の都合で、割愛した。旧稿を参照されたい。[19]

注
（１）前掲『国立公園成立史の研究』第5章、前掲『自然保護と戦後日本の国立公園』第2章を参照。
（２）田村剛「国立公園と国家予算」、『国立公園』No.96、1957年11月、1頁。
（３）池ノ上容「国立公園の予算の問題点」、『国立公園』No.96、1957年11月、2頁。

（４）前掲『自然保護行政のあゆみ』、492頁。
（５）詳しくは本書第４章、143頁以下を参照。
（６）岸野駿太「昭和四十二年度国立公園予算の要求について」、『国立公園』No.203、1966年10月、２頁。
（７）早川征一郎・他『公務員の賃金』、労働旬報社、1981年、207頁。
（８）本書第２章、67頁以下参照。
（９）池ノ上容「国立公園の予算の問題点」、『国立公園』No.96、1957年11月、３頁。
（10）同上、３頁。
（11）大井道夫「観光事業振興のための諸計画」、『国立公園』No.119、1959年10月、２－３頁。
（12）同上、２頁以下。
（13）同上、２頁。
（14）拙稿「高度成長期における貧弱な国立公園財政」、『経済志林』第81巻第１号、2013年７月、80－88頁。
（15）田村剛「国立公園の予算の問題点」、『国立公園』No.72、1955年11月、１頁。
（16）田村剛「国立公園と国家予算」、『国立公園』No.96、1957年11月、１頁。
（17）池ノ上容「国立公園の予算の問題点」、『国立公園』No.96、1957年11月、２－３頁。
（18）岸野駿太「昭和四十四年度国立公園予算の要求について」、『国立公園』No.203、1966年10月、２頁。
（19）拙稿「高度成長期における貧弱な国立公園財政」、『経済志林』第81巻第１号、93頁以下。

第4章
高度成長期における
国立公園の過剰利用とその弊害

はじめに
1　国立公園の観光化と国立公園利用のためのインフラ整備
2　高度成長期における国立公園の過剰利用とその弊害
3　二大国立公園における過剰利用とその弊害の実態

はじめに

　本章は、高度経済成長期における国立公園の利用の問題、とくにレジャーの大衆化に対応して、政府によって積極的にすすめられた国立公園の観光化と国立公園内の利用についてのインフラ整備が、国民の国立公園利用を急増させ、一部の有力な国立公園あるいは有名な名勝地の過剰利用を生み出し、自然と景観を破壊し、環境汚染を生じ、それにも拘わらず、政府が何ら有効な対策を講じてこなかったという問題について考察する。

　具体的には、第1に、高度経済成長期に展開してきた政府の観光政策、国立公園の観光化、国立公園行政当局が認めてきた観光政策なかんずく国民的利用のためのインフラ整備について、第2に、国民が国立公園をどのように利用してきたかの実態とその弊害について、第3に、国立公園の国民的な利用の問題に、厚生省や国立公園行政当局、自然公園審議会が、どのように対処しようとしたかについて、第4に、とくに有力な国立公園の過剰利用が、具体的にどのような実態であり、如何に国立公園の自然と景観の破壊、環境汚染を招来し、その際に政府がほとんど有効な対策を講じてこなかったことについて、などを明らかにすることである。

1　国立公園の観光化と国立公園利用のためのインフラ整備

（1）国立公園内の山岳観光有料道路の建設と一般道路の整備

　すでに第1章、第2章でみてきたように、政府は、戦後末期から高度経済成長期に、観光業の発展を経済復興と経済成長戦略の重要な柱と位置づけ、その中でも国立公園の観光化に着目して、国立公園観光化政策を実施してきた。

　とくに1959年に、1964年の東京オリンピック開催が決まって、政府は、海外から観光客を誘致するために、また経済復興と経済成長にドライブをかけるために、観光事業振興5カ年計画を中断して、1959年に新たな「観光施設整備4カ年計画」を制定し、積極的に国立公園の観光化のためのインフラ整

備をはかってきた。

　第3章にみてきたように、国立公園行政当局も、国立公園維持管理費を低く抑えておきながら、国立公園整備費を多く投入して、国立公園施設整備をおこなってきた。国立公園等施設整備費は、1957年から1970年までの14年間に、直轄費用は25.8億円、補助金によるもの施設整備は39.2億円、合わせて65億円が投入されて、それなりの国立公園施設整備がなされたといえよう。

　政府は、国立公園施設整備費とは別に、鉄道網の整備をおこないつつ、国立公園の観光化を意図して国立公園向けの山岳観光有料道路を積極的に建設していった。

　すでに論じたように、1957年から1970年までに国立公園向けに64の山岳観光有料道路が建設された。時代別にみると、1957年から1960年までに10ルート、1961年から1965年までに36ルート、1966年から1967年までに18ルートであり、1960年代に入ってからの建設が目立った。こうして有力な国立公園向けの多くの山岳観光有料道路が建設され、国立公園向けのバス、マイカーによるアクセスを容易化し、国民の国立公園利用を促進、増大させていった。

　また山岳観光有料道路のほか、国立公園周辺や国立公園内の一般道路の整備がおこなわれた。例えば、以下のような一般道路が計画された。

　日光地区では、日光―中宮祠―日光湯元間、今市―鬼怒川―那須間の2級国道の舗装、光徳清滝線、茶臼岳周廻線の整備。富士箱根伊豆地区では、2級国道の大月―吉原間、箱根―富士吉田間、小田原―下田間の舗装改良、公園道として吉田口登山線（船津―五合目の富士登山車道）、三ツ峠登山線（御坂峠―三ツ峠への車道）、本栖湖周廻線、西湖北岸線の4線の建設。

　伊勢志摩南紀地区では、2級国道、伊勢―賢島間の改良補修、公園道として鵜横山線の計画。京阪神奈良地区では、六甲地区の公園道摩耶―奥摩耶の車道改良舗装。

　瀬戸内海地区では、主として海上観光が利用されるので、観光船への2250トン、9億円の特別融資の計画。別府阿蘇雲仙長崎地区では、別府―湯布院―九重―阿蘇―熊本―三角、海を渡り島原―雲仙―小浜―長崎に至る別府阿蘇長崎観光ルートの改良計画。阿蘇国立公園では公園道として有料道路阿蘇山頂線への連絡道湯谷山上線の計画。雲仙天草国立公園では、有料道路仁田峠登山線と連絡する池ノ原小地獄線の計画。

　阿寒札幌支笏洞爺地区では、大楽毛―阿寒、弟子屈―阿寒、美幌―弟子屈

の道路改良、札幌―虻田、地方道千歳支笏湖畔線、洞爺湖畔昭和新山線の改良。上信越高原地区では、公園道として野尻湖周廻線が計画。

　こうした計画は多くが実行され、国立公園向けの自動車交通網の大きな整備であった。

（2）国立公園内の観光・レクリエーション施設の整備

　国立公園内の観光・レクリエーション施設の建設も、すでに第2章で明らかにしたように、著しいものがあった。多くの国立公園内で山岳観光のためのケーブルカーやロープウェイ、スキー場が建設され、自然、景観を楽しむ名勝地への大衆のアクセスを容易にし、国立公園の利用を促進した。

　国立公園内のスキー場の設置によって、スキー客が国立公園内のスキー場へ押しかけることになった。もっとも1960年代のスキーブームは、序の口であって、1970年代、1980年代にピークに達していき、スキー場公害を引き起こしていくことになる。スキー場のロープウェイを兼ねた観光ロープウェイは、スキー場の大型化に貢献し、国立公園内のスキー場の発展をもたらした。

　国立公園内のゴルフ場の建設もすすんでいった。1960年代に入ってゴルフブームが徐々に進展していったが、まだそれほどではなく、国立公園内のゴルフ場の建設もそれほど多くはなかった。[4]

　ゴルフブームは、1960年代はまだ初歩的であって、ゴルフ場の数は1965年には424カ所にとどまり、1975年には1093カ所、1989年には1722カ所となり、1970年代をへて1980年代にピークに達していった。山麓や山岳を切り開いて自然を破壊してゴルフ場を建設し、山麓や山岳でのゴルフ場建設が土地の保水力を奪い、鉄砲水の原因をつくったり、ゴルフ場に殺菌剤や農薬をまき散らして公害、環境汚染をもたらし、社会問題を引き起こすのであるが、1960年代にはそうした問題はまだ顕在化しなかった。[5]

　指摘するまでもなく、これら国立公園内の観光施設、レクリエーション施設の開発は、自然公園審議会の承認をえておこなわれたのであり、自然破壊の恐れありと問題となったものもあるが、関連自治体、地元の要望が強くほぼ全面的に承認されていった。

　1960年代に国立公園内の観光施設、レクリエーション施設の開発で問題になった事例は幾つかあったが、それらについては、本書第Ⅱ部の高度成長期

の国立公園内の自然保護と開発の激突のところで詳論することにしたい。

（3）国立公園内の集団施設地区の指定と利用諸施設の整備

　以上のほか国立公園内の利用施設のインフラ整備として注目されるのは、集団施設地区の設定である。[6]

　集団施設地区とは、自然公園法にもとづき、公園計画により国立公園、国定公園の利用拠点として定められた地域に、宿舎、野営場、園地を総合的に整備する制度である。

　国立公園行政当局は、高度経済成長期に入って国立公園内にあるいは特別保護地区内に集団施設地区を積極的に設定して国立公園の利用施設を設置するのを認めてきた。

　集団施設地区は、表4－1に示したように、すでに戦後1951年から指定されており、自然公園法制定の前年まで20カ所（内2カ所が同一地域）が指定され、自然公園法第29条で正式に集団施設地区が制度化される1957年から1970年までに新たに46カ所（内14カ所が同一地域の拡大）が指定された。

　自然公園法制定の前年までに指定されていた20カ所は、阿寒国立公園の川湯、和琴、阿寒湖畔、大雪山国立公園の層雲峡、支笏洞爺国立公園の支笏湖畔、十和田八幡平国立公園の酸ヶ湯、休屋、生出、磐梯朝日国立公園の裏磐梯、日光国立公園の湯元、那須湯本、中部山岳国立公園の平湯、上高地、富士箱根伊豆国立公園の元箱根、伊勢志摩国立公園の賢島、大山隠岐国立公園の大山寺、枡水原、瀬戸内海国立公園の由良、包ヶ浦、などの名勝地であった。

　1957年から1970年までに新たに指定された46カ所のうち、とくに目立った国立公園からみてみると、瀬戸内海国立公園で、1957年に屋島、包ヶ浦（拡充）、1959年に波止浜、1960年に大久野島（1964年、1966年に拡充）、1961年に仙酔島、1964年に加太友ヶ島、1965年に東伊予が、集団施設地区に指定された。富士箱根伊豆国立公園では、1957年に船津、1958年に元箱根（拡充）、1967年に静岡県湊など、日光国立公園では、1958年に尾瀬沼、1959年に尾瀬ヶ原、1959年に那須湯本、1960年に奥日光の光徳などが集団施設地区に指定された。

　そのほか、十和田八幡平国立公園では、1965年に休屋地区の拡大、1967年

表4-1　集団施設地区設置年次と面積の推移

国立公園名	地区名	面積 万㎡	設置年次	国立公園名	地区名	面積 万㎡	設置年次
阿寒	川湯	1.6	1956年	上信越高原	鹿沢	8.3	1963年
	〃	5.4	1959年		〃	0.8	1964年
	和琴	51.1	1955年		〃	7.4	1962年
	阿寒湖畔	0.3	1955年		谷川岳	18.3	1953年
大雪山	層雲峡	30.8	1955年	日光	湯元	18.0	1960年
支笏洞爺	支笏湖畔	26.4	1954年		光徳	0.2	1959年
		4.8	1962年		那須湯本	0.2	1956年
十和田八幡平	酸ヶ湯	29.7	1956年	伊勢志摩	賢島	13.8	1955年
	休屋	21.4	1954年	大山隠岐	大山寺	19.8	1956年
	〃	1.4	1955年		枡水原	16.0	1956年
	〃	0.1	1965年	瀬戸内海	由良	6.6	1956年
	焼山	0.06	1967年		〃	43.2	1964年
	生出	15.6	1955年		加太友ヶ島	0.2	1956年
	後生掛	16.1	1968年		渋川	2.6	1956年
	岩手山麓	1.2	1969年		包ヶ浦	0.3	1957年
陸中海岸	宮古	0.04	1969年		〃	84.1	1961年
上信越高原	後最杉	4.0	1961年		仙酔島	70.3	1960年
	〃	1.6	1962年		大久野島	0.5	1964年
磐梯朝日	鷹の巣	7.7	1958年		〃	0.02	1966年
	裏磐梯	1.2	1956年		〃	13.5	1957年
	浄土平	25.2	1964年		屋島	2.5	1959年
	〃	12.0	1965年		波止浜	13.5	1965年
日光	尾瀬沼	5.7	1958年		東伊予	0.08	1958年
	尾瀬ヶ原	3.6	1959年	雲仙	雲仙天草		1961年
中部山岳	室堂	57.1	1958年			3.5	1968年
	平湯	3.7	1956年	阿蘇	坊中	0.08	1970年
	上高地	58.5	1953年		〃	0.03	1969年
	徳澤	15.4	1959年		阿蘇山頂	626.6	1969年
	島々	0.03	1968年		〃	0.06	1958年
富士箱根伊豆	静岡、湊	1.8	1967年		長者原	6.5	1960年
	山梨、船津	0.3	1957年	霧島屋久	蝦野	52.7	1961年
	神奈川元箱根	3.5	1956年		湯之野	2.5	1967年
	〃	0.7	1958年		指宿	0.1	1968年
	〃	9.8	1957年		〃	25.8	
					51地区	1519.3	

注　『観光要覧』(昭和46年度版)、27-30頁。

に焼山、1969年に岩手山麓、磐梯朝日国立公園では、1958年に鷹の巣、1964年に浄土平（翌年拡充）、中部山岳国立公園では、1958年に室堂、1958年に島々、1959年に徳澤、上信越高原国立公園では1957年に鹿沢（1963年、1964年に拡充）、1961年に後最杉（翌年拡充）、陸中海岸国立公園では1969年に宮古が集団施設地区に指定された。

九州の阿蘇国立公園では、1968年に坊中（1970年に拡充）、1969年に阿蘇山頂（2地域）、霧島屋久国立公園では、1960年に蝦野、1961年に湯之野、1967年に指宿、雲仙国立公園では、1958年に雲仙天草（1961年に拡充）などが集団施設地区に指定された。

以上のように国立公園内の多くの名勝地に集団施設地区が指定され、利用施設の整備がはかられ、多くの国民大衆を国立公園に呼び込むことになった。これらの集団施設地区では、そこでの利用施設の設置が認められ、あるいは既得権的に認められていた施設も改めて否認も含め許認可された。この集団施設地区の指定とそこでの利用施設の設置の合法化は、国立公園の国民的な利用を促進した。

もちろんすでに指摘したように、国民の利用が有名国立公園の景勝地に集中したから、そのため集団施設地区が十分とはいえなかったが、他面では、利用者増に合わせて、利用施設を無制限に拡大することを著しく制限することになった。これがまた、過剰利用感を生み出した。

集団施設地区における私設の利用諸施設のほか、公共利用諸施設も整備され、とくに国民宿舎や休暇村の建設は、国立公園の利用客を増加させた。

政府は、戦後末から観光政策の一環として野外レクリエーション政策を打ち出し、1956年に低廉で清潔な宿泊施設として国民宿舎やユースホステルの建設を政府系金融機関の融資を通じておこなった。(7)

国民宿舎は、1963年には127施設、収容人員1.3万人、利用者数年間200万人に達したといわれている。とくに1958年に国立公園協会が、国民宿舎の指定に参加して、中小企業金融公庫からの融資をえて増改築に取り組んだ。(8)

国民宿舎構想が軌道に乗って、政府は、これまでの国民宿舎やその他の施設の結果を改め、1960年から「宿泊、休養、教化施設を総合的に整備」する国民休暇村構想をすすめた。(9)

国民休暇村は、1961年から1970年までに20カ所（国立公園に16カ所）設置され、国民休暇村協会による有料施設に約45億円が投資された。宿泊収容定

員は、4487人であった。例えば1969年の年間宿泊利用者数は、52.9万人、休憩利用者数は、38.7万人であった(10)。

　以上、国民宿舎、国民休暇村の利用者の絶対数は、国立公園利用者からみると、ごく少数であったが、清潔で手ごろな料金で国民の好評をはくした。

2　高度成長期における国立公園の過剰利用とその弊害

（1）国立公園の利用者数の実態

　わが国の国立公園は、自然的景観的に非常に優れていて、施設や管理では貧弱であったにも拘わらず、戦前、戦後にささやかながら国民に利用されてきたが、高度経済成長期には、以前と相違して利用者数が急激に増加していった。

　その理由は、すでに指摘してきたように、高度経済成長期に入って、次第に国民の所得が増大し、余暇時間が増加し、レジャーへの欲求が高まり、とくに厳しい労働と環境の悪い大都市生活に疲弊した勤労大衆が、郊外の自然公園の中でのレジャー、観光とレクリエーションを享受しようとしたからであった(11)。

　表4－2に示したように、資料的信憑性が必ずも高いものではないが、国民による国立公園利用は、戦後の1955年には、年間4716万人であったが、自然公園法が制定された1957年には、6454万人に達し、2年間で2738万人（42％）も増加した。その後も国立公園の利用者数は増加しつづけ、1958年には前年度から396万人増えて、6850万人に、1959年には、前年度から946万人増えて、7796万人となった。

　さらに1960年になると、前年度より1217万人も増えて、9013万人となった。1960年代に入ると国立公園利用者数は、さらに急激に増加していき、1961年には、前年度から1906万人（17.4％）も増加し、1億919万人の大台に達した。1962年には、前年度から1590万人（17.4％）増加し、1億2449万人となり、1963年には、前年度から2015万人増加し、1億4464万人となり、1964年には、前年度から1917万人増加し、1億6381万人となり、1965年には、前年度から2535万人増加し、1億8926万人となり、国立公園利用者数は著しく激増して

表4－2　国民による国立公園利用数の推移

	国立公園の利用者数 （単位万人）	対前年増加人数 （単位万人）	対前年増加率 （％）
1955年	4716	—	
1956年	5856	1140	24.1
1957年	6454	598	10.0
1958年	6850	396	6.1
1959年	7796	946	13.8
1960年	9013	1217	15.7
1961年	1億0919	1906	21.1
1962年	1億2449	1530	12.3
1963年	1億4464	2015	16.1
1964年	1億6381	1917	13.3
1965年	1億8926	2535	15.5
1966年	2億0212	1285	6.7
1967年	2億1885	1673	8.2
1968年	2億5067	3182	14.5
1969年	2億6981	1914	7.6
1970年	—		
1971年	3億0360	—	

注　『観光要覧』（昭和46年度版）、運輸省観光局、220－221頁と『国立公園』誌の報告から作成。

いった。

　とくに1960年代の後半から勤労者の生活向上、レジャー欲求の急増が著しかったので、国民による国立公園利用者数は、1966年には、2億人を突破し、1960年の2倍となる2億0212万人にも増大した。その後も国立公園利用者数の増加はつづき、1971年には、3億0360万人に達した。これは、国民の移動としては、他に類をみない膨大な規模のものとなった。

（2）国立公園別の利用者数

　さてこうした国民による国立公園の利用状況は、個別国立公園ごとにみると、表4－3に示したように、著しい特徴が明らかとなる。すなわち、個々の国立公園の利用者数には、国立公園別に利用者数に大きな差異があること

表4－3　国立公園別利用者数

単位1万人

国立公園名	1958	1960	1962	1964	1966	1968	1969	1971
知床				35	65	54	50	121
阿寒	61	90	205	156	174	289	252	394
大雪山	47	41	95	152	215	225	291	445
支笏洞爺	273	287	⑤ 552	⑤ 706	754	53	1159	1323
十和田八幡平	109	146	190	253	292	508	473	626
陸中海岸	60	66	91	227	200	242	271	359
磐梯朝日	182	265	349	357	457	650	1156	1093
日光	③ 572	③ 765	③ 1009	④ 1090	④ 1372	⑤ 1518	⑤ 1603	④ 1773
上信越高原	④ 483	④ 707	④ 995	③ 1104	③ 1830	③ 1761	③ 1884	③ 2440
秩父多摩	391	433	406	430	464	546	644	756
富士箱根伊豆	② 1117	② 1761	② 2314	② 3325	① 5220	① 6646	① 7297	① 8062
中部山岳	84	162	202	315	491	578	533	705
南アルプス				11	21	54	57	31
白山			8	18	21	22	21	67
伊勢志摩	⑤ 412	⑤ 430	493	517	584	721	727	915
吉野熊野	158	283	416	555	595	749	806	1151
山陰海岸				516	395	594	676	547
大山隠岐	64	115	125	352	365	714	551	693
瀬戸内海	① 2125	① 2580	① 3984	① 4427	② 4068	② 4443	② 4603	② 4595
阿蘇	195	280	297	598	⑤ 987	④ 1650	④ 1731	⑤ 1630
雲仙天草	244	283	326	392	640	841	850	930
西海	143	166	189	248	288	349	347	417
霧島	118	147	179	584	791	883	986	1287
計	6850	7796	1億2449	1億6381	2億0211	2億5067	2億6981	3億0360

注　「国立公園・国定公園の利用状況について」、『国立公園』No.198、1966年5月、同上、No.203、1966年10月、「昭和四十四年度国立・国定公園の利用状況について」、No.198、1966年5月、同上、No.255・256、1971年2・3月、33－34頁などより作成。丸印は順位を示す。

であった。国立公園別の利用者数には、著しく大きい国立公園と、やや少ない国立公園と、その中間の国立公園の3種がみられる。

　利用者数の著しく高かった国立公園は、高度経済成長期の前半期には、1位が瀬戸内海、2位が富士箱根伊豆、3位が日光、4位が上信越高原、5位が阿蘇だったが、高度経済成長期の後半期には、1位に富士箱根伊豆が躍り出て、2位に瀬戸内海が落ち、4位だった上信越高原が3位に上がり、阿蘇が4位になり、日光は3位から5位に落ち、支笏洞爺が6位を維持した。

第4章　高度成長期における国立公園の過剰利用とその弊害　125

　例えば、1964年の国立公園ベスト5の利用者数は、1位の瀬戸内海が4427万人、2位の富士箱根伊豆が3325万人、3位の上信越高原は1104万人、4位の日光は1090万人、5位の支笏洞爺が706万人であった。

　利用者数がやや少ない国立公園は、1960年代前半までは、北海道の阿寒、大雪山、東北の十和田八幡平、陸中海岸、磐梯朝日、関東の秩父多摩、中部山岳、大山隠岐、雲仙天草、西海などであった。1960年代後半には、北海道の阿寒、大雪山に加えて、新たに指定された知床、東北の十和田八幡平、陸中海岸、磐梯朝日、秩父多摩、中部山岳、新たに指定された南アルプス、白山、依然として大山隠岐、雲仙天草、西海などの国立公園であった。

　例えば、1964年のこれらの国立公園のうち、利用者数は、阿寒156万人、大雪山152万人、十和田八幡平253万人、陸中海岸227万人、磐梯朝日357万人、秩父多摩430万人、中部山岳315万人、大山隠岐352万人、雲仙天草392万人、西海248万人であった。新設の国立公園利用者数は、知床35万人、南アルプス11万人、白山18万人であった。

　利用者数が中位の国立公園では、なお伊勢志摩が、1958年、1960年にはベスト5に入っていたが、1960年代には中位の国立公園となり、北海道の支笏洞爺も一貫して中位の地位であり、磐梯朝日、吉野熊野、大山隠岐、霧島、雲仙天草などが、1960年代後半に利用者がやや増えて中位になった。

　以上のように、わが国の国立公園の利用者数は、個々の国立公園によって利用度が著しく異なっていた。言い換えれば、国立公園の利用者数は、大都市にも近く景観の著しく優れた有名な国立公園に集中していたということである。

　このことは、主要国立公園別の利用者数集中度をみるといっそう明らかである。

　国立公園別の利用者数は、表4−4に示したように、五つの国立公園に集中しており、ベスト5の集中率は、1958年に68.9％、1960年には79.8％、1962年には70.6％であり、驚くべき集中度を示している。

　しかも、瀬戸内海の人気は格別に高く、1958年に31％、1960年に33％、1962年に32％にも達している。つぎの人気は富士箱根伊豆で、1958年に16.3％、1960年に22.5％、1962年に18.5％であった。従って驚くべきことに2大国立公園だけで、1958年に47.3％、1960年に55.5％、1962年に50.5％％という集中度であった。

表4－4　主要国立公園別の利用者集中度

％

国立公園名	1958	1960	1962	1964	1966	1968	1969	1971
支笏洞爺			⑤ 4.1	⑤ 4.3				
日　光	③ 8.3	③ 9.8	③ 8.1	④ 6.6	④ 6.7	⑤ 6.0	⑤ 5.9	④ 5.8
上信越高原	④ 7.3	④ 9.0	④ 7.9	③ 6.7	③ 9.0	③ 7.0	③ 6.9	③ 8.0
富士箱根伊豆	② 16.3	② 22.5	② 18.5	② 20.8	① 25.8	① 26.5	① 28.0	① 26.5
伊勢志摩	⑤ 6.0	⑤ 5.5						
瀬戸内海	① 31.0	① 33.0	① 32.0	① 27.0	② 20.1	② 17.7	② 17.0	② 15.1
阿　蘇					⑤ 4.8	④ 6.5	④ 6.4	⑤ 5.3
ベスト5合計	68.9	79.8	70.6	65.4	66.4	63.7	64.2	58.8
全国立公園	100.0	100.0	100.0	100.0	100.0	100.0	100.0	100.0

注　表4－3をもとに作成。

　1960年代の後半にも、伊勢志摩に代わって、阿蘇がベスト5に入り、ベスト5の集中率は、全体として低下してきているが、1964年には65.4％、1966年には66.4％、1968年には63.7％、1969年には64.2％、1971年には58.8％となっている。これは、1960年代の後半にこれまでのベスト5に加えて、中位の国立公園の支笏洞爺、朝日磐梯、吉野熊野、霧島などの利用者が増えてきたためである。
　これら人気の高い国立公園は、それぞれ人口集中地域に近いとか、国立公園内に特別の自然、景観、景勝地を保持していたからなどの理由で利用者が集中したのであった。
　ともあれ個別の国立公園の利用者数をみると、さらに国立公園内の特定の有名な景観地への集中的な利用が目立っている。
　表4－5に示したように、1968年の有力国立公園の景観地別の入込み人数をみると、人気1、2位を誇ってきた富士箱根伊豆国立公園では、1968年の年間6646万人であったが、箱根の入込み人数は、1910万人で一番人気であった。富士山に301万人、河口湖に367万人、山中湖に185万人、西富士に327万人が入込み、それぞれ圧倒的な人気を誇っていた。
　つぎに人気1、2位を占めてきた瀬戸内海は、近畿、中国、四国に囲まれた島嶼名勝地を抱えており、1968年の4443万人であったが、表4－1に示したように、9カ所に集団施設地区が設定されていて、1、2の人気を維持してきた。その中でも広島県にある宮島の人気は高く、1968年に246万人が集

表4-5 有力国立公園内景観地別の入込み人数・1968年

国立公園別・景観地	入込み人数、万人
日光国立公園	
福島県・尾瀬、只見地区	85.9
群馬県・奥利根	217.8
尾瀬金精	168.8
栃木県・日光	681.1
富士箱根国立公園	
神奈川県・箱根	1910.4
山梨県・富士山	301.0
河口湖	367.8
山中湖	185.0
静岡県・西富士	327.8
上信越高原国立公園	
長野県・志賀高原	259.3
中部山岳国立公園	
長野県・上高地	73.3
乗鞍	35.1
黒部ダム	54.9
富山県・立山ケーブル上山	16.5
黒部鉄道	13.8
黒四トロリーバス	55.2
吉野熊野国立公園	
奈良県・吉野地区	67.1
（吉野・大峯・大台ケ原）	
瀬戸内海国立公園	
広島県・宮島	246.9
阿蘇国立公園	
熊本県・阿蘇地区	481.1
大分県・九重町	629.8

注　『観光要覧』（昭和46年度版）、195-208頁。

まっている。

　人気3、4位を占めてきた上信越高原国立公園は、1958年に1761万人だったが、志賀高原、野沢、苗場山、草津に隣接する白根山、谷川岳、浅間山など多くの観光名勝地、スキー場を抱えており、その中でもスキー場もあり、年間を通して人気地域の志賀高原には、259万人が訪れている。

　1960年代に入って人気を高めてきた阿蘇国立公園は、1960年代後半からさ

らに人気を高め4、5位に入り、1968年に1650万人だったが、熊本県側の阿蘇地区に481万人、大分県側の別府温泉に隣接する九重町に629万人が集中した。

5位の日光国立公園は、1960年代前半には3位を占めていたが、後半期にやや人気が停滞し、4、5位を維持し、1968年に1518万人だった。しかし日光国立公園内の名勝地の人気は高く、奥日光を含む日光地区が681万人、尾瀬地区が福島県側、奥只見を含め217万人、群馬県側の金精地区を含め168万人、両県からの尾瀬地区への入山者数が正確には不明だが、2、30万人といわれている。

中部山岳国立公園は、それほど多くはないが、黒四電源開発の成功で、1960年代後半に立山が有力な山岳観光地となり、利用者が急増していった。1968年には、578万人の中位の人気であったが、長野県側に約150万人、上高地73万人、乗鞍35万人、黒部ダム54万人、富山県側に約85万人、立山ケーブル16万人、黒部鉄道13万人、黒四トロリー55万人、長野と富山の両方面から合わせて立山室堂に7、80万人が集中したと思われる。

以上のように、一般的に国立公園の利用者の増大、特定の国立公園への利用者の集中、とくに特定の国立公園内の一定の景観地への利用者の集中は、国立公園、景観地に大きな負荷を与えることになる。すなわち、大量に押しかけるビジターは、適度にして十分な受け入れ体制がなければ、いわゆる国立公園の過剰ユーズを生み出し、国立公園の自然、環境、景観に大きな弊害、ストレートにいえば、国立公園の自然を破壊し、環境を汚染し、景観を毀損することになる。

かつて戦前には、国立公園への国民の大量の集中的な利用は起きていなかった。高山植物などの盗掘などごく一部に問題は起きたが、国民の大量の集中的な利用による国立公園の自然破壊、環境汚染、景観毀損という問題はほとんど生じなかった。戦後も国立公園利用者は比較的少なかったので、国立公園の自然破壊、環境汚染、景観毀損という問題は、それほど顕在化しなかった。

しかし自然公園法ができ、高度経済成長が始まってレジャーの大衆化が起き、大量の国民が特定の国立公園へ集中的に押しかければ、事態は一変したのである。

しかも私がこれまで強調してきたように、脆弱な国立公園行政機構のもと

で、大量の国民が特定の国立公園へ集中的に押しかければ、国立公園内の公共施設の供給が間に合わず、大混雑を生みだし、国立公園の自然破壊、環境汚染、景観毀損は、一気にすすみ、国立公園の危機をもたらすのは必至であった。

こうした問題を生じさせながら、すでに強調してきたように、政府は、急増し特定の名勝地に集中する国立公園の利用者から自然を保護し、現地の管理保護体制を根本的に改善することを怠り、国立公園の過剰利用の弊害を助長し、国立公園の自然破壊、環境汚染を極端化していったのである。

(3) 国立公園の過剰利用による弊害

国立公園の過剰利用とその弊害、それを助長する国立公園管理機構の貧困については、とくに1960年代の半ばからしきりに指摘されてきた。

1964年に国立公園部計画課長田中順三は、国立公園の利用者の急増による「過密利用」について、「この激増する大衆利用と、飛躍的な公園事業の増加は特定の公園または特定の地に集中する」、「そのような地域での混乱は目に余るものがあり、静ひつな自然環境も人々で溢れ、乗り物と人と拡声器の騒音、公共施設の不足からくる自動車の園内乗り入れ、し尿、ゴミ処理等環境衛生施設の不足のための不潔感、管理不十分のための乱雑等、世上の非難を免れえないのもやむをえない」と指摘していた。[12]

また1967年に自然公園整備促進中央協議会の設立について報告する『国立公園』誌の無署名論文は、つぎのように指摘した。

「レジャーの増大、国民所得の増加、自動車の普及、旅行の利便化等により、自然公園を利用する人々は近年急速に増加しつつあり、その数は1億8000万人、国定公園1億人と推定されている。…しか乍ら、公園の利用の増大に反して、当然なされるべき道路、駐車場、休憩舎、歩道、苑地、キャンプ場等の国及び公共団体の設置すべき施設の整備は著しくおくれ、営利的企業の急速な整備との著しいアンバランスを生じて、快適な利用が阻害され混乱を引き起こし、ひいては自然を破壊していることが、極めて多く、このまま放置できない状態となっている。」

「吾が国の秀れた自然は、戦後の急速な経済発展に伴って、著しく破壊損滅されてきており、今日に於ても、自然は常に破壊の脅威にさらされていると言ってもよい状態であり、自然公園の本質を失うおそれさえ生じている。

特に、利用者の急増によって、貴重な自然が損なわれているという悲しむべき状態になっている。」[13]

また1968年にだされた自然公園審議会の「自然公園行政の基本方策に関する答申」は、すでに紹介したように、第1章で「野外レクリエーション需要の急速な増大は、自然公園の過剰利用を招来し、今後ますます重要度を加えるべき自然保護が、一層危機にさらされるという深刻な問題を提起することもまた疑いない」と指摘した。

さらに「野外需要の急激な増加は、…一部の公園においては、すでに、いわゆる過剰利用現象を呈している。利用シーズンには人と車の雑踏のため、快適な利用が妨げられて、野外レクリエーションの目的、すなわち、自然と人間との交流が達成できないのみならず、自然破壊の要因ともなっている。」と指摘している。

「答申」は、国立公園の過剰利用による自然破壊が、国立公園の管理、自然保護対策が不十分であったために起きていることを認め、対策の必要を提起している。

さらに「答申」は、「各種の国土開発は、自然保護の危機をもたらしつつある。」と認め、「在来の自然保護のみでは、急速に拡大する自然破壊に適切に対処することは困難となりつつあり、計画的積極的な自然保護の施策が講じられることが必要である。」と指摘した。そして、各種の国土開発や過剰利用にたいして、計画的積極的な自然保護施策を欠き、「適切な管理体制」を欠如してきたことを認めた。[14]

しかし「答申」は、これを反省して、今後改善すべき施策を提起しているが、自然破壊が生じている現状認識が、あまりにも一般的で具体性を欠く甘いものであった。

（4）国立公園の過剰利用対策

以上、国立公園の過剰利用とそのごく一般的な弊害についてみてきたのであるが、ここで政府、国立公園行政当局の過剰利用対策について論じておかなければならない。

そもそも国立公園の過剰利用が起き、その弊害が生じているということは、基本的には政府、国立公園行政当局が弊害の生じる過剰利用を放置し、的確

にして十分な過剰利用対策を講じてこなかったということにほかならない。

　すでに第1章で指摘したように、1965年10月提出された行政管理庁「行政管理庁の観光行政監査結果に基づく勧告」は、国立公園行政当局が弊害の生じる過剰利用を放置し、過剰利用対策を講じてこなかったことを認めている。「勧告」は、「観光資源の荒廃汚損防止について」の項では、「最近、観光地においては、公衆道徳の欠如および法令規則無視の一般的風潮によって無許可の工作物設置や土石採取および観光客、地元住民、売店業者による汚物、ゴミ等の投棄その他の汚損行為等観光地の風致景観を害している事例がきわめて多い」という現実を指摘し、その防止策として、1「塵芥その他の収集、焼却施設、公衆便所等の施設を整備するとともに、臨時指導員制度を拡充し、共同監視体制の整備によりパトロールを強化すること」。2「国民一般の観光道徳高揚」の施策を各種講じる。3 違反者への「罰則」の周知、強化をはかるなどと指摘した。これの対策の提言は、そうした対策をこれまで講じてこなかったということを意味する。

　以上のように、「勧告」は、国立公園の過剰利用による弊害、弊害除去の対策の欠如、ひいては国立公園の保護管理すべき行政の不備、財源の欠如などを指摘した。

　その後1968年6月に提起された自然公園委員会の「自然公園行政の基本方策に関する答申」も同様な主旨を指摘している。この点は、すでに詳しく紹介してあるので、ここで繰り返さない。

　行政管理庁の「勧告」、自然公園審議会の「答申」は、国立公園の過剰利用にともなう自然破壊、環境汚染についての認識が、極めて抽象的一般的であって、具体的かつ切実さに欠けていたということである。

　だから本章では、尾瀬、富士山を中心に個々の国立公園の具体的事例の生々しい実態について次節において明らかにしたいのである。

3　二大国立公園における過剰利用とその弊害の実態

はじめに

　高度経済成長期における国立公園の過剰利用は、有力な国立公園に集中的

にみられた。ここでは、日光国立公園内の尾瀬と富士箱根伊豆国立公園内の富士山の場合を典型的事例として考察する。その他の国立公園の過剰利用地域、例えば、奥日光、上高地、立山・黒部などについては、別の機会に論じることにしたい。

（1）日光国立公園内尾瀬の場合

①尾瀬入山アクセスの整備と尾瀬登山の容易化

尾瀬は、明治以来、地域住民、学者文化人、地元自治体によって、その自然の貴重さが認識され、おもに水力発電開発計画による破壊から守られてきた[16]。

尾瀬は、特異な山岳景観、高地湿原、ミズバショウ、ニッコウキスゲを代表とする高山植物群、池塘、標高1400メートルと手ごろな高さの山で、戦後にわかに人気を高め、とくに女性が好む名勝地であった。

尾瀬へのアクセスは、周知のように基本の3ルートがあった。

第1のルートは、尾瀬へのメインルートであるが、上越線の沼田駅から尾瀬登山口（戸倉、大清水）へ向かうルートである。おもに沼田駅からバス・マイカーによるアクセスである。第2のルートは、1966年に開通した日光―沼田間の有料道路を通じて、日光から金精峠をへて戸倉にでるバス・マイカーによるルートである。第3のルートは、福島県側からのアプローチで、東武線や東北諸道から田島へ、そして田島から御池、沼山峠に向うバス・マイカーによるルートである。

尾瀬への登山コースは、基本的には4コースがあった[17]。

第1の登山コースは、沼田、後に日光から戸倉に到着し、戸倉から鳩待峠をへて尾瀬ヶ原へ下るコースである。当初、戸倉―鳩待峠間は、徒歩で約2時間かかり、このコースは約3時間半だったが、1963年に群馬県により観光道路が建設され、戸倉―鳩待峠間に自動車道が開通され、バス・マイカーにより20分近くで到達できるようになった。このコースは、所要時間を半減させ、尾瀬登山ではなく尾瀬ハイキングを一般化し、女性の人気をえて、尾瀬入山者数の増加に大きく貢献することになった。

第2の登山コースは、戸倉から富士見峠をへて尾瀬ヶ原へ下るコースである。このコースは、従来は戸倉から富士見峠へ徒歩で約3時間ほどかかった

が、1954年に戸倉―富士見峠間の観光道路ができてバスが運行されて、戸倉から富士見峠をへて尾瀬ヶ原へ下る入山を容易化した。

　第3の登山コースは、戸倉から大清水までバス・マイカーで行き、大清水から三平峠をへて尾瀬沼へでるコースである。このコースは、所要時間3時間前後の中級健脚向きであったが、1966年に大清水から一の瀬まで自動車用道路が建設され、その後自動車道路の建設が中止しても整備された歩行道路となって、このコースを若干容易化した。

　第4の登山コースは、御池・沼山峠下から燧ヶ岳に登山する4時間前後の本格コースか、沼山峠をへて尾瀬沼あるいは尾瀬ヶ原へ下るコースであった。このコースは、かつて交通が不便であったが、1970年に観光道路が整備されバス運行が開始し、沼山峠―尾瀬沼間1時間半のコースとなり、比較的容易となった。

　以上のように、政府、群馬・福島両県の尾瀬の観光化政策、観光道路整備によって、尾瀬に多くの入山者が送り込まれるようになった。

②尾瀬の入山者数と混雑状況

　秘境といわれた戦前の尾瀬の登山者は、大正末期の1926年には、年間1000名程度、日光国立公園に含まれた1935年には、年間3000名程度にすぎなかった[18]。

　戦後直後の尾瀬は、アクセス条件がまだ非常に悪く、一部の登山愛好家たちにしか知られていない秘境であった。1949年に江間章子作詞、中田喜直作曲の「遥かな尾瀬」と歌ったNHK歌謡「夏の思い出」が放送をつうじて尾瀬を全国的に有名にすると、尾瀬の独特の景観、ミズバショウと紅葉という魅力的な自然に加え、登山そのものが比較的容易であったこともあって、戦後1950年以降尾瀬入山者は、急激に増加していった。

　1951年8月4日の『朝日新聞』（朝刊）よれば、尾瀬入山「表口の群馬県沼田駅に下車する登山客はすでに8月中には2万人を突破するものと見られ、地元の奥利根観光協会でも山案内や接待に大童である」とある。

　尾瀬への入山者は、1957年の自然公園法制定後急速に増加していった。しかし尾瀬の入山者数は、調査されていなかったので正確には明らかではないが、ここでは新聞報道などをみてみよう。

　表4－6は、尾瀬の入山者数を示したものである。

表4-6　尾瀬への入山者数の推移

	出典と日付	年間入山者数	季節ごと、土日の入山者数	沼田発バス台数
1951	朝・朝、8・4	2－3万	8月中2万人	
1958	朝・朝、6・8		7、8日、2400人	2日で60台
1959	朝・夕、6・1		山開きに1522人	
	読・夕、9・1	*5万*	1日、1100人	
1961	朝・朝、6・5		3日朝3755人	1日83台
			4日朝3645人	
			合計土日7400人	
	読・夕、7・1	*20万*	1日、4500人	1日102台
			土日、7700人	
1962	読・夕、6・15		1日、3500人	
1963			山開きに4500人	
1964	読・夕、6・1		1日、4000人	102台
1965	読・夕、6・14			
	読・朝、8・31	50万		
	朝・朝、9・9	30万	6月の1日、3万人	
	読・朝、9・9			
1967	読・朝、12・1	30万		
	読・夕、6・5	30万	1日、1万5000人	1日150台貸切200台
1968	朝・朝、11・3	50万		
1969	朝・夕、6・3	60万		
	読・朝、8・13			
1971	読・朝、8・13	40万	1日、1万人	

注　『朝日新聞』、『読売新聞』から作成。朝は『朝日新聞』、読は『読売新聞』、朝は朝刊、夕は夕刊の略。斜体は、筆者の推測数。1968年の50万人説は、1968年11月3日の記事。

　1960年前には、全体的にみると尾瀬の年間入山者数は、1951年8月4日『朝日新聞』（朝刊）によれば、8月中に2万人で、恐らく年間3万程度だったと思われる。

　1960年代前半に入ると、尾瀬の年間入山者数は増加していき、私の推計では1960年頃には、約20万人程度であった。ちなみに、1961年6月5日の『朝日新聞』（夕朝）によれば、6月の土日の尾瀬登山者は「7400人」だった。1961年7月11日の『読売新聞』（夕刊）によれば、7月の土日の尾瀬登山者は「7700

人」だった。

　これらのデータに尾瀬の登山シーズン20週（6月－10月）をかければ、15万4000人となる。それにウイークデイの登山者5万人弱とみれば、年間約20万名程度の尾瀬登山者があったと推察される。

　1958〜59年に尾瀬のレンジャーだった小森順吉は、「この頃シーズンの利用者は「20万人を越えた」と証言している。[19]

　レジャーの大衆化がすすんだ1960年代後半に入ると、尾瀬の年間入山者数は、30万から40万人程度に増加したようである。

　1965年8月31日の『読売新聞』（朝刊）の「編集手帳」は、「年間50万の観光客」が尾瀬を訪れたと指摘しているが、1965年9月9日の『朝日新聞』（朝刊）は、この年の尾瀬入山者は「年間30万人」だったと報じている。1967年6月5日の『読売新聞』（夕刊）も、尾瀬の年間入山者数は「30万」と報じ、「50万人」説を訂正している。

　さらに1969年6月3日の『朝日新聞』（夕刊）は、「尾瀬を訪れるハイカーや観光客は年々増え、最近は関西方面からくる人もめだってきた。53年度（1968年度―引用者）は50万人を越え、今年度（1969年度―引用者）は60万人に達するものと見込まれている」と報じている。

　1971年8月1日の『朝日新聞』（朝刊）は、「1年間に40万人のハイカーがやってくる」と報じている。

　以上の情報を総合的にみると、1960年前には年間数万人、1960年代前半には20万人、1960年代後半には、30万人から50万人近くが尾瀬を訪れていたようである。

　たかだか8600ヘクタールの狭い地域に、しかも細い山道、とくに幾筋かの尾瀬湿原の狭い歩道に、毎年20万人、40万人から50万人が押寄せたらどういう事態を引き起こすかは自明である。

　しかも尾瀬への入山者は、6月から10月の約半年に集中し、さらにミズバショウやニッコウキスゲの初夏と紅葉の秋の一時期に集中するうえ、それだけでなく、当時はまだ休日が制限されていたから、シーズン中の土日に集中していたのである。

　尾瀬入山者のハイシーズン中の土日への集中について、新聞は以下のように報じた。

　1959年7月19日（日）の『読売新聞』（夕刊）によれば、「ニッコウキスゲが

満開の尾瀬へは上越線沼田駅から1100余人（東武バス沼田営業所調べ）がおしかけた」。それでも1960年前には、日曜日だけでまだ尾瀬登山者数は、1000名程度だった。

　ところが1960年代に入るとにわかに尾瀬入山者数は急増していった。

　1961年6月5日（月）の『朝日新聞』（朝刊）は、6月4日、5日の土日には、7400名が尾瀬に入山した賑わいをつぎのように報じている。

　「ミズバショウ満開の日光国立公園尾瀬へ4日朝、上越線沼田駅から3645人のハイカーが東武バス83台で登り、このほか観光バスで登った組もあって尾瀬はいまだかつてないにぎわい。それに、3日登って泊まった3755名がかち合ったため2755名しか収容力のない山小屋からはみだした露営組も多かった。

　また帰るハイカーたちが4日正午ころからどっと下山しはじめ、東武バスは30余台のバスを増発、フル運転で沼田駅へ運んだ。しかし片道50キロ、沼田駅まで2時間4、50分もかかるので、東京方面へ帰るもの2300余人が夕方まで大清水口と富士見下口のバス発着所に残され、〈予定に東京へ帰れない〉と騒ぐひと幕もあったが午後9時まで大体沼田駅まで運び切った」。

　土日で約7400名が集まった。

　1963年6月1日の『読売新聞』（夕刊）にも、同じよう記事がある。

　以上のように、1960年代前半には、土日合わせて7000人以上が尾瀬に入山したようである。1960年代後半に入れば、尾瀬への土日の入山者は、さらに増加した。

　1967年6月5日の『読売新聞』（朝刊）は、4日に約1万5000人のハイカーが尾瀬に入山したと、つぎのように報じた。

　「最盛期を迎えた日光国立公園尾瀬は4日（日）、約1万5000人のハイカーで押すな押すなの大にぎわい。今シーズン最高の人出となった。

　各列車も東京の国電ラッシュ並みの混雑。このため列車も40分遅れたほど。150台の東武定期バスのほか大型貸し切りバス約200台、それに自家用車もつめかけたため、登山口の大清水付近は一時交通がストップし、登山道の大清水—尾瀬沼間（約8キロ）の三平峠は、未明から昼すぎまで延々と登山者の列が続いた。」

　1969年5月17日の『読売新聞』（朝刊）や1969年10月13日の『読売新聞』（朝刊）も同じような報道をおこなっている。

第4章　高度成長期における国立公園の過剰利用とその弊害

図4－1　尾瀬沼周辺の混雑風景

注　1968年6月10日『読売新聞』(朝刊) より。

　以上のように、高度経済成長期には、シーズン中の土日には、数千人から1万人、1万5000人があの狭い尾瀬に繰り出したのである。
　こうした尾瀬の混雑状況について、1969年に自然公園審議会の委員であった荘村義雄は、つぎのように総括的に指摘している。
　「このハイカーは、5月下旬から6月中旬までの水芭蕉の時期に集中する。とくに週末などは、深夜、沼田駅からのバスや自家用車も加わって、たいへんな台数の自動車が大清水に向って殺到」した。「大清水からは徒歩で一の瀬へ出て、ここから三平峠をこえるのだが、大清水から三平峠の頂上へかけて、懐中電灯をともしたハイカーの長蛇の列が出来る。そして明け方、三平峠の頂上にたどりつく。このハイカーの一部は、尾瀬沼から沼尻、白砂湿原をへ、さらに白砂峠をこえて尾瀬が原へ下り、湿原の木道の上でまた、たいへんな列を作る。」[20]
　図4－1にかかげた尾瀬の混雑状況を示す写真は、如何に尾瀬の登山が過密で過剰であるかを如実に示している。

③過剰な尾瀬入山者の生み出す弊害
　あまり広くない高層湿原を含むセンシティブな尾瀬地域に、年間20万から

50万もの登山者・ハイカーが、しかもミズバショウやニッコウキスゲなどの高山植物などが咲き乱れる初夏や紅葉の秋の短い季節の週末に、集中的に押し合いへし合い集まれば、高層湿原の貴重な高山植物や自然生態が人為的に破壊されることは自明である。
　すでに1951年8月4日の『朝日新聞』(朝刊)は、「世界的な宝庫とまでいわれる奥日光国立公園"尾瀬"の高山植物が心なき登山客のため全滅の危機にさらされている。」
　「同方面は今夏は登山熱の波に乗って連日大にぎわい。表口の群馬県沼田駅に下車する登山客はすでに8月中には2万人を突破するものと見られ、…ところがこの登山客たちが学術的に貴重な資料である植物を無責任に採ったり、持ち帰ったりするので、天然保存どころかいまや全滅のピンチに立っているという。」と報じた。
　また1955年8月11日の『朝日新聞』(朝刊)は、同じような主旨の「尾瀬を守るために」(群馬／吉野実)という投書を掲載した。
　「沼田口から登りますと、まず私が見たところではほとんど道標もない有様で、道は荒れ、群馬県側では全くといってもいいほど手を入れてないようです。そこへどんどんハイカーは入り込み、ある者は貴重な植物の採取すら行っている次第、監視もお題目程度、その上ハイカーの中には、派手な服装で入り込んで来て、その遠慮ない振舞は風紀的にも芳しくない。
　尾瀬は守らなければなりません。聞けば貴重な植物は年々滅びつつあるというのに、ほとんど保護は加えられずにいるということです。このままでは、尾瀬の将来が思いやられるというものです。」
　ここには、尾瀬の過剰利用とその弊害が簡潔に指摘されている。
　尾瀬の過剰利用による弊害は、大別して第1に、貴重な湿原の踏み荒らしとそのための裸地化、あるいは盗掘、折取による高山植物の消失、自然、生態系の破壊である。第2に、過剰入山者が持ち込む大量のゴミの投棄、過剰入山者が残すし尿、生活雑排水の拝出による環境汚染である。
　尾瀬の過剰利用による弊害は、マスコミや調査によって時には明らかにされたが、一面的で不十分なものであった。ここでは、この問題についてやや立入って論じることにしたい。
　第1の問題についてみてみよう。
　福島県教育委員会の資料は、「尾瀬では昭和30年代中頃から利用者が増加

し、湿原に立ち入る人も多かったため、植生が破壊され裸地化が進行した」[21]と認めている。

1957年の6月9日の『朝日新聞』(朝刊)は、「踏み荒らされる天然記念物」と題してつぎのように報じた。

「さる一日山開きした奥日光の『尾瀬』はミズバショウ、ムラサキヤシオツツジなどの美しい湿原植物類の魅力にひかれて、登山バスは連日満員の盛況。ところが同じ尾瀬でも福島県側は国有地の関係から林野庁の予算で道路も整備され、貴重な植物の保護も行き届いているのに、群馬県側は東京電力の私有地であるため道が悪く、植物は踏み荒らされ放題。このままでは4、5年で絶滅するのではないかと群馬県当局は心配している。」

「只見川開発であやうく電源ダムにされるところを文部省や学術団体の力で天然記念物に指定されたものの、雨でも降ればたちまちヒザを没するという湿地だけにはっきりした道がなく、年々ふえる観光客にいたるところがあらされるに任されている。親子二代尾瀬の保護を続けている長蔵小屋平野長英さん(54)はこういっている。

植物荒しは折ったり掘り取ったりするほか、花の写真をとるため湿地に踏み込む人が目立ってふえ、いくら保護を呼びかけてもムダ。しかも道も極めて悪く富士見峠などの名勝もドロ沼同然。早く道を作り、花を守る運動を起さない限り、尾瀬の生命はあと数年で失われる」。

尾瀬入山者による貴重な高山植物の略取、湿地への踏み込み、歩道の不備などによる湿原の破壊などが、すでに顕在化してきていることがわかる。しかも後に触れるが、対策はほとんど微々たるものであった。

こうした事態は、時代とともに、尾瀬への入山者が増加するにしたがい、いっそう深刻化していった。

1965年9月9日の『読売新聞』(朝刊)は、「10年前までは年間数千人だった尾瀬へのハイカーも、ミズバショウが咲く6月の日曜日には1日3万人。アヤメ平―尾瀬ヶ原、尾瀬沼―尾瀬ヶ原の主要ルートに集中して都会の盛り場なみのラッシュをみせる。このため、湿原に渡してある木道(丸太を二つに割って一列に並べた歩道)からあふれるハイカーで植物は踏み荒らされるし、珍しい花を失敬するものも多く、先月の文化財保護委員の調査では、アヤメ平の被害がもっとも大きかった」と報告している。

横浜国大助教授(当時)宮脇昭は、1966年におこなった調査の報告書「尾

図4－2　湿原の木道附近の裸地化

注　1968年4月12日『朝日新聞』（朝刊）より。

瀬ヶ原植生破壊の現状」においてつぎのように述べた。

「尾瀬ヶ原では、このような自然植生が破壊されて裸地化した部分や、ミタケスゲ群落、オオバコ群落などの代償植生におきかえられているところは、木道ぞいの歩道および、山小屋附近である。さらに休けい所、牛首付近の池塘周辺なども、写真撮影などのため湿原内に人が入りこみ裸地化している。」

「尾瀬地区の湿原でもっとも人為的に自然植生が破壊されているのはアヤメ平である。」「ここは、多数の池塘が相接して存在し、多彩な湿原植生が美しく、ひかくてき容易に到達しうるため、多数の人が、池塘の周りの湿原には入りこみ」次第に池塘を裸地化し破壊している。[22]

1969年8月12日の『読売新聞』（朝刊）のコラム「編集手帳」は、ハイカーによる尾瀬の湿原の踏み荒らしとハイカーの傍若無人を、つぎのように伝えている。

「特別天然記念物尾瀬湿原の植物はこのままいくとあと10年で姿を消し、2度ともとにもどらないという。とくに自然の条件がわるくなったのではない。このところ日に1万人を越す若いハイカーのなかで、みんなの為の湿原を傍若無人に荒らしまわる者が多いからである。

尾瀬保護管理員の梅沢照二さん（40）がいくら若者に注意しても、うるせえなあ、おたくの山じゃあるまいしとか、写真とるくらいいいじゃないかといった返事がはね返ってくるばかりである。ミズバショウは折られ、ニッコ

第4章　高度成長期における国立公園の過剰利用とその弊害

ウキスゲは抜かれ、湿原はほこりを舞い上げる。

　ふまれると2度と青くならないミズゴケを無神経にふみつける人たちは、梅沢さんの"見て下さい、からからにかわいた湿原なんてありますか"という言葉をなんとも思わないのだろうか。いくら若い心がドライになったとはいえ、人里離れた尾瀬沼で、湿原植物の移植を検討しなければならないとはあきれはてた。」

　第2の問題についてみてみよう。

　大量の入山者が尾瀬に与えるダメージは、単に尾瀬の湿原植生の破壊だけではなく、登山者の残していく膨大な大量のゴミ、排せつするし尿、生活雑排水による尾瀬の生態系の破壊、環境汚染である。

　1964年5月8日の『読売新聞』(朝刊)は、尾瀬のゴミについてつぎのように報告している。

　「いつもシーズンになると、水バショウなどの湿性植物の"宝庫"と言われる尾瀬沼は、ハイカーたちの行列が続く。あとに残されたゴミの山は相当なもので、ことに沼地には歩行者用の板を渡してあるため、板の両側に紙クズがめだつ。

　なかでもひどいのは、尾瀬ヶ原、菖蒲平、燧岳(2346メートル)、至仏山(2229メートル)の頂上など。…至仏山の頂上はあきカンが層をなし…〈山の標高が1メートル高くなってるな〉という声が出たほどだ」。

　荘村義雄も1968年頃の尾瀬のゴミの放置について、「木道ぞいや休憩用ベンチのそばには、屑籠が置かれているにもかかわらず、木道の両側や休憩用ベンチのぐるりに、いろいろな屑や空缶、煙草の吸殻が捨てられる。こんな状況は、山中の林道でも全く同じだ。」「至仏山頂の如きは、福島県側の断崖へ屑ものや空缶が容赦なく捨てられる」。ハイカーは「林道の石の下や立木のかげ、湿原の木道の下に、紙屑や空缶をかくしてくれる。」[23]と指摘した。

　尾瀬に年間20万人から30万人、50万人が持ち込むゴミの量について、データらしきものはない。では果たして、尾瀬のゴミの量はどのくらいだったのであろうか。

　ここに富士山のゴミついてのデータがある。1964年7月6日の『読売新聞』(朝刊)によれば、富士登山者「6000人」が残したゴミは、1日で「10トン」だったと指摘されており、1人当り1.6キログラムとなる。当時の富士山の年間登山者が30万人ほどであったから、単純な推計でゴミは年間480トンと

いうことになる。

　尾瀬のゴミをこのデータから推計してみると、例えば、毎年30万人の入山者が残すゴミの量は、480万トンということになる。

　問題はゴミだけではない。尾瀬入山者が残していくし尿、生活雑排水も大量になるはずである。ところが不思議なことに、高度経済成長期には、マスコミも各種の調査も、山岳のし尿、生活雑排水の問題についてはまったく無関心であり、尾瀬についても同様であった。

　北アルプスのし尿についての若干のデータがある。信濃毎日新聞編『北アルプストイレ事情』によれば、1990年代の「常念小屋の宿泊客は年間1万5000人」で、テント泊や通過者の分1万人を合わせると「年間2万5000人」だった。そのし尿の重量は、「年間約50トン」といわれている[24]。

　このデータをもとに推計される尾瀬のし尿量は、30万人の場合600トンということになる。

　尾瀬の入山者や宿泊施設の能力をこえて押し寄せる宿泊者のだすし尿や生活排水は、どう処理されていたのか。実はこれを伝える資料は乏しい。湿原の裸地化やゴミは極めて明示的であるが、し尿や生活雑排水の存在はみえにくくわかりにくい。

　1958年に尾瀬に派遣された国立公園管理員、小森順吉は、つぎのように述べている。

　「当時は集団施設地区内外を問わず幕営がおこなわれ、湿原は恰好の休憩所だった。生ゴミを含むゴミが湿原や森林内そして山頂部など至るところに散乱していた。」「見晴地区の6軒の新築山小屋ができたとはいえ、収容力は限られた開期シーズンの混乱は甚だしく、それに伴ってのゴミの散乱・し尿等の処理は対策がないまま放置されていたのは実状である。」と指摘している[25]。

　このように尾瀬のゴミやし尿や生活雑排水についての対策は、後にみるように、ほとんど何もなされなかった。ゴミは放置され、し尿や生活雑排水はたれ流しされたのであった。それらは、当然、尾瀬の環境を悪化し、湿原の植生の富栄養化を招き、生態系に大きな悪影響を及ぼすことになった。

　例えば、尾瀬で1969年7月12日から15日の4日間、約700人が参加して全国高校体育大会登山競技会が開催されるとあって、湖沼や山の水の汚染が騒がれているおり、群馬県沼田保健所と福島県田島保健所が、何かあってはい

けないと、尾瀬一帯の環境衛生調査をおこなった。

　沼田保健所の調査では「福島県側は桧枝岐小屋キャンプ場のある見晴地区の飲み水が〈飲料水〉と明らかに表示があるのに簡単な反応検査でもはっきり大腸菌の存在が確かめられた。」「また長蔵小屋のある長蔵地区の水も、塩素消毒器はついていたが、塩素の量が少なすぎ、消毒の効果がなく、ここからも大腸菌が検出された。小屋の管理人は、同保健所員に〈長蔵地区の水道はもともと手足を洗うための雑用水〉と説明したというが、〈飲用不適〉の表示がなかった。一方、群馬県側の山の鼻小屋の飲料水も〈大腸菌陽性〉で、早急に減菌をするよう指示した。」

　かように「国立公園『尾瀬』も、山小屋やキャンプ場の飲料水に大腸菌がいたり、ゴミの山が放置してあるなど、ひどく汚染していることが、…保健所の調べでわかった」と新聞は報じた[26]。

　以上にように、1960年代に大量の入山者が訪れた尾瀬においては、徐々に登山道の周辺の自然が大幅に破壊され、生態系や環境が急激に悪化したことがわかる。といっても、尾瀬は、なおそれなりに広い地域であり、一部の地域が破壊されたからといって全部の地域が一挙に破壊されるわけではなかった。だから、尾瀬では、自然保護策が一挙的に講じられることなく、小手先の自然保護策がほどこされるだけで、批判や警告があるにも拘わらず、静かに徐々に大きく自然破壊、環境汚染が進行していった。

④尾瀬の貧弱な管理体制と乏しい保護対策
(1)尾瀬の貧弱な管理体制

　これまで尾瀬は、電源開発計画にさらされてきたが、その都度反対運動が起こり、電源開発計画を阻止する法的保護体制も築かれてきた。しかしこれらの尾瀬の保護体制は、電源開発阻止の体制でしかなく、国民的な過剰利用対策ではなかった。

　では尾瀬の国民的な過剰利用に対処する尾瀬の管理体制は、どのようなものであったのか。すでに指摘したように、国立公園行政当局の国立公園管理体制は、財政的にも管理要員の面でも実にお粗末なものであった。

　国立公園行政当局は、1958年に、尾瀬沼湖畔の3.7万㎡の場所に、集団施設地区を設置し、1750万円で鉄骨合金平屋造のビジターセンターを建設し、そこに管理員を1名配置した[27]。結局管理員が2名体制となったのは1970年4

月からにすぎなかった。[28]

　尾瀬の管理員1名で、すでにみたように年間30万人、40万人もの尾瀬入山者を管理したり、自然破壊、環境汚染が進行していた尾瀬の保護をどのようにおこないえたであろうか。1958年に尾瀬に派遣された国立公園管理員、いわゆるレンジャーの小森順吉は、個人的には大いに努力をしているとはいえ、現実に提起されている湿原の破壊、ゴミの大量放棄、水質の汚染に対処できず、尾瀬管理の貧しい実態について語っただけである。

　小森順吉は「私の仕事は、清掃から始まった。7月4日付で着任報告書を書き、…とりあえず見るに見かねた野営場や湿原・山頂部のゴミを始末することだった。」「国立公園の管理とは？、などと考えだすのはずーっと後のことである。」[29]と述べている。

　1962年4月から管理員として尾瀬に派遣された百武充も、『上高地の谷から』で同様の事情を報告している。[30]

　1960年代半ばに入って、尾瀬の過剰利用と自然破壊が目立ち始めたので、国立公園行政当局は、尾瀬の管理保護体制を強化するために何らかの対策を迫られた。

　そこで国立公園行政当局は、1965年に尾瀬の自然を守るために、25年ぶりに尾瀬の「公園計画」の根本的練りなおしを意図し、関係官庁と関係機関と一緒に調査をおこない、尾瀬を守る公園計画案を作成した。[31]

　しかしこの「具体案」には、すぐ後にみるように尾瀬の自然を守るためといいながら、小手先の対策は提起されたが、尾瀬の管理システムを強化する根本的政策は何ら提起されていなかった。それでどうやって尾瀬を保護しようというのであろうか。

　それでも、尾瀬を守る公園計画によって、尾瀬の保護管理体制について若干の改善がみられた。

　1966年から3年間、尾瀬の国立公園管理員だった田中瑞穂によれば、1966年度の尾瀬管理費は、1965年には20万円程度だったが、表4－7に示したように、前年度の3倍の65万円が計上された。[32]

　1966年度の尾瀬管理費の内訳は、1人の管理員のもとで、美化対策費に30万円、新たにつけられた補助管理員賃金22万円、ビジターセンターの運営費10万円だった。補助管理員賃金22万円とは、10人前後の夏季のアルバイト代であった。これで尾瀬のまっとうな管理がどうしてできるのだろうか。

表4－7　1966年度の尾瀬管理費

費　目	額、単位万円
事務費	3
美化対策費	30
新規に補助管理員賃金	22
ビジターセンター運営費	10
合　計	65

注　田中瑞穂「夏における尾瀬の美化対策と利用者指導について」、『国立公園』No.211、1967年6月、2－3頁。

尾瀬の保護管理体制に関連して、文部省の対応について指摘しておかなければならない。

文部省文化庁は、尾瀬を1956年に天然記念物に指定し、1960年には特別天然記念物に指定していたため、群馬県と協力し、1966年に群馬県側にある山の鼻に「尾瀬保護センター」を設立した。

センターの建物は、文化庁の予算1500万円と群馬県の予算で建設され、運営は、群馬県教育委員会が社会教育課文化財保護係の職員を配置しておこなわれた。そして特別天然記念物尾瀬保護専門委員として3名の学者と地元の高校教育者2名が任命され、片品村の3名が管理員としては配置された。[33]

尾瀬保護センターは、後にみるように10年間、尾瀬保護のための研究や活動をおこなったが、しかし迫りくる大量の入山者を管理し、尾瀬の保護をおこなうにはあまりにも小さな存在でしかなかった。

しかし国立公園行政当局が1名の管理員を置いたこととくらべれば、小さいながら、国立公園行政当局がおこなうべき尾瀬の保護管理システムを示すモデルとして注目すべきものであった。

(2)尾瀬の乏しい保護対策

自然公園法の制定された1957年から1971年までの国立公園行政当局による尾瀬の具体的な保護対策は、ほとんどみるべきものがなかった。

尾瀬の過剰利用を阻止し尾瀬を保護するため国立公園行政当局の取るべき有力な方策の一つは、入山者を規制する方策であった。しかしこの方策については、密かな論議はあったかもしれないが、公然とした論議はまったくみられなかったようである。

ただし尾瀬の保護に熱心だった文部省文化財保護委員会とその管理下にあ

った群馬県教育委員会は、1969年に尾瀬の入山規制の必要性を提起した。

1969年6月3日の『朝日新聞』（夕刊）によれば、「日光国立公園『尾瀬』の湿原を保護するために、群馬県教委は、入山規制を含めた強い対策を検討、今月から大清水、富士見峠下両登山口と尾瀬沼、尾瀬ヶ原入口などで、入山者の実態調査を始めた。また18日から前橋市と尾瀬で開かれる関東ブロックの文化財保護行政研究会で、同じ悩みを持つ長野県上高地などの関係者と対策を話合」った。しかしこの対策は、日の目をみることはなかった。

貴重な湿原を保護するために立ち入り禁止区域の設定も、重要な意義があった。1966年7月12日の『読売新聞』（朝刊）によれば、文部省文化財保護委員会と群馬県教育委員会は、1965年に調査をおこない、1966年群馬県側の「湿原3か所を立ち入り禁止区域に指定」した。「立ち入り禁止になった地区は、特に荒らされ方がひどいアヤメ平、横田代と、これからその恐れのある外田代で、尾瀬の約10%にあたる100ヘクタール」であった。これは、文部省文化財保護委員会と群馬県教育委員会の快挙であった。

しかし肝心の国立公園行政当局は、尾瀬の入山規制も立ち入り禁止地区の設置をもおこなわなかった。

湿原の保護策として注目されるのは、湿原への立ち入り、湿原の裸地化を避けるための方策の一つとし「木道」の設置であった。

木道とは、湿原を保護するために、太めの丸太を半分に割り、湿原に横たえて歩道としたもので、初期のものは、幅も30cmほどの狭いもので、二人が交差すると一人が湿原に降りなければならないというようなものであった。木道が幅広となり、複線になるのはずっと後のことであった[34]。

1955年頃までは、湿原には木道がなく、雨でも降ればたちまちヒザを没するという湿地だけにはっきりした道がなく、年々増える観光客にいたるところが荒されるに任されていた[35]。

1965年9月9日の『読売新聞』（朝刊）は、1955年に「厚生省は、貴重な植物の保護と国民全体の公園として、親しんでもらうために、…湿原を横切る延長12キロの木道」をつくったと指摘している。

これは、山の鼻―見晴間当たりではなかったかと思われるが、しかしこの頃は「木道の整備が追いつかず湿原の裸地化がすすんだ」[36]と関係者は指摘している。

1964年に尾瀬全体の7割の大地主であった東京電力の子会社・尾瀬林業観

光は、尾瀬観光5カ年（1964－68年）計画をたて、「歩道等の公共施設の整備に…6350万円を投資し」、さしあたり1964年分として「1850万」円を投じて、筆者には詳細を確認できないが、恐らく東電小屋や東電山の家へのアクセスのため木道の整備をはかったようである[37]。

その後、木道設置については、国立公園行政当局は、1965年12月に「尾瀬を守る計画」において「今まで湿原地帯にあった木道のうち奥尾瀬ヶ原―大白沢山など3線を廃止、新たに、尾瀬沼―小淵沢田代線など6線を追加する。これらの木道は、ハイカーがすれちがうのもやっとで、湿原に転落する事故も多かったので、今後は幅を広げたうえ複線にし、長持ちする軽量コンクリートを採用する。またところどころにベンチをおき植物観賞の便をはかる。」と指摘した[38]。この計画は、徐々に実現したようである。

1960年代の尾瀬ヶ原には、山の鼻―見晴間、約6キロメートル、さらに尾瀬ヶ原を左右に横切るのに2、3キロメートルの歩道が数本、尾瀬沼一周にも、5キロメートルの歩道があり、総延長20数キロメートル近くの歩道があった。

以上のように湿原保護のために木道が設置されたが、それで湿原が十分に保護されたわけではない。木道の設置は、確かに湿原の保護に一定の役割を果たしたが、それ以上に入山者が増え、混雑のあまり木道からはみだして湿原に踏み込めば、湿原の破壊はなおつづき、湿原保護の根本的な解決には程遠かった。

つぎに尾瀬のゴミ対策についてみてみよう。

高度経済成長期における山岳のゴミ処理については、一般的には燃やせるものは、焼却炉で燃やし、燃やせないゴミは、目立たない林の中などに埋めたのである。

1962年まで尾瀬のレンジャーだった百武充は、「集めたゴミの処理がたいへんで、今では考えられないことだが、近くのめだたない林内に穴を掘って埋めたりしてしのいだこともあった。」と述べている[39]。

そもそも1962年までは、尾瀬の「美化清掃に対する国の予算はなく、清掃人を雇うこともできず、ただ一人尾瀬沼に駐在する国立公園管理員だけでは清掃まで手がまわらず、したがって尾瀬全体がかなりよごれた状態」であった。そして「沼田高校定時制の有志生徒による清掃奉仕が毎夏休みに実施」されたにすぎなかった[40]。

1963年からは尾瀬のゴミ対策に「国費で美化対策費が認められて、夏期にはアルバイト学生を使って清掃が行なわれるようになった(41)」。また1964年5月8日の『読売新聞』（朝刊）によると、1963年の夏から、40名ほどだが「中央大学ハイキング部が尾瀬の清掃をこころみた」。
　しかしこれも焼石に水の一時的な対処療法で、数百トンというゴミの処理問題は根本的に解決されず、大量のゴミの放棄とゴミによる尾瀬の環境汚染は解決できなかった。
　この時期には尾瀬の宿泊所や入山者の大量のトイレや生活排水にたいする対策を何ら打ち出していなかった。まさにたれ流しが基本であった。
　尾瀬の入山者が急増して、尾瀬の過剰利用とその弊害が叫ばれた1965年に、すでに指摘したように、国立公園行政当局は、1965年12月に「尾瀬を守る計画」を提起したが(42)、尾瀬の清掃・美化対策らしきものは何も提起されなかった。
　ただしこの計画が提起された後の1967年頃、日光国立公園尾瀬沼地区管理員田中瑞穂は、尾瀬の管理体制の貧困についてのレポートの中で、先に紹介したように、1966年度の「尾瀬管理費」を明らかにした(43)。
　1966年の尾瀬のビジターセンター運営費は「65万円」となり、美化対策費30万円、補助管理員賃金22万円、ビジターセンター運営費10万円が認められた。
　しかしこうした尾瀬の美化・清掃対策は、すずめの涙的に前進したにすぎなかった。湿原保護も美化清掃も「5月下旬から6月末までのミズバショウのシーズンはお手上げにちかい状態」であった。
　「特に6月上旬の日曜日などは尾瀬ヶ原の見晴地区、竜宮附近は数百名の人であふれ、声をからして木道にもどるように注意を促しても、又30分後には前と同じ、といった状態のくり返しで、しまいには自己嫌悪に落入ってしまい勝手にしろということになってしまう。6月はまだ湿原は枯れたままの状態で褐色できたなく、湿原に入っても何も悪いという気持がおこらないのでよけいに始末が悪い。ミズバショウのシーズンも、片品村の山岳救助隊及び沼田高校定時制の生徒の協力がえられたが、とても十分とはいえない状況である。(44)」
　また自然解説による利用者指導も、ビジターセンターでささやかにおこなわれたが、大きな成果は見込めなかった。なお『国立公園』誌には、尾瀬自

然解説員として参加した大学院生の報告が掲載されており、尾瀬利用と自然解説員の実態が窺えて興味深い(45)。

尾瀬の保護管理は、国立公園当局だけでなく、すでに指摘したように、1966年に文部省と群馬県は、山の鼻の尾瀬保護管理センターを設置してささやかながら尾瀬の保護管理をおこなっていた。

その活動は、10年ほどで終るが、尾瀬の保護管理のありうべき姿を示すものとして注目される。

尾瀬保護管理センターの活動に参加していた群馬大教授堀正一は、尾瀬保護管理センターの活動についてつぎのように報告した。

1、入山者の指導。センターのポーチに「解説用パネル」を設置し、入山者に尾瀬の保護を呼びかけた。山の鼻に研究見本園を設置し、尾瀬をコンパクトに紹介し、保護のための実験や観察をおこなった。

2、調査と研究。尾瀬の保護のためには、その基礎となる科学的な調査と研究が必要であるとして、一連の調査をおこない、『尾瀬の保護』誌を発行した。

3、湿原緑化、破壊防止の活動。センターは、裸地化した湿原の緑化の作業をおこなった。また管理員は、指定地区のパトロールをおこない、入山者指導や湿原植物の監視、木道の修理や保護柵の設置などをおこなった。

破壊予防としては、裸地の緑化のため、裸地に種を巻き、小池や浮島に立ち入り禁止の札を立てたり、監視員を増やしたりした(46)。

これらの活動は、本来国立公園行政当局がおこなうべき尾瀬保護対策であったが、もし国立公園行政当局が、相当の予算を計上して、多くの要員を配置して、これらの活動を積極的に展開すれば、尾瀬の保護はもう少し進展したことであろう。

(2) 富士箱根伊豆国立公園内の富士山の場合

①富士登山アクセスの整備と登山の容易化

つぎに富士山の過剰登山とその弊害について検討しよう。

富士登山のアクセスは、戦後以降には、第1に河口湖登山口と吉田口、第2に須走口と御殿場口、第3に富士宮口の3ルートがあり、それぞれの登山口から、富士山頂へ向かう登山道があった(47)。

図4-3　富士登山道

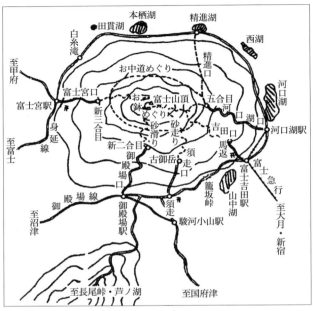

注　飯野正太郎『富士の読本』、41頁より。

　第1のルートは、おもに国鉄中央本線の大月駅から富士急行（以前は富士電鉄）で、吉田口へは富士吉田駅、河口湖登山口へは河口湖駅で下車する。第2のルートは、須走口登山口・御殿場登山口へ向かうルートで、須走口登山口へは東海道本線から分かれる御殿場線の駿河小山駅、御殿場登山口へは同じく御殿場線の御殿場駅で下車する。第3のルートは、富士宮口へ向かうルートで、身延線の富士宮駅で下車する。

　それぞれの登山コースは、図4-3に示したように、ほぼ5コースあって、第1の河口湖口コースは、古くは船津口と呼ばれたもっともポピュラーなコースで、富士急河口湖駅から小御岳の五合目までバスで行き、あとは徒歩で頂上まで登山する。所要時間は、バスが約2時間、徒歩が約3時間20分。

　このコースは、1964年にスバルラインが開通して五合目まで所要時間が2時間から1時間前後に短縮された。もっとも混雑時は1時間をこえた。

　第2の吉田口登山口コースは、富士吉田駅から馬返までバスで約1時間弱、あとは徒歩で頂上へ約4時間45分。六合目から河口湖口コースに合流して頂

上へ向うため、このコースは混雑する。

　第3の須走口コースは、御殿場か駿河小山駅から須走口までバス40分、須走口から古御岳まで約1時間20分、合計約2時間。古御岳の須走口から徒歩で頂上へ約3時間45分。

　第4の御殿場口コースは、御殿場駅からバスで新二合目まで1時間、新二合目から頂上まで登山は約5時間35分。

　第5の富士宮口コースは、身延線の富士宮駅からバスで新三合目まで2時間15分。新三合目から頂上まで徒歩で約5時間15分。

　河口湖口・吉田口コースは、東京─大月間の中央本線に、大月─富士吉田駅・河口駅間の富士急行を交通インフラとし、1969年に東京─大月─河口湖間の有料高速道路が完成し、おもに関東圏と北陸・信越・東北圏からのアクセスに有利であった。

　須走口・御殿場口コースは、道路では国道1号線、1964年には東名高速道路に連っていて、主として中部・関西圏以西から有利であったが、河口湖口・吉田口コースとくらべるとやや不利であった。

　こうした富士登山のための交通インフラの整備は、富士登山のいっそうの盛況をもたらした。

②富士登山者数と混雑情況

　すでにみたように富士箱根伊豆国立公園の利用者数は、圧倒的に多かったが、この国立公園の一角にあった富士山への登山もまた、格別な人気があり、過剰登山の代表的事例の一つであった。

　古くから宗教登山として起こった富士登山は、江戸時代に入って盛んになり、登山者数は、18世紀末から19世紀初頭には2～3万人と考えられている[48]。明治期に入って富士登山は、近代登山の要素が加わって人気を高め、年間3～4万人であったといわれている[49]。

　大正期の登山の大衆化をへて、戦前昭和期には吉田口からの富士登山だけでも3～4万人だったといわれており、5登山口からの富士登山者数は、戦時下に衰えたとはいえ、10数万人程度に達していたと思われる[50]。

　富士登山者数は、戦後から高度経済成長期にかけて正確なデータはあるわけではないが、鉄道、官庁、新聞などが推計した数字が残されている。表4－8は、富士登山者数の推移を示したものであるが、この表によれば、年間の

表4-8 富士登山者数の推移

年月	出典と日付	年間入山者数	月日別登山口別登山者数
1955	読・夕、7・3	13万	山開きの7月1～3日2500
	読・夕、7・16		7月15、16日、舩津・吉田口4800
	朝・朝、7・16	10万から12万	
	読・夕、8・28	24.5万	
		約13万（1956・8・15、読・夕）	
1956	朝・朝、7・14		山梨側14～15日、1万2000
	読・夕、7・15		14～15日、5登山口から1万4000
	読・夕、7・22		山頂に3万
	読・夕、7・23		21～22日、5登山口1.6万
	読・夕、7・29		28～29日、5登山口1.5万
	読・夕、8・15	8月10まで、16万	
1957	読・夕、7・7		6～7日、舩津・吉田口2200
1958	読・夕、7・13		12～13日、山頂に約1万
	読・夕、8・3		2～3日に舩津・吉田口から9000
	読・夕、8・24	15万	
1959	読・夕、7・19		舩津・吉田口から3700
	読・夕、7・26		25～26日、頂上に2万
	読・夕、8・2		2日、頂上に1万
	読・朝、8・24	12万（前年14万）	
1960	読・夕、7・3		山開きに5400
	読・夕、7・17		1万6000
1962	読・夕、7・15		2日で、各登山口から約2万
	読・夕、7・22		2日で、各登山口から1万7583
1964	読・朝、7・6		山頂、6000
	読・夕、7・19		2日で、1万5000、頂上風雨で2300
1965	朝・夕、7・28		25日、約1万
1966	読・夕、7・25		御殿場・須走口2500
	読・朝、8・16	10数万	
1967	読・朝、7・17		吉田口から5000、富士宮口1700
	朝・朝、7・24		23日、3万
1968	朝・朝、7・16	30万	
	読・朝、7・22		河口湖・吉田口、約1万5000
	読・朝、8・5		河口湖・吉田口、約3万3000
1969	読・朝、7・21		河口湖・吉田口、約3万3000
1970	朝・朝、7・27		山頂、3万8000
	読・夕、8・31	17万2000（前年30万2000）	
	読・朝、8・16		1日、4～5万
1971	朝・朝、7・19		山頂、4万

注 『朝日新聞』は朝、『読売新聞』は読、朝は朝刊、夕は夕刊の略。

　富士登山者数は、1950年代後半期には、10万人から15万人くらいだった。
　1960年以降の年間の富士登山者数は、1960年代の前半期には15万人、その

表4-9　1960年のコース別富士登山者数

登山コース	登山者数	%
河口湖口	94,408	60.9
吉田口	20,365	13.1
小計	114,773	73.9
御殿場口	4,517	2.9
須走口	15,144	9.7
富士宮口	20,769	13.5
合計	155,212	100.0

注　『富士読本』、39頁。

後半期には30万人に達していたようである。

　1960年の富士登山者数は、やや確実性の高い国鉄調べのデータによれば、15万5212人と指摘されている。[51]

　1960年以降の年間富士登山者数についての新聞報道は少ないが、1966年7月25日の『読売新聞』（朝刊）には、この頃の年間富士登山者数は「10数万人」だったと報道されている。

　1960年代のレジャー・登山ブームを考慮し、とくに1964年にスバルラインが開通して河口湖コースのアクセスが著しく改善されたことを想起すると、1960年代の後半期の富士登山者数は急増していったと思われる。

　1968年7月16日の『読売新聞』（朝刊）は、この頃の富士登山者数を「30万人」と指摘している。1968年当時、富士山のレンジャーだった小森順二は、五合目以上への富士登山者は、「28万-30万人と推定されている」と指摘している。[52]

　富士山の過剰登山や混雑度についてみる場合、尾瀬でみたようにここでも、コース別や登山曜日別の登山者数を考慮しなければならない。そこには大きな偏りがあったからである。

　富士登山のコース別データは乏しいが、先に引用した飯野正太郎『読本』によれば、国鉄調べのデータで、表4-9のとおりである。

　このデータによれば、5コースある富士登山ルートで、一番人気の河口湖口からの年間登山者数が、9万4408人で、全体の60.8%にもなっている。吉田口からの年間登山者数は2万0365人で、13.1%であった。このコースは、六合目で河口湖口のコースに合流するため、河口湖口・吉田口両コースの年

表 4-10　1962年 7 月21〜22日のコース別登山者数

コース別	登山者数	％
河口湖口	9,496	54.0
吉田口	1,715	9.8
小　計	11,211	63.8
御殿場口	380	2.1
須走口	2,292	13.0
富士宮口	3,700	21.1
合　計	17,583	100.0

注　1962年 7 月22日『読売新聞』（夕刊）より作成。

間登山者数は、11万4773人ということになり、六合目から頂上に向けて、全体の登山者の73.9％が集中するというもっとも混雑度の高いコースとなった。

　西富士からの富士宮口ルートは、年間 2 万0769人で13.5％であった。須走口ルートは、年間 1 万5144人と指摘され、全体の9.7％であり、利用度がやや低かった。御殿場口ルートは、利用度がもっとも低く、年間4517人で、全体の2.9％であった。

　こうしたルート別の登山者の偏りは、ルート別の面白さに加えて、おもに登山ルートの難易度と登山ルートへのアクセスの便利度に大きく依存していたが、利用度の高いコースの過剰利用、混雑度をいっそう加速した。

　富士登山は、一般に 7 月 1 日の開山から 9 月末の閉山日までの約60日弱間に限られていた。そのうえさらに60日の中の 8 回の土日に集中していた。

　抽象的にみれば、例えば、1960年の年間登山者数15万6012人は、12カ月に分散して登山するのではなく、シーズン 7 月、 8 月の 2 カ月間（60日）に集中して登山する。それは、平均 1 日2600人であった。しかし実際は、登山者は、60日に平均して登るのではなく、おもに 2 カ月中の 8 回の土日に集中するのである。

　表 4 -10は、1962年 7 月21〜22日のコース別登山者数を示したものである。この表によれば、1962年 7 月21〜22日の 2 日間の登山者数は、1 万7583人であった。1 万7583人が、先にみた偏りをもった 5 コースに分かれて頂上をめざした。

　河口湖口ルートからの登山者は、9496人、全体の54％であった。吉田口ルートは、1715人、全体の9.8％であった。河口湖口・吉田口ルートは、あわ

せて1万1211人、全体の63.8％であった。
　他方、富士宮口ルートは、3700人で、全体の21.1％であった。須走口コースは、2292人で全体の13％であった。御殿場口コースは、380人、全体の2.1％であった。
　富士山に1日平均2600人が登山するのであれば、それほど過剰登山という印象はない。ところがコース別に分かれ、土日の2日の登山者数をみると、混雑さが顕著になる。
　新聞報道によってその混雑さをみてみよう。
　表4－8に示したように、土日に集中する富士登山者の数は、1956年の7月には、5登山口から1万4000人、山頂に「3万人」、また1959年7月末の土日には「頂上に2万人」、1962年の7月の土日には「約2万人」登ったとの報道もある。
　さらに1960年代の後半期、1967年7月23日には山頂に「3万人」、1970年7月の土日に「3万8000人」、8月の中頃の1日で「4〜5万」人が登ったとの情報がある。
　こうした過剰登山の混雑を新聞はつぎのように報じている。
　1959年7月26日の『読売新聞』（夕刊）は、26日（日曜日）午前「7時ごろ約2万人の登山者が登頂。今夏最高のにぎわい。六合目から山頂にかけての山室は前夜から超満員、あふれた約3000人の登山者は月明の登山道でかがり火をたいて夜を明かし朝3時ごろから登りはじめ"ご来光"がみえた同4時40分ごろには六合目から頂上にかけて登山道は人波でぎっしり埋まり行列は昼ごろまで続いた。」と報じている。
　そしてたかだか3776㎡の狭さの頂上に、1日に数千人から1万〜2万人が集まるのである。尋常な過密ではない。
　1959年8月2日の『読売新聞』（夕刊）は、8月「2日の富士山頂は早朝から快晴、午前9時現在気温12度、六合目以上の山室は超満員で山頂のご来光を見ようと登山道は頂上付近まで登山者の行列が続き、9時ころには頂上は約1万人で埋まった。」と報じた。
　1日に1万〜2万人が一挙に山頂に登頂する様は、想像を絶するものがある。図4－4の写真にあるように、「富士銀座」（1967年7月24日『読売新聞』の記事の命名）といわれていても通常の銀座ではなく、クリスマス・イブか師走の如き混雑した銀座以上の混みようである。

図4-4　富士登山の混雑風景

注　1966年7月25日『朝日新聞』（朝刊）より。

　1967年7月24日の『読売新聞』（朝刊）は、「富士にどっと3万人」と題し、「うだるような暑さの東京から23日午後、今夏最高の人出でにぎわった」「絶好の登山びよりに恵まれた日曜日とあって人出は今夏最高の3万人。さる16日の日曜が、これまで最高の6000人、平日はせいぜい1000人程度というから、大変なラッシュ。上りも下りも切れめのない行列が続いた。悩みのタネだったのは水。各山小屋の飲み水は飛ぶように売れる。山頂郵便局裏に雪どけ水のたまりがあるが、これも干上がったうえ飲まれたりで、もうかれそうだという。」と報じた。

　富士登山の混雑ぶりは、今日でも基本的に変わっておらず、その壮観さは、インターネットで容易にみることができる。ちなみに「富士山の混雑」に打ち込めば、沢山の写真がみられる。

　以上のように富士登山は、土日を中心に戦後早くから過剰登山となり、多くの問題を生んだ。それは、登山者が山中に残していくゴミの山であり、膨大なし尿であり、それらのまき散らす悪臭、不衛生であった。また過密登山による怪我や弾丸登山による高山病の発生などであった。また過剰な登山者のマナーやエチケットの悪さや、過剰な登山者による自然、環境の破壊も問題となった。

③富士山の過剰登山とその弊害

　すでに富士登山は、戦前から過剰傾向を示しており、尾瀬のように湿原や高山植物の毀損などの問題は少なかったが、必然的にゴミやし尿、環境汚染が問題となっていた。

　明治時代に小島烏水は、富士山の大衆化登山にふれ、自然・風景が著しく破壊され壊滅的な脅威にさらされているとして、厳しい保護の必要を説いていた。[53]

　戦前の1932年5月20日の『山梨日日新聞』は、「最近七合目以上の吉田登山道には弁当のカラ箱、飲料水のカラ瓶等が散乱して、見るに堪えず、六根清浄を目的とする登山気分にひどい目障りとなっているので、県は山開き以前に於いて富士の〈清掃〉を行う事になった」と報じた。

　戦後には、富士登山が盛んになってきたが、混乱期とあって、富士山のゴミ、し尿処理の問題はあまり論じられなかった。

　しかし1962年に出版された飯野正太郎『富士の読本』は、富士山のゴミ問題と登山マナーの悪さについて以下のように、批判的に論じて注目された。

　「富士は神聖な山とたとえられ、また世界の人たちが憧れる名山である。こういう山に夏の陽をいっぱいにうけて、汗と泥にまみれて、たいへんな難行苦行を忍んでのぼった富士の山頂が、空カン、空ビン、紙屑でよごれていたら、これほど哀しいことはない。」

　「ワシントン州のW・E・メーノルド氏は…1961年7月末、富士山に登」ったが、「しかし、この旅行の美的価値について考えるとき、山ハダが実にダラシなく汚れていることに、非常なショックを受けました。そして、汚さが登るにつれてひどくなることでした。いたるところに空カン、空ビン、紙クズのガラクタの山が築かれていますが、世界的に有名な〈聖山〉富士の美しさを毒するこの有様をみて、私たちの多くのものは不快の念を禁じえませんでした。日本人は、精神的に美と純粋と清潔とを重視するというのに、この汚さとの矛盾をどう解釈したらいいか了解に苦しみます。」

　外国人の批判を「なんとも手きびしい批判ではないか。」と受け止め、飯野は、「短い登山期に20万人もの人たちが、五つの登山口から、せまい山頂を目ざして押し寄せてくるのであるから、混雑するのはあたりまえだ。山頂で日の出をおがむためには、七、八合目あたりの小屋に宿泊せねばならない。そ

の人たちが食事やら、生理やらを行なうため、空カン、空ビン、紙屑の山がきずかれるわけである。観光地の施設というものは、ピーク時を想定して、それに合わせて設けるのが常識であるが、そこまで手が届かないのが、いまの富士の観光公営施設の実態である。」と批判した。[54]

　ここには、富士山のゴミ問題が言い尽くされているが、さらに新聞の富士山のゴミ報道を2、3紹介しておこう。

　1962年7月27日（日）の『読売新聞』（夕刊）は、「富士山は"世界一"の山であるわけだ。ところがこの世界で一番美しい富士山は心ない登山者たちが長年にわたって残していったカン詰めのあきカンやあきビン、紙くずなどでよごれ放題にされ、アメリカの内務長官スチュアート・ユードル氏が、あまりのよごれ方にあきれて"富士山はゴミでまた標高を高くしている"と警句をとばしたほどだ。」と報じた。

　また1964年6月9日の『読売新聞』（朝刊）は、1964年4月に富士スバルラインが開通して、「富士山の革命」をもたらしたと論じ、「朝からクズ拾いの奉仕にきている甲府市の泉会婦人会の谷口鶴子さんらは〈拾っても拾っても紙の山。燃やすはしからいっぱいになる〉と鉄のクズカゴを指さす。始末に困るのはあきカン、あきビン。林のなかにうず高く積まれていた。地元の〈富士をきれいにする運動〉本部では近く五合目にゴミ焼却炉2基をつけるが、焼けないあきカン、あきビンがことしは30トンでる見込みなのだ。これは車で下までおろす以外にはない。」と報じた。

　そもそも富士登山者は、富士山にどのくらいのゴミを放棄したのであろうか。1966年7月7日『読売新聞』（朝刊）の「編集手帳」は、5日の日曜に富士山の登山した6000人が落としていったゴミは、「10トンあまりだった」と指摘している。1人当たり1.6キログラムである。

　上のデータが、事実であるとすれば、1年間に例えば、富士山に投棄する20万人のゴミは320トン、30万人のゴミは480トンということになる。途方もないゴミが富士山に投棄されたことになる。

　1968年7月26日の『読売新聞』は、30万人近い富士登山者が1年に「100万個のアキカン」を投棄したと報じた。

　こうした過剰登山のあった富士山では、し尿処理はどうなっていたのだろうか。空カンやゴミの山を報じた新聞も、空カンやゴミ以上に問題の大きかった富士山のし尿処理問題を何故かほとんどまともに報道しなかった。数少

図4－5　富士宮口六合目付近のゴミの山

注　1965年7月1日『朝日新聞』（朝刊）より。

ないそれらの報道を紹介しておこう。

1964年6月9日朝の『読売新聞』は、4月に開通したスバルラインによる五合目の混雑に言及して、五合目の「公衆便所は長い行列。ここはまだ掘ったて小屋なので、外国婦人は泣きだしそう。」と報じた。

1966年8月29日朝の『読売新聞』の投書は、「よごれる〈日本一の山〉」、と題して「富士登山をしたときのこと。五合目でバスを降りて用便に行ってすさまじい異臭とハエにびっくりした。また便所の外のドラムかんのコックをひねると手洗いができるのだが、このしたに排水設備がないのですごいよごれよう。富士は日本一の山。外人客も多い。」五合目の「きたない公衆便所、手洗いなど当局は指導を徹底してほしい（新潟県見附市・教員）。」と報じただけである。

要するに1960年代、70年代の山岳では、"雉をうつ"とか"花をつむ"などと隠語を使って、山でこっそり放尿したり排便したものであったが、数少ない山小屋もトイレのし尿処理はたれ流しであったのである。農業用肥料に人間のし尿を常用してきた瑞穂の国の住民にとって、し尿はそんなに忌避すべきものではなかったのかもしれない。山岳でし尿はそんなに気にならなかったのかもしれない。

富士山のトイレ問題が論じられるようになり、たれ流しの克服が問題になるのは、1980年代に入ってからであった。

富士山のし尿のたれ流しは、山岳の臭気だけでなく、衛生に悪影響を与え、富士山の伏流水に悪影響を与える可能性がある深刻な問題であったが、1960年代にはほとんど関心がもたれなかった。

④富士山の貧弱な管理体制と乏しい保護対策
⑴富士山の貧弱な管理体制

以上のように、過剰な富士登山とそれが生み出す弊害にたいして国立公園行政当局は、どのような管理体制をとっていたのであろうか。

富士山五合目以上の地域については、国立公園行政当局は、特別保護地区に指定し、開発から保護したのは、1996年であったが、政策的に富士山五合目以上の地域の開発にたいして厳しく対処してきた。他方、文部省は、1952年に富士山五合目以上の地域を天然記念物・特別名勝地に指定して開発に厳しく規制をほどこしてきた[55]。

こうして戦前にも、戦後にも富士山五合目以上の開発は、厳しく規制されてきた。しかしそうした富士山の管理保護体制は、過剰登山と過剰登山が生み出す弊害を処理する管理保護体制としては何ら役立つものではなかった。

国立公園行政当局は、高度経済成長期に入っても富士箱根伊豆国立公園の管理体制として、1962年に箱根に管理事務所を設置したものの、富士山の管理については1953年に河口湖船津に国立公園管理員1名を配置し、1955年から2名を配置し、1959年からシーズン中に2名のうち1名を富士山頂に配置したにすぎなかった[56]。その体制は1960年代ずっとつづいた。

河口湖船津の国立公園管理員の仕事はおもに富士山麓にかかわる業務で、当初は富士山五合目の巡回も時たまおこなったようであるが、1959年からシーズン中に1名が富士山頂に配置された[57]。

1964年6月9日の『読売新聞』(朝刊)には、国立公園管理員沖洗三の「この広い富士山に3人の管理人ではゴミや交通道徳、公衆道徳はわれわれの力ではどうにもならない」との談話があるが、富士山の管理員は正式には1名であり、そのほかはシーズン中に船津や他地域から応援が来ていたのか、あるいは管理事務所が雇うアルバイト学生だったのかもしれない。

要するに富士山の管理体制はかくもシンプルなものであったのである。こ

表4-11　富士山美化清掃活動費

収　入　　　　　　　　　　　　　　　　　　　　　　　単位万円

費　目	1968	1969
合　計	67.2（100.0）	115（100.0）
内　訳		
厚生省　美化対策費	15　（22.3）	30　（26.0）
山頂休憩舎管理費	20　（29.7）	25　（21.7）
山梨県観光地を美しくする会	10.2	20
静岡県美観清掃協議会	10	20
富士山をきれいにする会	12	20

支　出　　　　　　　　　　　　　　　　　　　　　　　単位万円

1968		1969	
合　計	67.2	合　計	115.0
内　訳		内　訳	
賃　金	41.8（延280人）	賃　金	71.7（延490人）
装備用具	3.2（登山靴ヤッケ）	装備用具	6.2
備品費	7.4（発電機他）	備品費・消耗品	6.8（寝具、電池等）
光熱費	6.3	大型ビニール袋	12.8（50円×2500枚）
くず籠	5.3（2カ所）	燃料等	11.0
酸　素	2.3（吸入器）	吸入用酸素	0.7
消耗品他	0.8		

注　小森順吉「自然公園をきれいに─富士山─」、『国立公園』No.249・250、1970年8・9月、23頁より作成。

れで大量の登山者の管理指導、膨大なゴミやし尿を健全に処理して富士山の自然を保護していくなどまったく考えられないことであった。

　当時の富士山の管理費は、不明であるが、尾瀬の事例からみて特別に注目するほどのものはなかったと思われる。

　1968年に「富士山清掃活動実施要綱」が定められて、1968年、69年の富士山の管理費が明らかにされている。この時の「富士山美化清掃活動費」は、表4-11に示したとおりである。「富士山美化清掃活動費」には、「厚生省美化対策費」として1968年は35万円、1969年は55万円、「山頂休憩舎管理費」として1968年は20万円、1969年は25万円が計上されていた。これらが、国立公園局の富士山管理費であった。如何にも僅少である。ちなみに尾瀬の管理

費が65万円だったことを想起されたい。
　これらの使途は、支出表からわかるように、他の収入とも合わせおもにアルバイト代であり、美化対策の備品、経費であり、若干が事務所の管理費であった。
　以上のように、富士山の管理費は、かくも貧しいものであり、当面する過剰な登山者が生み出す弊害を取り除くのにはあまりにも小さな額でしかなかった。

(2)乏しい保護対策
　富士山の過剰登山対策は、基本的には入山規制が考えられる。しかし1960年代には富士山の入山規制はまったく問題にされなかった。
　富士山の保護対策は、もっぱらゴミ対策であり美化清掃であった。国立公園行政当局による富士山のゴミ対策は、1960年初頭までまったく何もなかった。富士山のゴミ清掃は、もっぱら高校生のボランティア活動に負っていた。1947年に神奈川県相洋高校登山部員が富士山の開山日の7月1日に登山し、毎年ゴミの清掃に当っていたという。(59)
　富士山のゴミ問題が世上に論じられるようになるのは、政府が、オリンピックを1964年に控えた1962年に「国土を美しくする運動中央推進委員会」を設置して、3年計画で国土を美しくする運動をすすめることにし、この運動の一環として1962年に民間団体「富士山をきれいにする会」を設立してからである。(60)
　「富士山をきれいにする会」は、「団体・個人の会員のほか県・及び関係市町村の負担金・寄付金等で運営」、「富士山・富士五湖地方の美化清掃について広報活動・奉仕活動・植樹等をおこなうほか関東地方都県に呼び掛け毎夏1都8県美化交歓祭を開くなど多くの事業を行なっている。」(61)
　こうして政府の音頭取りによって、富士山のゴミ拾い、美化清掃の官製とボランティアの活動が始まった。
　1963年7月には「山梨県清掃隊員300人、東京都新生活運動協議会清掃隊員200人がまじり、山頂で静岡県清掃隊員と合流、山頂の大そうじを行った。」(62)
　1964年7月5日朝、「オリンピックを前に、清掃作戦を展開したのは地元静岡、山梨両県の山岳連盟、陸上自衛隊、青年団などで、ことしで3回目。これに東京都、神奈川県からも応援が加わり、清掃袋を片手にした約3000人が山頂付近、須走、富士宮、御殿場、富士吉田、河口湖の各登山口で"富士

山の大そうじ"をした。」[63]

　さらに1964年夏には、日本生命により「清富会」が設立され、「当時、日本生命が、富士山の美化運動推進のための基金100万円を匿名で提供」して、大学山岳部に参加を呼びかけたのでの、数10人の学生が毎年清掃に参加した。[64]

　こうして富士山のゴミの清掃は、国立公園行政当局によってではなく、富士山をきれいにする運動として、官製・ボランティアの活動としておこなわれた。

　1968年4月なってようやく、「厚生省は18日、国立、国定公園の施設整備計画を決め、(昭和―引用者)43年度分整備費7億0800万円の全国配分を決めた」。この方針にもとづいて厚生省は山梨県・静岡県富士山をきれいにする会の協力をえて、1968年に「富士山清掃活動実施要綱を定め富士山頂部・主要登山道・利用拠点の清掃を本格的に開始した。」[65]

　その予算は、表4－11に示したように、厚生省分が1968年35万円、1969年分が55万円であった。その他、「山梨県観光地を美しくする会」、「静岡美観清掃協会」、「富士山をきれいにする会」から1968年には各10万円強、1969年には各20万円の寄付があった。

　富士山清掃の「実行面は、…国立公園船津管理員事務所が当たった。主として学生アルバイトの値上げ夏期間常駐による清掃活動」であった。

　ちなみに活動の重点は、「1、清掃・収集したごみ等をできるだけ持ち下げること、2、美化清掃に関して、一般登山者及び山小屋業者に対する啓蒙・指導を行うこと、3、日本山岳会派遣医師の協力により簡単な救急活動を行うこと、4、利用者への指導を行うこと等であった」が、その内実は、富士山頂一帯、吉田口及び富士宮口登山道五合目以上、他登山道八合目以上、御庭・奥庭を、7月15日から8月18日まで35日間、アルバイトの「頂上8名、五合目6名の2班編成」、延べ合計490名で、「船津管理員事務所員が交替で指揮に当」り、「収集ごみ等は、一部灯油使用による露天での焼却を行ない、不燃物(主としてビン・カン類)は人背及びブルドーザーによる持ちおろしを計った」というものであった。[66]

　1965年6月22日『読売新聞』(朝刊)によれば、相洋高校山岳部のゴミ清掃にふれ、「あたりに散らばっている紙くず、あきかん、ビールビン、など穴を掘って埋めてゆく」と報じており、他の掃除の場合もゴミを掘って埋めた場合が多かったと思われる。

小森順吉によれば、「期間末の最終的な集計の結果では、処理されたごみ等は、山頂班9.5トン、山腹班8.0トン計17.5トンに及んだ」ということであった。[67]

しかし予想される年間300トン前後のゴミはここでは17トン下山されたが、あとのゴミはどこへ行ったのであろうか。大きな問題であった。

この美化対策、清掃は、可燃物については焼却炉や野焼きによって消去し、不燃物である空カン、空ビンなどについては一部を地下に掘って埋め、あるものは目の届かないところに放棄し、残ったものを山麓に搬出するという粗末なものであった。その内訳は不明である。

なお、尾瀬の場合もそうであったが、富士山のし尿については、新聞ではほとんど取り上げられなかった。

20万も30万もの登山者が、富士山で排出するし尿にたいしては、国立公園行政当局は、何らの対策をたてなかった。し尿は、山岳の環境に大きな悪影響を与える可能性があり、深刻な問題であったが、富士山のトイレ問題が論じられ、たれ流しの克服が問題になるのは、1990年代に入ってからであった。

21世紀になって、富士山のトイレ問題を論じた青木直子は、1960年代、70年代の「当時の富士山では、60ある山小屋でのし尿処理方法は、そのほとんどが、シーズン中は登山者のし尿を溜めておき、シーズン後に山肌に放流し浸透させるというものだった。"富士山の白い川"とは、し尿と一緒に放流されたトイレットペーパーの残骸だった。」[68]と指摘している。図4-6を参照されたい。

なお富士山の五合目以上には、尾瀬と違って湿原はなく、高山植物も少なく、高山植物などの毀損問題はあまり起きなかった。ただスバルラインの建設とその後の自動車輸送による道路周辺の森林、樹木や五合目周辺での登山者による森林、高山植物の毀損が問題であった。この問題は、スバルラインの公害問題として別途論ずることにしたい。

1969年7月2日の『朝日新聞』(朝刊)は、富士山の7月1日山開きに際して、つぎのように述べた。

「夏を美しい自然の中で過ごしたいという人人の願いは、しばしば無残な現実によって裏切られる。」「日本の富士山も夏には異臭を放つこととなる。高速道路によって、登山者が急増しているのに、これに見合うだけの休養施設や衛生設備などはできていない。極言すれば、夏の一時期、富士は巨大な

第4章　高度成長期における国立公園の過剰利用とその弊害　165

図4-6　"富士山の白い川"

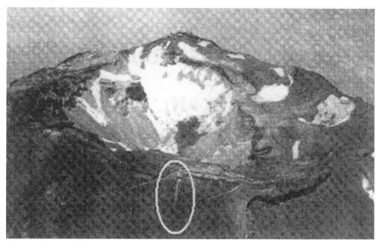

注　青木直子「富士山から発信した山岳トイレの改善」、『月刊下水道』Vol.31
　　No.5、7頁より。

ゴミためと化す観さえある。そんな"霊峰"に高山植物や花や石やを盗み、トランクにつめこんで持ち帰るマイカー族が横行している。」

「自然公園法、森林法をはじめ、自然を保護しようとする法令、条例も少なくない。だが国立公園、国定公園の管理は決して十分とはいえず、そのいくつかはあきらかに荒廃への道をたどりつつある。」

この小文の引用をもって小論の結びとしたい。

注
（1）本書第3章、100頁の表から計算。
（2）本書第1章、40頁以下参照。
（3）拙稿「高度成長期における貧弱な国立公園政策」、『経済志林』第81巻第1号、2013年7月、85-87頁。
（4）本書第2章、79-83頁。
（5）前掲拙稿「日本人のゴルフの遊び方」、村串・安江編『レジャーと現代社会』、を参照。
（6）集団施設地区については、自然公園法第28条を参照。

（7）前掲『自然保護行政のあゆみ』、124頁。
（8）同上、124頁。詳細は、「レクリエーション行政と国民宿舎」、『国立公園』No.135・136、1961年2・3月、同号掲載の「国民宿舎の利用状況」、「経営調査からみた国民宿舎」、など参照。
（9）前掲『自然保護行政のあゆみ』、125頁。
（10）「国民休養地および第2期国民休暇村整備の構想について」、『国立公園』No.251、1970年10月、24頁。
（11）私のレジャー観は、拙稿「現代レジャーの概念について」、『経済志林』第65巻第4号、1998年3月、を参照されたい。
（12）田中順三「自然公園における保護と利用開発について」、『国立公園』No.171、1964年2月、10頁。
（13）「自然公園整備促進中央協議会設立さる」、『国立公園』No.206、1967年1月、25頁。
（14）自然公園審議会「自然公園制度の基本的方策に関する答申」、『国立公園』No.223、1968年6月、4－5頁。
（15）行政管理庁「行政管理庁の観光行政監査結果に基づく勧告」、『国立公園』No.194、1966年1月、22頁以下。
（16）拙著『国立公園成立史の研究』の第2部第3章、『自然保護と戦後日本の国立公園』、第3章、第8章を参照。
（17）尾瀬の各種ガイドブックを参照。
（18）日本自然保護協会編『尾瀬の自然保護と利用のあり方』、日本自然保護協会、1994年、12頁。
（19）前掲『レンジャーの先駆者たち』、151頁。
（20）荘村義雄「尾瀬への情熱」、『国立公園』No.230、1969年1月、13頁。
（21）福島県教委「尾瀬湿原植生の復元研究」、前掲『尾瀬の自然保護と利用のあり方』、27頁。
（22）宮脇昭「尾瀬ヶ原植生破壊の現状」、『国立公園』No.212、1967年7月、2－4頁。
（23）前掲荘村義雄「尾瀬への情熱」、『国立公園』No.230、13頁。
（24）信濃毎日新聞社編『北アルプストイレ事情』、みすず書房、2002年、8頁、44頁。
（25）前掲『レンジャーの先駆者たち』、148頁、151頁。
（26）1969年6月9日『読売新聞』（朝刊）。
（27）天野重幸「ビジターセンター」、『国立公園』No.206、1967年1月、13頁。
（28）前掲『レンジャーの先駆者たち』、406頁。

(29) 同上、146頁。
(30) 百武充『上高地の谷から』、八坂書房、1997年、121頁。
(31) 1965年9月9日の『読売新聞』（朝刊）。
(32) 田中瑞穂「夏における尾瀬の美化対策と利用者指導について」、『国立公園』№.211、1967年6月、2頁。
(33) 堀正一『尾瀬―私の手帖から』の「尾瀬保護の十年」、上毛新聞社、1979年、68－79頁。
(34) 前掲『尾瀬の自然と利用のあり方』、34頁。
(35) 1957年6月9日『朝日新聞』（朝刊）。
(36) 前掲『レンジャーの先駆者たち』、151頁。
(37) 大井道夫「モーズリー報告について―尾瀬問題を中心に―」、『国立公園』№.174、1964年5月、8頁。
(38) 1965年12月18日『読売新聞』（朝刊）。
(39) 前掲『上高地の谷から』、126頁。
(40) 田中瑞穂「夏における尾瀬の美化対策と利用者指導について」、『国立公園』№.211、1967年6月、2頁。
(41) 同上、2頁。
(42) 1965年12月18日『読売新聞』（朝刊）。
(43) 前掲「夏における尾瀬の美化対策と利用者指導について」、『国立公園』№.211、2頁。
(44) 同上、3頁。
(45) 村瀬信義、他「尾瀬の自然解説員の報告」、『国立公園』№.211、1967年6月、3頁以下参照。
(46) 前掲堀正一『尾瀬―私の手帖から』の「尾瀬保護の十年」、70－79頁。
(47) 飯野正太郎『富士山の読本』、教養堂展望社、1962年、41頁。本書は、富士山についての小辞典のような気の利いたものであるが、今は簡単にはみられない。
(48) 前掲拙著『国立公園成立史の研究』、146頁。
(49) 同上、146－150頁。
(50) 同上、192頁。
(51) 前掲『富士の読本』、39頁。
(52) 前掲『レンジャーの先駆者たち』、21頁。
(53) 前掲『国立公園成立史の研究』、151－152頁。
(54) 前掲『富士の読本』、3－4頁。
(55) 前掲拙著『自然保護と戦後日本の国立公園』、第11章の5を参照。

(56) 前掲「レンジャーの先駆者たち」、407頁。
(57) 同上、197頁。
(58) 小森順吉「自然公園をきれいに―富士山―」、『国立公園』No.249・250、1970年8・9月、23頁。
(59) 1967年7月1日『読売新聞』(夕刊)。
(60) 1962年7月27日『読売新聞』(夕刊)。
(61) 前掲「自然公園をきれいに―富士山―」、『国立公園』No.249・250、21頁。
(62) 1963年7月7日『読売新聞』(夕刊)。
(63) 1964年7月6日『読売新聞』(朝刊)。
(64) 1966年8月16日『読売新聞』(朝刊)。
(65) 前掲「自然公園をきれいに―富士山―」、『国立公園』No.249・250、21頁。
(66) 同上、22－23頁。
(67) 同上、22頁。
(68) 青木直子「富士山から発信した山岳トイレの改善」、『月刊下水道』Vol.31 No.5、2008年4月、17－18頁。

第5章
高度成長期における国立公園行政当局の自然保護政策の展開

はじめに
1　自然公園法の改正
2　自然保護のための国立公園の新たな指定と指定準備
3　新たな特別保護地区の指定
4　国立公園行政当局の国立公園内の開発計画にたいする否定的対応
5　日本自然保護協会の再編と新体制の特質

はじめに

　本章の課題は、高度経済成長期の国立公園行政当局が、脆弱な国立公園管理機構と貧弱な財政という国立公園の構造的特質のもとで、国立公園の自然を保護するために努力してきた側面について明らかにし、わが国の国立公園制度のポテンシャルを確認することである。

1　自然公園法の改正

　1957年に自然公園法が制定され、1971年に環境庁が設置されて国立公園行政が環境庁自然保護局に再編されるまでに、自然公園法そのものは、基本的には何ら変更されることはなかった。

　1968年の自然公園審議会は、すでに検討してきたように国立公園の自然保護のあり方について注目すべき提言をおこなった。しかしそのほとんどが環境庁自然保護局下の課題となった。

　その提言の中で、高度経済成長期にごくわずかなものが法的に実施された。その一つは、土地買収のための法整備であった。1965年11月に自然公園審議会は、「自然公園行政の基本に関する中間答申」で、「自然公園たるにふさわしい保護をはかるために、その代償として土地所有者の申出によって土地を買取る措置を講ずる必要がある」として提言した。

　国立公園行政当局は、土地買収のための法整備をおこなった。

　1967年に富士箱根伊豆国立公園内の箱根仙石原の地主から別荘分譲地造成許可申請がだされた。国立公園行政当局は、別荘分譲地造成許可申請を認めがたいと判断したが、法的に争うことを避け、「国費と県費によって買い上げる方が、国立公園の保護のために望ましいとの神奈川県の強い意向をうけ、その結果、損失補償制度を補完し、私権救済措置として関係都道府県に対する補助金（1/2）制度による土地の公有化」を実現した。

　この制度は、環境庁設立後、交付金制度による民有地買上げの措置が出来るまでつづけられ、わずかな地域であったが、自然保護のための公有化がみられた。小さな対応だったが、自然保護政策の一つとしてその意義は小さく

はなかった。

　1962年の第1回世界国立公園会議で「海の生物を保護するため、海中公園または保護地の設定について検討されたい」という勧告がだされた。国立公園行政当局は、この勧告をうけて1964年に「海中公園の設定に関する研究」、調査をおこない、わが国の海中の自然の豊かさを確認した。

　1967年に財団法人「海中公園センター」が設立され、長い間海中公園設立のために尽くしていた田村剛が理事長に就任し、自然公園体系の中に「海中公園」制度を導入する準備がすすめられた。

　こうして1970年5月に自然公園法が改正され、その後、全国10国立公園内に、27海中公園地区1065.8ヘクタール、13国定公園内に30地区1319ヘクタールが指定された。これも小さな対応だったが、海洋国日本の自然保護政策の一つとしてその意義が小さくはなかった。

　また1970年12月に公害対策基本法の制定にともなって、国立「公園内の公共の場の清潔の保持に関する条項と湖沼等の水質保全や生態系保持のための汚水等の排出規制」を加える自然公園法の改正がおこなわれた。これらの問題は、1970年代に具体化する。

2　自然保護のための国立公園の新たな指定と指定準備

　高度経済成長期に自然公園法体制のもとで国立公園行政当局がおこなった国立公園のやや積極的な自然保護政策について幾つか言及しておきたい。その一つは、国立公園の新たな指定とある地域を既存の国立公園に新たに付け加えたことである。

　1961年11月に自然公園審議会は、知床、南アルプス、白山国定公園、山陰海岸国定公園を新たに国立公園の候補地にするよう答申し、すでにみたようにその後国立公園に指定した。それらのうち、白山国定公園、知床、南アルプスの国立公園指定は、自然保護の面からとくに積極的な意味があった。

　北陸地方にあって、古くから信仰の山として広く民衆に崇められてきた白山は、1954年に国定公園に指定されていたが、1961年11月に自然公園審議会の「国立公園の体系整備」についての「答申」で、国立公園に格上げすることが決定された後、他の地域に先んじて1962年11月に国立公園に指定された。

白山の特徴は、「地質的には中性代のジュラ紀を代表する手取層を主体とし、これを角内安山岩、輝石安山岩等の火山岩が貫いていることであり、日本最古の化石林と言われるジュラ紀硅化群がみられる。地形的には、トロイデ、コニーデ、火口湖等があり、変化にとんでいる。山頂に近い千蛇ヶ池は、吾が国唯一の亜寒帯湖で、夏も氷雪に閉ざされている。」「植物は、ブナ、カエデの原生林、アオモリトドマツ林が美事で、山頂一帯はハイマツ、高山植物の大群落におおわれ、カモシカ、クマも棲息し、原始性にとんでいる。」そして国立公園指定と共に、「これらの森林と高山植物帯を含む１万8000ヘクタールに及ぶ広大な地域」、公園区域全体の約38％が特別保護地区に指定され、「本公園の利用は、登山と科学的研究であり、自然状態の保護が厳重にはかられるべきである」と評価された。(11)

　南アルプスは、「中部山岳国立公園に匹敵する高山地帯であって、戦前から問題となりながら、調査が行きとどかなかったことと、産業との調整がととのわなかったために」、国定公園にも指定されることなく、国立公園指定が遅れていた。(12)しかし南アルプスは、1961年11月に自然公園審議会によって国立公園の候補地に答申され、1964年６月に新しく国立公園に指定された。南アルプス国立公園は、「駒、鳳凰山系、白根山系、赤石山系の山稜部を主体とし北は甲斐駒ケ岳山系の鋸岳より南は赤石山系の光岳に及ぶ山梨、長野、静岡３県に跨る」３万5798ヘクタールの地域であり、「質においても、成層岩の構造山地としての風景型式を代表するもので、富士山に次ぐ我が国第２の高峰北岳を始めとして、その山岳景観を特色とし」、公園全地域の25.7％の9181ヘクタールが特別保護地区に指定された。(13)

　1961年11月に自然公園審議会によって国立公園の候補地に答申された北海道の知床半島は、1964年に知床国立公園に指定された。

　知床国立公園は、「山々は、エゾマツ、トドマツの原始林や高山植物におおわれていて、北海道のクマの３分の１がいると言われる程人跡未踏の原始境」であり、ほぼ全域が国有林と公有地の４万1375ヘクタールの地域で、「豪壮な海蝕景観、豊富な海鳥類等の動物景観、広大な原生林、高山植物群落等を有し海岸部より山岳部に至るまで極めて原始性の高いことを特色」としていた。その知床国立公園のうち、「知床岳以北の半島先端部一帯、硫黄山より茶臼岳一帯の山稜部、遠音別岳一帯等」の２万1317ヘクタール、公園全域の51.5％が特別保護地区に指定された。(14)

第5章　高度成長期における国立公園行政当局の自然保護政策の展開　173

　以上のように、白山、南アルプス、知床などの貴重な自然体系を包含する3国立公園は、1960年代、70年代に観光開発が急増する大きな乱開発の脅威にさらされながら、特別保護地区に指定された地域についてはかなりの程度開発から免れることができた。そうした意味で、3国立公園の指定は、国立公園行政当局による自然保護政策として、保護管理の面で十分とはいえなかったが、大きな意義があったと指摘できる。

　とくにわが国でも稀有な原始境としての知床半島は、2004年にユネスコの世界自然遺産に登録されてその真価が十分に評価されることになるが、地元からの申請や陳情等の動きがまったくなかったにも拘わらず[15]、国立公園に指定されたことは、国立公園行政当局の積極的な自然保護政策の試みを示す事例の一つとして大きい意義があった。

　既存の国立公園に新たに加えられた地域としてとくに注目されるのは、1964年3月16日に霧島国立公園に組み入れられた屋久島である。

　鹿児島県の南端の海上にある屋久島は、「ヤクスギを主体とする原始景観、海岸部の亜熱帯より山頂部の亜寒帯に及ぶ植物の垂直分布、シカ、サル等の野生動物の生息等特異」で特色ある貴重な地域であった[16]。すでに林野庁は、屋久島のスギ原生林4326ヘクタールを1921年（大正10年）に保護林に指定して禁伐とし[17]、さらにその地域を文部省が1924年に天然記念物に、1954年に特別天然記念物に指定していた[18]。

　国立公園行政当局も早くからこの屋久島に着目していて、1952年に国立公園審議会は、屋久島を自然公園候補地に選定し、1954年には国立公園に格付けするように答申していた[19]。

　しかしヤクスギの保護をめぐって農林省（林野庁）との意見調整が遅れ、また電源開発計画をめぐって通産省との協議がまとまらず、1961年12月にようやく自然公園審議会は、屋久島を霧島国立公園に編入するように答申した[20]。

　1964年1月の自然公園審議会は、さらに屋久「島の中央宮ノ浦岳を中心として、海岸部の一部を含む島全体の約40％に当たる2ヶ町、1万8961ヘクタール」を霧島国立公園に編入し、その際、屋久島公園の「保護計画」として、「宮ノ浦岳を中心とする奥岳一帯の原始景観及びこの一帯に生息する野生動物、また小楊枝川上流等のヤクスギの代表的林分及び植物の垂直分布等の保護を目的として6100ヘクタールの特別保護地区」の指定を答申した[21]。

　こうして屋久島は、1964年4月に霧島屋久国立公園の一角に帰属され、

4343ヘクタールが特別保護地区に指定された。

しかし屋久島は、「特別保護地区」に指定されただけで直ちにその全地域が無条件に保護されたわけではなかった。屋久島は国有林であり、そこを所管する農林省林野局が、伝統的に屋久島の森林を伐採していたからであった。林野局による森林伐採の放棄は、ようやく1980年代末に国有林政策が大幅に改められてからである。そして1993年に屋久島は、その自然価値が認められユネスコの世界自然遺産に登録された。

1971年の環境庁設立後に新たに国立公園に指定された利尻礼文、西表島、小笠原の3国立公園は、その指定準備が1960年代末に厚生省管理下の国立公園行政当局によってなされていたことに注目しておかなければならない。

日本自然保護協会は、1967年12月23日に「北海道下サロベツ湿原保護の陳情書」を提出し、北海道下サロベツ湿原を利尻礼文国定公園に編入して、利尻礼文国定公園を国立公園に昇格させたいという要望を提出した。

国立公園行政当局は、その意をうけて準備をすすめた。自然公園審議会は、1971年11月に「サロベツ原野の重要な部分を公園区域に編入して、自然保護上格別の措置を図ることが必要である。」として、利尻礼文国定公園を国立公園候補地に指定した。

自然公園審議会は、「利尻島は、1718メートルの利尻火山を中心とする弧峰型の火山島で、中腹以上浸食により奇怪な山容をみせている。礼文島は白亜紀層の丘陵性の島で、西海岸は急峻な海食崖が連続している。両島とも寒地性高山がみられ、特に礼文島桃岩の高山植物群落はすぐれている。本土側の抜海、稚咲内海岸には砂丘と湿地が発達し特異な景観を呈している。」と評価し、とくに国立公園に編入される「サロベツ原野は、…高層湿原特有の貴重な植生が残されている」ということで、「しかし国による開拓計画が進められており、今後、自然保護と開発に関し調整が必要である」と指摘した。

そして環境庁は、1974年にサロベツ原野を加え、利尻礼文国定公園を陸域2万1222ヘクタール、海域9395ヘクタールの国立公園に昇格させた。その際に3地区の7998ヘクタール（公園全体の37.7％）を特別保護地区に指定した。これは、おもに厚生省時代の国立公園行政当局の自然保護政策の成果だった。

小笠原諸島は、東京から約1000キロ離れた「はるか太平洋上に浮かぶ聟島列島・父島列島・母島列島・硫黄島列島並びに西の島・沖の鳥島および南鳥島を総称」するものであった。16世紀末に発見され江戸末期に外国船の寄港

地となり、維新後は日本統治が認められ、昭和期の戦中には日本軍の要塞となった。戦後、アメリカの占領下におかれ、1968年6月に日本に返還されることになった。

返還に先立ち、小笠原諸島の自然の価値を周知していた日本自然保護協会をはじめ、返還後の帰属先である東京都は、返還後に自然をどのように保護すべきかを検討していた。

小笠原諸島の返還に先立って、日本自然保護協会は、1967年11月27日に、「小笠原諸島学術調査に対する意見書」提出し、政府がおこなおうとしていた小笠原諸島の自然公園調査への参加意思を表明した。

小笠原諸島の調査は、何回かおこなわれ、自治省、東京都、厚生省によって「小笠原諸島復興計画」が決定され、小笠原は「自然の状態が特に優れ、自然保護を重点的に行なうべき地域は自然保護地域に指定された」。

そして1972年8月に環境庁は、さらに陸地6433ヘクタール、海面2万5563ヘクタール、そのうち海中公園に463ヘクタールを新たに小笠原国立公園に指定した。そして同時に陸地の40.6％の2474ヘクタールが特別保護地区に指定された。小笠原諸島もまた2011年に世界自然遺産に登録されてその真価が認められた。

沖縄は、1971年にようやくアメリカから日本に返還されたのであるが、これまで米軍の管理下にあり日本の統治がおよばなかったので、沖縄にある西表島の自然価値を周知していながら、日本側から何ら介入できなかった。返還をまじかにして、日本自然保護協会は、さっそく1970年8月に「西表島原生林保護についての要望」を各方面に提出して、西表島を国立公園に指定して自然を保護する準備をおこなった。

わが国最南端に位置し、亜熱帯の海洋性気候下にある西表島は、2万6700ヘクタールの小島で、90％が国有林で、75％が原生林であった。そこには、わが国では珍しいマングローブ（紅樹林）やオキナワウラジロガシなど照葉樹で被われ、またイリオモテヤマネコやヤエヤマオオコウモリのように国際的な保護勧告をうけている哺乳動物の固有希少種が生存する貴重な学術的価値の高い自然が残されていた。

「要望書」は「然るに、1961年以来、八重山開発による森林伐採計画が進められており、すでに2300ヘクタールが皆伐され、現在なお伐採進行中」であり、「また現在、中央山地部を横断する林道約30キロが建設中で」自然破壊

の危機にある、と指摘した。(35)

　かくして日本自然保護協会の保護部会は、1970年8月3日付で「わが国に残された最後の大規模な照葉樹林で、その学術的価値が高いばかりでなく、国際的な観点からしても極めて重要な保護対象というべきものである」として「関係当局におかれては、このわが国に残された最後の原生林が内外に誇示し憚らない均衡のとれた自然域として保存するために、十分な配慮と努力をして戴くよう、当協会の保護部の決議により要望書を提出いたします。」と各界に呼びかけた。(36)

　環境庁管理下の国立公園行政当局は、日本自然保護協会の意向をうけて、1971年11月に自然公園審議会による沖縄西表島の国立公園候補指定をへて、1972年5月に西表島を国立公園に指定した。(37)

　以上のように、3国立公園の指定と2地域の国立公園への帰属は、たとえ指定後に保護管理が不十分だったとしても、数少なくなっていたわが国の自然名勝地を保護するシステムすなわち特別保護地区に組み入れたものとして、自然保護政策上大きな意義があったと指摘できる。これらの国立公園拡大政策は、とくに1970年代に入って列島改造論・政策が展開されていく中で、大幅な観光開発に規制をかける橋頭堡を築いたものとしての意義はひときわ大きく、かつ積極的に国立公園の自然保護政策を強化する一端となったと評価できる。

3　新たな特別保護地区の指定

　自然公園法の自然保護規定でもっとも重要なものは、特別保護地区の指定であったが、すでに検討してきたように、国立公園行政当局は、戦後に国立公園内の特別地域に指定された多くの地域の自然、風景を保護するために、新しく制定された特別保護地区の制度を利用して、多くの地域を特別保護地区に指定して、開発に規制をかける自然保護政策を展開してきた。(38)

　堀繁・鑢迫ますみ「特別保護地区にみる国立公園保護計画の思想の変遷」によれば、特別保護地区は、1953－57年の1期に53地区、1962－70年の2期に82地区、1971－80年の3期に55地区、1981－91年の4期に19地区、合計209地区が指定されたとある。(39)

第5章　高度成長期における国立公園行政当局の自然保護政策の展開

表5－1　高成長期における特別保護地区の指定

国立公園名	地域名	面積ha	指定時期
白　山	白山山頂周辺	1万8000	1961年
山陰海岸	海岸部主要地点	556	1963年7月
霧島屋久	屋久島山頂一帯	6100	1964年3月
知　床		2万1317	1964年6月
南アルプス	山稜部の大部分	9181	1964年6月
富士箱根伊豆	伊豆七島の山頂、海蝕崖部の大部分	1850	1964年6月
阿　蘇	九重山山頂一帯	x	1965年4月
雲仙天草	普賢岳	607	1965年11月
中部山岳	北アルプス山稜一帯	6万3921	1965年11月
	新潟県側	1952	
	富山県側	3万1898	
	長野県側	2万3209	
	岐阜県側	7362	
十和田八幡平	十和田4地域	6164	1967年3月
	八甲田大岳	3042	
	南八甲田の大谷地	1482	
	奥入瀬	1424	
	十和田湖周辺	390	
霧島屋久	霧島3地区	2232	1967年3月
	甑　島	173	
	韓国岳	1298	
	x		
十和田八幡平	八幡平団地3地区	3073	1968年4月
	八幡平地区	1695	
	岩手山山頂部一帯	1050	
	駒ヶ岳山頂部一帯	328	
上信越高原	7地区	1万0082	1969年
	浅間山	1996	
	妙高連峰	2151	
	苗場山頂	613	
	志賀高原	742	
	谷川岳	3183	
	黒姫山	79	
	戸　隠	1316	
大雪山	5団地	3万6512	1970年12月
	大雪山を中心に、	3万4041	
	ニセイカウシュペ山周辺	1211	
	層雲峡一帯	130	
	天人峡一帯	10	
	ニペソツ山一帯	1117	

注　『国立公園』誌における各年の自然公園審議会の報告から作成。

　表5－1は、1962年から1970年まで筆者が明らかにしえた特別保護地区の地域名と指定の時期と面積を示したものである。

高度経済成長期の後半に特別保護地区の指定がやや目立つが、それは、高度経済成長期に入って、国立公園内の産業開発がすすみ自然が大幅に破壊されるようになって、国立公園行政当局が危機意思を強め、国立公園内の重要な自然区域を特別保護地区に指定して積極的に保護しようとした政策の現われであった。

　1962年から1964年までの特別保護地区の指定は、すでに論じたように新たに国立公園に指定されると同時に公園内の重要な地域が追加指定されたものである。

　その後、特別保護地区に指定された地域は、以前に指定されていた国立公園内の地域をその重要性に鑑み、改めて追加的に特別保護地区に指定されたものである。

　高度経済成長期に入るや、各地の国立公園内の重要な名勝地、景観地で、おもに観光開発計画がすすめられ、自然が大幅に破壊された[40]。

　すでに指摘したように、自然公園審議会は、1968年の「自然公園行政の基本に関する答申」で「各種の国土開発は、自然保護の危機をもたらしつつある」と指摘し、「在来の自然保護のみでは、急速に拡大しつつある自然破壊に適切に対処することは困難となりつつあり、計画的積極的な自然保護の施策が講じられる必要がある」と述べ、幾つかの施策を提言した[41]。

　明らかに国立公園行政当局は、この「自然公園行政の基本に関する答申」をだす2、3年前から国立公園内の観光開発にブレーキをかけるために、これまでの国立公園内の観光開発容認の方針を改めて、既存国立公園内の重要な名勝地、景観地を特別保護地区に指定して保護する努力をおこなった。

　1964年に伊豆七島が富士箱根国立公園に編入された際に、七島の山頂、海触崖部の大部分の1850ヘクタールが特別保護地区に指定された。

　とくに注目したいのは、表5－1に示したように、1965年11月には、中部山岳国立公園内の北アルプス山稜一帯、6万3921ヘクタールが特別保護地区に指定されたことである。また1967年に、十和田八幡平国立公園内の十和田4地域、奥入瀬地区1424ヘクタールを含む6164ヘクタール、1968年に八幡平3地区3073ヘクタールが特別保護地区に指定された。

　さらに1969年には、上信越高原7地区、1万82ヘクタールが特別保護地区に指定された。1970年には、大雪山を中心に3万4041ヘクタールを含む大雪国立公園内の5地域、3万6512ヘクタールが特別保護地区に指定された。

第5章　高度成長期における国立公園行政当局の自然保護政策の展開

　これらの地域の多くは、いずれも関東圏に隣接し、また東北、北海道の地域も地元が観光を期待する過疎地で、膨大な潜在的観光需要を背景にしていた。
　高度経済成長期になると、これらの地域は観光資本や自治体による観光開発のターゲットとされ、乱開発される恐れがあった。特別保護地区に指定されたこれらの地域の多くが、高度経済成長期あるいはその後の列島改造期の観光の乱開発からかなりの程度守られることになったのである。このことの意義は大きいと指摘しておきたい。
　なお、最後に指摘しておきたいことが二つある。
　一つは、これらの特別保護地区の指定は、貧弱な財政と脆弱な国立公園管理機構のもとでも、可能だったということである。特別保護地区の指定作業そのものは、政府、国立公園行政当局の強い意志があれば、現状の貧弱な財政とわずかな国立公園行政要員によっても実行できたからである。
　もっとも、特別保護地区の指定後に、本来的には特別な予算をかけて特別保護地区を管理運営する必要が生じるところであろうが、貧弱な財政と脆弱な国立公園管理機構のもとでは、それが十分でなかったことはいうまでもない。それにも拘わらず、特別保護地区の指定は、国立公園の自然を保護するシステムの枠組を築いたものとして大きな意義があった。それをおこなった当時の政府、国立公園行政当局の努力もまた少なからず大きかったと評価しておきたい。
　もう一つ指摘しておきたいことがある。
　必ずしも特別保護地区の指定がスムーズにすすんだわけではなく、国有林の土地であれ、公有地であれ、私有地であれ、その地権者の利害に関わり、特別保護地区指定への抵抗や反対が存在し、特別保護地区に指定されてなお、開発を阻止できなかったという事例もあった。
　もし戦後期にもっと積極的に多くの地域を特別保護地区に指定することが出来ていれば、高度経済成長期に開発にさらされた国立公園の自然は、多くが破壊から免れ、もっと保護されたに違いなかったということであった。

4　国立公園行政当局の国立公園内の開発計画にたいする否定的対応

　高度経済成長期においては、国立公園の目的に関係のない国立公園内の産業開発計画は、目立ったものはあまり提起されなかった。やや例外的に1965年に東京電力による日光国立公園内の尾瀬ヶ原電源開発計画が提起された。

　この尾瀬ヶ原電源開発計画は、国立公園行政当局を先頭に、文部省、農林省などの官庁、さらに自然保護団体を中心に反対運動が展開されて、破棄された。この問題については、すでに簡単ながら考察してあるので、ここでは言及しない。(42)

　他方、国立公園行政当局は、すでにみたように、政府の推進する観光政策に後押しされて、国立公園の観光化のために、一連の観光道路建設計画、ロープウェイ、スキー場、ゴルフ場などのレジャー観光施設の建設計画を安易に許可してきた。(43)

　国立公園行政当局は、本書の第Ⅱ部で具体的に検討するが、自然・環境破壊をもたらす計画として問題になった一連の観光開発計画、富士スバルライン、大台ケ原スーパー林道、南アルプススーパー林道、白山スーパー林道、尾瀬縦貫観光道路、東照宮前の日光道の改修(太郎杉伐採計画)、乗鞍山頂観光有料道路建設などの計画を許可してきた。

　これらの建設計画にたいする反対運動は、国立公園内の自然保護運動として注目された。多くの観光施設建設が国立公園内の自然破壊をもたらしたことについて、1960年代後半に入って、国立公園行政当局は、ある程度認識し、危機感を抱いたことについてはすでに指摘したとおりである。(44)

　そうした危機感とは別に、国立公園行政当局は、戦後の自然保護政策の伝統にしたがって、幾つかの有力な国立公園内の観光開発計画については、許可を与えなかった。

　その一つは、富士登山鉄道建設計画であった。

　国立公園行政当局は、戦後たびたび提起された富士登山鉄道建設計画に自然保護を理由に反対し、不許可にしてきた。高度経済成長期に入って1959年に山梨県は「富士山頂までの地下ケーブル」計画を提起したが、文部省文化財保護委員会が不許可を決めて、計画は消滅した。(45)

　観光ブームが進展し、1963年9月になって富士急行は、自社の「5カ年計

画」の中で、大規模な富士山ケーブル計画を提起し、早速諸官庁に申請をだした。日本自然保護協会は、1964年5月、「富士山の自然保護に関する陳情書」を提出して計画反対を表明し、厚生省、文部省も以前同様に計画に反対の姿勢を維持していた。[46]

表5－2　高成長期における国立公園内の主要な開発計画の許認可（ゴチは不許可）

国立公園名と開発計画名	計画提起時期	厚生省の許認可	指定時期
中部山岳国立公園			
乗鞍岳山頂スーパー林道	1968年	1968年認可	
西穂上高地ロープウェイ	1963年		
西穂ロープウェイ		1968年11月修正認可	
上高地ロープウェイ		1968年11月不許可	
上高地縦断観光道路	1960年	1968年頃立消え	
朝日スーパー林道	1968年	不許可の意向	1971年頃立消え
大雪山国立公園			
大雪山赤岳観光道路	1968年	1968年知事により中止	
大雪山縦貫観光道路	1958年	1971年認可	1973年道庁断念
士幌高原道路	1962年	1965年	1971年認可凍結
恵庭岳スキー場建設計画	1960年	1967年2月、条件付認可	1972年オリンピック後復元
日光国立公園			
日光太郎杉伐採計画	1962年	1964年認可、訴訟	1973年裁判所計画を否認
尾瀬縦断観光道路	1963年	1968年8月認可	1971年不許可
尾瀬電源開発計画	1970年	不許可方針を貫く	1996年計画の消滅
奥鬼怒スーパー林道	1966年	1970年認可	係争、一部計画中止
富士箱根伊豆国立公園			
富士スバルライン計画	1960年	1961年10月認可	
富士登山鉄道計画	1966年	1966年不許可の意向	
上信越高原国立公園			
苗場スキー場建設計画	1960年	1969年大幅修正で認可	
妙高高原観光道路	1960年代末	不認可の意向	1975年新潟県申請取消
吉野熊野国立公園			
大台ケ原スーパー林道	1958年	1958年認可	
北山川電源開発	1957年	1962年事実上認可	
南アルプス国立公園			
南アルプススーパー林道	1967年	1967年認可	1971年中止、73年工事再開
白山国立公園			
白山スーパー林道	1967年	1967年認可	
磐梯朝日国立公園			
月山観光道路	1970年春	1970年不許可の意向	1971年計画の放棄

注　『国立公園』誌、『自然保護』誌などより作成。

富士急行は、1963年頃に富士急行創立45周年の記念事業として国立公園協会に富士山の総合調査を依頼していた。その中間報告の中で、堀内光雄社長は、調査団からこの計画が困難である旨を聞かされていたようで、日本自然保護協会の「富士山の自然保護に関する陳情書」のだされた1ヵ月後の1964年6月に突如、富士山トンネルケーブル建設計画の断念を表明した。⁽⁴⁷⁾
　観光ブームを反映して、1963年に中部山岳国立公園内の西穂・上高地ロープウェイ建設計画が提起された。国立公園行政当局は、1968年に飛驒・西穂山頂付近間のロープウェイ建設計画を条件付きで認可したが、西穂山頂付近・上高地間のロープウェイ建設計画を特別保護地区内の開発は認められないとして許可しなかった。⁽⁴⁸⁾
　1961年に長野県は、松本平―徳本峠―上高地間の観光有料道路建設計画を立案したが、国立公園行政当局が内々に反対し、1965年に上高地一帯が特別保護地区に指定されたこともあって、この計画は、公表されずに消滅した。⁽⁴⁹⁾
　上信越高原国立公園においても、観光開発の波が押し寄せていて、1960年に観光開発会社の国土計画から、苗場スキー場建設計画が提起された。この計画は、尾瀬並みの貴重な湿原のある苗場山山頂にまでロープウェイを建設するというもので、国立公園行政当局は、当初から計画に反対して、1966年に苗場山山頂付近を特別保護地区に指定した。そのため、苗場スキー場建設計画は、苗場山山頂にまでのロープウェイ計画を廃止して大幅に修正して行政当局の許可をえることになり、苗場山山頂一帯の自然は保護された。⁽⁵⁰⁾
　以上のように、高度経済成長期に国立公園行政当局は、幾つかの国立公園内の開発計画を不許可にし、極めて部分的にではあったが、国立公園内の自然保護をおこなった。このような事実は、政府あるいは国立公園行政当局がその気になれば、国立公園内の観光道路計画を不許可にできたということを明確に示すものであった。
　なお、国立公園内の開発計画に反対する自然保護運動の問題は、第Ⅱ部で詳論することにしたい。

5　日本自然保護協会の再編と新体制の特質

　戦後の1951年に尾瀬保存期成同盟を改変して設立された日本自然保護協会

は、成立直後にはわが国の貴重な自然を保護するために、とくに国立公園内の自然を保護するために積極的な政策提言をおこない、時には自然保護運動に参加し時々の国立公園行政当局に大きな影響を与え、国立公園行政当局の政策決定に一定の役割を果たしてきた。

日本自然保護協会は、1960年に財団法人化された。ここで日本自然保護協会の財団法人化した事情とその後形成された財団法人日本自然保護協会の体制について言及しておきたい。

日本自然保護協会の歴史を論じた『自然保護のあゆみ』は、1960年に日本自然保護協会が財団法人化された事情をつぎのように指摘する。

日本自然保護協会の財団法人化は、高度経済成長開始期の開発一辺倒の中で「生態学的自然保護」の必要が高まり、日本自然保護協会が「財団法人国立公園協会の中にあって、経済的にも依存する関係にあった」ので、経済的な自立が必要となり、「従来の任意団体から財団法人へ脱皮」の必要があったからだというのである。

そして従来の協会では、おもに「国立公園内における自然保護問題が中心であった」が、高度経済成長期に入ると「自然の保護を要する問題は、…次第に国立公園の範囲をこえる」ようになり、「このため、そのままの形で国立公園協会内で存続する状況になく、次第に組織及び協会の運営方針の転換が求められるようになった。」とも指摘している。

こうして日本自然保護協会は、組織転換の方策を探ることになった。

最初、1959年2月の日本自然保護協会評議員会で、理事長の田村剛は、組織強化のため、日本自然保護協会を国立公園協会に吸収して再編しようという提案をおこなった。しかしこの提案にたいして異論がだされ、結局「小委員会」を設けて議論することになった。

1959年3月9日の「小委員会」において、理事長の田村剛は三つの提案をおこなった。

第1案は、「自然保護協会の独立を計るため評議員、団体会員等に応分の負担を願い、更に渋沢敬三氏らの財界人で、自然保護に理解ある有力者の支援を得て資金を募集する」。第2案は、「自然保護に協力的な有力な新聞社等の援助により、新聞社の社内機構として事業を進める」。第3案は、「国立公園協会の援助のもとに協会の外郭にあって独立性のある委員会、調査会、審議会の如き組織とする」というものであった。「小委員会」の論議は、第1

案に傾いていった。
(55)

　その後、1959年5月の評議員会で、田村理事長から、規約改正案が示された。その要点は、1、理事10名以下を若干名に、2、役員任期2年を3年に、3、「資産」の中に会費を入れ、団体会員と個人会員とを導入し、4、理事会の審議事項を明らかにし、5、本規約の細則を作る、というものであった。
(56)

　規約改正案が可決され、第1案に沿って、理事長に田村剛が再任され、財団法人化を念頭に28名の理事（表5－3参照）が選出された。その後、1960年1月18日の評議員会では、組織強化をはかるため、任意団体から財団法人化をはかることを確認し、財界から会長を迎え、財政を安定化し、そのための寄付行為案の策定が決められた。
(57)

　そして1960年3月31日をもって旧日本自然保護協会は解散し、1960年4月1日に財団法人組織の設立を目標に準備がすすめられた。これまで欠員とされてきた会長は、日本興業銀行頭取で自然保護に理解あるといわれる川北禎一（文化財保護委員）の内諾をえて、これまでの役員全部を新組織の発起人とし、13名の発起人代表選考委員（川北、田村、安芸、大政、佐藤達夫、下泉、辻永、津屋、日高信六郎、本田、宮地伝三郎、山階、三田尾）が選出され、日本自然保護協会の「設立趣意書」が採択された。
(58)

　財団法人日本自然保護協会の新方針を述べた「設立趣意書」の要旨は、つぎのようなものであった。
(59)

　第1に、これまで国土の開発がすすみ、風景、自然が破壊されているという現状を認め、第2に、そのため自然保護が必要であるが、しかしそのことについての一般国民、関係当局や識者の認識は低い。第3に、そうした状況に鑑み、本会は、国土自然の生態に関する調査研究をおこない、国立公園を中心として自然を保護し、かつ国民のレクリエーションを確保し、第4に、自然資源の合理的利用と、産業開発と自然保護との調整について考究し、第5に、自然保護の知識を広め、第6に、適切な措置を講ずることに努める。第7に、あえて、本会の使命を達成するために、多くの人々、団体の協力を求める。

　こうした趣意書の要点は、大半が旧来の日本自然保護協会が主張してきたことであるが、目新しい論点は、第7の「団体の協力」を求めるという点である。この点は、すでに指摘したように、財界人を組織の中核の一つに位置づけ、団体会員制を導入し、財界から資金支援をえて協会財政の安定化と組

第 5 章　高度成長期における国立公園行政当局の自然保護政策の展開

表 5 – 3　日本自然保護協会の理事

1959年		1960年	
旧協会の役職、氏名、職歴		財団法人化の役職、氏名、職歴	
会　長		会　長	
欠　員		川北禎一	日本興業銀行頭取
副会長		副会長	
欠　員		中司清	鐘淵化学工業社長
理事長		理事長	
田村剛	国立公園運動指導者	**田村剛**	国立公園運動指導者
理　事		理　事	
安芸皎一	元安本幹部	再任　安芸皎一	
佐藤達夫	元法務省高級官僚	佐藤達夫	
藤原孝夫	元国立公園部職員		
日高信六郎	元外務省官僚	日高信六郎	
三田尾松太郎	鉱山経営者、登山家	**三田尾松太郎**	
山下静一	経済同友会幹事	山下静一	
大政正隆	東大教授（森林立地学）	大政正隆	
下泉重吉	東京教育大教授（動物学）	下泉重吉	
津屋弘達	東大教授（火山学）	津屋弘達	
本田正次	元東大教授（植物学）	**本田正次**	
宮地伝三郎	京大教授（動物学）	宮地伝三郎	
山階芳麿	山階鳥類研究所長	山階芳麿	
辻　永	洋画家	辻　永	
鏑木外岐雄	東大教授（動物学）	新任　諸井貫一	秩父セメント社長
田中啓爾	立正大学教授（地理学）	平山孝	元運輸省官僚
武田久吉	元大学教授（植物学）	林常夫	北海道林政官僚
吉井義次	元東北大学教授（植物学）	監　事	
小林義雄	国立科学博物館員（理学）	新任　櫛田光男	不動産学
舘脇操	北海道大学教授（植物学）	再任　藤原孝夫	
沼田真	千葉大学助教授（植物学）		
加藤陸奥雄	東北大学教授（昆虫生態学）		
堀川芳雄	元広島大学教授（植物学）		
細川隆英	福岡の自然を守る会（植物生態学）		
正宗厳敬	金沢大学教授（植物学）		
児玉政介	元厚生省事務次官		
千家哲麿	元国立公園部職員		

注　1959年の役員は『国立公園』№116・117、1960年の役員は『自然保護のあゆみ』より作成。太字は尾瀬保存期成同盟会員。

織の自立化をはかるということであった。

　さらに財団法人日本自然保護協会は、つぎのような「事業計画」を提起した。
(60)

　1、自然保護に関する学術的研究をおこなうため、生態部会、広報部会、

保護部会の専門委員会を設置し、理事会決定の前に専門委員会で審議する。
　2、自然保護上必要な地域につき、学術調査をおこなう。
　3、自然保護の目的達成上必要ある時は、関係官庁、公共団体又は各種団体にたいし、建議、意見書を提出し陳情をおこなう。
　4、自然保護の国民的関心を深めるため、PRをおこなう。
　5、調査研究の結果と自然保護のPRのため刊行物を出版。
　新協会の「事業計画」も、基本的には旧来の協会の事業を継承したものであったが、特別に目立った事業としては、月刊誌『自然保護』の発行である。この『自然保護』誌は、1966年から刊行されるようになったもので、協会の事業計画としての「自然保護に関する学術的研究」の公表、協会の提言、自然保護のPRの手段として大きな役割を果たすことになる。
　こうして財団法人日本自然保護協会は、1960年7月13日に厚生大臣の認可をえて正式に設立された。
　さてこうして新しく設立された財団法人日本自然保護協会は、どのような組織体質をもっていたであろうか。私は、三つの組織体質を指摘しておきたい。
　財団法人日本自然保護協会は、すでにある程度明らかなように、第1に、財界、政府への依存体質、第2に、財政的自立を目指して、結局は、本来の組織自立から離れて、財政的な財界、政府への依存体質、第3に、自然保護と開発の調和を計る路線体質をもっていたということである。
　第1に、財界、政府への依存体質について分析しておこう。
　こうした組織体質は、まず新組織の役員構成にはっきり現われている。
　まず、欠員だった会長に財界に顔が広い川北禎一興銀頭取、副会長に中司清鐘淵化学工業社長らを迎えたことであり、さらに理事・評議員などにも、産業・経済人を多く起用したことである。
　設立時の財団法人日本自然保護協会の理事に選ばれたのは、表5－3に示したように、川北禎一、中司清、田村剛、安芸皎一、大政正隆、佐藤達夫、下泉重吉、辻永、津屋弘達、日高信六郎、平山孝、本田正次、三田尾松太郎、宮地伝三郎、諸井貫一、山階芳麿、山下静一、林常夫の18名であった。
　これらの理事のうち、1959年5月に理事として選任されていた13名が理事に再選されたことになる。新たに理事となったのは、川北禎一、中司清、平山孝、諸井貫一、林常夫の5名だけであった。

そうした意味で新設日本自然保護協会の理事構成は、旧理事の構成と大きく変化がなかったように見受けられるが、実際はそうではなかった。

大きな変化の一つは、すでに明らかなように、新規に選ばれた理事のうち、川北禎一、中司清、諸井貫一の3名は、財界の有力者であり、林常夫は北海道林政局のOB重鎮であり、平山孝は元運輸省のOBであった。要するに新協会は、会長の川北禎一、副会長の中司清という有力財界人をトップに据え、さらに財界有力者諸井貫一や、体制的な官僚OBを理事に据えたのである。

こうして新体制は、新理事に加え、旧理事であった経済同友会幹事の山下静一、安芸皓一（元安本幹部）、佐藤達夫（元法務省官僚）、日高信六郎（元外務省官僚）らの政府寄りの体制的で開発を重視する理事が18名中10名（財界人4人、元官僚6人）を占め、多数派を形成した。

第2の大きな変化は、確かに18名中14名が旧理事からの移行であるが、旧理事のうち、自然保護に熱心で尾瀬保存期成同盟に参加していた有力な理事が、新組織の理事に選出されていなかったことである。

新組織の理事に選出されなかった旧理事は、鏑木外岐雄、加藤陸奥雄、児玉政介、小林義雄、千家哲麿、田中啓爾、武田久吉、舘脇操、堀川芳雄、細川隆英、正宗厳敬、沼田真、吉井義次などであったが、彼らのうち自然保護を重視し、尾瀬保存期成同盟に参加していた鏑木外岐雄（東大教授、動物学）、田中啓爾（立正大学教授、地理学）、武田久吉（元大学教授、植物学）、小林義雄（国立科学博物館・理学博士）の4名が新理事に選出されなかった。

その他、尾瀬保存期成同盟に参加していないが、戦前来自然保護に熱心な学者であった舘脇操（元北海道大学教授、植物学）、戦前来天然記念物保存協会に属し自然保護につくしていた吉井義次、福岡県で自然保護運動に参加していた細川隆英(62)（植物生態学）、自然保護重視の沼田真(63)（千葉大教授、植物学）らが新理事に選出されなかった。

ということは、財団法人日本自然保護協会の役員は、自然保護を重視する勢力が後退し、開発を重視する実業界、体制派の勢力が強められたということを意味した。

さらに指摘すれば、財団法人日本自然保護協会は、会員に団体加盟を認めて、団体会員として民間企業や国立公園の存在する府県の知事、市長あるいは地域の観光協会の会長などの公的団体の入会を促進し、団体会員の比重を高めた。

ある資料によれば、1968年頃の会員数は、個人会員は1908名、団体会員は403団体であった。(64)ちなみに当初個人会員は500円、団体会員は1口5000円で個人会費の10倍であった。403団体は、1225口の会費を支払っている。個人会員は、数の上では団体会員のほぼ4倍であるが、後にみるように、団体会員の会費のウェイトは著しく高かった。

　団体会員は、2種あって、一つは公的機関、もう一つは民間企業であった。
　表5－4は、公的機関の団体会員リストである。
　1968～69年現在の公的機関の会員は、1都1道2府46県の内、東京都、茨城、福岡、山口の3県が未加盟であったほか、他の府県はすべて団体会員となっていて知事が代表として名を連ねている。さらに、市長町村レベルで団体会員となっている府県も多い。また各県内の自然保護協会や観光協会が団体加盟している府県が少なくはない。

　要するに、全国的な地方行政機関が日本自然保護協会という自然保護団体に広範に加入したのは、もともと国立公園や国定公園を観光促進、観光による地域振興の手段と考えにもとづくもので、自然保護を本意としていたわけではない。日本自然保護協会は、そうした機関から国立公園の観光化の圧力をうける可能性があるという性格をはじめからもっていたと推察できる。

　もう一つの団体会員は、民間企業であった。表5－5は、団体会員の民間企業名を示したものである。

　これらの団体会員である民間企業を一瞥して、これらの企業はそもそも何の組織に加盟しているのであろうか、という疑問がわく。一見してわかるように、これらの民間企業は、まず経済開発に熱心な金融機関、日本興業銀行、日本長期信用銀行、東京都民銀行をはじめ、7地方銀行だけでなく、野村、山一、日興、大和の4大証券、さらに住友商事などである。

　さらに観光事業に熱心な、小田急、東武、富士急、近畿日本鉄道、西日本鉄道、南海電気鉄道、名古屋鉄道、相模鉄道など有力な鉄道企業、多数のバスなどの交通企業に加えて多くの観光開発企業、ホテル・旅館企業などの観光企業が多数、団体会員になっている。

　また国立公園内の電源開発でしばしば対立してきた電力業界の9電力と電源開発、しばしば国立公園内の森林開発と関係する製紙業界の有力企業、国立公園内の鉱物資源開発とも関係の深い鉱山業界の有力企業、その他、自動車、化学工業、その他の産業の有力企業が団体会員であった。

表5－4　日本自然保護協会加入の公的機関の団体会員

北海道（知事 町村金五）
　2市3町
　札幌営林局（局長 松本守雄）
　北海道自然保護協会（理事長 井出貢夫）
　北海道自然公園協会（会長 米田忠雄）
青森県（知事 竹内俊吉）
　2市1町
　十和田科学博物館（館長 鈴木醇）
　小川原湖博物館
岩手県（知事 千田正）
　1市2村
秋田県（知事 小畑勇二郎）
　3町2村
山形県（知事 我孫子藤吉）
　3町
　酒田観光協会（会長 小山孫次郎）
宮城県（知事 高橋進太郎）
　1市4町1村
　宮城県観光連盟（会長 高橋進太郎）
　塩釜市観光協会（会長 川瀬基治郎）
　気仙沼湾観光協会（会長 廣野善兵衛）
　宮城県観光協会（会長 庄子吉吉）
福島県（知事 木村守江）
　1市1町1村
群馬県（知事 神田坤六）
　4町1村
栃木県（知事 横川信夫）
　日光自然保護協会
茨城県2町
　水郷国定公園協会
埼玉県（知事 栗原浩）
　1村
　秩父自然科学博物館
東京都
　2町1村
　㈶海中公園センター
　国民休暇村協会
　㈳国土緑化推進委員会
　新宿御苑保存協会
　森林資源総合対策協議会
　東京動物園協会
　㈳日本観光協会
　㈶国立公園協会
　電気事業連合会

千葉県（知事 友納武人）
　3町
　千葉県治山治水協会
神奈川県（知事 津田文吾）
　2町
　神奈川自然保護協会
山梨県（知事 田辺国雄）
新潟県（知事 亘四郎）
　2町2村
富山県（知事 吉田実）
　3町
　富山県自然保護協会
岐阜県（知事 平野三郎）
　2市2町
　飛騨木曾川国定公園協会
長野県（知事 西澤権一郎）
　1市2町3村
　穂高町観光協会
静岡県（知事 竹山祐太郎）
　1市4町
　静岡薬科大学植物研究部
愛知県（知事 桑原幹根）
　1市3町
　㈶愛知県観光協会
　㈶日本モンキーセンター
　飛騨木曾川国定公園協会
　鳳来町観光協会
石川県（知事 中西陽一）
　3市1町
　白山観光協会
福井県（知事 中川平太夫）
　2市1町
　三国町観光協会
滋賀県（知事 野崎欣一郎）
三重県（知事 田中覚）
　2市5町
　㈶伊勢志摩国立公園協会
　湯の山温泉協会
京都府（知事 蜷川虎三）
　2町
　同志社大学観光事業研究会
奈良県（知事 奥田良三）
　3村

和歌山県（知事 大橋正雄）
　1市6町
　熊野地区温泉旅館協会
大阪府（知事 佐藤義詮）
兵庫県（知事 金井元彦）
　2市9村
　有馬温泉観光協会
鳥取県（知事 石波二朗）
　2町
島根県（知事 田部長右衛門）
　1市3町1村
　隠岐島町村会
岡山県（知事 加藤武徳）
　1町2村
広島県（知事 永野厳雄）
　2町
山口県
　2町
香川県（知事 金子正則）
　1町
　小豆島観光協会
徳島県（知事 武市恭信）
　1町
高知県（知事 溝渕増己）
　1市1町
愛媛県（知事 久松定武）
　2市8町
福岡県
　2町
佐賀県（知事 池田直）
長崎県（知事 佐藤勝也）
　2市2町1村
熊本県（知事 寺本広作）
　1町
大分県（知事 大下郁）
　1市1町
宮崎県（知事 黒木博）
　1町
鹿児島県（知事 金丸三郎）
　1村

注　『自然保護』No.80、No.81、No.84から作成。会員は40県、2府、1道。未加盟、1都、3県。

　こうした有力大企業が日本自然保護協会に団体加盟することは、決して悪いことであると思われないが、他方では、経済開発、観光開発に邁進するこうした大企業が、国立公園内の観光開発を強力にサポートしたり、反対に自然保護に冷淡であれば、日本自然保護協会の本来の目的を損ねるきらいがある。

表5-5　日本自然保護協会加入の民間企業の団体会員

金融関係	福島交通	長島観光開発	徳山曹達
阿波銀行	宮崎交通	日本無人島開発	東洋曹達工業
群馬銀行	佐渡汽船	三方五湖開発観光	日産化学工業
佐賀銀行	ジャパンライン	三重観光開発	保土谷化学工業
第四銀行	瀬戸内運輸	**電力関係**	北陸瓦斯
東京都民銀行	新潟臨港海陸運送	北陸電力	東邦天然ガス
日本興業銀行	名鉄海上観光船	関西電力	宮崎ガス
日本長期信用銀行	日本ライン名鉄造船	九州電力	武田薬品工業
八十二銀行	**観光業関係**	四国電力	**その他の産業**
広島銀行	丸沼温泉ホテル	中国電力	川崎重工業
宮崎銀行	天草国際ホテル	中部電力	日本冶金
野村証券	大室ヘルスホテル	電源開発	日本精工
山一證券	酸ヶ湯温泉	東京電力	日本造船機械
日興証券	清水ホテル	東北電力	ヤンマージーゼル
大和証券	志摩観光ホテル	北海道電力	日本電気
住友商事	南間ホテル	**製紙業（森林開発）**	東芝電気器具
交通関係	富士屋ホテル	王子製紙	東芝電気工業
富士急行	淡島海洋公園	十条製紙	中央電気工業
小田急電鉄	竹林院群芳園	本州製紙	揖斐川電気工業
遠州鉄道	大分生態水族館	神崎製紙	中山製鋼
北恵那鉄道	東海園株式会社	国策パルプ	日東紡績日本ヒューム管
豊橋鉄道	川村噴水	山陽パルプ	理研ピストンリング工業
福井鉄道	渋川観光	大興製紙	大日本印刷
近畿日本鉄道	立山黒部観光	東海パルプ	九州耐火煉瓦
相模鉄道	丹羽造園	九州林業	小野田セメント
十和田観光電鉄	磐田造園土木	多屋林業	秩父セメント
東武鉄道	梼木造園土木	**鉱業関係**	大同コンクリート
名古屋鉄道	尾瀬林業観光	常磐炭礦	野沢石綿セメント
南海電気鉄道	熊野本宮温泉	住友金属鉱山	小林工業
西日本鉄道	熱海高原観光	同和鉱業	小松原興業
広島電鉄	**開発観光関係**	中外鉱業	柴田興業
六甲越有馬鉄道	渥美観光開発	日鉄鉱業	岩崎産業株式会社
八甲田ロープウェイ	犬山入鹿池観光開発	日本鉱業	鉄興社
常磐交通自動車	奥飛騨観光開発	古河鉱業	浪速製菓
岐阜乗合自動車	御岳開発	三井金属鉱業	白鶴酒造
知多乗合	木曾川観光開発	三菱金属鉱業	スエヒロ食品
宇和島自動車	段戸山観光開発組合	**自動車関係**	日本水産
昭和自動車庄内交通	茶臼山観光開発組合	日産自動車	日魯漁業
小豆島自動車	鶴来観光開発	日産ジーゼル工業	大洋漁業
濃飛乗合自動車	名鉄不動産	東洋工業	大洋漁業長崎支社
大分バス	八百津観光開発組合	宮崎トヨタ自動車	長井興農工業
亀の井バス	江之島興産	**化学工業開発**	福島製作所
上野運輸商会	小川原湖観光開発	岩淵化学工業	みつわ真珠工業
大分交通	近鉄伊勢志摩観光開発	協和発酵	睦織物
鹿児島交通	国土計画	倉敷レーヨン	**その他**
九州産業交通	殖産土地相互	出光興産	宮崎放送
熊野交通	島崎観光開発	ジークライト化学工業	昭文社
高知県交通	洞爺観光開発	大協石油	生物映画研究所
新潟交通	東北観光開発センター	チッソ	

注　『自然保護』No.81、No.83、No.84から作成。

第5章　高度成長期における国立公園行政当局の自然保護政策の展開

表5－6　日本自然保護協会の歳入（決算）構造

単位万円

費　目	1960年度	1966年度	1970年度
繰越金		7.4（　0.5）	23.6（　0.9）
利子収入		11.7（　0.7）	20.2（　0.8）
会　費	194.5（74.0）	562.9（38.3）	694.1（29.0）
補助会費			123.0（　5.1）
団体会費	184.4（70.1）	510.2（34.7）	382.4（15.9）
個人会費	10.1（　3.8）	52.7（　3.5）	188.6（　7.8）
寄付金	65.0（24.7）	169.2（11.5）	204.4（　8.5）
補助金			
事業収入		593.8（40.4）	1431.8（59.8）
刊行物		37.0（　2.5）	111.6（　4.6）
受託事業費		556.8（37.8）	996.0（41.6）
事業補助金			277.2（11.5）
雑収入		93.2（　6.3）	
その他収入		30.0（　2.1）	16.5（　0.6）
合　計	262.8（100.0）	1467.7（100.0）	2390.8（100.0）
指　数	100	558	909

注　『自然保護のあゆみ』資料から作成。

　日本自然保護協の財団法人化の目的の一つは、協会の財政的自立化ということであったが、表5－6に示したように、日本自然保護協会の歳入（決算）を分析すると、財政的自立化とは形式にすぎず、協会の団体会員費依存の傾向が明るみになる。

　1960年の歳入（決算）は、総収入262.8万円のうち、会費収入は、194.5万円で、総収入の74％であった。その会費収入のうち、団体会費は184.4万円（収入全体の70.1％）、個人会費は、10.1万円（同じく3.8％）で、財界、地方行政機関からなる団体会費の比重が圧倒的に高い。寄付金収入は65万円（全体の24.7％）であるが、実際は財界、官公庁からのもと思われ、総体として財界・団体への依存が高い。

　法人化6年後の1966年の日本自然保護協会の歳入（決算）は、設立時と違った収入構造を示すが、財界、地方行政機関への収入依存は明白であった。

　1966年の総収入は、1467.7万円であったが、会費収入は、562.9万円（全体の38.3％）であり、1966年の会費収入の比重は半減した。しかし団体会費は510.2万円（全体の34.7％）であり、個人会費は52.7万円（全体の3.5％）にし

かすぎなかった。

　団体会費の比重が半減した分、どのような収入が増えたかが問題である。それは、協会の自立化を象徴する事業収入の存在である。設立時にはなかった事業収入は、1966年には593.8万円（全体の40.4％）であり、協会財政の自立化をよく示しているようにみえる。

　しかしその内訳をみると、協会の刊行物の収入は114万円（全体の7.7％）にしかすぎない。他方、受託事業費は、620万円（全体の42.2％）という高い比重率を示している。

　1966年の寄付金は、169.5万円（全体の11.5％）で創立時の比重（24.7％）より半減したが、財界からの寄付が推測され、財界、団体への収入依存を補強している。

　ところで、受託事業費とは何か。これは、厚生省、文部省、農林省など政府諸官庁、都道府県さらに市町村の自治体から委託をうけて協会がおこなう学術研究調査の費用である。協会は、表5－7に示したように一連の学術調査をおこなったが、その費用は、協会の独自費用ではなく、受託をうける他団体から支払われる委託費なのであった。従って協会の財政は、これら委託先に大きく依存していたということになる。

　表5－7は、日本自然保護協会のおこなった委託調査と委託先を示したものである。

　1961年から1973年まで45の調査報告書が刊行されたが、そのうちの1報告は、調査でない意見書であり、委託先が明記されないか、あいまいなものは6報告、調査報告をみられず委託先が不明のもの5報告であった。結局、委託先がはっきりしているのは33報告（73％）であった。

　それらの33報告のうち、25報告が県（複数の県、市町村の委託のもの数ケース）からの委託であった。残りの報告は、官庁（厚生省3、農林省2、建設省1）からの委託6件、民間企業からの委託2件（電源開発1、三菱金属鉱業1）であった。

　以上のように、日本自然保護協会の学術調査の依頼先は、おもに地方自治体からであり、わずかであるが、中央官庁からと民間企業からもあった。結局、日本自然保護協会の学術調査の自立性を示す協会財政による調査は、皆無であった。日本自然保護協会は、自前の独自財政による学術調査をおこなっていないのである。

第5章　高度成長期における国立公園行政当局の自然保護政策の展開　193

表5-7　日本自然保護協会のおこなった委託調査と委託先

調査報告名	刊行年次	委託主
白山国定公園の生態学的研究（第1号）	1961	一部の調査費国立公園協会
南アルプス塩見岳、荒川岳、赤石岳付近の学術調査報告（第4号）	1961	長野営林署
鳥海山国定公園候補地学術調査報告書（第5号）	1963	鳥海国定公園期成同盟
祖母山原生林地域の生態学的調査（第6号）	1963	九大の費用、一部本協会
山陰海岸国立公園候補地学術調査報告（第7号）	1963	兵庫県
大雪火山群の研究（第8号）	1963	明記なし
青森県景観資源調査報告書（第9号）	1963	青森県
吉野熊野国立公園大台ケ原山・大峰山脈自然保護調査報告（第10号）	1963	明記なし
自然公園における自然保護問題（第12号）	1964	厚生科学研究費
足摺国定公園宇和海海中公園報告（第13号）	1965	愛媛県
高知県竜串・沖ノ島周辺海中公園調査報告（第14号）	1965	明記なし
黒部・立山地区の観光資源および保護開発に関する調査報告書（第15号）	1965	名古屋営林署
若狭湾国定公園学術調査報告（第16号）	1965	福井県
壱岐、対馬自然公園学術調査報告書（第19号）	1965	長崎県
三重県熊野市二木島湾海中公園報告（第20号）	1965	三重県
能登半島海中公園調査報告（第21号）	1965	石川県
海中公園の認定に関する研究（第23号）	1966	厚生科学研究費
筑波山自然公園学術調査報告（第24号）	1966	茨城県
栗駒自然公園学術調査報告（第25号）	1966	秋田、岩手、宮城の3県
越前海岸自然公園学術調査報告（第26号）	1966	福井県
和歌山県海中公園学術調査報告（第27号）	1967	和歌山県
和歌山県自然景観地調査報告（第28号）	1967	和歌山県
会津駒ヶ岳・田代山・帝釈自然公園学術調査報告（第29号）	1968	福島県
宮崎県海中公園学術調査報告（第30号）	1967	宮崎県
伊勢志摩国立公園計画再検討並学術調査報告（第31号）	1968	三重県
氷ノ山・後山・那岐山国定公園候補地学術調査報告（第32号）	1968	岡山、鳥取、兵庫の3県
加賀海岸国定公園候補地学術調査報告（第33号）	1969	石川県と加賀市
越後三山・只見自然公園学術調査報告書（第34号）	1969	新潟、福島の2県
自然公園区域内における騒音及び湖沼保護の規制に関する研究（第35号）	1970	厚生科学研究費
中部山岳国立公園乗鞍地区学術調査報告（第36号）	1971	岐阜県
津軽半島・岩木山自然公園学術調査報告（第37号）	1971	青森県
日光国立公園沼原揚水発電計画に関する調査報告書（第38号）	1971	電源開発
和泉葛城山系自然公園学術調査報告（第39号）	1971	大阪府、和歌山県
熊野枯木灘自然公園学術調査報告（第40号）	1972	和歌山県
西武蔵自然公園学術調査報告（第41号）	1973	埼玉県
後生掛地区地熱発電所計画に伴う学術調査報告（第42号）	1973	三菱金属鉱業
清津川ダム計画に関する学術調査報告（第43号）	1973	建設省（北陸地建）
男鹿半島自然公園学術調査（第44号）	1973	秋田県
大山隠岐国立公園大山地区学術調査報告（第45号）	1973	鳥取県

注　『自然保護のあゆみ』資料より作成。

　ここから直ちに日本自然保護協会の学術調査の自立性が失われると断定はできないが、しかし、ほとんどの学術調査が県や中央官庁、時には民間企業の委託に依存しているという客観的な事実は、日本自然保護協会の学術調査

の自立性と科学的な客観性を失わせる可能性をもっていると指摘しておかなければならない。

　以上のように、財団法人日本自然保護協会の財政的自立化は、結局、協会の収入が、財界、諸官庁、自治体といういわば体制側に大きく依存し、本来の組織自体の自立性とは異なったものであったということである。

　ある組織の財政的自立とは、アメリカやイギリスの環境・自然保護団体のように、財界の支援や政府系の補助金ではなく、組織構成員個人の会費を基礎にしてのみ成り立つことである[65]。

　もともと日本自然保護協会は、アメリカの国立公園の自然保護に熱心なシエラクラブのように、自然保護を重視する個々の市民により、かつそうした市民の会費によって自立した性格を保持した組織ではなく、戦後に国立公園行政当局に密接した学者・文化人と元国立公園行政官僚を中心としてできた組織であり、多分に政府の基本政策に依拠した体制的な性格をもった組織であった[66]。

　財団法人日本自然保護協会は、財界や政府や地方自治体への財政的依存によって、必ずしも組織の自立性を維持していくことが出来なくなる。

　こうした収入構造は、1970年も変わらない。

　日本自然保護協会の活動が定着してきた1970年度の協会の収入構造をみると、1966年度の収入構造が定着してきていることがわかる。1970年度の総収入は、2390.8万円であったが、会費収入は、694.1万円（29％）で、1966年度よりさらにウエイトを減じている。団体会費は、382.4万円（15.9％）であるが、個人会費が188.6万円（7.8％）で、1966年度より倍増して、市民的な自然保護組織としての健全化を示唆している。

　団体会費の財政的ウエイトが低下し、財界への依存度が低下ししているのは事実であるが、事業収入1431.8万円（59.8％）のうち、相変わらず受託受業費が996.0万円（41.6％）であり、諸官庁、自治体からの委託調査費が著しく大きいことがわかる。また事業収入のうち、1968年度から記載されている諸官庁からの事業補助金が、277.2万円（11.5％）で結構な大きさである。

　以上のように、1970年度の収入構造は、企業、業界、自治体等の団体会費のウエイトは、15.9％と著しく低減しているが、他方では、諸官庁、自治体等からの受託受業費が41.6％、事業補助金11.5％、併せて53.1％にもなり、諸官庁、自治体等の政府系からの収入が過半を占め、団体会費15.9％などを

含めれば、財団法人日本自然保護協会の収入は、7割方が、財界、政府の資金によって賄われているという構造が明確になる。

第3の自然保護と開発の調和をはかる路線体質についてみてみよう。

この点については、すでに財団法人日本自然保護協会の設立事情の検討の際に指摘したとおりである。

財団法人日本自然保護協会が、自然保護について、予め「これまでのように単に開発反対ばかりでは無理で、開発と自然の調和、つまり、産業との調和との調整役」を果たすべきだという位置付けは、まさに財界や政府や地方自治体への財政的依存によって必然的に生み出されたものである。

財団法人日本自然保護協会のこうした傾向は、高度経済成長期以降に一貫したものであり、また日本の自然保護運動に大きな影響を与えることになった。

すでに指摘してきたように、財団法人日本自然保護協会は、高度経済成長期に入って産業開発、とくに観光開発を優先する政府の政策のもとで、自然を破壊する開発計画に絶対反対をとなえることなく、産業開発と自然保護の調和をはかるという論理で、多くの産業開発計画、とくに観光開発計画に賛同し自然保護を軽視してきたのである。

こうした財団法人日本自然保護協会は、重要な国立公園内の産業開発計画にたいして意見、陳情をおこなったが、すでにみたように、国立公園行政当局とほぼ同じように対応しただけであって、国立公園行政当局の方針と大幅に異なる意見を提起することはなかった。

この点は、個々の重要な国立公園内の産業開発計画に反対する自然保護運動について考察する際により明確にすることにしたい。

財団法人日本自然保護協会の基本的な活動は、提起された開発計画にたいし自然保護をめざし、関係団体への建議、意見書を提出することだった。

財団法人日本自然保護協会は、高度経済成長期に提起された国立公園内の開発計画あるいは自然保護に必要な問題について、多くの意見書あるいは陳情書を提出してきた。

一般的にいえば、財団法人日本自然保護協会は、国立公園内の開発計画が提起されると、かなり批判的な意見を述べ、自然保護のために開発に反対し、計画が強行されようとする場合には、修正案、開発と自然保護の調整案を提起してきた。しかし国立公園行政当局が下した結論にたいしては1、2の例外を除きそれを追認し、国立公園行政当局の意向に反して当初の批判を貫い

たり、国立公園行政当局に反旗をひるがえしたり、戦後の成立期にもっていたような、国立公園行政当局の限界を突破し、国立公園行政当局に積極的な自然保護政策の実施を迫っていく力量を発揮していくことはなかった。

注
（1）本書第1章45頁以下を参照。
（2）自然公園審議会「自然公園行政の基本に関する中間答申」、『国立公園』№201・202、1966年8・9月、35頁。
（3）前掲『自然保護行政のあゆみ』、145頁。
（4）同上、145頁。
（5）同上、146頁。
（6）同上、146－147頁。
（7）同上、149頁。
（8）同上、459頁。
（9）「国立公園体系の整備答申さる」、『国立公園』№146・147、1962年1・2月、55頁。
（10）前掲『自然保護行政のあゆみ』、122頁。
（11）前掲「国立公園体系の整備答申さる」、『国立公園』№146・147、57頁。
（12）同上、57頁。
（13）「知床・南アルプスの2国立公園誕生」、『国立公園』№177、1964年8月、5頁。
（14）同上、55－56頁。
（15）前掲『自然保護行政のあゆみ』、122頁。
（16）「霧島屋久国立公園等の新指定について」、『国立公園』№173、1964年4月、3頁。
（17）大澤・他『世界遺産屋久島―亜熱帯の自然と生態系―』、朝倉書店、2006年、200頁。
（18）前掲「霧島屋久国立公園等の新指定について」、『国立公園』№173、3頁。およびウェブサイト・ウィキペディアの屋久島を参照。
（19）田中順三「霧島屋久国立公園等の指定について」、『国立公園』№173、1964年4月、8頁。
（20）同上、8頁。
（21）前掲「霧島屋久国立公園等の新指定について」、『国立公園』№173、3頁。
（22）日本自然保護協会「屋久島の自然保護に関する意見書」（1969年9月）、日本自然保護協会『自然保護に関する陳情書・意見書集』、日本自然保護協

会資料第5号、日本自然保護協会、1973年、84頁。
(23) 前掲『世界遺産屋久島―亜熱帯の自然と生態系―』、200頁以下参照。
(24) 日本自然保護協会「北海道下サロベツ湿原保護の陳情書」(1967年12月23日)、前掲『自然保護に関する陳情書・意見書集』(以下『意見書集』と略す)、76頁。
(25) 自然公園審議会「小笠原など4国立公園の指定を答申」、『国立公園』No.266、1972年1月、26頁。
(26) 同上、27頁。
(27) 「利尻礼文サロベツ国立公園の指定について」、『国立公園』No.299、1974年9月、7頁。
(28) 小島忠「小笠原諸島の自然公園調査」、『国立公園』No.233、1969年4月、2-3頁。
(29) 前掲『意見書集』、77頁。
(30) 島田・沖・杉尾「小笠原北九州海中公園地区の指定」、『国立公園』No.277、1972年11月、22-23頁。
(31) 前掲「小笠原など4国立公園の指定を答申」、『国立公園』No.266、26頁。
(32) 国立公園協会・日本自然保護協会編『日本の自然公園』、講談社、1986年、430頁。
(33) 前掲『意見書集』、91頁。
(34) 同上、91頁。
(35) 同上、91頁。
(36) 同上、91頁。
(37) 前掲「小笠原など4国立公園の指定を答申」、『国立公園』No.226、26頁以下。
(38) 前掲拙著『自然保護と戦後日本の国立公園』、145頁(なお拙著の表4-12の表で、下部4行目の大山国立公園が尾瀬となっているが、大山以下は一段下げたものが正しい)。
(39) 堀繁・鑓迫ますみ「特別保護地区にみる国立公園保護計画の思想の変遷」、『造園雑誌』55-5、1992年、244-245頁。
(40) 高度経済成長期の国立公園内の一連の開発による自然破壊については、本書第Ⅱ部の各章で解明する。
(41) 本書第1章を参照。
(42) 前掲拙著『自然保護と戦後日本の国立公園』、第2章、第8章、あるいは拙稿「日光国立公園内の尾瀬ヶ原電源開発計画と反対運動」、『経済志林』第77巻第1号、2009年7月、215頁以下を参照。
(43) 本書第1章、第2章を参照。

(44) 本書第 1 章、44 頁、46 頁。
(45) 前掲拙著『自然保護と戦後日本の国立公園』、358 頁以下参照。
(46) 前掲『意見書集』、53 頁。
(47) 富士急行 50 年史編纂委員会編『富士山麓史』、富士急行、1977 年、642 頁。
(48) 1968 年 11 月 21 日『朝日新聞』(朝刊)。
(49) 松本―上高地観光道路建設計画について公的に言及した資料はないが、筆者のえた資料については本書第 II 部第 8 章で紹介する。
(50) 本書第 II 部第 12 章を参照。
(51) 前掲拙著『自然保護と戦後日本の国立公園』、各章、とくに第 5 章を参照されたい。
(52) 前掲『自然保護のあゆみ』、154 – 155 頁。
(53) 同上、155 頁。
(54) 同上、155 頁。
(55) 同上、157 – 158 頁。
(56) 同上、158 頁。
(57) 同上、158 – 159 頁。
(58) 同上、159 – 160 頁。
(59) 同上、161 – 162 頁。
(60) 同上、163 頁。
(61) 『自然保護』誌は、1 号 (1960 年 11 月 1 日) から 2 号 (1960 年 11 月 7 日) までは、タブロイド判の新聞形式であったが、3 号 (1961 年 2 月) から、ほぼ月刊雑誌の形式となった。『自然保護』誌は、日本自然保護協会の弱点を示すこともあったが、わが国初の全国的な自然保護団体の機関誌として、自然保護の思想の普及、全国各地でおこなわれる自然保護運動の紹介、とくに国立公園に関する問題の提起について大きな役割を果たしたと評価される。
(62) 舘脇、吉井については、前掲拙著『国立公園成立史の研究』、252 頁、82 頁を参照。
(63) 細川については、ウェブ・サイトを参照。
(64) 『自然保護』№78、1968 年 11 月、12 頁。
(65) 例えば、アメリカの環境保護団体は、「全米オズボーン協会」は、1990 年現在、会員 55 万人、専従職員約 300 人、全国支部 550、年間収入 50.4 億円で、完全な自立的組織となっている。岡島成行『アメリカの自然保護』、岩波新書、1990 年、98 – 99 頁。
(66) 拙著『自然保護と戦後日本の国立公園』、第 5 章を参照。

第6章
高度成長期における新設環境庁の国立公園政策

はじめに
1　環境庁の設立と国立公園行政の環境庁への移管
2　環境庁自然保護局の脆弱な国立公園行政機構
3　環境庁管理下の国立公園財政
4　環境庁管理下の国立公園政策

はじめに

　これまで自然公園法設立から1971年7月まで高度経済成長期における国立公園制度について論じてきたのであるが、高度経済成長期は、1974年までつづいたので本章は、環境庁が設立されて高度経済成長期が終焉するまでの数年間の環境庁自然保護局の制度問題と国立公園政策について概観する。
　高度経済成長期末の環境庁設立期の自然保護局は、国立公園制度にとって極めて重要な問題を抱えていた。それは、設立期に環境庁長官大石武一によりラジカルな環境保全・自然保護政策が展開されたという問題と、大石環境庁長官の政策が一年間にして途絶え、環境庁の政策が再び開発重視の政策に逆行したにも拘わらず、なお大石環境庁長官の政策が社会運動に大きな影響を与えていた問題などであった。
　本章は、この問題を概観する。高度経済成長期に展開された国立公園内の開発に反対する運動については、第Ⅱ部で詳しく検討する。

1　環境庁の設立と国立公園行政の環境庁への移管

　1971年7月に環境庁が設立され、国立公園行政が環境庁自然保護局に移管されることになった。環境庁設立の事情については、『環境庁十年史』、『自然保護行政のあゆみ』などで一般的に明らかにされているので、ここではその論点を簡単に確認しておくだけにとどめたい。
　環境庁設立の背景は、高度経済成長期の1960年代に利潤追求主義の企業経営が「四日市公害、水俣病、イタイイタイ病、第二水俣病などの悲惨な公害被害」を生み出し、自然公園への観光有料道路建設、瀬戸内海などにおける大規模工業開発による大幅な自然破壊を深刻化した結果、それらにたいする国民の反対運動も高まったという事情があった。時の政府は、その対応を迫られたのである(1)。
　佐藤栄作内閣は、まず1967年に公害対策基本法を制定して対応したが、それは対症療法的な対策で、環境保全には至らなかった。他方、相変わらず高度経済成長が追及され、1969年には新全国総合開発計画が打ち出され、開発

の進展とともに、さらなる環境汚染や自然破壊が進展し、反公害運動や自然保護運動が高揚してきた。

そうした状況の中で、「佐藤総理は政治的判断によって、総理を本部長として、総務大臣を副本部長とする公害対策本部の設置を決め、厚生省の木戸公害部長を主席部員に任命し、関係各省から職員を集めて内閣直属の公害対策本部を発足させた。」「この対策本部は、所管が各省に分かれていたため、とかく意見をとりまとめるのに困難であったこれまでの方式にかわって、公害対策の総合的、抜本的な検討を行い、これを公害対策閣僚会議にかけて決定していくという方式をとった。」(2)

1969年11月、12月に公害基本法の改正など13法案が提出されて、公害国会と呼ばれた。「この公害特別国会での論議を通じて、環境保全関係の行政の一元化が強く求められ」、1970年末「佐藤総理の決断によって環境庁の設置が決定され」(3)たのである。

「当初は、各省に分散している関係行政をすべて集めて自然保護行政を一元的に所管する局を置くことが考えられたが、結局は厚生省の国立公園部の機構に、各省調整の機能と、林野庁が所管していた野生鳥獣の保護及び狩猟関係の行政が加わって、新たに企画調整課、計画課、休養施設課、鳥獣保護課という4課で構成された自然保護局が誕生した。」(4)

1971年2月16日に、環境庁設置法案が閣議決定をへて、国会に提出され、環境庁設置法が5月に成立して、7月1日に環境庁が発足した。

環境庁設置法によれば、環境庁の任務は、同法第3条に規定されているように、「公害の防止、自然環境の保護及び整備、その他環境の保全を図り、国民の健康で文化的な生活の確保に寄与するため、環境の保全に関する行政を総合的に推進することを主たるもの」(5)であった。

環境庁の組織は、「長官官房と、企画調整、自然保護、大気保全、水質保全」のために1官房、4局が置かれ、付属機関として、国立公害研究所（1973年までに設置）、公害研修所（1972年までに設置）、中央公害対策審議会、自然公園審議会、中央鳥獣審議会が設置された(6)。

環境庁は、これまで厚生省の官房下に国立公園部3課からなる小さな自然保護行政機関を、1官房、4局からなる大きな行政機関に発展させて、「総理府の外局として設置、その長は、環境庁長官とし国務大臣を持って充てることとされた。行政管理局や経済企画庁と同じ格好である。」(7)とされ、一応

環境行政全体をフォローする行政機関となった。それは、環境、自然保護行政の大きな前進であった。しかし実際に環境庁は、公害史や国立公園行政史が明らかにしているように、まだそうした任務をまっとうしたわけではなかった。

2 環境庁自然保護局の脆弱な国立公園行政機構

　環境庁が設置されて、厚生省の管理下にあった国立公園行政機関は、環境庁自然保護局に移されて、若干の模様替えがおこなわれたが、大きく変化はしなかった。逆にみれば、国立公園行政そのものは、環境庁が自然・環境問題を全体として扱うことから希釈され、時代に相応して充実しなかった、ということである。

　すなわち表6－1に示したように、厚生省官房の中の独立した組織として存在してきた国立公園部局は、総務省官房の中の環境庁自然保護局にほぼそのまま移管された。厚生省内の1部3課体制は、総務省官房の5局内の1局、自然保護局の4課制、1975年7月に保護管理課が新しく設置され、休養施設課が施設整備課となり、5課制となっただけだった。

　なお、新設自然保護局は、従来のように国民公園管理事務所（3ヵ所）、墓苑管理事務所（1ヵ所）、国立公園管理事務所（6から10ヵ所）を引き継いだ。

　国立公園行政機関としては、環境庁設立後も、これまで私が強調してきたような本質的に脆弱な構造的特質は、改善されることなく維持された。

　具体的にみれば、表6－1に示したように、従来の国立公園行政組織は、1部局3課体制から、1局4課、1975年に1課増えて5課体制になっただけで、行政機関としても大きな変化はみられなかった。国立公園管理事務所は、形としては、1964年の2ヵ所から、1971年には6ヵ所に増え、73年には10ヵ所に増えているが、構造的にはほとんど変化していないといってよい。

　とくに注目されるのは、国立公園行政機関を支える自然保護局の要員の問題である。環境庁設立後5年間の環境庁要員は、表6－2に示したように、全体として3年間ほど500名台を推移し、1974年には674名、1977年に741名、1979年には883名に増え、5年間で88名、17％増えた。環境政策の進展を示唆しているかにみえるが、国立公園行政の要員に限ってみると、それほど大

表6-1 環境庁自然保護局の組織図

1964年	1971年	1975年
官房・国立公園部局 　管理課 　計画課 　休養施設課	環境庁5部局内の1部局 　企画調整課 　計画課 　休養施設課 　鳥獣保護課	企画調整課 　計画課 　保護管理課 　施設整備課 　鳥獣保護課
現地国立公園管理部門 （現地国立公園管理事務所） 国民公園管理部門 （皇居外苑、新宿御苑、京都の3管理事務所、千鳥ヶ淵戦没者墓苑）	現地国立公園管理部門 （現地国立公園管理事務所6、10） 国民公園管理部門 （皇居外苑、新宿御苑、京都の3管理事務所、千鳥ヶ淵戦没者墓苑）	

注　『環境庁十年史』、392頁から作成。

きな変化はみられない。

　表6-2に示したように、国立公園行政をおこなう自然保護局の定員は、1971年に223名、1972年に229名、1973年に241名、1973年に250名、1975年に256名、5年間で24名、11％程度しか増えていない。環境庁全体の要員の伸びとくらべて伸び率は低かった。

　さらに、いつものように国立公園行政要員の内訳をみると、純粋な国立公園行政要員は、相変わらずみすぼらしい数字となる。

表6-2　環境庁の定員

	1971	72	73	74	75	79
長官官房	107	109	111	115	117	119
企画調整局	67	69	67	86	94	104
自然保護局	223	229	241	250	256	261
	(158)	(167)	(174)	(179)	(183)	(188)
大気保全局	52	53	54	57	61	66
水質保全局	52	53	54	57	61	67
計	501	513	527	565	589	617

注　『環境庁十年史』、395頁より作成。（　）の数字は、国民公園管理事務所、墓苑管理事務所及び国立公園管理事務所の定員の内数。

表6-3　自然保護局の定員

	1964	71	72	73	74	75	79
自然保護局合計	205	223	229	241	250	256	261
4課定員	47	65	62	67	71	73	73
国立公園管理事務所	52	53	62	71	78	85	107
（自然公園系小計）	99	118	124	138	149	158	180
国民公園、墓苑事務所	116	105	105	103	101	98	81

注　「環境庁の定員の推移」（『環境庁十年史』395頁）から作成。
　　4課定員は、自然保護局の要員数から国民公園、墓苑事務所の要員とレンジャー数を引いたものである。国立公園管理事務所定員は、前掲『レンジャー』のレンジャー定員とみなした。
　　国民公園、墓苑事務所の定員は、原表に示された国民公園、墓苑事務所の要員と国立公園管理事務所定員数の合計数からレンジャー定員を引いたもの。1964年のデータは、本書31頁による。

　すなわち、表6-3に示したように、純粋な国立公園行政要員は、自然保護局の要員の合計から、国立公園行政とはまったく異なる国民公園、墓苑事務所の定員を除いた数字で、1971年118名、1972年124名、1973年138名、1974年149名、1975年158名にすぎない。
　しかも国立公園行政要員の中心である4課（1975年から5課）の定員は、1971年65名、1972年62名、1973年67名、1974年71名、1975年73名にすぎない。これは、1960年代の50名程度から3、4割増えたにすぎず、もともと僅少な要員が微増した程度であった。
　他方、国立公園現地での管理要員、いわゆるレンジャーは、1971年53名、1972年62名、1973年71名、1974年78名、1975年85名、1976年に107名になり、5年間で倍増して現地管理への配慮が若干みられる。しかしここでも、そもそも国立公園現地での管理要員は、絶対数が不足していたことを考慮すれば、この程度の増員ではなお本質的な要員の改善には程遠かったといわなければならない。
　以上のように、環境庁設立初期の自然公園（国立公園）行政機関は、高度経済成長期の脆弱な構造的特質を引き継ぎ、何ら根本的に改善されることはなかったと指摘しなければならない。

3　環境庁管理下の国立公園財政

　環境庁設立以前の高度経済成長期の国立公園財政については、第3章において詳しく論じたので、ここでは、環境庁設立以後の数年間の国立公園財政について簡単にみておきたい。

　環境庁設立後数年間の国立公園財政は、1970年までの構造と基本的には変化がなく、相変わらず貧弱なものであり、自然保護局が国立公園管理運営を十全におこなうには満足なものではなかった。先にみた環境庁自然保護局の脆弱な国立公園行政機構は、まさに自然保護局の国立公園財政の貧困さを反映したものであった。貧弱な国立公園財政のもとで、十全な国立公園行政機構はありえない。十分な国立公園行政機構は、貧弱な国立公園財政のもとではありえない。

　環境庁設立後の国立公園財政の概要は、表6－4に示したように、環境庁の設立時の積極性を反映して、国立公園財政の増加傾向が見て取れる。自然保護局の予算は、1971年に13.6億円にすぎなかったが、1972年からは環境庁の予算として現わされるが、19.9億円、1973年に30.9億円、1974年に33.8億円、1975年に30.0億円と順調に伸びているかにみえる。

　問題の自然公園等管理費は、1971年に1.8億円、環境庁管理下の1972年に4.1億円、1973年に6.6億円、1974年に9.1億円、1975年に10.1億円と5年間で約5

表6－4　70年代前半期の国立公園予算における国立公園管理費（単位億円）

	国立公園部予算総額 a	自然公園等管理費 b	b/a%	自然公園施設整備費計 c	c/a%
1970	12.4	1.4	11.9	10.9	87.7
1971	13.6	1.8	13.8	11.7	86.1
1972	19.6	4.1	21.0	15.1	77.4
1973	30.9	6.6	21.2	21.4	69.2
1974	33.8	9.1	26.9	23.6	69.8
1975	35.0	10.1	28.8	23.6	67.4

注　『自然保護行政のあゆみ』より作成。

倍強の伸びで、自然保護局の伸びの3倍弱より高い伸びを示している。

　環境庁が設置され自然保護局が初めて、1971年末に国立公園行政の予算を編成することになったが、自然保護局の意気込みは大きく、当時企画調整課長だった須田秀雄は、つぎのように述べた。

　「自然保護局としては、国民の強い要請に応えて、自然公園行政、鳥獣保護行政といった個別行政のみでなく、より広い自然保護行政に向かって施策の基本を脱皮し、成長させながら、力強く第一歩を踏み出すための基礎を築く、極めて大切な意味をもってものであるだけに、私ども自然保護行政に参画する者は皆一様に今回の予算編成に大きな期待と願いをこめてきた次第である。」[8]。

　具体的に自然保護局の予算要求と実現予算、とくに直接国立公園行政に関わる国立公園管理費予算の動向をみてみよう。

　表6－5の1に示したように自然保護局は、1971年度の予算は13.6億円であったが、独自に算定した1972年度の予算要求を33.2億円、前年より約2.5倍多い要求を提出した。これにたいして実際に認められた自然保護局の予算は、19.6億円であり、要求の達成率は、59％にすぎず、1971年から44.1％増えただけだった。

　自然保護局は、1972年度の予算は19.6億円だったが、1973年度の予算要求を39.1億円、前年度より約1.9倍の予算要求をおこなった。しかし実現した予算は、31.0億円であり、前年度より11.1億円、約4割弱増えただけだった。

　表6－5、自然保護局の予算と予算要求1と2に示したように、1973年に自然保護局は、1973年の予算は31.0億円だったが、1974年度の予算を49.6億円、前年より1.6倍を要求した。しかし実現した予算は、33.8億円、9％増にしかすぎなかった。

　1974年に自然保護局は、1975年度の予算を47.6億円、前年度より1.4億円、4％多く要求したにすぎなかった。

　以上みてきたように、自然保護局の予算要求は、1972年から次第に縮んで小さくなっていったことがわかる。政府による自然保護局の予算抑制の傾向が読み取れる。

　さらに自然保護局の予算を細かにみると、全体として自然保護局の予算増額の傾向の中で、国立公園管理費に限ってみると、なおその額が、相対的絶対的に小さいことが確認できる。

国立公園管理費の区分が年々変化してわかりづらいが、おおよその傾向を読み取ることができる。

しかし自然公園等管理費は、絶対額がもともと低かったので、この予算増で国立公園管理が妥当に伸びたとはいいがたい。

とくに自然保護局は、もともと少ない国立公園予算の増額要求をおこなったのであって、要求の実現にはほど遠かった。

表6-5　自然保護局の予算と予算要求1　　単位万円

事項	1971年度予算	72年度予算要求	事項	1972年度予算	73年度予算要求
環境庁合計	13億6044	33億2124	環境庁合計	19億6157	39億1242
環境庁	508	2039	環境庁	484	1642
自然保護局一般行政費	391	1922	自然保護局一般行政費	360	1047
審議会費	116	116	審議会費	124	594
公害防止等試験研究	0	5022	自然環境保全対策費	0	1億6287
自然保護調査研究	0	5022	自然環境保全法施行事務費		248
国立公園等管理費	1億4418	2億3615	自然環境保全基本方針策定費		234
国立公園等管理費	4583	1億1061	自然環境保全基礎調査費		1億5199
温泉法施工費	22	292	保全地域等指定計画調査費		605
国民公園等管理費	9468	1億2134	自然保護事務所庁舎等整備費	0	3371
国立公園等事業指導費	167	176	自然保護調査研究費	2500	5000
休養地指導育成費	100	118	自然公園等管理費	1億9621	3億6870
国民休暇村設置調査費	75	94	国立公園等管理費	6351	1億1369
自然保護強化対策費	7897	1億3128	温泉法施工費	22	143
自然保護調査研究費	562	1251	国民公園等管理費	1億0621	1億7547
自然保護基本調査費	0	399	自然環境浄化対策費	1950	2500
自然環境浄化対策費	1159	2750	国立公園等事業指導費	167	167
自然保存地購入費	5000	5000	休養地指導育成費	100	100
特定民有地上事業費	0	2199	国民休暇村設置調査費	75	79
集団施設地区所管換費	580	580	自然公園等利用普及費	313	873
補償費	7	70	野外レク基本調査費	0	1588
自然公園等利用普及費	228	941	大久野島旧軍施設撤去費	0	1350
自然環境地施設整備費	11億1581	26億2694	特定湖沼保全緊急対策調査費	0	1146
国立公園施設整備費	2億9841	4億7075	特定民有地買上事業費	1億5251	5億3933
自然公園等施設整備費	7億5500	15億7817	特定民有地買上補助事業費	1億3866	5億2116
国民公園施設整備費	6240	7800	特定民有地上事業促進費	1384	1816
自然環境保全緊急対策費	0	5000	自然公園等施設整備費	14億6616	25億8193
			国立公園施設整備費	3億5525	6億8000
			自然公園等施設整備費補助	10億4000	17億3926
			琵琶湖総合開発計画施設整備費	0	5023
			集団施設地区所管換費	580	1040
			国民公園施設整備費	6511	1億0204
鳥獣保護対策費	1638	2億5625	鳥獣保護対策費	1億1702	1億5943

表6－5　自然保護局の予算と予算要求2　　　単位万円

事　項	1973年度 予　算	1974年度 予算要求	1974年度 予　算	1975年度 予算要求
環境庁合計	31億0297	49億6031	33億8694	47億6641
環境庁	922	3160	1031	2941
自然保護局一般行政費	562	2150	606	2062
審議会費	359	971	425	879
自然環境保全対策費	2億5207	1億3085	6916	1億1607
自然環境保全法施行事務費	66	330	127	299
基本方針策定費	43	360		
保全地域等指定計画調査費	95	909	291	750
自然環境保全調査費	2億5001	1億0504	6377	6634
自然環境保全事業整備費	0	973	119	1529
自然環境保全目標基準作成費			0	2393
自然保護研究体制強化費	3125	7239	3437	5078
自然保護研究機構調査費	0	303	0	265
特定鳥獣増殖対策検討費	0	736		
自然保護調査研究費	3125	6200	3437	4812
自然保護事務所庁舎等整備費	0	7256	0	
自然公園等管理費	2億4767	7億1060	3億4774	5億8618
国立公園等管理費	7745	1億8277	9097	1億8381
温泉法施工費	104	132	70	928
国民公園等管理費	1億2651	2億1650	1億4331	2億4590
自然環境浄化対策費	2100	1億6000		
国立公園内湖沼水質調査費	400	537	402	513
オニヒトデ駆除対策費補助	0	3724		
特定湖沼保全施設計画策定費	758	1312	855	
国立公園境界杭等設置費	0	2517		
首都圏自然歩道調査費	0	1426		
九州自然歩道調査費	0	1907	1077	
国立公園等事業指導費	179	330		226
休養地指導育成費	108	158		147
国民休暇村調査費	78	94		86
自然公園等利用普及費	645	2990		3183
海中公園指導育成費				284
特定民有地買上事業費	3億3911	5億4125	4億8115	7億7595
特定民有地買上補助事業費	3億3839	5億4125		
特定民有地買上事業推進費	72	0		
自然公園等施設整備費	20億8881	32億0451	22億9857	30億3582
国立公園施設整備費	5億2577	8億3391	5億7855	7億4456
自然公園等施設整備費補助	14億8970	21億3100	16億2020	21億2525
集団施設地区所管換費	580	6180	580	1407
国民公園施設整備費	6757	1億7780	9402	1億5193
鳥獣保護対策費	1億3480	1億9679	1億4561	1億7219

注　当該年の『国立公園』誌より作成。

表6-5に示したように、自然保護局の細目別の予算をみてみると、純粋な国立公園の管理予算は、それほど増加していないことがわかる。

1971年度の自然保護局の予算は、「国立公園等管理費」として1.4億円計上されているが、純粋な「国立公園等管理費」は4583万円にすぎないのであり、国立公園等事業指導費167万円を加えても4750万円にすぎない。それは、国民公園等管理費9468万円の半分にすぎなかった。

自然保護強化対策費は、7897万円計上されているが、特例的に設置された「自然保全地購入費」5000万円を除けば、直接国立公園の保護に使用される額はそれほどでもなく、「自然環境浄化対策費」1519万円が目立つのみである。もっともそれも、23ある国立公園に割り振れば、1国立公園56万円であり、国立公園の「自然環境浄化対策費」としてみれば、すずめの涙にすぎない。

1972年の自然保護局の予算のうち、「自然公園等管理費」として1.9億円が計上されているが、純粋に「国立公園等管理費」は、国民公園等管理費が1億0621万円もあるのに、たったの6351万円にすぎない。

1973年の自然保護局の予算についてみると、「自然環境保全対策費」として2.5億円が計上されて、全体として自然環境保全対策費の増加が窺えるが、明確に純粋な「国立公園等管理費」は、自然公園等管理費2.4億円のうちの7745万円にすぎないのである。

1974年の自然保護局の予算についても、「自然環境保全対策費」は6916万円に縮小されていて、明確に純粋な「国立公園等管理費」は、自然公園等管理費3.4億円のうちの9097万円にすぎなかった。

以上のように、環境庁が設立され、自然保護局が設置されて、それぞれ予算がそれなりにつけられたが、国立公園等管理費は、相変わらず絶対的に低く抑えられていたことがわかる。

他方、自然環境地域整備費は、表6-5の1では、自然公園等施設整備費として計上されているが、11.1億円で、相変わらず、国立公園等管理費よりかなり多額である。

何より象徴的なことは、自然保護局の要員のうち、国立公園関係の要員が、国民公園関係の要員より少ないか、同等になるか、ごくわずかにこえるにすぎなかったように、国立公園等管理費は、国民公園等管理費よりはるかに小さかったということである。

すなわち1971年度には、国立公園等管理費は4583万円であったが、国民公園管理費は9468万円、1972年度には、国立公園等管理費は6351万円だったが、国民公園管理費は1.0億円だった。1973年度には、国立公園等管理費は7745万円にすぎなかったのに、国民公園等管理費は1.2億円だった。1974年度には、国立公園等管理費は9097万円にすぎなかったのに、国民公園等管理費は1.4億円だった。

　3国民公園2苑の国民公園等管理費より、27、8カ所の広大な国立公園の国立公園等管理費が大幅に少ないのである。ちなみに、1973年の場合、国民公園1カ所当たり2530万円の管理費にたいして、26カ所の国立公園の1カ所平均の国立公園等管理費は297万円であった。信じ難いほどの国立公園等管理費の低さであり、政府の国立公園管理への無理解、軽視が読み取れる。

　最後に指摘しておきたいことは、厚生省国立公園部の国立公園予算、国立公園を中心とした自然保護関連予算は、環境庁の設置によって、新たに公害、環境のための予算に拡散され、厚生省国立公園部の国立公園予算を引き継いだ自然保護局の予算は、環境庁内の予算のごく一部に抑えられてしまった、ということである。

　それは、国立公園予算が、他の公害、環境関連の予算に圧迫され、圧縮されていったということである。少なくとも、高度経済成長下に生み出された公害、環境悪化に対処するための予算が急増することによって、本来編成されるべき国立公園管理保護費が抑制されていったということである。

　そうした予算では、また高度経済成長下に問題になった国立公園行政機構の脆弱性やそこから生じる国立公園の保護管理体制の脆弱性を克服し、個々の国立公園で生じる過剰利用による自然環境破壊を抑制し、破壊された自然環境を有効に復元してゆくことができなかったということでもある。

4　環境庁管理下の国立公園政策

（1）初期自然保護局の一般的な環境・自然保護政策

　環境庁成立後5年間ほどの自然保護局は、広範な環境・自然保護政策を展開した。この問題は、本章の直接の課題ではないので、ごく簡単に概観して

おくにとどめたい。

　環境庁は、設置の目的に指摘されたように、大氣保全、公害規制、水質保全、環境保全などの一般的な環境保護政策を展開した。

　政府は、1968年に自然公園審議会の答申で「自然保存地区」設定の提言をうけ、また1971年には、日本学術会議から「自然保護法の制定」を勧告されていた[9]。こうして、結局、環境庁は、こうした課題に取り組み、1972年に、自然環境保全法を制定した。

　この法律は、「自然環境の保全の基本理念その他自然環境の保全に関し基本となる事項を定める」もので、その骨子をなしているのは、「自然環境保全基本方針」と「原生自然環境保全地区」の設定であった[10]。

　これらの施策は、自然公園とからんで国立公園制度と微妙に関連しており、問題点も多いが、ここでは、深く立ち入らないでおく。

　環境庁の設置にともない自然公園法が改正されたが、大きな変更ではなかった。

　自然公園法の改正点は、第1に1970年に公害対策基本法に「自然環境の保護」の項が設けられたことに対応して、すでに1971年に自然公園法が改正されて、公園内の公共の場所の清潔の保持に関する条項と、湖沼等の水質保全や生態系保持のための汚水等の排出規制が加えられた。また林野庁の所管であった野生鳥獣の保護及び狩猟関係の行政が自然公園法に組み込まれた[11]。

　自然環境保全法の制定にともない、1973年に従前の自然公園審議会は、自然環境保全審議会と改正され、自然公園問題は、自然環境保全審議会自然公園部会に引き継がれていった。林修三が会長に任命され、自然公園部会長を兼任することになった。林修三自然公園部会長は、三木武夫環境庁長官のもとで一定の役割を果たすことになるが、この点については第Ⅱ部で詳しく論じることになる。

　1966年の国立公園大会で自然保護憲章制定の要望があり、1968年の自然公園審議会の答申にも自然保護憲章の制定の提言がった。1972年4月に自然保護団体が集まって構成された自然保護憲章制定促進協議会は、政府に制定をもとめる決議をおこなった。これをうけて、環境庁は、1974年6月5日に自然保護憲章制定をはかった[12]。

　そのほか、自然保護局のおこなった国立公園政策で突出したものは、交付公債による特定民有地の買上げである。これは、国立公園内の開発を阻止す

るために、民有地を買上げて自然を保護する政策である。まだ小さな点でしかない政策であったが、制度としては、大きな広がりをもつ可能性を秘めたものであった。(13)

（2）初期自然保護局の国立公園政策

　初期自然保護局のおこなった国立公園政策は、国立公園の指定、拡大などの一般的な国立公園政策については、厚生省下の末期にだされた国立公園の指定方針を維持し、追認しただけでとくに注目すべきものはなかった。

　1971年11月の自然公園審議会は、国立公園候補地に指定されていた利尻礼文国定公園にサロベツ原野を加えて利尻礼文サロベツ国立公園、足摺国定公園に海中景観の美しい宇和海地区を加えて足摺宇和海国立公園、新たに西表国立公園、小笠原国立公園の4地域を候補地とするようにとの答申をした。それをうけて、環境庁自然保護局は、4国立公園を指定した。

　注目される環境庁の国立公園政策は、就任して1年間に大石武一環境庁長官によって実施された積極的な国立公園保護政策と大石退任後の3、4年間に何人かの環境庁長官によってすすめられた自然保護を無視ないし軽視した政策である。

　佐藤総理は、1971年7月1日に環境庁が設立されて、初代環境庁長官に中山貞則を任命した。それは、山中貞則総理府総務長官が環境庁設立準備委員として制定に携わっていたための暫定的な措置であった。

　佐藤総理は、改めて7月5日に医者で自民党衆議院議員であった大石武一を環境庁長官に任命したが、それは、環境庁制定の意図に沿って、これまで怠ってきた環境保全・自然保護政策を大胆に改善していこうとする意志の現われであった。

　大石武一環境庁長官は、就任後、積極的な自然保護政策に取り組むのであるが、それは、佐藤内閣の環境保全・自然保護政策の強化という基本構想に沿ったものであったとはいえ、佐藤内閣が十分に思慮して展開されたというよりは、多分に大石武一長官の個人的なパーソナリティに依存していたように思われる。

　公式の文献ではほとんど触れられていないことであるが、大石武一は、自伝で、父親の職業をついで衆議院議員になって大臣になることもなく27年も

たっていたが、公害が蔓延し、自然・環境が大幅に破壊されて住民の反対運動が展開されている時、環境庁が設置されることになり、自ら環境庁長官になるべく、佐藤栄作首相に自薦したと述べている。

　７月の内閣改造で、佐藤総理は、初代長官の中山貞則でなく大石武一を環境庁長官に任命し、初閣議で「環境庁は新しくできあがったばかりの役所だ。それだから、みんなが協力してやらなければ思うような働きはできないところだ。諸君は新しい大石長官にぜひ協力してやってほしい」と述べ、大石長官に環境行政を託した。

　中曽根派に属していた衆議院議員大石武一は、医者であったから医療業界の利害にかかわっていたとはいえ、財界などの利害とは直接関係しない議員であった。大石環境庁長官は、独自の政治感覚をもって環境行政に取り組むことになった。

　大石長官の政治姿勢は、誰にでもあって話を聞くというもので、全国から集まる陳情団にあって話を聞いた。これが大石環境長官の真骨頂であった。

　彼は、就任の日の記者会見で、環境庁長官の抱負を述べた。大石環境長官は、長官として初めに取り組むべきことを問われてつぎのように答えた。

　「公害防止、自然保護のために力になる役所に仕立てあげるのが、第一の仕事であろう。」そして「各省からの寄合い世帯」からなる組織について問われ、大石環境長官は、環境庁を「各省のタテ割りのカベをとりはらって環境問題と取組むためにできた役所」であると答え、縦割り行政の克服を指摘した。

　さらに注目すべきは、現地視察の重視を指摘し、これまでの「開発との調和」を目指す環境政策にたいして、「いまさら調和ですか」と前置して、簡単に「開発との調和」を追求しない姿勢を示唆し、「特定のイデオロギーに支配されない純粋の市民運動だったら賛成だ」として市民運動に好意を示し、「データを公開することの大事」さとしてデータ「公開の原則」を指摘した。

　こうした一連の発言は、これまでと違った公害対策、自然保護政策を期待させるものであった。

　とくに注目すべきは、国立公園政策に関するもので、大石環境長官は、つぎのように述べた。

　「私は、若いときから自然が大好きだった。医者になる前は植物学を専攻したいと思っていたほどだ。自然は一度こわしたら元に戻せない。全国各地

に次々につくられる観光自動車道路は、もうやめてもらいたい。自然をこわした道の上を自動車でつっ走って、なんで自然の良さがわかるだろうか。鳥獣保護も環境庁の大切な仕事だ。全国に禁猟区を増やしてゆきたい。」

環境庁設立後の自然保護局の国立公園政策として問題になったのは、1960年後半から計画されていた幾つかの国立公園内の観光道路建設問題であった。具体的には、尾瀬縦貫観光道路、南アルプス・スーパー林道、大雪山縦貫観光道路、妙高観光道路、月山観光道路の建設計画などであった。しかもすでに厚生省が、計画を承認してしまった道路計画を含んでいた。

こうして提起されていた問題にたいして、新任の大石武一環境庁長官は、環境保護政策史において特記されるべきラジカルにして画期的な政策を打ち出した。

ことの発端は、大石武一長官の自然保護重視政策の提起をうけて、高度経済成長の真っ最中の1962年に、群馬、福島、新潟3県による合同計画として提起され、1967年に厚生省により当初の計画案を若干修正させて、1967年に計画を承認されて、建設工事を開始していた尾瀬を縦貫する有料観光道路建設計画にたいし、尾瀬の自然を代々守ってきた尾瀬長蔵小屋の3代目、平野長靖が、大石武一長官に道路建設反対を直訴し、これをうけて大石武一環境庁長が、尾瀬縦貫観光道路建設工事を視察し、地元住民と懇談した後、工事中止を宣言したことである。[17]

ここから大石環境庁長官は、ラジカルな国立公園の自然保護政策を展開しすることになった。大石長官は、尾瀬観光道路のほか、一般的に観光道路の建設計画に再検討を呼びかけ、進行中の開発計画を中止させたり中断させた。1967年に提起され翌年厚生省の承認をえて建設を開始していた南アルプス・スーパー林道建設計画も、北海道の大雪山内の大雪山縦貫道路建設計画も、大石武一環境庁長官によって凍結された。

大石退任後の環境庁長官は、第1次田中角栄内閣の小山長規(1972年7月7日—12月22日)、第2次田中内閣の三木武夫(1972年12月22日—1974年7月12日)、第2次田中内閣の毛利松平(1974年7月12日—12月9日)、三木内閣の小沢辰夫(1974年12月9日—1976年9月5日)であった。

1974年のオイルショックで高度経済成長が終焉するまでの大石長官以後の環境庁長官は、概して、大石長官のラジカルな環境保全・自然保護政策を放棄し、不況を乗り越えるために再び経済成長を重視し、開発を重視する政策

を追求することになっていく。

　小山長規環境庁長官は、列島改造論にたつ田中内閣のもとで開発推進を意図し、大石長官が、就任以来展開してきた自然保護重視政策を見直し、大石によって凍結されていた一連の国立公園内の観光道路計画を承認すべく動いた。小山長規長官は、とくにあとわずかな距離を残して中断されていた南アルプス・スーパー林道建設計画の再開に動いたが、任期が半年だったこともあって、実現できなかった。もっとも南アルプス・スーパー林道建設計画は、長い反対運動の末、1978年に審議会の承認をへて再開されたが。

　1972年12月に第2次田中内閣のもとで任命された三木武夫環境庁長官は、1973年5月に新たに設置された自然環境保全審議会において、懸案の計画を再検討させた。

　自然環境保全審議会は、観光道路建設計画反対運動も高まり、容易に計画の再検討による決着をつけかねていた。しかし三木武夫環境庁長官のもとで、自然環境保全審議会自然保護部会には自然保護を重視する勢力が強かったため、1973年10月、自然保護部会長の林修三は、大雪山縦貫道路建設計画を認めない旨の「談話」を発表した。

　「林談話」は、国立公園内の観光道路の建設を今後抑制すべきであると指摘し、その後審議会は、厚生省により認可された大雪山縦貫観光道路計画に否定的な方向を打ち出したため、北海道開発局は、計画を取り下げた。1960年末から新潟県が提起した妙高観光道路計画は、三木内閣のもとで環境庁長官になった小沢辰夫が1975年に地元で計画の不承認を明言し、新潟県が申請を辞退したため中止された。

　以上が環境庁設立初期の積極的な国立公園政策であった。

　なお国立公園内の各種の開発計画とそれらにたいする反対運動については、第Ⅱ部で詳論する。

注
（1）詳しくは、環境庁10周年記念事業実行委員会編『環境庁十年史』、ぎょうせい、1982年、前掲『自然保護行政のあゆみ』などを参照されたい。
（2）前掲『自然保護行政のあゆみ』、174頁。
（3）同上、175頁。
（4）同上、176頁。

（5）岡田達雄「自然保護行政の新しい道－環境庁自然保護局へ」、『国立公園』No.259、1971年6月、2頁。
（6）同上、2頁。
（7）同上、2頁。
（8）須田秀雄「昭和47年度自然保護局関係の予算」、『国立公園』No.267・268、1972年2・3月、13頁。
（9）前掲『自然保護行政のあゆみ』、186－187頁を参照。
（10）前掲『自然保護事典』①、294頁。
（11）前掲『自然保護行政のあゆみ』、175頁。
（12）同上、199－201頁。
（13）同上、182頁。
（14）大石武一『尾瀬までの道』、サンケイ出版、1982年、38頁。
（15）同上、39－40頁。
（16）1971年7月9日『朝日新聞』（朝刊）。
（17）尾瀬縦貫観光道路建設計画とその反対運動については、本書第Ⅱ部第7章において詳論する。

第Ⅱ部
高度成長期の国立公園内の自然保護と開発の激突

大雪山（アンガス牧場より）

第7章
日光国立公園内の観光開発計画と自然保護運動

　　はしがき
　1　日光道路拡幅・太郎杉伐採計画とその反対運動
　2　尾瀬縦貫観光有料道路建設計画とその反対運動

はしがき

　本章は、第1節において1964年の東京オリンピックを前にして、栃木県、建設省が、日光国立公園内にあって隘路となっていた神橋付近の交通渋滞を解消するため、国道を拡幅し、そのために神木であった太郎杉を伐採する計画をたてたが、国立公園行政当局がこの計画を公認したにも拘わらず、土地の買収を強要された東照宮がその計画に反対し、屈することなく栃木県、建設省を相手に訴訟を繰り広げ、広範な市民、文化人を味方につけ、マスコミを巻き込んで、裁判に勝利し、日光道の拡幅と太郎杉の伐採を中止させ、自然、景観を守った運動を考察する。

　第2節は、高度経済成長期に尾瀬に隣接する新潟、福島、群馬の3県が、地域振興を目的にして、昔からあった厚生省の尾瀬公園計画をもとに、日光国立公園内の尾瀬沼湖畔をとおって沼田―田島間の県道を観光道路として建設する計画と、この計画を変更した国立公園行政当局の公認修正案と、それらの計画に反対して尾瀬の自然を守った尾瀬の住民、学者・文化人、広範な市民の運動について考察するものである。

　この問題は、反対運動の途中で尾瀬の長蔵小屋の三代目平野長靖の死亡と、新設早々の環境庁の大石武一長官の観光道路建設中止の英断とで、マスコミと世論を沸かせたが、これまでその経過を充分に冷静に検討した論文がなかった。本稿は、この課題を果たそうとするものである。

1　日光国立公園内の日光道路拡幅・太郎杉伐採計画とその反対運動

（1）栃木県による日光道路拡幅計画案の提起と計画反対の動き

　関東圏にあって国民的な人気が高かった日光国立公園は、周知のように、東照宮を中心とした社寺地区と中禅寺湖と湯元の奥日光とに大きく分かれていた。1975年に宇都宮・日光間のバイパスができるまでは、社寺地区への進入ルートは、一つしかなく極めて狭隘であったため、交通混雑がひどかった。

　日光市街地から中禅寺湖・湯元へ通じる交通路では、その入口である神橋

沿いの日光橋と神橋付近の道路の幅員は、5.6メートルにすぎなかったのである。そのうえ、日光・馬返し間には廃止されるまで軌道があって、戦前から「その路面上で交差しているため交通の一大難所」になっていた。「しかも、この軌道はもと日光橋上を通過していたのを、戦力増強の軍の要望により別に軌道橋を日光橋と神橋の間に斜めに架せられたので、神橋一帯の風致上の最大の支障になっていた」。敗戦後「国、県、市等の関係者は軌道橋設置の際の許可条件に従って、軌道橋の撤去を計り」、しかしそれで交通問題は解決したわけではなかった。

1964年3月20日の『読売新聞』(朝刊)によれば、1954年に栃木県は「国立公園の一部である東照宮と二荒山神社の土地を切りとり(「東照宮の所有地500平方メートルの買収」—引用者)、幅18メートル、片側2車線にする改修案をつくった。」「この改修案によると、けずり取られる部分には樹齢数百年のスギの大樹22本があり、このうち1本は樹齢600年くらい。東照宮がつくられる前からあって、"太郎杉"として親しまれていたことや、交通本位の改修で表玄関としての景観がそこなわれるとして地元や東照宮が猛反対した。」

国立公園行政当局は、県の申請をうけて、この計画の是非を国立公園審議会に諮問した。国立公園審議会は、1954年8月に「栃木県案に対する国立公園審議会の意見書」を提出し、「神橋付近は国立公園の入口及び、日光参観口として景観上最も重要な地点であり、かつ特別保護地区でもあって、道路拡幅のため石垣の切り取り、杉の伐採等現状変更並びに風致破壊を招く行為は絶体(ママ)に許容すべきではない。」と計画に反対をした。

そのうえで、「軌道の付替え及び道路の拡幅は何れも早急に実施すべきものと認めるが、協議会案(懸案)には次の理由により同意し難い」とし、「現状路線は大谷川右岸に変更」と提案した。

こうした批判と地元の反対もあって、1964年3月20日の『読売新聞』(朝刊)によれば、「建設省、栃木県では神橋わきの日光橋からまっすぐ東照宮下をトンネルでくり抜くバイパス案などを検討したが、いずれも10数億円という膨大な金が」かかるということで計画は、一時頓挫し膠着状態に陥ってしまった。

1964年の東京オリンピックを目前に控えて、高度経済成長期に入ってレジャーが大衆化し、マイカーが普及し、日光国立公園の利用者数が急激に増大したため、日光橋と神橋付近の道路の混雑はいっそう激しくなった。

先の『読売新聞』は、道路の混雑情況を「日光を訪れる観光客やバスは年々増加の一途をたどっているが、奥にあるいろは坂が整備され快適なドライブウェーになっている反面、表玄関の神橋付近約270メートルだけが幅5.6メートル。しかも市内電車が走っているため、たいへんなネックになっていた。通り抜けるのに1時間もかかる例はザラという。」と伝えている。

　そうした状況を考慮していた栃木県交通対策協議会は、かねてより「日光全体における交通総合対策」を検討していたが、その論議を踏まえ1963年に栃木県は、オリンピックまでの交通困難を解決するべく、再度日光道路拡幅計画を提起する動きを示した。

　この動きを察知した日本自然保護協会は、1962年4月にこの計画案にたいして、今回の計画は、国立公園審議会が1954年に絶対反対した栃木県計画案と同じであり、国立公園審議会の反対論を全文引用して、「神橋周辺は、日光二社一寺信仰発生の最も大切な地点であり、また我国の最も優れた国立公園の入口として、特別保護地区に指定されていますから、この地帯の風致毀損をもたらす如き行為は絶体に避けていただき度いと存じます」と述べ、絶対反対を表明した。

　1963年の春、日光市内では「春のあらし」が吹き荒れ、太郎杉周辺に大被害を与えた。『日光市史』によれば、「太郎杉の周辺、当宮（東照宮）御旅所を中心とする境内の立木、杉檜182本中の42本、すなわち2割3分強が倒木した。そのうち…道路を閉鎖したものが9本であるために、自動車の通行途絶が半日、電車が3日間運行を停止」するという事態が生じた。

　そこで日光道路拡幅計画が一挙に復活した。

　栃木県交通対策協議会は、「春のあらし」による太郎杉周辺の大被害をきっかけにして、1963年4月11日、日光道路拡幅計画についての陳情書と決議を東照宮に送付した。

　これをうけて栃木県は、1963年7月5日に、日光道路拡幅計画について厚生省国立公園行政当局に申請した。国立公園行政当局は、直ちに自然公園審議会に申請の可否を諮問した。

　この「道路改良事業」は、「道路幅員5メートルを16メートルに拡幅するために、神橋畔27本の老杉を伐採し、山側斜面の土石切取り跡に最高10メートル、延長43メートルに達する石垣壁を設置する」というものであった。

　1964年3月20日の『読売新聞』（朝刊）によれば、「建設省、栃木県では神橋

わきの日光橋からまっすぐ東照宮下をトンネルでくり抜くバイパス案などを検討したが、いずれも10数億円という膨大な金がかかり、オリンピックまでに間にあわないとして…（1963年の―引用者）暮れから同審議会に強く働きかけ、最初の改修案を認めるよう強く迫っていた。」

1964年に入って事態は一変した。

同じく上記の『読売新聞』（朝刊）によれば、栃木県、建設省の強い働きかけをうけていた自然公園審議会は、1964年3月14日に自然公園審議会委員9名によって、日光の「現地を視察」した。

現地視察を踏まえ、3月19日に開かれた自然公園審議会は、「①なかには風倒木や立ち枯れている木もある②根回りも浅くなっているので大きな台風で倒れるおそれもある、として大勢は切り倒し賛成となった。その場合の条件として①1本でも多く残すよう設計する②けずりとった部分にはツタをはわせるなど自然美を残す、という付帯条件がつけられた。」[10]

こうした自然公園審議会の突然の姿勢変更について、1965年2月10日の『朝日新聞』（朝刊）は、「昨春、瞬間風速50メートルの突風が吹き、太郎杉の何本か倒れ、道をふさいだ。」そのため「自然公園審議会は、あらし直後の現地調査で〈杉の伐採もやむを得ず〉と急に態度を変えた」と指摘している。

後に造林学者で宇都宮大学教授の鈴木丙馬は、この現地調査に関して「1964年の現地調査の結論として田村先生や沼田先生などが、5年で枯れる、15年は生きない、などと発言されて、その結論が直接厚生大臣に答申されて、この伐採許可が下されたいきさつがある」と指摘した。

そして東照宮が、宇都宮地裁に提訴した時には、「黙し難く私ら（本田正次先生と共同で）推断を鑑定書に認めて宇都宮地裁に提出した」。「敢えてこのような推断を私に言わしめねばならないはめに追込んだ恩師田村先生（自然保護協会理事長の資格で）を私は心からなさけなく思うのである。」と述べた。[11]

田村剛は、上高地ロープウェイ建設計画に賛成したように、日光道路拡幅・太郎杉伐採計画にも賛成していたことがわかる。時として、田村剛は、時流に流されて、信じ難いことであるが、自然破壊をもたらす開発計画に賛成したこともあったのである。田村剛を神聖化してはならない。[12]

（2）国立公園行政当局の日光道路拡幅計画案の承認と
その後の反対運動

　こうして、国立公園行政当局から諮問をうけていた自然公園審議会は、1962年の日本自然保護協会や東照宮、「日光杉を守る会」の反対にも拘わらず、1964年3月19日に「種々代替案を含めて検討した結果…やむを得ない」と日光道路拡幅計画案を承認する答申をおこなった。国立公園行政当局は、審議会の答申をうけて、1964年4月に計画案を承認した。[13]

　栃木県は、1964年4月の国立公園行政当局の認可をうけて、4月に道路拡幅・杉伐採事業計画を実施すべく東照宮の土地を収用するために建設省に「土地収用法の事業認定を申請」し、5月に建設省から事業認定をえた。[14]

　東照宮側の反撃が始まった。マスコミは、おおむね東照宮側に同情的であった。

　1964年3月21日の『読売新聞』（朝刊）の「編集手帳」は、「切るか、切らぬか杉並木…。10年間も見続けてきた日光神橋の杉も、ついに『オリンピックの要求には』は勝てず、ざっと半分は切り倒されことになった。」と述べ、あたかも計画が決まってしまったかのように悲観的に報じた。

　しかし「編集手帳」は、明解にもつぎのように問題の本質をつく鋭い論評を加え、東照宮側に同情的な姿勢を示した。

図7-1　太郎杉と日光道の配置図

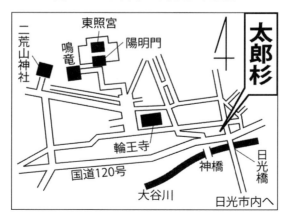

注　1969年4月9日『朝日新聞』（朝刊）より。

「ほんとうに天然の名勝や古蹟を保存するつもりならば、ずるずるべったりと近代交通におしまくられる前に、文化政策の根本をふまえてもっと大事にこれを保存する計画がなければならぬはずであった。」

「たとえば、この東照宮の50本の杉並木を"保存"するという根本方針がきまっていたならば、道路は何もここを改修せずともバイパスを考えるか、東照宮下のトンネルを掘るかの代案を推し進めるのであった。金がかかるというならばその金をつくることを国家的に考えるのが文化国家というものだ。」

「"時代の要請"やむを得ず、として杉並木を切って改修したとしても、また何年かたってたとえば奥日光開発の"時代の要請"で交通量がふえたら、こんどは東照宮も取りはらえ、ということになりかねまい。"時代の要請"と文化財の保存とをうまく調節してゆくところにこそ、観光行政、文化財保護のほんとうの精神があるのではないか。これは日光の杉並木だけの問題ではない。」

この論評は、極めてことの本質を鋭く指摘し、国立公園行政当局、自然公園審議会にたいする正鵠を射た批判でもあった。国立公園行政当局は、いつも開発と自然保護の調和を主張しながら、自然保護を犠牲にして開発を認めてきたからである。

さらに1964年3月27日の『読売新聞』（朝刊）は、「読者欄」に元衆議員（旧民主党）・笠井重治の投書を掲載した。

笠井重治は、「日光神橋の『太郎杉』と、杉並木数10本の伐採決定をきき慨嘆にたえない。『編集手帳』にも述べられているように、600年の名杉を『オリンピックの要請』と称して、道路拡張の犠牲とするのは痛ましいことである。バイパスかトンネルをつくって保存する方法があると思う。」と指摘し、アメリカの国立公園の優れた管理運営について触れながら、「日本では国立公園は有名無実で、日本の国民はあまりその恩恵も受けていない。…もっと国土や自然を愛するため関係当局者の猛省を望みたい。」と述べた。

1964年5月19日の『朝日新聞』（朝刊）によれば、東照宮側は、反対運動として、5月18日に「問題の太郎杉に『伐採反対』の垂れ幕をかけたほか、英文の横断幕や立看板を据付け数カ所に3万人を越す内外観光客たちに訴えた。」

そして同じ『朝日新聞』は、問題となっている「老杉には"神木"を意味するしめ飾りがつけられ、千人を越えた外人観光客を目あてに英文の横断幕がはられた。立看板には、並木青年会、日本自然保護協会、山内案内人組合、

など支援団体の署名もみられ」たと報じた。

さらに1964年5月19日の『朝日新聞』(夕刊)は、「東照宮としてはこうした形の一般向けPRのほか、24日に予定されている神社本庁評議会で中央政界への反対働きかけを決議してもらう方針で、運動の重点は政府、国会を目指している。」と報じた。

他方、栃木県側も強行突破をたくらんだ。

1964年6月3日の『読売新聞』(夕刊)によれば、栃木県側は、1964年6月2日夕方から、乱暴にも「オリンピックまでに拡幅工事を終わりたいと」、老「杉の木立に引っかからない大谷川ぞいの部分から」「ブルドーザー」を入れて「工事にとりかかった。」

こうした強引な栃木県のやり方にたいして、日本自然保護協会は、国立公園行政当局の承認にも拘わらず珍しく、1964年6月3日に「日光神橋畔老杉伐採による国道拡幅反対に関する意見書」を提出して、「神橋畔境内風致の最も重要な構成要素である太郎杉初め20数本の老杉を伐採し、神橋畔と御旅所間の急傾斜地の多量の土石を切り取り、その土留めのため最高10数米、延長40余米に亘る石垣を設けること」に反対した。そして「工事を中止」し、他の地域に「220余米のトンネルを掘さくする」という代替案を提起した。[15]

1964年6月に東照宮もまた、建設省が栃木県の事業認定したことに異議申し立てをおこなった。しかし建設省は1967年2月に、その異議申し立てを棄却することになるが。[16]

1964年12月18日『朝日新聞』(朝刊)によると、1964年12月17日に東照宮が提出していた請願書を取り上げた参議院建設委員会は、午後の半日にわたる論議をおこなった。しかし小山建設相は、「太郎杉伐採やむを得ぬ」、「チエをしぼってみたが、スギを切って道路を拡張する方針だ」と答弁し、国会請願書は採択されなかった。[17]

日光道路拡張・太郎杉伐採計画反対にとって大きな前進は、1965年5月に、中島健蔵、和歌森太郎、山本健吉、大仏次郎らの文化人により「日光杉を守る会」が結成されたことである。[18]

この「日光杉を守る会」は、詳しいことは不明だが、野村好弘(都立大助教授・民法)によれば、「各界文化人、約700名」が結集するほど大きな勢力だった。[19]

開発か自然保護かという問題の解決には、世論の動向が大きく作用するだ

けに、多くの文化人の参加する「日光杉を守る会」の動向は、各界に大きな影響を与えたと察せられる。

事実、1965年10月に、総理府の土地調整委員会は、「老杉群の伐採土砂の切り取りは好ましくない」[20]、「工事を見合わせ、伐採以外の方策をとるように建設省に勧告」[21]した。こうした政府内の一機関の動きは、明らかに世論の動きに反応したものである。

しばらく膠着状態がつづいたが、新たな動きが1967年2月に起きた。

1967年2月18日『読売新聞』(夕刊)によれば、栃木県が提訴していた「栃木県収用委員会は、(2月―引用者) 18日、日光・神橋向かいの国道をコブのように飛び出して交通の支障になっている『太郎杉』など15本のスギを切って国道を広げようという栃木県の土地、物件収容申請を認めて〈収容の期日を4月10日とする〉という裁決を下した。」「補償金は東照宮(スギ、土地の所有者)に対し528万8290円、輪王寺(同地内蛇王権現の所有者)に402万7216円」であるとした。

これにたいし東照宮側は、この「裁決」をうけて、ついに闘争の場を裁判所に移して、世論を背景に積極的に反対運動をおこなうことになった。

1967年2月18日『読売新聞』(夕刊)は、「東照宮では不服申し立て、宇都宮地裁への執行停止仮処分申請などで、さらに、世論にも訴え阻止すると言っている。」と報じた。そして東照宮は、2月22日に「土地県収用委員会の裁決取り消しの訴訟を宇都宮地裁に出し、同時にこの訴訟の効力と採決を停止する決定を同地裁に申請した」[22]。

栃木県当局の側も「3年にわたって代案を検討してきたが、いずれも太郎杉を切る場合の6－9倍(数億)の費用がかかるので問題にならない。重要文化財である神橋をそこなわずに国道拡張をするには、太郎杉を切るほか手はない。」と強い姿勢だった[23]。

なおこの段階で、1967年3月5日『読売新聞』(朝刊)は、東照宮が宇都宮地裁に提訴したことにたいし「太郎杉の行く手は明るくなさそうだ。」と悲観的な感想を述べている。

確かに、『読売新聞』の指摘するように、建設省という強力な権力、そしてさらに観光客を増やすことだけを願う利益追求主義に立つ栃木県、日光市、今市市など地元自治体が一丸となって立ち向かい、頼るべき国立公園行政当局、自然公園審議会などが道路拡幅・太郎杉伐採計画を承認し、しかも、交

通混雑を生んでいる原因を改善するのは当たり前だという常識的世論に楯ついて、東照宮側が闘いに勝利する見通しは、小さいように思われた。

しかし栃木県のこうした強硬策にたいして、『太郎杉を守る会』の文化人たちは、東照宮側を積極的に支援していた。『太郎杉を守る会』の和歌森太郎（東京教育大学教授）は「ただ残念というほかない。遺跡の古建築と近代の文明を両立させ、観光面に成果をあげているローマの知恵は、日本にはないものか」。山本健吉（評論家）は「太郎杉に限らないが、近代化の美名のもとに、ゆいしょあるものが失われてゆくのはたまらない」などと新聞を通じて道路拡幅・太郎杉伐採計画を批判した。(24)

（3）日光道路拡幅計画案をめぐる鈴木丙馬・江山正美論争

東照宮が栃木県、建設省と争っている1966年に、『国立公園』誌において栃木県の日光道路拡張・太郎杉伐採計画をめぐって、造園学者で元厚生省職員、東京農工大学教授の江山正美と造林学者の宇都宮大学教授鈴木丙馬とが、激しく論争をおこなっていた。

この論争は、国立公園制度が自然保護と開発の問題にどう対応すべきかについておこなわれたもので、大変興味深いものであった。しかし紙幅の都合でこの論争を詳細に紹介できないので、ごく簡単な紹介にとどめる。

最初、江山正美は、1966年4月の『国立公園』誌において、「自然時代の計画倫理」を掲載して、栃木県の日光道路拡張・太郎杉伐採計画を擁護した。(25)

江山正美は、そもそも自然公園・国立公園は、自然の保護を基調とし「自然の利用は従属的な存在」であるが、日本の国立公園法のいうように「自然を保護すると共にこれを利用するなんてできない相談」であり、「国立公園思想は、不可能なことを目的としている。」のであり、だから結局「相反する二つを両立させるには、自然も若干の破壊を許容し、利用する人間も若干の制限を甘受して妥協する以外に道はない。」と主張した。

こうして江山正美は、栃木県の日光道路拡張・太郎杉伐採計画を支持して、「私の計画案は、少々手荒い。神橋に面した太郎杉他輪王寺側の杉を全部伐採する。道路は計画通り拡巾して、輪王寺側の法面をゆるやかに改造、軒知石積を一切排した自然景観の育成をねらうのである。」と指摘した。

その理由として「あの辺りは自然景観というより人工景観である。」だか

ら「改造計画」こそ必要であり、栃木県の計画案、「私の改造計画は自然を尊重し、自然らしい景観の造成を企図するのである。」と結論づけるのであった。

こうした主張にたいして、鈴木丙馬は、1966年8・9月の『国立公園』誌に「歴史の尊重と自然保護」を掲載して、栃木県の計画と江山正美の賛成論を激しく批判した。[26]

鈴木丙馬は、江山の原則的な自然観に賛意を示しつつも、「日光神橋の太郎杉伐採」計画賛成論には「承服できない」と以下のように質問を発して激しく批判し、江山の回答と説明を要求した。

第1に、鈴木は、江山が田村剛、沼田真と同様に「太郎杉は間もなく枯れると断じられる」が、「然し本田正次、徳川宗敬両先生とともに太郎杉老杉群のうちには或いはまもなく枯れるものも1～2はあろうが、すくなくとも太郎杉に関する限り、現状のまま推移するならば最低50年間は絶対に枯れないことを鑑定書に認めて宇都宮地裁に提出した」通りである、と批判した。

その上で、林学を少しでも学んだ人ならわかるであろうに、江山の主張は「厚生大臣や建設大臣にこびたのか、それとも自動車会社連合や土建業会から多額のおぼしめしをいただいたからか。或いは同僚の前林野長官、栃木県知事の横川先生に同調されたためか。等々と憶測するのがむりであろうか。」と「手荒ら」に反論し、この点について「明解な御示教を乞いたい。」と述べた。

第2に、鈴木は、江山は、何故、350年の歴史によってできた日光の自然を無視し、伐採した後に、50年、100年で再現できるというが、「350年の歴史に立った日光の玄関の自然をどうして50年や100年で実現できようか」、それは不可能であると批判し、「この点についても御示教願いたい」と述べた。

第3に、鈴木は、「勝道上人が15年の難行苦行の末に今の神橋、山菅の蛇橋を渡って男体山を極めて大日光を開拓した歴史をどうお考えなのであろうか。」「千年の歴史を無視した大日光の風景は半分の価値まで下落するのではあるまいか。歴史は2度と戻らない尊いものなのだ。」と批判し、「江山先生のお考えを承りたい。」と述べた。

鈴木丙馬の批判をうけて江山正美は、1966年11月の『国立公園』誌に「自然保護・景観保護・造景―鈴木博士の公開質問―」を発表して、自然保護、景観保護、造園についての自説を展開しつつ、再び栃木県の計画を擁護し、

鈴木丙馬の批判に反論した。(27)

　要するに江山は、鈴木の3質問に答えることなく、自説の造景思想を述べ、「日光道路拡巾・太郎杉伐採」計画の妥当性を縷々主張し、「神橋の景観が醜悪であるからこれを抜本的に造景しようと言うのである。」

　以上の江山の応答をうけて鈴木丙馬は、「再び歴史の尊重と自然保護―江山先生にお答えする―」を1968年1月号の『国立公園』誌に掲載して反論した。

　前置きとして鈴木は、自分の三つの質問にまともに答えないことに業を煮やし、改めて三つの再質問をおこないながら、自説を再論し、再度江山正美の主張を批判した。(28)

　第1の質問にからめて、1959年に太郎杉伐採が問題になった折、自分は、植物学者として、同年5月に「太郎杉の生い立ちと神橋付近の整備方策」をしたため、「日光太郎杉樹群の伐採阻止の与論喚起の手段として、また建設大臣、厚生大臣、栃木県知事、国立公園審議会、自然保護協会、文化財保護委員会等々の反省をうながすために、敢えて鑑定書を書いた」と告白した。

　そして「1964年の現地調査の結論として田村先生や沼田先生などが、5年で枯れる、15年は生きない、などと発言されて、その結論が直接厚生大臣に答申されて、この伐採許可が下されたいきさつがある」と述べ、「黙し難く私等（本田正次先生と共同で）の推断を鑑定書に認めて宇都宮地裁に提出した」。「敢えてこのような推断を私に言わしめねばならないはめに追込んだ恩師田村先生（自然保護協会理事長の資格で）を私は心からなさけなく思うのである。」と述べた。

　鈴木は、江山が「日光太郎杉も昭和38年の暴風で弱っているから、まもなく枯れるだろう云々」というが、自分は「それは並木杉や日光太郎杉樹群にきいてもわかるまい。神だけがご存知だろう。」と考えている。江山も同じ考えと思うので、改めて問うこともないだろう、と指摘した。

　鈴木は、ここで、栃木県、建設省の計画に賛成した自然公園審議会の多数派や国立公園行政当局を批判し、最後まで太郎杉伐採に反対した。

　鈴木は、第2の「日光杉樹群の更新問題」にいて、つぎのように主張した。

　県や建設省は、日光杉樹群を伐採して、石積みを取りはずして、自然地形にして若杉を植えて、スロープにして自然石を配しその間に大苗の杉を植えて撫育間伐をくりかえせば「100年後、200年後に本来の、東照宮創建の350年

前の姿（松平正綱の修景計画）に再現」できると主張しているが、「私の主張する択伐更新で行けば、松平正綱の英智をそのまま引きついで、今後の世代に永遠に保存し、継続することができるだろう。」と主張した。そして「だからこそ、やむなくバイパスを別に作って、このネックは松平正綱時代の歩道として、ハイヤーだけを通す遊歩道として、神橋も、日光太郎杉も昔のまま保存せよと頑強に主張するわけである。」と述べた。

　論争は、必ずしもかみ合わない部分もあったが、江山正美は、自説の造景論にしたがって、建設省の主張の合理的な面を強調し、鈴木丙馬は、あくまで国立公園内の文化歴史遺産である原風景の保護を強調し、文化歴史遺産を軽視する江山正美の合理主義的な主張を批判した。この論争は、近代合理主義的な改革と自然保護との衝突の判定がいかにあるべきかの問題性をするどく浮き彫りにした極めて有意義なものであったというべきであろう。

　肝心の日光道路拡張・太郎杉伐採計画問題の現実は、東照宮が、1967年2月に建設省から「東照宮異議申し立て」棄却と栃木県の「土地収用時期の裁定」をうけて、1967年3月に宇都宮地裁に提訴して新たな段階に入っていった。

（4）宇都宮地裁での東照宮勝訴と建設省・栃木県の東京高裁への控訴

　東照宮は、1967年2月に建設省の「東照宮異議申し立て」棄却と栃木県の「土地収用時期の裁定」を不服として、建設省と栃木県を相手取り宇都宮地方裁判所に提訴し、「収容採決の効力停止」の申請をおこなった。これにたいし宇都宮地方裁判所は、3月に「太郎杉群伐採等回復困難な損害を避けるため裁判の確定するまで収容採決の効力を停止すると決定」した。[29]

　そのため再び道路拡幅・太郎杉問題は、1967年3月の提訴から1968年11月の結審まで解決が棚上げされ、しばらく静観状態に陥った。新聞報道も全く何もなかった。

　裁判は、約1年半重ねられ、1968年11月に宇都宮地方裁判所は、結審して判決を下すのを猶予し、事前に両者に「この事件は世間的にも大きな関心をひき起こしていることなどを考慮し、職権で和解を勧告する。若し2月末までに和解がととのわぬ時は裁判所にて直接判決を行う」と判定し、和解案を提出した。[30]

裁判所の和解案は、つぎのようなものであった。

「右により東照宮と栃木県とは和解協議中であるが、解決案としては、①太郎杉等老杉と神橋畔地形の現状保護、②国道の改修が完了する、の二つの目的を両立させることが必要である。このためには、前記自然保護協会の意見書の如く、日光橋突当り右側から御旅所裏側地下をトンネルにて貫通し県営駐車場に至る案が、実行可能の最適の解決案であると考える。」

しかし栃木県は、伐採案が3千数百万円であるのに、トンネル案は3億数千万円であり、受け入れがたいこともあって、半年をかけても和解案を受け入れなかった。[31]

結局、1969年4月9日に宇都宮地方裁判所は、東照宮側の申立てを支持する判決を下した。

この裁判を見守っていたマスコミ各新聞は、一斉に大々的に「景観保護が優先」「太郎杉の伐採中止」等の記事を載せ、これまでの日光道路拡幅・太郎杉伐採計画問題の経緯を回顧し、東照宮勝利の判決を好意的に報じた。

例えば、1969年4月9日の『読売新聞』（夕刊）は、四段抜きの「"太郎杉"きるな」、「道路より自然保護」「人間の力で再現できぬ」の大見出しで、宇都宮地裁の判決を報じた。

「判決主文」は「建設省の事業認定を取り消す。県の土地細目公告を取り消す。県収用委員会の裁定を取り消す。訴訟費用は県側が持つ。」であった。

先の『読売新聞』（夕刊）によれば「判決要旨」は以下のとおりであった。

「建設省、県の事業認定自体は、社会性を踏まえた正しい判断と思う。国道120号線は日光地方唯一の幹線道路であり、交通量その他から拡幅事業の必要性は十分に理解できる。しかし、日光の代表的な景観の地区であり、太郎杉は特別天然記念物や特別史跡に指定されていないが、この二つの指定を受けている"日光杉並み木街道"と同程度の重要性をもっている。

太郎杉は人間の力ではふたたび回復できるものではない。国民の学術的、歴史的、宗教的価値をもつものを伐採することは土地収用法第二条でいう"適正かつ合理的なもの"ではない。道路は、代替性をもつ。費用と時間をかければ別のところにもつくれる。裁判所の独善に陥ることは極力さけ、国民の一般がどう考えるかを考慮した。そのために、700人におよぶ文化人などの証言や新聞の論調も考慮した。県や日光市、県交通安全協会の意見は第三者的意見ではない。」

先の『読売新聞』(夕刊)は、末沢建設省計画課長補佐のコメント、「建設大臣の事業認定は適正なものと思っていただけに、意外な判決だ。道路拡張は公共上当然必要なことである。こんご、県や被告の建設大臣の代理になっている法務省とも検討するが、おそらく控訴することになるだろう。」を付記した。

　ここでは引用を省くが、1969年4月9日『朝日新聞』(朝刊)も同様の報道をおこなった。

　1969年4月11日の『日本経済新聞』は、「社説」においてこの判決に強力な賛意を表して注目をひいた。

　「社説」は、まず「日光のいわゆる『太郎杉』訴訟で宇都宮地裁が言い渡した判決は、経済の成長が引き起こすさまざまなヒズミに直面しているわが国の現状に対し、示唆に富んだものといえよう。」と指摘した。

　そして「人間と文化の名において、経済効率の追求に一定の限界があることを示唆した」この判決が、「東照宮側がバイパス建設が抜本策だと指摘しているのに対し、当局側が〈大きくまわり道をすれば膨大な費用がかかる〉と経済合理性一辺倒の発想に立っている」ことに、この「経済合理性一辺倒の発想的」を否定して、「一度失った文化遺産は再びよみがえらないとし、それを残すことの方が〈公益上有効だ〉としたのは、適切な判断だった。」と評価した。

　社説は、この判定が、通常、文化や自然を守ることが経済合理性を守る開発側の意見を〈公益上有効だ〉とする判定を覆し、その真逆に、経済合理性を守る開発側の主張より、文化や自然を守る東照宮側の主張を支持したことを、高く評価したのである。

　確かにこうした判例は、後にしばしば現れるものであったが、これまでのこうした問題への判定としては類をみない稀有なものであった。

　各紙は、読者の判決を支持し、喜ぶ投書を掲載した。

　例えば、1969年4月12日の『読売新聞』(朝刊)は、「もっと自然を愛そう」という学生と「自然と財産守るのが義務」という無職の女性の二つの投書を掲載した。さらに1969年4月21日の同紙(朝刊)に「太郎杉判決を喜ぶ　目先の利益を追うな」という60歳の男性会社員の投書を掲載した。

　さらに1969年5月9日『朝日新聞』(朝刊)は、判決を支持し、「国民各層の考え方も検討した」という判決に、「東照宮と宇都宮地裁には全国から、お祝

いや感謝の手紙が殺到した。」「東照宮に来た手紙は160通、有名人あり、無名人あり、内容もさまざまだ。」「〈世論の支持が頼みの綱〉といってきた東照宮は、積まれた手紙に涙を流さんばかり。一通一通に礼状を書いているが、近いうちに手紙をまとめて『みんなが守った太郎杉』という資料集を作り、さらに世論の盛上げをねらっている。」と報じた。

　各紙はしばらく、この問題を論じつづけた。しかし楽観は許されなかった。1969年4月21日の『朝日新聞』(夕刊) は、4月21日、建設省、栃木県、栃木県収用委員会は、地裁の判決に「国道120号の交通難を解消するには太郎杉を切らなくてはならず、バイパスをつくればよいという判決理由も巨額な経費がかかるので納得できないこと、太郎杉を切っても自然の景観は保存措置をすればあまり損なわくてすむなどをあげて、判決では国道120号の激しい交通難が直視されていない点や、法律論を避け、自然破壊に対する各種の批判を根拠にしたことを控訴理由とした。」と報じた。

　この控訴で事態の進展がまた停止した。

(5) 東京高裁による建設省・栃木県の控訴棄却と東照宮の最終的勝訴

　1969年4月21日に建設省、栃木県は、東京高裁に控訴したが、しばらくして、1969年の地裁の判決で元気を取り戻した日本自然保護協会は、この控訴をうけて、1969年6月3日に「日光神橋畔老杉伐採による国道拡幅反対に関する意見書」と長文の「反対理由書」を作成して各界に送った[32]。

　「意見書」は、縷々反対の理由を述べ、「そもそも、神橋畔老杉伐採による車道拡幅工事を中止せられ、前述のトンネル工事等による国道改修案を採用せられることを切望いたします。

　ついては2社1寺信仰上の立場のみならず、日光市、栃木県、大にしては日本国のために、百年の計を樹立せられて、国際的の物笑いとなるが如き軽挙を回避せられ、万人の納得しうる方途を講ぜられたく、理由書を付して意見書と致します」と結んだ。

　日本自然保護協会は、国立公園行政当局が日光道拡幅・太郎杉伐採計画を許可して以来発言を控えてきたが、1969年の宇都宮地裁の判決をうけて、とくに広く国民、文化人・学者から判決が支持されたことから、改めて計画反対を表明し、関係機関に訴えると同時に、控訴審に向けて圧力をかけた。

建設省、栃木県の東京高等裁判所への控訴後、新たな事態が生まれ、審議に大きな影響を与えることになった。
　1971年7月に自然保護に熱心な大石武一が新設の環境庁長官に就任したのである。前節でみたように、大石環境庁長官は、1971年8月にこれも国立公園行政当局が公認した新潟・福島・群馬3県合同の尾瀬縦貫観光有料道路建設計画に反対する平野長靖らと面会し、現地視察の末、計画の中止を言明し、1971年12月に尾瀬縦貫観光有料道路計画を中止させてしまったのである。
　大石環境庁長官は、後に日光の太郎杉問題で「西村英一建設大臣との間に、次のような話合いがあったことを記録しておきたい。」と述べ、つぎのように記している。
　「太郎杉裁判が宇都宮地方裁判所で結審に近づいていた」が「もし国側が敗ければ、当時の金で6、7億円を増加して他をう回しなければならなくなる。この裁判は自然保護行政の一つの試金石として、世間の耳目を集めていたのである。ある日の閣議のおり、私は隣席にいる西村建設大臣に〈太郎杉は絶対に伐ってはいけないよ〉と頼むと、彼は、〈明4月ごろ判決が出るが、仮に国が敗けても控訴しないよ〉とはっきり返事してくれた。」[33]
　こうした大石武一の環境庁長官就任は、恐らく控訴審に大きな影響を与えたと思われる。
　1971年12月23日の『読売新聞』（朝刊）によれば、二審の東京高裁の民事二部（白石健二裁判長）は、結審を前にして1971年12月22日の第12回口頭弁論で、「一審判決当時と事情が変わった」と「和解勧告を行い、スギが残る公算は非常に大きくなった。」「裁判所は、東北縦貫道から分岐して『いろは坂』へ通じるバイパス（約30.5キロ、4車線）の建設工事が5カ年計画ですすめられていることを指摘し、このバイパスが実現すれば120号線拡幅も必要なくなると暗示した。」
　裁判所の和解提案にたいして、「東照宮側は〈国、県と十分に話し合いたい〉と和解に応じる姿勢を見せたが、国、県は即答を避けた。」と報じられた。
　しかしその後、建設省も栃木県国も和解のための話合いに応じた。そうした話合いの最中の1972年初頭に、大石環境庁長官は、「西村建設大臣と会見、同席した田中通産大臣ともども、今後いっさい太郎杉は切らせないという点で了解した」と指摘があるように、大石環境庁長官は、太郎杉問題でも、積極的に自然保護政策を実行した。[34]

1971年12月22日の東京高裁による和解勧告の後、建設省も栃木県と東照宮との話合いは、「6回にわたって」、「1年近くにわたって続けられた」が、ついに1972年「10月に不調に終わった。」(35)

　そのため、東京高裁は1973年7月13日に結審することになっていたが、1973年7月11日『朝日新聞』（朝刊）によれば、7月13日の判決前の10日に参院建設委員会において「金丸建設相は、〈切るべきではないと考えている。東照宮側と和解の話もあるので、できるなら訴えを取りさげたい〉と答えた。」

　この答弁の背後には、裁判所の和解案で指摘されたように、いろは坂に通じる日光―宇都宮間のバイパスが1975年度に開通することになるので、建設省としてももはや争っても仕方がないと考えたからであった。

　しかし横川信夫栃木県知事は、先の『朝日新聞』（朝刊）によれば「訴訟の直接の責任者である建設大臣が、そんな発言をするのはおかしい」と不満をもらしたという。

　結局、1973年7月13日に東京高裁は、国の控訴を棄却し、東照宮の申立てを全面支持した宇都宮地裁の判決を追認することになった。

　1973年7月14日の『朝日新聞』（朝刊）は、「日光・東照宮の太郎杉など老木群を伐採して国道の幅を広げようとする建設省、栃木県の計画をめぐって東照宮と建設省、栃木県との間で争われていた『太郎杉訴訟』の控訴審で、東京高裁白石健三裁判長は13日〈この計画を認めた建設大臣の判断は、太郎杉周辺の土地のもつかけがえのない文化的価値や環境の保全を不当に軽視した誤った裁量判断であり違法。道路は費用と時間をかければできるが、文化財は一度失ったら二度と復元するのは不可能だ〉と、全面的に一審判決を支持し、控訴を棄却する判決を言い渡した。」と報じた。

　判決の内容は、一審判決を敷衍するもので、ここで改めて紹介することはないであろう。(36)

　マスコミ各紙は、もちろんこの画期的判決を大々的に報じたことはいうまでもない。

　結局、すでに示唆していたように、1973年7月27日『朝日新聞』（夕刊）は、1973年7月27日「建設省は…、日光・太郎杉問題について〈切ってはならない〉との去る13日の東京高等裁判所判決に従い、最高裁に上告しないことを決めた。」と報じた。

　1973年7月19日の『朝日新聞』（夕刊）は、東照宮の名誉宮司青木仁蔵の

談話を掲載した。青木仁蔵は、中央大学法学部卒の異色東照宮宮司であると同時に、敗戦直後まで内務省神祇院に勤務し、1959年から東照宮宮司を勤め、建設省・栃木県の道路拡幅・太郎杉伐採計画に異議申し立てをおこない、訴訟の先頭になって闘ってきた人である。

　彼はつぎのように語った。

　1964年4月「栃木県も県議会も、日光市も、市議会も、同居の輪王寺さえ、伐採派、あるいは傍観派に回った。地元では、東照宮は孤立に近かった。太郎杉とその一党15本の運命は、ほぼ決まった。だが、国内、外の声援は多い。勝ち目は少ないと思いつつ、その年の8月、行政訴訟にふみ切った。翌年、太郎杉を守る会ができた。足かけ10年の闘争、世論の高まりの中で勝訴。」
「良かった。良識が世論のおかげでよみがえったようです。」

小　括

　これまで考察してきた日光道路拡張・太郎杉伐採計画にたいする反対運動、とくに建設省・栃木県当局と東照宮との裁判闘争は、すでに指摘したように、国立公園史、国立公園内の自然保護運動史の中で極めて異色な問題であった。

　この闘争は、自然公園審議会、国立公園行政当局がひとたび承認した建設省と栃木県の開発計画に、計画の実行によって大きな被害をうける東照宮が、地元の住民とそれを支援する文化人・学者、マスコミ各紙の支援によって、計画を強行する当局を相手に訴訟をおこして、最終的に勝利したからである。

　こうした日光道路拡張・太郎杉伐採計画に反対する自然保護運動は、国立公園史、国立公園内の自然保護運動史にこれまでまったくみられなかった稀有な事例であり、国立公園内の自然保護運動史において極めて大きな意義があったと評価しなければならない。

　何より私が強調したいことは、これまでは、政府や地方自治体が企画する国立公園内の開発計画に、国立公園行政当局、国立公園審議会や自然公園審議会が公認した場合は、日本自然保護協会などの自然保護団体や住民が反対しても、その計画を覆すことができなかったということである。

　この闘争は、すぐ後に論じることになる尾瀬縦貫観光有料道路建設計画反対運動と同様に、政府や地方自治体が企画する国立公園内の開発計画を、国立公園行政当局、自然公園審議会が公認した場合でも、ひるむことなく強力

に闘いつづけ、しかも裁判に訴えて闘うことによって、開発計画を撤回できるということを天下に示したということである。こうした事実は、当時もまたその後の国立公園内の自然保護運動にも大きな影響を与えたに違いない。

日光道路拡張・太郎杉伐採計画に反対する闘争が勝利した要因についていえば、幾つかの要因が考えられる。

第1の勝因は、多くの事例と同じように、日光道路拡張・太郎杉伐採計画で収容されることになっていた東照宮の土地が、自然公園法の特別保護地区に指定されていて、容易に開発できないという法的な規制によって庇護されていたことである。さらに伐採を想定されていた太郎杉群が文化財保存法によって天然記念物に指定されていて、厳しく伐採が禁止されていたことである。

もっとも、そうした規定があっても、政府、自治体は、公共の利益を旗印にして、開発計画を提起してきたし、裁判所が公共の利益を認めて、開発計画を認めうる。

第2の勝因は、東照宮側、それを支持する地元の住民、さらに相当広範な文化人・学者たちが、国立公園行政当局や自然公園審議会が計画を公認したにも拘わらず、初心を貫いて闘う姿勢を止めなかったことである。マスコミなど新聞社の支援も、反対運動を大きく後押ししたことも無視できなかった。最後に再度、計画に反対した日本自然保護協会の役割もまた小さくはなかった。

第3に、裁判所の判定も大きな勝因であった。

一審の宇都宮地裁の判決は、国立公園行政当局や自然公園審議会が開発計画を認めているにも拘わらず、相手が強大な権力をもつ国家機関の一つである厚生省、栃木県であることを無視して、他に代替案がありうる道路開発計画を文化財、自然景観より重視せず、原告の主張を支持したことは、大きな勝因であった。

しかも、一審の時には、二審の時と違って、まだ宇都宮・日光・清滝のバイパスができることが決まっていなかったので、一審の判定は、そうとうに勇気のいるものだったと推察できる。

一審判決をおこなった裁判官は、いわば国民目線に配慮したと指摘しているように、第2の勝因として指摘した住民、とくに広範な文化人・学者の計画反対の動きがあったことをあげた。逆にいえば、国立公園行政当局や自然

公園審議会が開発計画を公認して反対運動が委縮してしまえば、裁判官も厳しい判決を避けたかもしれないのである。

　第4の勝因は、宇都宮地裁の判決の背景には、しばしば述べてきたように、1960年代後半に急速に広まった開発のヒズミ、とくに国立公園内の観光開発による自然、景観の破壊にたいする社会的批判が存在していたことを想起しなければならない。

　こうした社会情況は、東照宮やそれを支持する住民や文化人・学者グループだけでなく、宇都宮地裁の裁判官や1971年7月に環境庁長官に就任した大石武一にも大きく影響したのである。

2　尾瀬縦貫観光有料道路建設計画とその反対運動

（1）尾瀬縦貫観光有料道路建設計画の提出と国立公園行政当局の承認

　尾瀬沼湖畔を通過する沼田―田島間の道路建設計画は、図7－2に示したように、すでに1940年に厚生省の公園計画車道として提起されていたが、戦時下のため実現しなかった。[37]

　戦後の1949年に「この計画はさらに補強され、これを主要地方道大清水・七入線─つまり現在路線バスの終着地となっている大清水から車道を延長して三平峠─尾瀬沼─沼山峠─七入を結ぶ線─とすることが確認された。[38]」

　政府は、戦後の復興をめざし1956年に「観光事業振興基本計画」をつくり、「国際観光ルート」を設定し、1958年には、道路整備5カ年計画を提起し、国際観光道路整備、国際観光ルートなど観光道路の建設政策をすすめてきた。[39]

　1960年初頭に尾瀬に隣接する新潟、福島、群馬の3県は、政府の観光政策に沿って地域振興を意図し、1940年来の只見と沼田間を結ぶ道路計画の具体化として奥只見スカイライン建設計画の検討を開始した。1963年「6月に地元の新潟、福島、群馬県が『尾瀬・只見国際観光ルート』の3県協議会（会長、亘新潟県知事）を結成、観光自動車道の共同開発にのりだした。[40]」

　この「尾瀬・只見国際観光ルート」は、群馬県の尾瀬地区の大清水から三平峠と、福島県の御池から沼山峠と、新潟県のシルバーラインから奥只見銀山湖の林道と御池・沼山峠とを結ぶ道路であった。

図7-2　3県合同の尾瀬縦貫観光有料道路計画案

注　1971年8月8日『朝日新聞』（朝刊）より。

　3県の知事は、現に進行している尾瀬の過剰入山による自然破壊などどこ吹く風と、自然保護の義務を負う国立公園の意義などまったく考えず、ひたすら一時的な道路建設の経済効果と3県を結ぶ交通網よる地域経済の効果を期待して、尾瀬縦貫観光有料道路計画の実現に邁進していた。時あたかも一方では開発至上主義が蔓延しはじめ、他方では公害と自然破壊が激しくなろうとしている矢先であった。

　新潟、福島、群馬の3県は、1965年「7月2日に新潟市で3県の『尾瀬・奥只見観光ルート促進会議』を開き、厚生省と文部省に折衝して、特別保護地区と天然記念物地域内に道路をつくることを許可してもらうことを3県連名で要求することになった」。そして、その年の9月2日に「神田群馬県知事は…同県議会総合開発特別委員会で、はじめてその構想を明らかにした。」[41]

　こうした地元3県の動きに驚いた国立公園行政当局は、すでに国立公園の観光化とくに日光国立公園の一角である尾瀬の過剰利用によって自然、環境が危殆にさらされていることをある程度危惧していたので、何らかの対策を講じる必要を感じ、新たな尾瀬の公園計画の策定を迫られた。[42]

　3県知事は、1965年9「月中か10月初旬に厚生省、文部省と建設の折衝を始める」ことになったが、その中で、「厚生省内には天然記念物保護のため近く一部立入り禁止措置をとろうとしている特別保護地区に自動車道路をつくるのは好ましくないという意見」を知った。[43]

図7-3　厚生省の1965年9月の尾瀬縦貫観光有料道路予想案

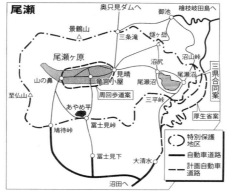

注　1965年9月9日『読売新聞』(朝刊)より。

　特別保護地区に自動車道路をつくるのは好ましくないという国立公園行政当局の動きにたいし3県は、さっそく反対の姿勢を示した。
　1965年9月3日『朝日新聞』(朝刊)は、尾瀬の群馬県地域を管理している群馬県観光課の話として「自動車道は文化財保護の立場も大いに尊重している。必要以上に立入り制限を加えることは、一般の利用者の便宜のため考えるべきことだ。尾瀬を見られないようにするのはおかしい。福島、新潟とも非常に熱心なので、県も加わって自動車道建設に努力しようと立ち上がった。」と報じた。
　国立公園行政当局は、1965年9月9日の『読売新聞』(朝刊)が伝えているように、この3県合同の尾瀬縦貫観光有料道路建設計画に当面して、また尾瀬の過剰利用によって尾瀬の自然破壊、環境汚染に直面して、25年ぶりに尾瀬の公園計画の見直しを発表した。
　その際に示唆された国立公園行政当局の見直し案は、図7-3に示したように、三平峠近くを通過して小田代を含む特別保護地区を縦断する1940年の道路案を踏襲した3県合同案を修正して、三平峠を避け大清水から中ノ岐林道を通って特別保護地区を3、4キロ東にずらして迂回させて沼山峠に向う案であった(44)。
　国立公園行政当局は、3県合同の「尾瀬・奥只見観光ルート」建設計画の申請をうけて、1965年10月上旬から「農林省林野庁、東京電力、尾瀬林業観

光会社、群馬・福島・新潟の３県とともに湿原外周歩道の建設、宿泊施設の限定、観光道路の規制の３点を中心に大がかりな調査を行ない、今年中に結論を出す。」ことを表明した。

調査を終えて国立公園行政当局は、12月17日に尾瀬を守るための新しい尾瀬の公園計画案を作成して公表した。

国立公園行政当局の新しい尾瀬の公園計画案の概要は、すでに本書第４章で詳しく論じたので、紹介を省くが、尾瀬縦貫観光有料道路に関する点だけを指摘すれば、「特別保護地区（8700ヘクタール）内には車道やロープウェーは認めない。これで３県合同の観光道路は尾瀬付近を通る計画を変更、大清水からう回、特別保護地区の外周を通ることになる。」「３県道路の新設にともない、特別保護地区外の４か所にモーター・プール、展望台などを設ける。また集団宿泊施設として、特別保護地区周辺の大清水、鳩待峠など４か所を指定する」というものであった。

要するに国立公園行政当局は、特別保護地区附近の通過を幾分か避けた尾瀬観光有料道路建設計画を承認し、おまけに特別保護地区の外の近くに駐車場や展望台の設置を認めたのである。

地元３県は、こうした1965年12月の国立公園行政当局案にたいし、不満を感じ、否定的姿勢を示した。特別保護地区をう回せよとの国立公園行政当局の計画変更要求にも拘わらず、次項でみるように、群馬県は、1966年に入り、３県合同の「尾瀬観光道路計画」にしたがって、大清水から三平峠に向けて道路拡幅工事に着手し始めた。福島県もまた、御池から沼山峠に向けて観光道路を建設し始めた。新潟県もまた、奥只見銀山湖の林道を尾瀬に向けて拡張し始めた。

1966年から1967年11月まで、「尾瀬観光道路計画」問題は、一方では、県道レベルで建設がすすむが、他方で本命の尾瀬縦貫部分については、決着が保留されてきた。

国立公園行政当局は、1967年11月に自然公園審議会に新たな案を諮問し、1967年12月２日に「国立公園審議会（自然公園審議会の誤り—引用者）は、…東京新宿御苑で計画部会を開き自然保護に軍配をあげた国立公園計画を答申」した。国立公園行政当局案は、自然公園審議会の了承をえて正式に承認された。

1967年12月の国立公園行政当局の最終案は、「尾瀬への主要出入り口は、

三平峠口、沼山峠口、群馬県の小淵沢田代口と新たに県道で計画される同県鳩待峠口の4か所に限られ、ここからの遊歩道についても、今回認められた八本以外は新たに追加することのないよう強調」した。(49)

　国立公園行政当局の最終案は、図7－4をみればわかるように、要するに、尾瀬の自然を守るとしながら、若干の保護政策を提起し、尾瀬観光道路建設計画については、特別保護地区内を通過する3合同案を否定したが、1965年9月国立公園行政当局が示した「見直し案」である三平峠に向わず大清水から中ノ岐林道へう回する案の撤回であり、尾瀬観光道路に三平峠口、沼山峠口、小淵沢田代口、鳩待峠口を設置することによって、尾瀬アプローチに自動車道利用を大幅に認めたものであり、特別保護地区から若干ずらして道路を認めるもので、3県合同案に大きく妥協する案であり、自然保護の点で1966年案から大きく後退する案であった。

　とくに尾瀬沼から1.4キロほどしかはなれていない三平峠近くに三平峠口と特別保護地区内の小淵沢田代湿原の近くに小淵沢田代口とを設置することは、これまで大清水から三平峠をこえて尾瀬沼に徒歩で入山する登山コース

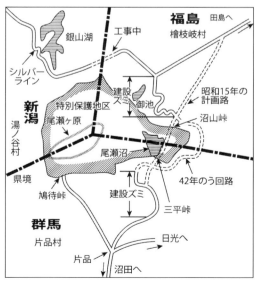

図7－4　1967年の厚生省のう回修正案

注　1971年8月13日『読売新聞』（朝刊）より。

を、極めて容易に尾瀬沼に入山させるコースとなり、バスやマイカーで来る登山の装いもなく、ハイカーにもならない、ハイヒールや皮靴をはいた大量の尾瀬観光ビジターを尾瀬沼や小淵沢田代周辺に迎え入れる遊歩道コースに変え、周辺の湿原、高山植物を破壊してしまう恐れがあった。

　従来の1年間に尾瀬ビジターは30万人だが「近い将来、尾瀬周辺の自動車道路が完成すると、100万人を越え被害も大きくなることが予想される」。

　国立公園行政当局の変更・迂回案は、すでに尾瀬の過剰利用による起きている自然破壊、環境汚染を、それ以上に拡大する危険極まりない観光優先の計画であり、尾瀬の自然保護を本質的に無視した計画であった。

（2）尾瀬縦貫観光有料道路建設工事の開始と反対運動の始動

　尾瀬縦貫観光有料道路建設計画の是非が争われる最中の1966年秋に群馬県は、3県合同の計画案にしたがって、「大清水からの県道改修工事」を三平峠に向けて開始した。

　1967年12月に国立公園行政当局が正式に尾瀬観光有料道路建設計画を認めてからは、群馬県、福島県は、晴れて正々堂々と尾瀬観光有料道路の建設工事をすすめた。

　当面の道路工事は、大清水―柳沢間（約2キロ強）、柳沢――ノ瀬間（約1キロ弱）、一ノ瀬―岩清水間（約2キロ弱）までであった。群馬県は、1968年から本格的な工事を開始し、1969年6月頃まで、大清水―柳沢間のやや平坦な道路設置の工事を完成した。

　1970年に柳沢から三平峠までの車道工事認可がおりて、1970年5月の雪どけとともに、工事はにわかに急ピッチになり、工事予算が前年の2倍になったのである。1970年12月に「柳沢――ノ瀬間」の道路がほぼ完成し、1971年春に「一ノ瀬―岩清水間」の工事が着工した。

　こうした道路建設工事は、道路周辺の自然の激しい破壊をともなった。

　工事を見守っていた現地住民の一人、尾瀬長蔵小屋の三代目平野長靖は、1969年6月25日に、ミニコミ紙『いわつばめ通信』を発行し、その創刊の辞に「いま、尾瀬の入口から奥に向って、まぎれもなく破壊が進んでいます。つい先年まで、イチリンソウやスミレがひっそりと咲いていた道は強引に広げられ、トチ、ミズナラ、ブナの巨木がどんどん伐り倒されました。遠くな

い将来、峠の上を自動車が迂回してゆく日、私たちの尾瀬は大きな変貌を強いられるでしょう。ねじ伏せられてゆく自然をまのあたりにする痛み――それが、この新聞のもう一つの動機です。」と述べている。

さらに「工事がやや加速された44年（1969年）、拡幅工事は終わって新たに森が伐り開かれはじめ」「多年にわたって一本一本に親しんで来た巨木が次々に倒され、美しい渓流が土砂で埋められて、…一ノ瀬には、汽車が3台並んで通れるほどの赤い鉄橋が出来てしまった」。

1971年の「雪どけとともに工事は急ピッチとなり、1ヶ月半ほどで、一ノ瀬から2.7キロのびて三平峠の中腹にかかりました。ブナやミズナラの木が倒され、山はだもけずられて、長いあいだ人々に親しまれて来た岩清水も6月の末にブルドーザーでつぶされてしまいました。」と述べた。

平野長靖は、1971年6月24日の『朝日新聞』への投書で、尾瀬の三平峠の破壊について、「峠の道は死につつある。」「泉から100メートル足らずに迫るブルドーザーを見た。すでに周囲のブナの木々は切り倒されて転がり、木蔭はなかった。あと数日で、ブルは泉のすぐ上を踏みにじり、清水は確実に涸れて、赤い土砂で埋めつくされるだろう。」と指摘した。

3県合同の尾瀬観光有料道路建設計画案にたいし、長蔵小屋の三代目平野長靖ら尾瀬の地元住民たちは、当初、表だった反対の動きを少しもみせなかった。平野長靖は、国立公園行政当局の1965年9月の「見直し案」が「三平峠

図7-5　尾瀬観光道路工事による自然破壊

注　1971年9月2日『読売新聞』（夕刊）より。

からはるか東の中ノ岐沢をとおる迂回コースに決定しそうだ、と聞いて私たちは、当時ホッとしていた」と述べ、1967年11月末に提出した「尾瀬の自然を守る」との名目で国立公園行政当局が提出した道路計画案に一安心したようであった。図7－5は、道路建設工事による自然破壊の一端を示したものである。

　平野長靖らが、尾瀬観光道路建設計画に反対することを意識し始めるのは、道路建設が自然を破壊しながらすすんでいくのを目の当たりした1969年頃からである。

　平野長靖は、すでに指摘したように、1969年6月25日に、『いわつばめ通信』を発行し、尾瀬縦貫観光有料道路建設反対の小さな声をあげたが、この段階では、まだ尾瀬縦貫観光有料道路建設反対運動を起すことを明確には意識していなかったようである。反対の声を運動にまでもっていこうと考えるようになったのは、1971年に入ってからであった。

　平野長靖は、先に引用したように、1971年6月24日の『朝日新聞』の「声」欄に「峠の泉が涸れる」と題して投書した。

　長靖は、「投書」の中で「私たちには8年前から恐れながら、むなしく座視してきた事柄だった。毎年、小さな声で無念さを語り続けてはきたが、なぜ反対運動をしないのかと問い返されると、一言もなかった。」「暮らしに追われたとはいえ、あまりに非力だった私たち自身を責めあざけるのみだ。」と書いている。

　長靖自身が回顧しているように、それは、確かに「奇妙な絶望の投書」であったが、しかし平野長靖の戦闘開始ののろしでもあったように思われる。

　折しも、1971年7月に自然・環境の保護行政の強化を目指し、環境庁が設置された。そして初代環境庁長官山中貞則の就任後の7月5日に自民党衆議院議員大石武一が環境庁長官に就任した。

　大石武一環境庁長官は、就任あいさつで「環境行政は長期的な見通しの下に、一元化の努力をしたい。一度失われたら二度と戻らない自然の保護に力を入れたい。全国各地につぎつぎと作られている観光自動車道路はもうやめてもらいたい」旨語った。

　大石環境庁長官の就任挨拶を新聞で知った尾瀬の地元住民は、1971年「7月上旬、とうとう沈黙に耐えきれなくなって、まず尾瀬沼に住む二人の主婦が〈何かできないかしら〉と口を開いた。」こうして彼らは、反対運動を手

さぐりで開始したのである。

　最初「ぼそぼそ、もやもやした 4 人か 5 人の会話が 2 週間ほど続いたすえ、〈とにかく、あまりに遅すぎるけど、市民運動の組織を作ろう。立ち上がりさえすれば、広い支持が期待できる。この組織が動きを始めるまで待っていないで、どこか政治の中央部に個人的にでもよいからあたってみよう〉という結論にようやくたどりついたのであった。」

　そうして彼らは、1971 年 7 月 19 日に『尾瀬の自然を破壊から守る会』の設立準備会を、これまで「自然解説や清掃アルバイトで長く尾瀬のために働いてきた学生・院生・研究者諸君」や「現地に住む数人」をさしあたり準備会の「にない手」として尾瀬で立ち上げた。「市民運動の組織」としては、「実質的に活動の中心になるのは人々の集中している東京周辺」であるとし、「東京に事務局を置」くことにした。

　しかし「この夜の空気は重苦しく、悲壮感さえあった」。というのは「自然公園審議会の答申をへて国が正式に認め、県が実施し、すでに何千万かの費用を注ぎこんでここまで来た工事にいちゃもんをつける場合、あらゆる行政機関や自治体と正面から対立せねばならない」からとの悲観論が強かったからである。しかし地元住民は、「この峠の道路こそ尾瀬にとって致命的なものなのだから、孤立を辞さず、なお残されているわずかの可能性という可能性を探ろう。という結論になったのである。」[64]

　「尾瀬の自然を破壊から守る会」の準備会は、発起人を平野長靖、その母親靖子、尾瀬駐在の国立公園管理員中島和の妻、千代子の 3 名でスタートした。[65]

　尾瀬の自然を破壊から守る会の結成準備会の後、1971 年 7 月 21 日、最初のアクションとして、平野長靖は、友人の民放テレビ局報道部記者 H・H さんの仲介をえて、大石環境庁長官を訪ね、尾瀬縦貫観光有料道路建設中止を訴えることにした。[66]

　この時の情況を平野長靖はつぎのように語っている。

　「温厚で飾らない人柄、政治手腕は未知数だが意欲的で、圧力に屈する人ではない、と教えられていたが、直接に話してみると、そのフィーリングのよさに驚いてしまった。」大石環境庁長官は、「〈新発足の環境庁の重要な仕事の一つは、あくなき観光開発による自然破壊に歯止めをかけることだ。すでに決定されているものでも、時代の要請にそってもう一度再検討したい。

来週にも尾瀬を視察しよう〉と思いもかけぬ明快な受けとめかたで、夢ではないか、とぽかんとしてしまった。」[67]

　尾瀬縦貫観光有料道路建設計画の再検討と尾瀬視察を約束した大石環境庁長官は、会見の翌日の7月22日に、「早速、環境庁の自然保護担当の参事官の大井道夫君（現・国民休暇村協会常務理事〈元国立公園局の職員―引用者〉）を長官室に呼んで、環境庁長官としてこの道路工事を止める法的根拠を至急調べるように指示した。」[68]

　「大井君の返事は、いろいろ調べてみたが、行政手続き的にはなんの落ち度もなく実施されてきているし、また環境庁長官にはこれを止める権限はないということであった。」「彼の説明によれば、あの道路は県道で、あの部分は建設省と群馬県で計画したもの。それまでに2度ほど国に問い合わせがあり、かつて日光国立公園を管理していた厚生省が着工の許可を与えていたものだ。すでに群馬県が5億円支出し、国が10億円の補助金を出して工事中のものだ。いまでこそ国立公園の管理は環境庁がするようになったとはいえ、建設省とは違う環境庁の長官が、いまごろになって工事中止を命令することは無理だということだった。」[69]

　重大な指摘である。通常であれば、参事官のこうした指摘によって、大臣は納得して、あえて違法となる手段をとらない。しかし大石環境庁長官は、合法的な尾瀬道路建設計画を中止させることの困難を承知のうえで、環境庁としてできることは何かを考えた。

　大石環境庁長官は、弱い官庁の国立公園部を「どうして自然保護行政を立ち直らせるか、その方策を考え」、自然保護行政を強化するために、あえて、登場してきた尾瀬観光有料道路建設計画問題「をきっかけに自然保護行政を立て直すことにしよう」とこの火中の栗を拾いあげる決意をした。[70]

　大石環境庁長官は、平野長靖との会見の翌日、1971年7月22日、「国立公園にドライブウェーを通すのは好ましくない。多くの抵抗が予想されるが、これまで国立公園行政は弱い面があったようだ。私としては尾瀬の自然を守る仕事を環境庁の初仕事としたい」と指摘し、月末に尾瀬視察をおこなうことを表明した。[71]

　大石長官の尾瀬縦貫観光有料道路建設中止発言は、さっそく地元で反応があらわれた。それは、観光道路建設賛成派からの平野長靖らへの圧力だった。新聞報道の後、平野の「小屋の無線電話が鳴りつづけた」、地元の関係筋、土

木工事事務所、片品村長、群馬県観光課から抗議の電話がつづき、反対運動の困難が予想された。⁽⁷²⁾

（３）環境庁長官の道路建設中止発言と反対運動の展開

　1971年７月末に尾瀬視察を表明した大石環境庁長官は、７月30日に至仏山に登り、翌日の31日に尾瀬湿原と尾瀬沼を視察し、その日の夜に尾瀬沼湖畔の長蔵小屋で住民と話合いをおこない、８月１日に、「問題の道路工事現場を視察」することになった。⁽⁷³⁾
　大石武一は、後にこの時の状況をつぎのように記している。
　「尾瀬の入口の一つである鳩待峠へ向かった。車の後ろには新聞社やテレビのジープが何台も続いていた。」「鳩待峠についたときに各社の記者、カメラマンは40人にのぼった。」「こんなにたくさんの報道人がやってきたということは、それだけ国民が自然に関心を持っている証拠である。⁽⁷⁴⁾」
　大石環境庁長官の現地視察は、マスコミを巻き込み、国民に尾瀬問題を知らしめるという大きな役割を果たしたことを意味していた。
　1971年８月１日『朝日新聞』（朝刊）は、大石長官の現地調査について、好意的につぎのように報じた。
　大石環境庁長官は、２日目の７月31日に「尾瀬湿原と尾瀬沼を視察し」、その夜、尾瀬沼湖畔の長蔵小屋で、長蔵小屋の平野長靖（35）に加え、長蔵小屋の２代目「平野長英さん（68）や地元福島県南会津郡檜枝岐（ひのえまた）村の星保忠村長や、居合わせたハイカーたち」との話し合いをおこなった。「長蔵小屋での話合いは、ときならぬ自然保護のティーチ・インになっていた。」
　平野長英は「〈環境庁長官。このままでは、この尾瀬にも自動車が押寄せ、騒音、排気ガスそれに心ない観光客がふえるだけです。何とか自動車道路の工事をストップさせて下さい〉。」と「せつせつと訴えた。」
　大石環境庁長官は「私も観光道路は、自然をこわすものだと思います。」と「大きくうなずいた。」「車に乗って観光道路を突走って、自然の良さがわかるものではありません。汗を流して歩いてこそ自然のすばらしさに感動を覚えるのです。」そして「群馬県がいま工事をつづけている観光道路工事を中止させ、ルートを大きく変えさせると約束した。」

大石環境庁長官の尾瀬観光有料道路工事中止発言は、問題を含んでいた。恐らくこれまでに類をみない重大な政治的発言で、まず地元に大きな波紋を起こした。

　1971年8月3日『朝日新聞』(夕刊)は、地元群馬県の神田坤六知事らは「自然公園審議会の答申を経て決った道路計画である。なのに今さらなにをいい出すのか」と「大石長官と真向から対立している」、「関連道路の建設計画をすすめる新潟、福島県も一様に渋い顔だ。」と報じた。

　さらに、神田群馬県知事は「不動産会社が山で別荘を作るのとはわけが違う。地元のためにはどうしても必要な道路です。現在以上にう回させるのは地形的に不可能なのではないか。大石長官の気持もわからぬではないが、工事中止や自主的な路線変更は考えられません」と語ったと報じた。

　また亘健男新潟県知事や折笠与四郎福島県副知事、大竹竜蔵片品村長、利根郡片品村戸倉の旅館業者の反対論を紹介した。

　以上にように地元3県当局と尾瀬の地元住民は、大石発言に強く反対した。

　他方、1971年8月2日『読売新聞』(朝刊)は、大石長官の「記者会見では、問題の観光道路について〈これ以上尾瀬をこわしたくない〉と述べながらも、長官としての裁断を迫る質問には〈ストップさせると即答できない〉と答え、視察中行なわれたハイカーとの対話集会で"公約"した工事中止から大きく後退した印象を与えた。」と冷ややかに報じた。

　大石環境庁長官自身は、しかし1971年8月3日の佐藤内閣の閣議で、尾瀬の現地視察について報告し、7月31日夜の現地住民と道路計画中止の約束と、8月1日の記者会見での道路計画中止発言の了解を求めて、強気だった。

　大石環境庁長官は、後にその時の閣議の情況についてつぎのように指摘した。(75)

　「自動車道路の建設は自然を破壊するので認められない」との意見にたいし、まず西村英一建設大臣が「この道路はすでに昨年、関係各省と群馬、新潟、福島の3県の間で合意したものだ。当時、国立公園の自然保護を担当していた厚生省の意見も入れ、わざわざ国立公園の特別保護地区の中を通らないようにした。いまさら変更せよといわれても困る」と発言した。

　つづいて赤城宗徳農林大臣が「大石君は就任以来、林道建設にも文句をつけているようだが、どういうつもりか」と食ってかかってきた。

　佐藤総理は「こうした閣議のやりとりを黙って聞いて」いただけで、大石

長官の意見を否定しようとはせず、大石発言をつぶすようなことをしなかった。これは特記しておいてよい。

　こうした閣議の事情について、1970年8月3日『朝日新聞』(夕刊)は「尾瀬保護に冷たい閣議」「路線変更に"待った"と関係閣僚　大石長官は孤立状態」と報じた。

　この問題について大石武一自身は、「ところが、この新聞が出ると世論が沸騰した。尾瀬を守れという自然保護運動がいっそう活発になってきた。閣議で孤立状態とは、どぎつい表現だったが、これがかえって、私に対する世論の支持を燃え上がらすことになった。」と述べている(76)。

　しかし閣議内での大石環境庁長官に対する反論はつづいた。

　大石環境庁長官は「次の閣議でも、通産大臣をしていた田中角栄氏から、一度決めた道路を途中で中止させるのは無謀だ、との強硬意見が述べられた。当時、田中氏は首相の座を目指して飛ぶ鳥を落とす勢いだった。これは大変なことになったと私は思った。」と述べている(77)。

　通常の国政レベルの話では、有力閣僚の反対ですべて終わりになるところだが、大石環境庁長官は、めげずに「確かに筋論からいえば、一度認めた工事を中止させるのは、無謀かもしれない。しかし、尾瀬の現地を見れば、中止せざるを得ないのだ。」と「懸命に反論を試みた。」(78)

　こうした大石環境庁長官の強気の背景には、1960年代後半の公害問題、自然保護問題に正面から取り組んでいた佐藤総理の後押しがあったことが見逃せない。大石武一が環境庁長官に就任する際に、佐藤総理から「君の思う通りにやりたまえ」という発言をえていたという(79)。佐藤総理は、その約束を守ったことになる。

　1971年7月31日夜の尾瀬沼湖畔における住民とのミーティングでの大石環境庁長官の観光有料道路建設中止発言とその後の発言を、マスコミが大々的に報じて、尾瀬の自然を守る運動は、勢いを増していった。

　1971年8月7日の『朝日新聞』(朝刊)は、大石環境庁「長官の方針を支持する人たちの動きも表面化し、各地で『尾瀬を守れ』の署名運動や陳情を始める計画が進んでいる。強まる自然保護の声の前に、これまでの道路開発のあり方が根本から問われることになった。」と報じた。

　大石環境庁長官発言に勢いづいて「尾瀬の自然を破壊から守る会」準備会は、1971年8月2日に、全国の自然団体、日本自然保護協会の東京周辺の会

員、『いわつばめ通信』を配送し長蔵小屋で把握している350名ほどの尾瀬ファンにアピールを発送し、自然保護を訴えた。[80]

その後、『尾瀬の自然を破壊から守る会』準備会は、街頭署名活動をおこなった。

1971年8月17日『朝日新聞』（夕刊）は、「尾瀬の自然を守るために道路建設に反対しようとの声も各地にひろがりつつある。『尾瀬の自然を破壊から守る会』では、全国で署名運動をつづけている。10万人が目標という。現地では『尾瀬の主』長蔵小屋の呼びかけに、16日までに6000人の登山者がこたえた。オレンジ色のニッコウキスゲの季節もすぎて秋を待ついま、この数字は、尾瀬を訪れたほとんどの人がペンをとったと、考えられる。署名の大半は、若者である。かれらの声を拾った。」と報じた。

当時のわが国の公害・自然破壊・環境汚染反対運動は高まりをみせていた。[81]

こうした状況の中で、尾瀬縦貫観光有料道路の建設から「尾瀬の自然を破壊から守る会」準備会を1971年7月19日に設立していた長蔵小屋の三代目平野長靖らの呼びかけに応じて、「立ち上がった地元住民、学者、ハイカーたち」は、1971年8月21日午後2時に「尾瀬の自然を守る会」を日本自然保護協会の事務局があった「東京都港区の虎ノ門電気会館ビルで」結成するに至った。[82]

発会式は、「代表に東京農大付属第一高校内海広重教諭をえらんだあと、自然を破壊する有料道路建設反対のため、地元群馬県の神田坤六知事に建設中止を確約させる決議文を送ることや、全国各県の自然保護を守る会と手をとりあい共闘をすすめることなど、8項目の当面の運動方針を決め、力強いスタートを切った」。[83] 8項目の当面の運動方針は、明らかではないが、アピールの要点と同じものだったと思われる。

結成大会に参加した人たちは、地元住民、尾瀬の長蔵小屋に宿泊して平野家と親しくしていた各界の人たち、ジャーナリスト、学者、文化人など多様な人たち、国立公園協会、日本自然保護協会の役員、会員など「200人」であった。[84]

とくに日本自然保護協会は、尾瀬の自然保護のために設立された事情もあり、自然保護を守る会の設立についても、「この『尾瀬の自然を破壊から守る会』に対しして全面的なバックアップをした。」[85]

日本自然保護協会で活躍した石神甲子郎、本田正次らが、国立公園協会の理事として発会式に出席していた。本田正次は、「尾瀬を守ろうという運動

は昭和の初から続いている。日本の自然保護は尾瀬から発したものだ。その意味でも絶対に尾瀬を潰してしてはならない」と挨拶した。

そして「尾瀬の自然を守る会」は、群馬県議会への5万人目標の署名活動をおこなった。

（4）大石環境庁長官の提案と3県知事との協議その後の攻防

尾瀬縦貫観光有料道路の建設工事が進行していく中で、大石環境庁長官は、1971年8月18日前後に「3県知事を招いて対策を話合う」と表明していた。こうして尾瀬縦貫観光有料道路の建設中止問題は、観光道路を廃止せよと主張する大石環境庁長官とそれに異論をとなえる地元3県知事との話し合いに移っていった。

1971年8月13日の『読売新聞』（朝刊）は、3県の動きについて、「〈国の方針にそって進めてきた事業のしりぬぐいを地方自治体がひっかぶるのだから簡単には引き下がれない〉ことは三県とも同じのようだ。国立公園内の事業は本来、国が行うのが建前。尾瀬の道路建設にしても、地方自治体が国の代わりに行なっている形なのに、自然保護を要求する世論に押された環境庁が、ただ簡単に〈作るな〉というだけで済まされないことも明らかだ。」と批判的に報じた。

そうした状況の中で、8月18日におこなわれた大石環境庁長官と地元3県と知事との話合いについて、1971年8月18日『読売新聞』（夕刊）は、つぎのように伝えた。

「自然保護か観光開発かをめぐって地元と国が対立している尾瀬観光道路問題で、大石武一環境庁長官は、18日午前10時から東京・千駄ヶ谷の同庁に亘士郎新潟県知事、神田坤六群馬県知事、折笠与四郎福島県副知事（木村知事代理）の3人を招いて約1時間にわたって話し合った。

尾瀬の自然を破壊する観光道路計画はやめてほしいという同長官の意向が、3県側に直接つたえられたのはこの日はじめてだが、尾瀬を守ることについてはもちろん3県とも異論がなかったものの、かんじんの道路については〈どうしても3県を結ぶ自動車道が欲しい〉という考え方を変えず、改めて道路計画を練り直すということで、話し合いは"物別れ"となった。」

では大石環境庁長官は、この日、具体的に何を提案したのであろうか。

1971年8月18日『読売新聞』(夕刊)によれば、①「尾瀬地区を通る群馬県・三平峠—福島県・沼山峠間14キロの道路計画は取りやめてほしい」、②「現在工事中の群馬県一ノ瀬—三平峠4キロを自動車道ではなく遊歩道にしてもらいたい」、③「その代わり、一ノ瀬に駐車場の建設を認める」の「3点」の「要望」であった。

そしてこの「要望」にたいして、3県知事は、「態度保留」とした。そして自らの言い分を各自つぎのように語った。

先の『読売新聞』によれば、地元側は「尾瀬は国民の宝だから是非ともこの自然を守って子孫に残したい」という同長官の考え方に同意しただけで、肝心の道路計画については、神田群馬県知事は、「建設省から補助金をもらって工事を進めているのに、それをすぐやめろといわれてもそうはいかない。福島と群馬をつなぐ会津街道を分断することは出来ない。」と主張した。

亘新潟県知事、折笠福島県副知事も同様に主張をした。

なお1971年8月18日『朝日新聞』(夕刊)は、「新潟、福島の2県はこの日の会談で〈う回もやむを得ない〉という比較的柔軟な姿勢だった」と指摘し、群馬県とやや違ったスタンスであると報じた。

そして、今後の方向につては、上記の『朝日新聞』は、大石環境庁長官は、「今月中にも自然公園審議会にはかって、この問題にカタをつけたい、」「〈自然公園法上の権限を行使するが、建設省や地元の考えも聞いて、できるだけ納得の上でことを運びたい〉といっている」と報じた。

大石環境庁長官の提案は、簡単にいえば、3県合同の特別保護地区を貫通する尾瀬観光有料道路建設計画案と、自然公園審議会で承認し1967年12月に厚生省大臣が承認した特別保護地区をう回する尾瀬観光有料道路計画案を共に廃止し、尾瀬観光道路を建設させない、ということであった。

これは、重大な問題点を抱えていた。

そもそも、閣議での建設大臣、農林大臣、通産大臣や3県知事が指摘したように、環境庁長官がそんなことができるのか、という問題であった。

さらに、大石環境庁長官の提案は、尾瀬観光有料道路を建設させない代わりに、現に建設のすすんだ大清水—一ノ瀬間の自動車道路を車道とせずに遊歩道にするというものであるが、すでに予算がついて、途中まで工事が進行しているものを、中止したり変更したりすることが、本当にできるのか、という問題であった。

この大石環境庁長官の提案は、大筋において尾瀬観光有料道路建設によって尾瀬の自然を大幅に破壊することを阻止し、道路建設によって招来する恐れのある尾瀬の過剰入山、過剰利用を阻止し、尾瀬の自然保護に基本的に貢献する類例をみない画期的な中止案であった。しかも、大石の提案は、3県知事が期待していた三平峠―沼山峠間を結ぶ観光有料道路建設計画の何らかの代替案をともなっていなかったということである。だから大石環境庁長官の提案は、福島―群馬間を結ぶという案の完全な否定であった。(89)

　1971年8月18日の『朝日新聞』（夕刊）によれば、会談後の記者会見で大石環境庁長官は「私の考えは3知事らに理解してもらったと思う。こんどの問題は日本の立派な自然環境を残すための行政の第一歩と考えている。住民や広く各方面の自然を守ろうという声が、こんどの環境庁の方針をきめる大きな力になった。」と語ったということである。

　そして1971年8月27日『読売新聞』（夕刊）は、8月「27日の閣議で、自然保護か観光開発かをめぐって問題となっていた国立公園『尾瀬』の自動車道建設について〈群馬、福島、新潟の3県知事との会談で問題の自動車道工事を中止することで3県の了解を得た。このため環境庁としては、早急に自然公園審議会に諮問して計画変更について答申を得たい〉と報告、了解を得た。」と報じた。

　しかし実際は、後の事態の展開からみて、観光道路の建設工事の中止がそう簡単に解決したわけではなかった。

　大石環境庁長官の8月18日提案にたいして二つの動きが加速した。一つは、「尾瀬の自然を守る会」の活動の活発化であった。もう一つは、地元の大石環境庁長官提案への反対運動の加速であった。

　1971年8月21日に「尾瀬の自然を守る会」は、大石長官の8月18日提案をうけて、明らかに尾瀬観光有料道路建設計画の中止が視野に入ってきたので活動を活発化した。

　平野長靖は、大石環境庁長官の8月18日提案後の8月21日の「尾瀬の自然を守る会」設立後、「すでに独自の運動を始めている野鳥の会群馬支部、群馬県自然保護連盟と連絡をとり、諏訪の自然を守る会など経験豊かな諸団体に学び、ビーナスライン反対の運動と提携しつつ、さしあたって、両県知事や各県会議員に面会し、群馬県内の生物、山岳関係の団体に働きかける一方、あいかわらず全国から送られてくる手紙、カンパの処理をする…内海以下事

務局と在京の有志会員は連日連夜奮闘をつづけた。」と語っている。(90)

1971年8月25日の『読売新聞』（朝刊）の「雑草」コラムは、「尾瀬はほんとうに守れるか」と題してつぎのように論じた。

「尾瀬の自然を守る運動が、尾瀬を愛する人たちを中心に大きく輪をひろげている。大石環境長官のところにも〈思い切ってやってほしい〉〈負けずにがんばって…〉という激励の手紙が毎日4、50通くるという。…自然を破壊から守り、これ以上公害をまき散らす人間不在の経済優先政策は、もうとらないというのが、政府の方針のはずだったが、現実には自然保護や公害問題となると、残念ながら政治は無力に近い。政府の手でやればできることを、さっぱりやろうとしないからだ。」

この指摘は、8月18日提案以降、尾瀬の自然を守る運動の盛り上りを示すと同時に政府のあいまいな態度をも指摘するものであった。

ともあれ、1971年8月21日に発足した「尾瀬の自然を守る会」は、積極的に運動をおこなった。

「尾瀬の自然を守る会」は、9月4日に、群馬県知事に公開質問状を提出した。9月11日に第2回総会を開き、9月21日に、県議会へ陳情をおこなった。9月26日には、東京、大阪、名古屋など全国50カ所で街頭署名をおこない、尾瀬観光有料道路建設反対のアピールをおこなった。9月30日には、全国で集めた尾瀬観光有料道路建設反対の7万5000人の署名を群馬県に提出した。10月中旬に、反対署名は10万人をこえたといわれている。(91)

「尾瀬の自然を守る会」は、10月2日に、地元の沼田でデモ行進と街頭署名運動をおこない、10月3日には、尾瀬現地集会を開催し、そこでゴミ持ち帰り運動を呼びかけた。10月9日に高崎で、10月23日に沼田で、11月13日に京都で「尾瀬の夕べ」を開催し、尾瀬縦貫観光有料道路建設反対を呼びかけた。11月27日には、「尾瀬の自然を守る会」の神奈川県支部が発足した。(92)

（5）尾瀬縦貫観光有料道路建設計画の最終的中止決定と後始末

広範な反対運動を背景に1971年11月19日の自然公園審議会は、大石環境庁長官の8月18日提案を承認し、尾瀬縦貫観光有料「道路建設を認めないことを決定した」。(93)

尾瀬縦貫観光有料道路建設計画を正式に否認した直後、尾瀬の自然を守る

運動に突然、大きな悲劇が起きた。1971年12月1日、平野長靖が尾瀬沼湖畔の長蔵小屋から東京で予定されていた「尾瀬の自然を守る会」に出席すべく下山中に、疲労のため、尾瀬山中にて死亡したのである。(94)しかし大きな混乱は起きなかった。

　大石環境庁長官の提案は、大筋認められ、尾瀬を守る運動の基本的な目的達成を意味したが、とはいえ予断は許されず、まだ手放しでは喜べる段階ではなかった。

　地元の尾瀬縦貫観光有料道路建設推進派は、これで終りというわけにはいかなかったからである。彼らは、自然公園審議会による1971年11月の大石環境庁長官提案承認後、しばらく鳴りを潜めていたが、1972年12月に群馬県が尾瀬観光有料道路建設に固執していることが明らかになった。

　1972年12月20日の『朝日新聞』（朝刊）は、群馬県議会で、共産党県議の質問に答えて、県土木部が、環境庁案で遊歩道計画だった片品村一ノ瀬―岩清水間約2.7キロを「当初の計画通り2車線の自動車道路とする」方針だという発言を報じた。

　群馬県の尾瀬縦貫観光有料道路建設推進派は、さし当り大清水―一ノ瀬間の観光道路あるいは大清水―三平峠間の観光道路の建設をおこない、将来大清水―沼山峠間の観光道路建設に繋げていこうと考えていた。(95)

　「尾瀬の自然を守る会」、後に新たに結成された「尾瀬自然保護研究会」は、そうした尾瀬縦貫観光有料道路建設推進派と闘うことになる。

　結局、最終的には1975年12月に「群馬県知事もついに大清水以奥の車乗入れを断念し、事実上尾瀬道路建設は中止された。」(96)

　紙幅の都合で、1972年後の尾瀬道路建設計画の攻防については、ここで論じるのを割愛した。この問題については、環境庁の国立公園政策の一つであった国立公園への入山規制の問題を論じる際に、別途に上高地の入山規制問題などと一緒に論じることにしたい。

小　括

　尾瀬縦貫観光有料道路建設計画問題は、国立公園の自然保護運動にとって極めて特異なそして意義の大きな問題であった。それは、ひとたび国立公園行政当局が承認した開発計画に反対運動が起きたことであり、しかもその反

対運動をうけて、新設の環境庁の大石武一長官が呼応して、尾瀬縦貫観光有料道路建設計画を中止させたからである。

　しかも大石環境庁長官の措置は、決して合法でもなく、従来の行政手法に反するものであった。こうして尾瀬縦貫観光有料道路建設計画は、極めてイレギュラーな形で中止された。

　そもそもそうした事態がどうして生じたのであろうか。基本的には日光道・太郎杉伐採反対運動の成功と同じように、尾瀬縦貫観光有料道路建設計画反対運動の勝利ということになるが、そこにはなお二つの事情があったと思われる。

　一つは、本文でも触れたように、佐藤内閣は、高度経済成長期の1960年代後半から進行してきた自然破壊、環境汚染、いわゆる公害に反対する運動に対処するために、環境庁を設立し、国民の不満を慰撫し批判を逸らせる必要があったことである。佐藤首相は、あえて自然保護、環境保全に関心のあった大石武一を環境庁長官に据えて、やや派手目なパフォーマンスを演じさせたということである。

　もう一つは、自然保護運動史に燦然と輝く尾瀬の長蔵小屋の三代目平野長靖が反対運動に立ち上がったということである。彼の呼び掛けは、尾瀬縦貫観光有料道路建設計画が国立公園行政当局に承認をえたものであるにも拘わらず、全国の自然保護に関心のある国民の耳目に達したのである。

　この二つの事情が相まって、尾瀬縦貫観光有料道路建設計画は大石武一環境庁長官の英断によって中止されたということである。大石武一環境庁長官のこの英断は、尾瀬縦貫観光有料道路建設計画を中止させた主要な要因であり、尾瀬縦貫観光有料道路建設計画反対運動を盛り上げる大きな原因であった。もし大石武一環境庁長官のこの決断がなければ、尾瀬縦貫観光有料道路建設計画反対運動は、あれほど盛り上がらなかったであろうし、尾瀬縦貫観光有料道路建設計画も中止されなかった可能性が大である。その限りで、大石武一環境庁長官のラジカルな政策は、尾瀬縦貫観光有料道路建設計画を中止させた主要な要因だったと指摘できる。

　しかし自然保護にラジカルであった大石武一環境庁長官の存在は例外的であり、1972年7月に大石武一が環境庁長官を退任するや、環境庁の国立公園政策は、元のパターンに戻ることになる。

　しかし1971年以後の自然保護運動には、国立公園行政当局から承認をえた

開発計画でも、反対運動がすすめられる事例が散見されるようになる。尾瀬縦貫観光有料道路建設計画運動は、そうした運動の先駆けとなった。

注
（１）日本自然保護協会「日光神橋周辺の環境保護に関する陳情書」、前掲『意見書集』、44頁。
（２）同上、45頁。
（３）1964年3月20日『読売新聞』（朝刊）。
（４）日光市史編纂委員会『日光市史』下巻、日光市、1979年、937頁。
（５）国立公園審議会「栃木県案に対する国立公園審議会の意見書」、前掲『意見書集』、45頁。
（６）前掲『日光市史』下巻、936頁。
（７）同上、936頁。
（８）同上、937頁。
（９）前掲『意見書集』、44頁。
（10）1964年3月20日『読売新聞』（朝刊）。
（11）鈴木丙馬「再び歴史の尊重と自然保護」、『国立公園』No.218、1968年1月、14頁。
（12）田村剛のこうした傾向については、拙著『自然保護と戦後日本の国立公園』の最終章の結び「田村剛小評論」を参照されたい。
（13）前掲『自然保護行政のあゆみ』、160頁。
（14）石神甲子郎「その後の太郎杉」、『自然保護』80号、1969年1月、4頁。
（15）日本自然保護協会「日光神橋畔老杉伐採による国道拡幅反対に関する意見書」、前掲『意見書集』、56頁。
（16）前掲「その後の太郎杉」、『自然保護』80号、4頁。
（17）1967年3月5日『読売新聞』（夕刊）。
（18）1969年4月9日と1967年3月5日の『読売新聞』（夕刊）、1973年7月11日『朝日新聞』（朝刊）参照。
（19）1973年7月16日『読売新聞』（夕刊）。
（20）前掲「その後の太郎杉」、『自然保護』80号、4頁。
（21）1969年4月9日『読売新聞』（夕刊）。
（22）1967年2月23日『読売新聞』（朝刊）。
（23）1967年3月5日『読売新聞』（朝刊）。
（24）同上。
（25）江山正美「自然時代の計画倫理」、『国立公園』No.197、1966年4月。

(26) 鈴木丙馬「歴史の尊重と自然保護」、『国立公園』No.201・202、1966年8・9月。
(27) 江山正美「自然保護・景観保護・造景―鈴木博士の公開質問に答える―」、『国立公園』No.204、1966年11月。
(28) 鈴木丙馬「再び歴史の尊重と自然保護―江山先生にお答えする―」、『国立公園』No.218、1968年1月。
(29) 前掲「その後の太郎杉」、『自然保護』80号、4頁。
(30) 同上、4頁。
(31) 「太郎杉生きのびる」、『自然保護』84号、1969年5月、2頁。
(32) 前掲『意見書集』、55-59頁。
(33) 大石武一『尾瀬までの道』、サンケイ出版、1982年、77-78頁。
(34) SOS通信「太郎杉は残った」、『自然保護』120号、1972年5月、16頁。
(35) 1973年1月5日『読売新聞』(朝刊)。
(36) 詳しくは、「日光太郎杉事件」、『環境法判例百選』、別冊『ジュリスト』No.171、2004年4月、有斐閣、188頁、参照。
(37) 日本自然保護協会『尾瀬の自然保護と利用のあり方』、日本自然保護協会、1994年、11頁。
(38) 同上、12頁。
(39) 本書第1章を参照。
(40) 1971年8月7日『朝日新聞』(朝刊)。
(41) 1965年9月3日『朝日新聞』(朝刊)。
(42) 本書第4章を参照。
(43) 1965年9月3日『朝日新聞』(朝刊)。
(44) 1965年9月9日の『読売新聞』(朝刊)。
(45) 1965年12月18日『読売新聞』(朝刊)。
(46) 同上。
(47) 同上、または本書第4章を参照。
(48) 1967年11月3日『読売新聞』(朝刊)。
(49) 同上。
(50) 1972年11月3日『朝日新聞』(朝刊)。
(51) 後藤允『尾瀬―山小屋三代の記』、岩波新書、1984年、150頁。
(52) 同上、189頁。
(53) 平野長靖『尾瀬に死す』、新潮社、1972年、232-233頁、218頁、前掲『尾瀬―山小屋三代の記』、189頁。
(54) 前掲『尾瀬に死す』、225頁。

(55) 同上、240－241頁。
(56) 同上、232頁。
(57) 同上、219頁。
(58) 同上、155頁。
(59) 同上、231頁。
(60) 同上、214－215頁。
(61) 同上、233頁。
(62) 前掲『尾瀬―山小屋三代の記』、159頁。詳しくは、1971年7月9日『朝日新聞』（朝刊）。
(63) 前掲『尾瀬に死す』、233頁。
(64) 以上、同上、233－234頁。
(65) 前掲『尾瀬―山小屋三代の記』、161頁。
(66) 同上、161頁。
(67) 前掲『尾瀬に死す』、235頁。
(68) 前掲大石『尾瀬までの道』、64頁。
(69) 同上、65頁。
(70) 同上、67頁。
(71) 前掲『尾瀬―山小屋三代の記』、162頁。
(72) 前掲『尾瀬に死す』、235頁。
(73) 1971年8月1日『朝日新聞』（朝刊）。
(74) 前掲『尾瀬までの道』、67－68頁。
(75) 同上、76－77頁。
(76) 同上、79頁。
(77) 同上、79頁。
(78) 同上、79頁。
(79) 同上、75頁。
(80) 前掲『尾瀬に死す』、236－237頁。
(81) 前掲『自然保護のあゆみ』、236頁以下参照。
(82) 1971年8月22日『読売新聞』（朝刊）。
(83) 同上。
(84) 前掲『尾瀬―山小屋三代の記』、169－170頁。
(85) 前掲『自然保護のあゆみ』、281－282頁。
(86) 同上、282頁。
(87) 前掲『尾瀬に死す』、237－238頁。
(88) 1971年8月7日『朝日新聞』（朝刊）。

(89) 大石環境庁長官のこの提案は、代替案をともなわなかったが、実は、1971年に森林開発公団の提起した奥鬼怒スーパー林道が、福島—群馬間を結ぶ構想を含んでいたのである。だから、群馬県は、大石環境庁長官の提案にたいしては、この代替案に期待していたのである。この点は、尾瀬奥鬼怒スーパー林道反対運動の検討に際して詳論したい。
(90) 前掲『尾瀬に死す』、237頁。
(91) 前掲『尾瀬—山小屋三代の記』、170頁。
(92) 同上、170頁。前掲『尾瀬に死す』、238頁。
(93) 前掲『自然保護のあゆみ』、282頁。
(94) 前掲『尾瀬—山小屋三代の記』、171－172頁。
(95) その後の攻防については、さし当り『朝日新聞』の1972年12月20日（朝刊）、1972年12月21日（朝刊）、1973年5月28日（朝刊）、1973年8月7日（朝刊）、『読売新聞』の1972年12月20日（朝刊）、1972年12月21日（朝刊）、を参照。
(96) 前掲『自然保護のあゆみ』、282頁。

第 8 章
中部山岳国立公園内の開発計画反対と自然保護運動

はしがき
1 　西穂高・上高地ロープウェイ建設計画と反対運動
2 　上高地観光有料道路建設計画と反対論
3 　乗鞍観光有料道路建設計画と反対意見
4 　朝日スーパー林道建設計画の問題

はしがき

　本章は、高度経済成長期の中部山岳国立公園内において提起された、幾つかの観光開発計画について考察する。第1節では、1963年に奥飛騨観光会社から提起された西穂高・上高地ロープウェイ建設計画、そのうち西穂高側からのロープウェイ建設計画は、国立公園行政当局の承認をえて実行されたが、上高地ロープウェイ建設計画は反対運動もあって、国立公園行政当局の承認をえられなかった事情を考察する。第2節では、1960年頃に長野県から提起された上高地観光有料道路建設計画が反対運動のために国立公園行政当局の認可をえられなかった事情を考察する。第3節では、高度経済成長期の初期に岐阜と長野の両県から提起された乗鞍山頂観光有料道路建設計画と一部に反対運動が起きたものの、計画が実行されていく事情を検討する。第4節は、1968年頃富山県と新潟県から提起された蓮華温泉から朝日岳を経て宇奈月温泉にいたる朝日スーパー林道建設計画と反対運動で計画が中止される事情を考察する。

1　西穂高・上高地ロープウェイ建設計画と反対運動

（1）上高地について

　朝日新聞社友松浦佐美太郎は、上高地は「国立公園になったがゆえに有名となり、あとからあとから美しい林の木は伐り倒され、ぶざまな建物がひしめき、今日のような無残な風景になってしまったのである。」「国立公園はあとからあとから指定されているのだが、指定するだけで、法律が高らかに歌いあげている日本の優れた自然美を子孫に残すために保護するという目的の方は、さっぱり忘れられているのが現状なのではないかと思われる。指定するのは国立公園行政で、指定してしまったあとは利権屋まかせというのでは、国立公園の法律を作った目的はどうなっているのかと云いたくなる。」と嘆いた。[1]

　中部山岳国立公園内の上高地は、国立公園の中でも富士山、尾瀬、立山と

第 8 章　中部山岳国立公園内の開発計画反対と自然保護運動

表 8 － 1　上高地方面利用者数調

年　次	万　人	指　数
1956	36.3	100.0
1957	42.0	111.3
1958	44.0	121.2
1959	49.4	136.8
1960	54.4	149.9
1961	56.8	156.6
1965	79.9 (推定)	222.8

注　長野県「上高地有料道路建設促進についてのお願い」より。

並んで、著名で人気の高い観光地であった。観光業者とそれに関連する産業界、あるいは地元自治体は、国民の人気を当てにして上高地の観光開発に邁進した。

　ちなみに、上高地の利用者数は、表 8 － 1 に示したように、1956年には36.3万人、その後漸増し、1960年には54.4万人、1965年には79.9万人と推定されている。1968年には73.3万人だったとの指摘もある。

（2）西穂高・上高地ロープウェイ建設計画の提起

　上高地へのおもなアクセスは、松本市内から島々をとおって、国道158号を梓川沿いに北上し、釜峠のトンネルをくぐって上高地に至るルートを基本とし、他のルートは、すべて登山道である。すなわち、島々から徳本峠を経て上高地へ下る登山道は、もっともポピュラーな上高地への登山道（約9時間）であり、他は、大町から中房温泉をへて燕岳に登って北アルプスの山々から上高地へ下山する登山道（約10数時間）しかない。

　かつて私が指摘したように、島々から上高地に至る道路の途中にある釜峠のトンネルは、一方交通で、上下交替でしかとおれない上高地への入山を規制する自然要塞であった。

　かつて上高地に国立公園管理員として行政に携わった宇野佐は、高度経済成長期の上高地の交通困難について、つぎのように指摘した。

　「近年急激に自動車の乗り入れが増加し、特に夏休みが始まる8月の初旬

図8-1 上高地・西穂岳ロープウェイ建設計画図

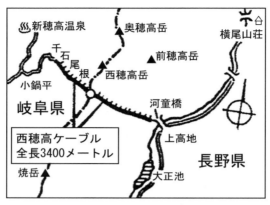

注 1964年7月26日『朝日新聞』(朝刊)より。

を中心に、年毎に交通渋滞が激しくなり、路線バスも観光バスも予定した時間の通りに運行できなくなってきた。上高地のホテルや旅館では、予約している宿泊客の到着が夕食時に間に合わないばかりか、時に深夜になるという始末。また下山客が松本駅への到着が遅れ、最終列車にさえ間に合わないで、駅構内で一夜を明かす事態が生じる程になっていた。」(4)

それゆえ、いっそうの上高地の観光地化に期待する長野、岐阜の両自治体、観光業者にとっては、島々―釜峠トンネル―上高地ルートの狭隘さは、まさにボトルネックであり、別ルートの開発が必要であった(図8-1を参考)。

その一つが、岐阜県側から西穂高尾根をへて上高地へ観光客を大量輸送しようとする西穂高・上高地ロープウェイ建設計画であった。

1963年5月9日の『朝日新聞』(夕刊)によれば、「奥飛驒観光開発会社(本社=高山市名田町、土井元夫社長)はこのほど名古屋、新潟両運輸局に、北アルプスの西穂高にロープウェイをかける免許申請をした。

コースは西穂高の裏側の小鍋谷(岐阜県吉城郡上宝村神坂)から西穂山荘に至る第一区(1650メートル)とさらに同山荘から長野県南安曇村上高地の梓川沿いのウェストン碑付近までの第二区(1870メートル)。

完成すれば全行程20分で結ばれ、子ども連れ、婦人でも手軽にアルプスをきわめることができる。」

この計画は、上宝村小鍋平―千石尾根―西穂高山荘間、西穂高山荘―上高

地(ウェストン碑付近)間の3.4キロのロープウェイの建設で、「観光客もゲタばきで山頂近くへ」という構想で、「50人乗りゴンドラ2台年間延べ20万人の利用者を見込み、通し料金は800円、これにともなって上高地でのホテル経営、ロッジ建設構想もあり、関西方面の観光客を送り込むのがねらい。」であった。

(3) ロープウェイ建設計画にたいする賛否

　この計画が提起されるや、この計画にたいする各界の意見は割れた。
　1964年7月26日の『朝日新聞』(朝刊)は、厚生省の自然公園審議会と日本自然保護協会の委員の計画"賛成派"が、現地調査をおこなったと伝え、「上高地をできるだけ自然のままの姿に保ちたいという関係者は大反対で、このところ上高地の大衆観光地化をめぐる議論がやかましくなってきた」と報じた。
　さらに『朝日新聞』は、「現地視察した造園学の権威で日本自然保護協会理事長の田村剛氏(自然公園審議会委員)は視察の感想を〈アルピニストの山は上高地から奥にあって、西穂高はにぎやかになった上高地の一部のようなものだ。ケーブルをつくることが自然美の破壊などと神経質にさわぐのはおかしい〉とはっきり賛成している。」と報じた。
　私は、田村剛が西穂高尾根―上高地間のケーブル建設に賛成したことをにわかに信じがたかったが、田村剛文庫の中に残されていた田村剛の署名のある「上高地ロープウェイ架設に対する批判」(年時不詳)と題するタイプ刷りの文書を発見し、田村剛が、西穂高尾根―上高地間のケーブル建設に賛成していることを発見した。
　「上高地ロープウェイ架設に対する批判」は、図8-2に示したように「要するにロープウェイの施設による損失はその利益に比べて極めて小さいので、この計画は今日の如く大衆化されている上高地としては妥当なもと考えられる」とはっきり述べている。
　明らかに、新聞報道のように田村剛は、西穂高尾根―上高地間のロープウェイ建設計画に賛成していたことがわかる。
　他方、先の『朝日新聞』は、計画反対派の意見として、「日本山岳会は去年暮れ(1962年―引用者)〈北アの自然景観を台なしにするもの〉と反対声明を

図8-2　田村剛のメモの写真

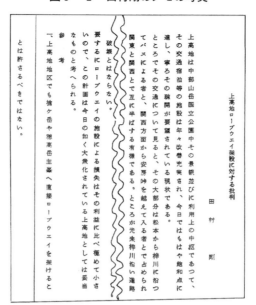

注　『田村剛文庫』中の資料。

出しており、地元の山岳関係者も〈観光地上高地と穂高連峰の観光開発はきっぱり区別して考えるべきだ。わが国アルピニストのメッカもケーブルなんかとうされては、魅力がなくなってしまう。一たんそこなわれた自然は元通りしようがない〉と反対声明に同意している。」と報じた。

さらに『朝日新聞』は、中部山岳国立公園管理事務所技官沢田栄介の意見としてつぎのように報じた。

「〈西穂高一帯は文化財保護の特別天然記念物指定を受け、保安林でもある。自然公園法によって近く特別保護地区にもなる予定だ。国立公園にケーブルをつくっていいなどという法的な許可条件はまったくない。"上高地から上の山は歩いて"という条件は今後どんな場合にも破ってはならない。厚生省や自然公園審議会では反対意見が圧倒的だ〉といっている」と。

この「国立公園にケーブルをつくっていいなどという法的な許可条件はまったくない」との指摘は正確ではないが、「厚生省や自然公園審議会では反対意見が圧倒的だ」という意見は、確かだったと思われる。

事実、1968年3月に日本自然保護協会は、「西穂高尾根西側索道建設に対する意見書」を提出して、この計画のうち、上高地側のロープウェイ計画については、「中止」されたと指摘し、他方、西穂高尾根西側索道については、普通地域を通過するものであり、千石平までを認め、千石平から西穂高山荘間のロープウェイを認めないと主張した。

奥飛騨観光開発会社は、「上高地側を除き、西穂高尾根西側部分の索道計画を進め」、関連部省に申請をしようとしていた。これを察知して、日本自然保護協会は、「西穂高尾根西側索道建設に対する意見書」を提出して、この計画の一部修正を提起したのである(7)。

「意見書」は、「今回の索道計画のうち、蒲田川畔より途中の千石尾根までの区間は、スキー場の適地であり、景観上も支障がすくなく、私有地の普通地域として索道設置の支障を認めません。しかし千石尾根以高の索道計画は賛成致しかねます。」と指摘し、ロープウェイを千石平までとし、千石平―西穂高山荘間のロープウェイ建設に反対した。

その理由とし「この地点も普通地域でありますが、元来は上高地特別保護地区の外縁として特別地域指定を行うべき国有地と考えますから、何卒厚生省国立公園局と農林省林野庁に於いて御協議を進められて西穂高尾根相当市を第1種特別地域に指定せられると共に、この様な国立公園の本質に反する営利本位の施設に対しては、国有地を貸与せざる様御願い致します。」と述べた。

さらに「元来西穂高尾根の如き高山地帯には、徒歩で汗して登ってこそ国立公園指定の意義があるものですが、もし千石尾根以高西穂高に至る索道計画が実現すれば気象的地形的に危険を伴う高山地帯である西穂高尾根に、心がまえのない人々が容易に到着できるのでややもすれば遭難等を招く惧れがあります。」とも指摘した。

（4）西穂高ロープウェイの承認と上高地ロープウェイの不許可

その後、1968年11月20日に、厚生省国立公園行政当局は、日本自然保護協会の「西穂高尾根西側索道建設に対する意見書」の提言に沿って、千石平―西穂高山荘間のロープウェイを不許可にし、条件付きで西穂高ロープウェイの建設計画を認可する方針を決め、21日に自然公園審議会の承認をえて認可

することになった。⁽⁸⁾

　もっとも、1968年11月21日の『朝日新聞』（朝刊）によれば、日本自然保護協会の主張に沿って、西穂高尾根西側索道建設計画は、施設地が「普通地域」のため厚生省の認可なしに、岐阜県の承認をうけ実行されたが、もし西穂高尾根西側が、特別保護地区に指定されていたら、この計画も実現しなかったかもしれない。

　しかし国立公園行政当局は、上高地側のロープウェイ計画を認めなかった。その根拠は、1968年3月28日に提出された日本自然保護協会の「西穂高尾根西側索道建設に対する意見書」が指摘しているように、「上高地一帯が国立公園の特別保護地区である上に、文化財保護法による特別名勝地・特別天然記念物の指定地で、厳重に現状維持を計るべき地域であり、自然を毀損する施設は建設すべきではないとの世論」であった。⁽⁹⁾

　田村剛の賛成意見は、ここでは否定されたことになる。あるいは、この段階で、田村は、自説を捨てて、日本自然保護協会の「意見書」の立場に移行したのかも知れない。

　ともあれ、開発会社は、日本自然保護協会の意見を入れて、千石平―西穂高山荘までのロープウェイ建設を諦め、「この地域の登山道、指導指標の整備、パトロール（5人）に責任をもち、また、強風などでロープウエーが止まったときには観光客を収容できるような終点に広いスペースを持った建物をつくることを同省から約束させられた。」⁽¹⁰⁾

　ちなみに、奥飛驒観光開発会社は、上高地線のロープウェイ計画が国立公園行政当局により不認可にされたにも拘わらず、1971年頃、再度計画の実施の動きをおこなった。もちろん当局が許可することはなかった。⁽¹¹⁾

　以上のように、西穂高・上高地ロープウェイ建設計画は、岐阜側のロープウェイが認められたが、上高地側のロープウェイが不許可になって、西穂高ロープウェイからの上高地への観光客の大量の流入が阻止され、松本方面からの上高地への大量の観光客の流入が阻止され、現状をこえて過剰な観光客を受け入れる観光施設の大幅増設と上高地の過剰利用による自然破壊が抑制されることになった。

　上高地側のロープウェイ建設計画にたいして、厚生省首脳・国立公園当局が具体的にどのように対応したか、さらには西穂高・上高地ロープウェイ建設計画に反対した日本自然保護協会をはじめ、日本山岳会や地元の山岳会が

具体的にどのように反対したか、残念ながら詳細に出来なかった。しかし上高地ロープウェイ建設計画の阻止が、上高地の自然保護の大きく貢献したことは疑いないものとして大いに評価されなければならない。

2　上高地観光有料道路建設計画と反対論

（1）長野県による上高地観光有料道路建設計画の提起

　もう一つの上高地への観光客の大量輸送計画は、（先の田村剛「上高地ロープウェイ架設に対する批判」が指摘しているように、）1960年前後に長野県庁が作成した「上高地交通の改善策として松本市から大滝山を経て白沢を下り上高地に入る有料道路の計画」であった。

　1961年のもと思われる長野県「上高地有料道路建設促進についてのお願い」と長野県「上高地有料道路計画書」（年代不詳）の2文書と、「上高地―徳本峠―大滝ドライブウェイ」（三郷上高地スカイライン）という手書きのメモ（署名はないが、田村剛のメモと推察される）が、田村剛文庫に残されている。

　長野県「上高地有料道路建設促進についてのお願い」によれば、上高地有料道路建設の「昭和36年8月1日陳情趣旨」は、以下のとおりである。

　「中部山岳国立公園上高地への激増する利用者に対処するため上高地有料道路を建設し、これにより、
　◎上高地の利用形態を宿泊基地から通過利用基地への転換により集中化を防止する。
　◎現在の袋小路的往復形態から回遊的通過形態に保護し、公園利用者の流動の円滑化が図られる。
　以上の点より現在の混乱から自然景観を積極的に保護し、公園利用者の便を図るためにも本道路の必要性は大きいものと考えられるのであります。」

　この文書は、恐らく長野県が厚生省あたりに提出しようとしたものと考えられるが、不思議なことに、あて先が明記されていない。

　具体的な計画は、長野県「上高地有料道路計画」という資料が指摘しているように、また図8－3に示したように、従来の上高地公園線を「根本的に計画を変え、松本より三郷村小倉地籍を経由し（季節道路を利用）、つめた沢

図8-3 上高地有料道路平面略図

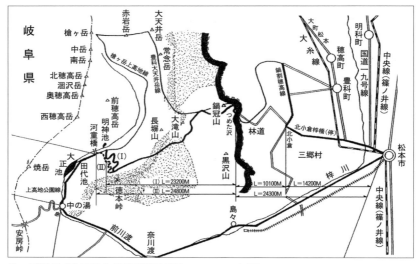

注　長野県「上高地有料道路建設促進についてのお願い」より。

地籍を起点として、鍋冠山、大瀧山の中腹を経由して、大瀧下（標高2200m）に到着し、北アルプス及び松本平、遠くは富士山を一望のうちにおさめて、上高地、明神池に至る、延長23.2kmの観光ルートの計画である。」[14]

　そして事業費は、10.1億円、道路延長23.2km、車道巾員5.5m、舗装（アスファルト）であった。[15]

　これで上高地への観光客の大量輸送が可能になる。

　先に表8-1で示したように、長野県は、上高地利用者数を、1960年に54万4290人とし、1961年を56万8565人、1965年を79万9710人と予測していた。しかし上高地観光有料道路建設計画では、この有料道路の招く上高地利用者数を明確に予想されていないが、西穂高・上高地ロープウェイでさえ、上高地への観光客の入山が年間20万と想定されていたから、ロープウェイよりさらに安易な上高地観光有料道路は、尾瀬観光有料道路の建設により現状の30万人を越えてさらに100万人近いと予想されたように、[16]100万人近くの観光客の入山が想定できる。

　こうした途方もない上高地観光有料道路建設計画は、上高地の過剰利用を極限まで増大し、上高地での過剰な宿泊・観光施設建設を招き、上高地の自

然、景観、環境に重大な障害を与えることが明確に予想される。

　上高地観光有料道路計画は、計画図に示されているように、北アルプス山岳地帯への観光有料道路建設計画拡大への誘惑が見て取れる。

　自治体、観光業界のそうした願望は、国立公園の自然破壊を代償として、列島改造論が跋扈し、バブル期の乱開発を想起すれば、国立公園への無理解、自然保護への無関心の強いわが国の現状では、無限に広がる可能性が大きかった。

（2）上高地観光有料道路計画案の消滅

　長野県の開発部局は、1960年前後に上高地観光有料道路建設計画案を策定したのであるが、厚生省に実際に許可申請を提出したかどうか、あるいは計画案が自然公園審議会にかけられたかどうか、今の私の研究段階では明らかではない。

　田村剛文庫に残された「上高地―徳本峠―大滝ドライブウエイ（三郷上高地スカイライン）」という、恐らく田村剛のメモと推察される署名のない手書きのメモが残されているが、それは明確に反対論を提起している。[17]

　このメモは、「失われつつある自然―せめて上高地ぐらいは残しておこう。」「現在、日本ではもうこれだけの原始境を求めることはほとんど不可能といってよい。北海道の一部を除くと、上高地と尾瀬ぐらいしか残っていない。…いはば、日本に最後の自然なのである。」

　「蝶ヶ岳、大滝山、徳本峠を結ぶ稜線の西側は、日本でも代表的な亜高山帯の原始林でその保護は学術会議からの政府かん告の対象にさえなっている。穂高連峰の東側が崩壊のため特異な岩峰をなして植生に乏しいため、上高地の原生林はこの地域に限られ、オオシラビソ、シラベ、ダケモミなどの針葉樹が数千町歩にわたりうっそうと生い茂っている様他に類例を見ないほどである。」

　「ドライブウエイが出来ると…」、「この原生林は伐採面積だけで1000町歩に達する。加うるに、排気ガスに弱い針葉樹が壊滅的打撃をうけることは、磐梯吾妻スカイライン沿いの原生林がわれわれに教えている。

　このように、生態系の一角が崩れると、連鎖反応的にカモシカ、クマ、タヌキなどの大型哺乳動物などに影響することは明らかで、保護区に致命的な

打撃を与えることになろう。
　こういった道路に伴って起きる直接的な被害だけではない。ドライブウェイの開通によって誘発される様々な影響も、飛躍的に増大するのである。」
　「これは、『道路改修に伴う誘発増と、それに無関係な誘発増を考慮に入れでも十分で』あり、かつ『とにかく、有料道路（新ドライブウェイ）開通のみが、混雑かん和の方法でないことは確かである』とさえ言いきっている。」
　「景色がいいから多くの人に見せたい、というかも知れない。たしかにそれは人情である。しかしもともこもなくなる方法までとって観光客の誘致をするのは余りにも軽率ではないだろうか。
　乗鞍にドライブウェイがあり、吾妻にスカイラインあり、蔵王にエコーラインあり、と年々歩かなくて登れる山は増加しつつある。
　何も好んで上高地にまで…、日本の代表的景勝地であり、最後の自然とも言える上高地まで、夏は俗化しているといい乍ら早春、晩秋の候には、今なお聖地の名に恥じない上高地を、箱根のようにしなくてもよいのではなからろうか。」と結んだ。
　厚生省国立公園行政当局は、1957年に上高地電源開発計画を中止させ、[18]1965年に上高地一帯を特別保護地区に指定し、国立公園内の名勝地として特別に力を入れて保護してきた。
　田村剛が、上高地観光有料道路計画案に反対したように、厚生省国立公園行政当局は、上高地観光有料道路建設計画案がだされた段階に、事前にこの計画案を認めなかったのではないかと思われる。上高地の法的な環境自然保護の状況は、上高地観光有料道路計画案を認める余地はほとんどなかったといってよいであろう。
　こうして上高地観光有料道路建設計画は、長野県観光開発史において表面化せず、環境庁や日本自然保護協会の自然保護史にも取り上げられていないが、厚生省国立公園行政当局が、上高地観光有料道路建設計画案を事前に葬り去ったという事実は、忘れないで記憶しておきたい。

3　乗鞍観光有料道路建設計画と反対意見

　高度経済成長期に入って、レジャーの大衆化が進展し、自動車の普及とと

図8-4 乗鞍岳山頂周辺の地図

注 筆者作成による。

もに山岳観光ドライブが盛んになってくる。それに目をつけた国立公園関係の自治体、観光関連業界、建設業界は、政府の後押しもあって、スカイラインとか○○○ラインと称して、国立公園内で観光有料道路の建設に取り組んだ。乗鞍岳登山道路建設計画は、富士スカイライン、大台ケ原ドライブラインと並んで早い時期に提起されたものの一つであった。

乗鞍岳は、北アルプスの中で独標であり、比較的登りやすく人気の高い山であった。観光ブームを背景にして長野県は、早くも1956年頃に乗鞍岳山頂車道路建設計画をたてていた。[19]

すでに1956年以前に「乗鞍岳（主峰権現ヶ岳3026m）は現在鶴ヶ池（2720m）まで車道を通じ、バスが運行」されていた。鶴ヶ池以上の地域は、「山頂の清浄を保持せしめるため、車両の進入を禁止し、徒歩を以って登山するのが最も望ましい」ものとされ、「国立公園計画に於いても同様の方針が決定」

されていた。[20]

ところが長野県は、1956年頃「鈴蘭方面より冷泉小屋を経て肩の小屋（2830m見当）の辺りまで車道をあげ、既設の鶴ヶ池車道の上方延長１キロ余りの辺りまで連絡する計画」をたてたのである。しかも「工事施工を防衛庁自衛隊に依頼する予定」であった。[21]

こうした乗鞍岳山頂への登山道路建設計画にたいし、日本自然保護協会は、1957年９月10日に「乗鞍岳頂上車道建設反対に関する陳情」を提出して、建設計画に反対を主張した。[22]

陳情書は、「若し此の如き計画が進展致す場合は、国立公園計画上乗鞍岳頂上の保護並びに利用上極めて不適当であり、且つ騒音と塵埃の多発により文部省関係の頂上設置のコロナ観測所及び宇宙線観測所の使命達成にも大いなる支障をきたす」として「車道計画を変更し、冷泉小屋より直接鶴ヶ池畔に連絡するとか、現在の鶴ヶ池以上の高地に車道を設置せざる様致されたく、本会評議員全員一致の決議に基き、ここに陳情致します。」と述べた。

この計画は、恐らく国立公園行政当局の反対で、しばらく自然公園審議会でも取り上げられなかった。国立公園内の観光開発にブレーキをかけるために、国立公園行政当局は、有力国立公園の貴重な自然・風景地域を特別保護地区に指定していたが、1965年に乗鞍岳頂上付近を特別保護地区に指定した。[23] そのため乗鞍岳頂上付近車道増設計画は影を潜めたかにみられた。

その後、国立公園行政当局は、自然公園審議会の議をへて、1960年10月に長野県が計画していた乗鞍岳登山線道路事業、「起点―長野県南安曇郡安曇村（三本滝）終点―長野県南安曇郡安曇村（位ヶ原）」を「起点―長野県南安曇郡安曇村（三本滝）終点―長野県南安曇郡安曇村（乗鞍鶴ヶ池）」に変更することを認めた。要するに、国立公園行政当局は、長野県側の国道84号線を三本滝までとした道路計画を、長野県の計画である肩の小屋辺への道路敷設を認めず、現行の道路のように直接に鶴ヶ池にまで延長することを認めたのである。[24] 1963年までに、長野県鈴蘭方面よりも鶴ヶ池畔に連絡車道」が出来上がっていた。[25]

他方、岐阜県側では、乗鞍岳頂上近くの鶴ヶ池までの自動車道路は、すでに戦前の1941年に出来上がっていた。鶴ヶ池と並ぶ「亀ケ池近くに陸軍の航空研究所をたてる計画により、平湯から自動車道の開発」がすすめられ、「亀ヶ池までの車道工事だけは完成し」、1948年７月までに岐阜県は、「この15キ

ロの道を県道に編入し、平湯〜乗鞍線」としていた。[26]

　山岳観光のブームを背景に、「岐阜県では高山市より更に乗鞍岳頂上有料道路を増設する計画を立て、高山市から小八賀川南側の尾根筋を日陰平山・丸黒山・千丁の原を経て乗鞍岳頂上に至り、更に野麦峠に下り御岳方面に連絡する予定」であった。[27] 岐阜県は、1968年頃に乗鞍岳頂上有料道路増設計画の申請をおこなった。[28]

　日本自然保護協会は、この動きを知って1968年3月28日に「乗鞍岳頂上付近車道増設反対の意見書」を提出した。[29]

　この「反対の意見書」は、1965年に乗鞍岳頂上付近一帯が特別保護地区指定以前に提出されていた「既設の平湯と鈴蘭より鶴ヶ池に至る車道は、共に特別保護地区指定以前の措置で、やむを得ぬものであった」と考えていたとしながらも、基本的には岐阜県側の「乗鞍岳山頂から鶴ヶ池まで車道を増設する」ことに「反対」するものであった。

　「意見書」は、「乗鞍山頂西側から鶴ヶ池まで車両を増設する時は、いかなるルートを選ぶとも乗鞍岳特別保護地区の荘厳な自然風景を甚だしく毀損するものでありますから許すべきではありません」と指摘し、また「コロナ観測所と宇宙線観測所」が設置してあるから、「従って必然的にその観測上支障の増大を伴なう車道増設の如きは、この面より禁止すべきであります。」と指摘し、乗鞍岳頂上有料道路増設計画に反対した。

　詳細は明らかではないが、岐阜県の乗鞍岳頂上有料道路増設計画は、認められず迂回して、岐阜側からの国道158号線、乗鞍スカイラインは、乗鞍岳頂上を避けて、長野側からの国道84号線、後の乗鞍エコーラインと結びつき、乗鞍スカイラインは、1973年に完成することになる。[30]

　ともあれ、乗鞍岳山頂道路計画は、特別保護地区の部分については建設を回避するように訂正され、山頂の貴重な自然を保護することになった。しかし大雪山縦貫観光有料道路計画や尾瀬縦貫観光有料道路計画が全面的に中止されたのと違って、乗鞍自動車道路はほぼ全面的に建設されて、山岳観光道路として、登山者だけでなく、大量の山岳観光客を乗鞍岳山頂に運ぶことになり、典型的な過剰ユーズを生み出し、乗鞍岳山頂周辺の自然、環境に大きなダメージを与えることになった。

　登山家で自然保護に熱心な加藤久晴東海大教授は、「乗鞍岳は、裾野が緩やかで広いため、低山帯から高山帯までの植物が垂直分布し、日本のほとん

どの哺乳動物が生息している。」「そこへ、自動車道の開通によって年間50万人もの人間が入るようになったのだからたまらない。沿道のシラビソ、オオシラビソ、トウヒなどの樹林帯でたちまち立ち枯れが始まり、、ヘアピンカーブ付近のハイマツ群落が衰退。またセイヨウタンポポ、アカツメグサなどの帰化植物が高山地帯にまで侵入してきた。乗鞍岳は、特別天然記念物で絶滅危惧種のライチョウの生息地として有名なのだが、その個体数がめっきり減ったという。」と指摘し、国立公園の貴重な自然地区の過剰利用とその弊害を簡潔に描写している。

こうした国立公園内の山岳道路の建設は、他の地域でたくさん見受けられたが、1960年代には、ほとんど大きな反対もなくおこなわれた。

後に残された自然保護の方策は、1970年代後半から1980年代にかけて乗鞍岳山頂付近に大量に入り込むマイカーによる過剰観光客を規制し、乗鞍岳頂上付近の自然破壊を制御することであった。これらの問題は、今後の研究課題としたい。

4　朝日スーパー林道建設計画の問題

富山県と新潟県は、レジャーブーム、マイカーによる山岳観光ブームを背景に、両県が協力して1968年頃に「中部山岳国立公園内の新潟県蓮華温泉から朝日岳鞍部（標高2200メートル）を通過し、富山県宇奈月温泉に至る朝日スーパー林道」の建設計画を準備した。

林野庁は、こうした意向をうけて、中部山岳国立公園内の朝日岳鞍部を通過する朝日スーパー林道計画として、厚生省国立公園行政当局と協議に入り、当初当局からこの計画に了承をえていた。

しかし、日本自然保護協会は、1966、67年頃から国立公園内の観光有料道路建設への批判が高まっていたので、国立公園行政当局の意向を無視して、1969年1月27日に「朝日岳経由黒部小滝間林道計画に関する意見書」を提出して反対を表明した。

「意見書」は、「白馬岳一帯は、わが国の高山植物お花畑の代表的地帯として有名であり」、計画路線が「北アルプス山脈を越す地点が」「未だ登山者も少なく、高山植物の宝庫として優れた地帯」であり、「この地帯には車道

の如きお花畑の荒廃を招く懼れある施設の建設は絶対に許すべきではありません。文化財保護法や自然公園法によってもこの地帯に車道の設置は当然禁止されると思います。」と指摘し、「朝日岳北方長栂山の北斜面の文化財保護法並に自然公園法により指定された保護地区以北の部分を通過するように計画変更」を要望した。

その後、1970年7月25日に日本自然保護協会は、「朝日岳スーパー林道計画変更について協議」したが、この朝日岳スーパー林道計画は、詳しい経緯は不明であるが「途中、特別保護地区・天然記念物指定地区を通過し、また蛇紋岩地質地帯を通過するなど、自然保護の見地から、立案を中止した」と指摘されている。

いずれにしろ結局、この計画の中止は、社会的にあまり問題化しなかったが、意見書が指摘しているように、この計画地域が、特別保護地区と特別天然記念物に指定されていて、厳しく開発が規制されていたからであった。もちろん、日本自然保護協会の反対圧力が大きかったことも忘れてはならない。

注
（1）松浦佐美太郎「国立公園の反省」、『国立公園』№261・262、1971年8・9月、14頁。
（2）本書第4章127頁、参照。
（3）前掲拙著『国立公園成立史の研究』、289頁。
（4）宇野佐『国立公園に魅せられて―自然公園行政に関わった三十年の追憶―』、私家版、2013年、191頁。この著書は、宇野氏より寄贈をうけた。感謝の意を記しておきたい。
（5）1964年7月26日『朝日新聞』（朝刊）。
（6）田村剛「上高地ロープウェイ架設に対する批判」、『田村剛文庫』、資料ナンバー、A－1－65。なお『田村剛文庫』は、「生物多様性センター」（富士吉田市）の一室にある。
（7）日本自然保護協会「西穂高尾根西側索道建設に対する意見書」、前掲『意見書集』、78－79頁。
（8）1968年11月21日『朝日新聞』（朝刊）。
（9）前掲『意見書集』、78頁。
（10）1968年11月21日『朝日新聞』（朝刊）。
（11）「新穂高ロープウェイ延長問題」、『自然保護』108号、1971年5月、11頁。

(12) 前掲田村「上高地ロープウェイ架設に対する批判」、『田村剛文庫』。
(13) 長野県「上高地有料道路建設促進についてのお願い」、『田村剛文庫』、資料ナンバー、A－1－62。
(14) 長野県「上高地有料道路計画書」、4頁。長野県歴史博物館の資料ナンバー、A－1－60。
(15) 同上、5頁。
(16) 1972年11月3日『朝日新聞』(朝刊)。
(17) 「上高地－徳本峠－大滝ドライブウェイ(三郷上高地スカイライン)」、『田村剛文庫』、資料ナンバー、A－1－62。
(18) 拙著『自然保護と戦後日本の国立公園』、第9章参照。
(19) 1957年9月10日「乗鞍岳山頂車道建設反対に関する陳情」、前掲『意見書集』、35頁。
(20) 同上、35頁。
(21) 同上、35頁。
(22) 同上、35－36頁。
(23) 1968年3月28日「乗鞍岳頂上付近車道増設反対の意見書」、前掲『意見書集』、80頁。
(24) 「自然公園審議会ニュース」、『国立公園』No.135、1961年3月、38頁。
(25) 1968年3月28日「乗鞍岳頂上付近車道増設反対の意見書」、『意見書集』、79頁。
(26) 永沢武編『北アルプス乗鞍岳物語』、ほおずき書籍、1986年、126－127頁。
(27) 前掲『意見書集』、79－80頁。
(28) 同上、79頁。
(29) 同上、79頁。
(30) 前掲『自然保護のあゆみ』、425頁。
(31) 加藤久晴「乗鞍・北アの不幸な山は変るのか」、『週刊金曜日』436号、2002年11月15日、28頁。
(32) 前掲『自然保護行政のあゆみ』、160頁。
(33) 同上、160頁。
(34) 1968年の自然公園審議会の「答申」をみよ。本書第1章を参照。
(35) 1969年1月27日「朝日岳経由黒部小滝間林道計画に関する意見書」、前掲『意見書集』、85－86頁。
(36) 同上、85－86頁。
(37) 前掲『自然保護のあゆみ』、年表、418頁。
(38) 前掲『自然保護行政のあゆみ』、160頁。

第 9 章
北海道国立公園内の観光道路・
オリンピック施設開発計画と自然保護運動

はじめに
1　大雪山国立公園内の二つの縦貫観光道路計画と反対運動
2　支笏洞爺国立公園内の恵庭岳滑降コース開発計画と自然保護運動

はじめに

　本章は、高度経済成長期における北海道の大雪山国立公園内の大雪山縦貫観光有料道路建設計画とそれらの計画に反対する運動、および支笏洞爺国立公園内の恵庭岳にオリンピック施設を建設する計画とそれにたいする自然保護運動について検討する。
　第1節は、大雪山国立公園内で北海道開発局によって提起された二つの大雪縦貫観光道路計画とそれらの計画にたいする反対運動について検討する。
　（1）では、1958年に北海道開発庁が提起した大雪山系の銀泉台から赤岳山頂をとおって勇駒別温泉に抜ける観光道路建設計画とそれにたいする北海道自然保護協会の反対をうけた北海道知事町村金五の英断によって中止された事情を考察する。
　（2）では、大雪山縦貫観光有料道路建設計画の提起とそれにたいする自然保護団体の反対運動について考察する。
　北海道開発局によって1963年頃提起された大雪山縦貫観光有料道路建設計画が、1966年に国立公園行政当局によって大雪山頂周辺の特別保護地区指定とバーターで承認された後、1971年7月に就任した大石武一環境庁長官により、建設工事開始寸前に工事を中止された。それを契機に大雪山縦貫道路建設計画反対運動は一挙に盛り上り、1972年7月に環境庁長官に就任した小山長規が大雪山縦貫道路建設計画の実行に向ったが、道路建設反対運動は衰えることなくさらに盛り上がっていった。1973年7月新たに就任した三木武夫環境庁長官のもとで、大雪山縦貫道路建設計画の是非を審査する自然公園審議会は、計画に反対の意向が強かったため、1973年10月に北海道開発局は、計画を事前に取り下げ、大雪山縦貫観光有料道路建設計画が中断され、自然保護運動が勝利した。
　第2節は、支笏洞爺国立公園内の恵庭岳のオリンピック施設建設計画とそれらの計画にたいする自然保護運動について明らかにし、オリンピック終了後に恵庭岳を復原する条件で、オリンピック施設建設計画を認める経過を考察する。

1 大雪山国立公園内の二つの縦貫観光道路建設計画と反対運動

（1）大雪山赤岳観光道路建設計画と北海道知事による計画中止

　戦後の復興政策として、北海道電力は、1951年に大雪山の層雲峡に発電所建設の計画をたてた。地元の上川町は、その計画にたいして賛否が分かれたが、結局賛成ということになり、1957年に条件付きで承認した。⁽¹⁾
　その過程で上川町町長は、1953年に層雲峡発電所建設の代償として、層雲峡の観光振興のために、層雲峡―赤岳間の観光道路建設計画を立案し、1958年に層雲峡―銀泉台間の観光道路（10キロ）を完成させた。⁽²⁾
　その後、銀泉台―赤岳山頂間10キロの道路建設は未完のままだった。1950年代末から北海道ではさまざまな開発問題が起き、北海道の自然が危機にさらされていた。大雪山の観光開発による荒廃を懸念して1959年に北海道自然保護協会が、設立された。⁽³⁾
　北海道開発庁は、すでに建設されていた層雲峡―銀泉台路線の延長線に、銀泉台から赤岳山頂をとおって勇駒別温泉（現在の旭岳温泉）へ抜ける観光有料道路の建設計画をたてた。
　北海道開発局は、1958年から、大雪山縦貫道路建設計画の調査を開始していた。⁽⁴⁾北海道自然保護協会は、恵庭スキー場や大雪山黒岳ロープウェイの建設問題など多くの問題を抱えていたため、赤岳観光道路建設計画問題にすぐに対応できなかったが、1966年10月の理事会で、「大雪山の自動車道路について」取り上げ、この計画の「延期または保留」について具申することを論議した。⁽⁵⁾
　この大雪山の自動車道路とは、「層雲峡渓谷から赤岳、白雲平、北海岳、熊ケ岳をそれぞれ経由し、大雪東面の裾合平にぬけるもの、他の一つはこれと白雲岳で交わり、高根ケ原を忠別岳方面へ南下するもの」であった。⁽⁶⁾
　こうして北海道自然保護協会は、1966年12月16日付けの、北海道自然保護協会長東条猛猪名の「大雪山国立公園地内の道路建設計画に関する意見書」を、坊秀男厚生大臣、佐藤尚武国立公園協会長、足立正国立公園審議会会長、町村金五北海道知事、北川禎一日本自然保護協会長、山河友次旭川営林局長、今正一上川支庁長などに宛て提出した。⁽⁷⁾

意見書の要点は、「この道路計画の遂行は、国立公園としてはいわば自殺行為に等しいもの」であるから、赤岳道路の延長工事を中止し、「大雪山中心部を経て勇駒別温泉へ至る路線計画を破棄する」ということであった。
　その後、北海道自然保護協会は、1967年1月28日の理事会で、北海道開発庁林政課長から大雪山道路計画の現状について説明をうけて、再度、大雪山道路建設計画に関する要望書を提出することを決めた。[8]
　そして北海道自然保護協会は、1967年11月28日の理事会で、大雪山道路委員会の「赤岳より白雲、裾合平を経てユコマンベツにいたる道々は、現在すでに開設されたる地点にてただちに中止すること」という答申を承認した。[9]こうして北海道自然保護協会は、1967年11月30日付けの「大雪山国立公園内の道路建設計画に関する要望書」を作成して関係方面に提出した。[10]
　その要望書の要点は、大雪山国立公園の自然保護のため、「大雪山中心部を経て勇駒別温泉に至る路線計画を廃棄する。」というものであった。[11]
　1968年3月に入って、日本自然保護協会は、北海道自然保護協会へ「大雪山頂横断車道設置反対の意見書」（1968年3月28日付）を提出し、「大雪山頂の車道建設は絶対に許可すべきではない」と指摘した。この意見書がだされたのは、後に詳しく述べるように、北海道自然保護協会内部で大雪山縦貫道路建設計画の是非をめぐって対立していたからであった。
　しかしこうした関係機関への「意見書」「要望書」の提出と事務当局の交渉では埒が明かず、北海道自然保護協会の「当時の井手賁夫理事長は町村金五知事に直接に陳情した。」「すると、話を聞いた知事はその場で中止を即断した。」[12]
　こうして大雪山赤岳観光道路建設計画は、日本自然保護協会と北海道自然保護協会の反対があって、町村金五知事の英断によって中止された。これは、大石武一環境庁長官が尾瀬の観光道路の建設中止を命じた事例に先立った特異な事例であった。当時は、自民党の中にもそうした知性をもった地方政治家がいたことが特記されてよい。北海道の自然保護運動に詳しい俵浩三は、町村北海道知事は、「当時は北海道自然保護協会の名誉会長を受諾」していた関係もあろうが、「自然保護について高い見識」をもっていたと評した。[13]

（2）北海道開発庁の大雪山縦貫観光道路計画と反対運動

①北海道自然保護協会の設立と協会の組織体質

　戦後すでに北海道では、雌阿寒岳硫黄鉱山開発計画、大雪山麓の層雲峡電源開発計画、その他の幾つかの電源開発計画があり、それらの計画に反対する自然保護運動も起きていた。[14]

　北海道開発庁は、戦後の復興を終えて、1960年の所得倍増計画の実施によりレジャーブームが進行する中で、1963年から第2期総合開発計画を実施し、とくに道内の道路建設と観光施設の建設に励んできた。[15]

　「北海道開発庁の経済調査報告」は、大雪山国立公園の中にスキーリフト、ロープウェイ、ゴルフ場、旅館など新設する計画を提起し、「自然公園をレジャーランド化する」ことを考えていた。[16]

　こうした情況をみて、戦前来自然保護運動に参加し、戦後も日本自然保護協会に係わっていた元北大教授舘脇操は、戦後復興をへて新たに北海道でも経済振興に向けて産業開発がすすめば、自然破壊が進展することを予知して、北海道自然保護協会の設立を思い立った。1959年10月に、当時植物園長だった舘脇操は、北大教授たちを中心にして日本自然保護協会の支部のような形でサロン的な北海道自然保護協会を設立した。[17]

　この組織には、北海道林政の権威林常夫を会長に、後に北海道自然保護協会の中心的人物になる北大の井手賁夫教授（ドイツ文学）をはじめ、今井道雄（札幌医科大教授、哲学、倫理学）、犬飼哲夫（元北大教授、酪農大学教授、動物学）、宮脇恒（東大演習林長）、石川俊夫（北大名誉教授、火山学）、小関隆祺（北大教授、林政学）など北大、札幌医科大の教授たちが集まっていた。[18]

　しかしこの協会は、必ずしも自然保護運動に積極的ではなく、1961年に突然会長の林常夫が辞任したのをきっかけにして、自然保護運動に積極的な会員たちは、この協会を日本自然保護協会北海道支部として再出発させることにし、会長と支部長には今井道雄、幹事に小関隆祺、石川俊夫、井手賁夫の3名を選出した。[19]

　1963年頃になって、大雪山の黒岳にロープウェイや旭岳にリフトが建設されるという話がでてきて、日本山岳会の伊藤秀五郎（札幌医大、生物学、登山家）、金光正次（札幌医科大教授、公衆衛生学）、渡辺千尚（北大農学部教授、昆虫学）、井手賁夫の4人が集まって、「自然保護をしかりやるために、日本

自然保護協会から離れて、北海道自然保護協会として独立した組織を作ろうということになった。」日本自然保護協会に強く係わっていた舘脇と小関はこれに反対して、身を引いた。[20]

こうして1964年12月に北海道自然保護協会が設立された。設立準備は4月からおこなわれて、発起人90名を集め、当初会長候補としてあがった島本融（道銀頭取）が辞退して、東条猛猪（拓銀頭取）が会長に、今井道雄がそれをサポートする条件で決まり、副会長に今井道雄、犬飼哲夫、また名誉会長には、北海道知事の町村金五が選出された。そして多くの常任理事、理事が選任された。[21]

常任理事には、表9－1に示したように、北大教授6名、東大教授1名、札幌医科大教授1名、道の数名の林業関係者が名を連ねていた。

表9－1　北海道自然保護協会設立時の常任理事名と役職一覧

氏　名	職　業
石川俊夫	北大名誉教授、火山学
籠山京	北大教授、貧困研究
高倉新一郎	北大教授、農業経済学、歴史学
渡辺千尚	北大農学部教授、昆虫学
高橋延清	東大教授、演習林長、林学
金光正次	札幌医科大教授、公衆衛生学
櫛田徳一	道林務部、林学
小林庸秀	北海道林務部、林学
子幡弘之	農林省営林局、林学
宮脇恒	北大演習林長
西野睦夫	北海道衛生部長
今田敬一	道の有名画家
田川隆	不明
中野正彦	不明
斉田春雄	植物分類学者
木村春吉	日本森林技術協会北海道支部長

注　前掲『北海道の自然』No.33、109頁の常任理事名簿と
　　役職については、協会の『会報』およびwebから作成。

第9章　北海道国立公園内の観光道路・オリンピック施設開発計画と自然保護運動

表9－2　北海道自然保護協会設立時の理事名と役職一覧

氏　名	職　業
杉野目晴貞	北大教授、有機化学
島倉享次郎	北大教授農学部教授、動物遺伝学
大野清七	札幌医科大教授、スキー界の重鎮
山田幸男	北大教授、植物学
小関隆祺	北大教授、林政学
佐山励一	北海道教育委員会会長
紅林晃	北海道教育委員会委員
林常夫	元道林政技師
島本融	北海道銀行頭取
道家斉次	北海道銀行幹部
岡松成太郎	元商工省官僚、北海道電力社長明
広瀬経一	元拓銀頭取、北海道商工会議所連合会会頭
萩原吉太郎	北炭社長、北炭観光社長
町田叡光	羽幌炭鉱社長
地崎宇三郎	地崎工業、自民党衆議員
伊藤義郎	伊藤組土建社長
安藤孝俊	道漁連会長、道水産業界の重鎮
真弓政久	真弓林業社長
山田秀三	北海道曹達株式会社会長、文人
佐藤貢	雪印会長、酪農学園理事

注　前掲『北海道の自然』№33、109頁の理事名簿と役職については、協会『会報』およびwebから作成。

　当初の理事は、表9－2に示したように、30名であったが、多くの大学教授、杉野目晴貞（北大教授、有機化学）、島倉享次郎（北大教授、農学部、動物遺伝学）、山田幸男（北大教授、植物学）、大野清七（札幌医科大教授、スキー界の重鎮）、などのほか、北海道庁関係者、佐山励一（北海道教育委員会会長）、紅林晃（北海道教育委員会）、林常夫（元道林政技師）が選ばれていた。

　その他とくに注目されるのは、財界から多くの有力者が理事に選ばれていたことである。島本融（道銀頭取）、道家斉次（道銀幹部）、岡松成太郎（元商工省官僚、北海道電力社長）、広瀬経一（元拓銀頭取、北海道商工会議所連合会会頭）、萩原吉太郎（北炭社長、北炭観光社長）、町田叡光（羽幌炭鉱社長）、地崎宇三郎（地崎工業、自民党衆議員）、伊藤義郎（伊藤組土建社長）、安藤孝俊（道漁連会長）、真弓政久（真弓林業社長）、山田秀三（北海道曹達株式会社会長、文人）、佐藤貢（雪印会長、酪農学園理事）など、北海道の錚々たる財界人が

理事に選ばれていた。

さらに、詳細は不明だが、法人会員というのがあって、王子造林、北電土木部などから代表が理事会に出席していた。

以上のように、北海道自然保護協会の理事には財界人が多数参加しており、日本自然保護協会の役員構成について論じた時に述べたように[22]、開発に熱心な大企業の役員が多数占めているこの組織は、いったい何だろうかと疑いたくなるくらいである。彼らが本当に北海道の自然保護のために北海道自然保護協会に参加したのであろうか、という疑問が生まれる。この疑問は、北海道自然保護協会の活動がすすむにしたがって解けていく。

さらに北海道自然保護協会の財政についていえば、日本自然保護協会と同じように、会員は個人会員と法人会員に分かれていて、日本自然保護協会と同様に法人会費に大きく依存していた。

表9-3で示したように、北海道自然保護協会の収入は、日本自然保護協会の収入と違って寄付や委託事業費がなく、ほぼ会員の会費に依存していた。しかしその会費収入は、1968年には120万円だったが、そのうち85.2%が法人会費で、個人会費は、14.8%にしかすぎなかった。1972年には210万円の会費収入のうち、法人会費が60.9%、個人会費は39.1%であった。個人会費への比重が相当増したが、なお法人会費への依存は高かった。

こうした財政事情は、北海道自然保護協会形成期の役員が財界や北海道庁に大きく依存していたことと併せ、本協会の財界や北海道庁への依存体質を

表9-3 北海道自然保護協会の収入構造（単位万円）

	1968年度	1969年度	1972年度
法人会費	81.0（67.5）	99.4（64.3）	96.5（45.8）
個人会費	14.1（11.7）	15.4（6.9）	61.9（32.2）
雑収入	―	12.0（7.7）	8.9（4.2）
預金利子	0.4	0.4	0.4
前記繰越金	24.6（20.5）	26.6（16.8）	42.6（23.1）
合　計	120.0（100.0）	154.4（100.0）	210.3（100.0）

注　前掲『会報』No.7、1969年6月、6頁より作成。
　　1968年度会費（95.1万円）の比率、個人＝14.8％　法人＝85.2％
　　1969年度会費（114.8万円）の比率、個人＝13.4％　法人＝86.6％
　　1972年度会費（158.4万円）の比率、個人＝39.1％　法人＝60.9％

形作っていたといえよう。その矛盾は、道内の観光道路建設計画が具体化してくるにしたがって、自然保護のあり方をめぐって顕在化し、ついに1972年に会長辞任問題となって爆発することになる。

②北海道開発局による大雪山縦貫道路建設計画の提起

　北海道開発局は、1971年に大雪山を忠別から清水まで縦貫する道路計画案を「忠別清水線」として正式に指定した。この路線に先立って、1958年10月に「上川支庁美瑛町、東川町、十勝支庁新得町との間で、縦貫道路の話」が持ち上ったという。そして関係市町村の有力者たちは、1960年に「天人峡―新得間縦貫道路建設期成会」を設立して、建設促進運動を展開した。そして当局は、1967年度から「天人峡・新得線」として、調査をおこなった。

　その後、厚生省国立公園行政当局は、1963年頃、大雪山の山頂部を特別保護地区に指定して自然を保護しようと林野庁などの関係官庁と調整していた。「地元では開発が出来なくなるのを恐れて（特別保護地区指定に―引用者）反対が強く、仲々話し合いがつか」ず、調整は難航した。

　北海道開発局は、国立公園行政当局により大雪山の山頂部が特別保護地区に指定されると大雪山縦貫道路建設計画の実現が不可能になることを見越して、1966年頃までに、「大雪山系を南北に縦断して、十勝支庁新得町からトムラウシ岳（2141メートル）を経て天人峡を結ぶ延長約70キロ」の道路建設計画案を固めていた。

　しかも北海道開発局は、後にみるように、1966年12月には、北海道自然保護協会が大雪山道路建設計画に反対を表明したため、大雪山縦貫道路建設計画の立案を急ぎ、1967年に「約600万円の調査費」を計上し、「コース設定の調査」をおこなった。

　国立公園行政当局は、大雪山の山頂部を特別保護地区に指定するため、北海道庁に「諮問」していたが、北海道開発局は、1968年6月に「保護区の真中を通る開発道の新設工事は認めてほしいという条件をつけて」、特別保護地区の指定を認める旨「答申」してきた。

　しかし国立公園行政当局は、予定の特別保護地区のど真ん中を縦貫する「天人峡新得線」を認めるわけにいかず、特別保護地区の指定交渉が進展しなかった。

　北海道開発局は、1969年に「鹿越あん部ルート案」を提案してきた。しか

し国立公園行政当局は、自然公園法の趣旨からみてもそれに同意せず、再検討を要求した。

1970年に国立公園行政当局、北海道開発局、営林局などによる「現地調査」がおこなわれ、北海道開発局は、「鹿越あん部」に1250メートルのトンネルを開削して特別保護地区への侵入を回避するルート案（天人峡・新得線）を提起し、「新得―トムラウシ―天人峡道路の実現を認めること」を条件に、特別保護地区の指定に同意する提案をおこなった。

国立公園行政当局は、1970年にやむをえず、「山稜部を長大なトンネルにすること」の方向で妥協し、「道道忠別清水線」（旧ルート）と呼ばれる計画案を認める意向を示した。

こうして国立公園行政当局は、1971年に大雪山頂一帯を「特別保護地区」に指定し、同年に文部省もほぼ同じ区域を天然記念物に指定し、1977年にさらに特別天然記念物に指定することになった。

1971年夏に「新得―トムラウシ―天人峡道路」の「道道忠別清水線が着工される予定になっていた。」が、周知のように1971年7月に環境庁長官に就任した大石武一は、自然公園内の観光道路建設計画見直し政策を提起したため、大雪山縦貫道路建設計画は凍結された。

1972年7月に田中角栄が総理大臣に選ばれ、新たに小山長規が環境庁長官に任命された。開発促進派の小山環境庁長官は、1972年9月に、国立公園行政当局と北海道開発局の合同現地調査の後、現ルートは認められないが、コースを変更すれば認める旨発言したため、道開発局は、早速、ルートを変更してさらにトンネル部分を長大化する新ルート案を提案してきた。

そのルートは、図9－1に示したように、具体的には、つぎのようなものであった。

「この道路は、北海道開発庁が建設する忠別―清水線で、上川支庁美瑛から同清水町人舞まで、途中、国立公園の中でも原始林や珍しい動物の特別保護地区となっているトムラウシ岳からオプタテケ山のりょう線を通る。この部分はトンネルになるが、北海道開発庁、北海道庁と建設促進の地元美瑛、清水、新得、東川各町が出して来たルート変更では、旧ルートの南半分を西寄りのルートに変え、全長39.7キロを34.2キロにちぢめる一方、トンネルは1350メートルから2900メートルに延長した。トンネルの距離も旧ルートより180－260メートル低くなった。自然を破壊しないですむこと、またトンネル

図9−1　大雪山縦貫道路建設計画図

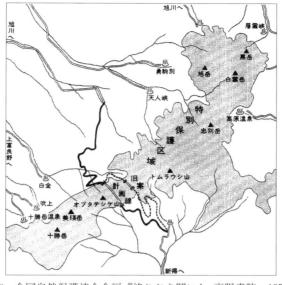

注　全国自然保護連合会編『終りなき闘い』、高陽書院、1974年、77頁より。なお図中の]━[の部分はトンネルである。

の出入り口からりょう線まで最高差で200メートル」であった。[36]

　国立公園行政当局は、この計画を承認する姿勢を示し、小山環境庁長官は、1972年10月に自然公園審議会にその是非を諮問した。しかし反対運動が盛り上がり、審議会の審査は進展せず、承認の決定は引き伸ばされた。

　しかも1972年12月22日に新たに三木武夫環境庁長官が任命され、小山環境庁長官のやり過ぎが抑えられ、結局1973年に入って審議会で計画が承認される見通しがなくなり、北海道開発局は、計画の審議を取り下げて、大雪山縦貫道路建設計画は、中止されることになる。

③北海道自然保護協会の大雪山縦貫道路建設計画へのあいまいな対応
　　―1966年〜1971年7月―

　北海道開発局は、1966年頃に大雪山縦貫道路計画を立てて、1967年に「600万円の調査費」をえて「コース設定の調査」おこなっていた。[37]

　北海道自然保護協会は、1966年9月29日の理事会で、「大雪山の自動車道

路について」議論したが、この頃にはまだ、大雪山縦貫道路建設計画について明確な態度を打ち出せず、同協会の『会報』では「これについては、延期または保留の意見を具申することにする」と報じられただけだった。[38]

しかし突如1966年12月16日付けの「大雪山国立公園内の道路建設計画に関する意見書」が、北海道自然保護協会東条猛猪名で、坊秀男厚生大臣、佐藤尚武国立公園協会会長、足立正国立公園審議会会長、町村金五北海道知事、北川禎一日本自然保護協会会長、山河友次旭川営林局長、今正一上川支庁長などに宛て提出された。[39]

この意見書の要点は、「この道路計画の遂行は、国立公園としてはいわば自殺行為に等しいもの」であるから、赤岳道路の延長工事を中止し、「大雪山中心部を経て勇駒別温泉へ至る路線計画を破棄すること」、予定されている「他の１線…高根ケ原から忠別岳、トムラウシにかけて」の道路に言及した明快な反対意見であった。

この意見書では実は、赤岳道路の中止が問題にされていただけで、新得―天人峡道路計画についいては明確に意識されていなかったように思われる。

それにしても、当時の北海道自然保護協会『会報』では、この意見書が、会長名でだされた経緯が、何も明らかになっていなかった。開発に同情的で、後に明確になるこの道路建設計画に賛成だった会長が、率先してこの道路建設に反対するのは奇妙なことであった。

事の真相は不明だが、私は、理事会の中の急進的な大雪山道路建設計画反対派に押されて、会長が赤岳道路計画だけに反対した「意見書」を提出してしまったのではないか、と考えている。

1967年１月28日に開かれた理事会では、「大雪山道路計画に関する要望書について」論議され、北海道開発局「林政課長より横断計画現状について説明があり、本会としての立場より関係当局に要望することになった。」とあるが、新得―天人峡道路建設計画について論議されたか不明確である。[40]

しかしその後の２回の理事会は、大雪山縦貫道路建設計画問題を取り上げなかったが、1967年５月22日の理事会では、「大雪自動車道路の件」として議題に載せられたが、どのような議論がなされたか不明で、自然保護の「小委員会をつくり、解決の方向へもっていくこと」と報じられただけであった。[41]

すでに1967年には大雪山縦貫道路建設計画のための調査がおこなわれていたにも拘わらず、その後の理事会でも常任理事会でも大雪自動車道路の件は

公式には取り上げられなかった。1967年8月17日の理事会では、「大雪山の自然保護について」議論され、「明道（北大教授—引用者）大雪小委員会委員長より現地調査の報告があり、つづいて籠山（北大教授—引用者）理事より道路計画の件での現地の声、様子などの報告」があったと報じられた。しかし「現地の声」が賛成だったか反対だったのか、明らかにされていない。何とも抽象的な報告であった。

その代わり「道路計画について、各理事の熱心な討議がおこなわれる」が、「道路の件は、理事会では結論がでないので、専門委員会をつくって検討することにする。」と報告された[42]。

1966年12月の「道路建設計画反対の意見書」で大雪山内の赤岳道路計画に明確に反対したのに、「理事会では結論がでない」というのは、何とも不思議なことであり、明らかに理事会では、大雪山縦貫道路建設計画（新得—天人峡線）について賛否がわかれ、反対意見で収拾できなかったことが明らかであった。それは1966年12月の「道路建設計画反対の意見書」から大幅な後退であった。

その後「大雪自動車道路の件」は、理事会内の大雪山道路委員会に委託され議論が詰められたようで、北海道自然保護協会『会報』によれば、1967年11月の理事会で、「委員会より赤岳より白雲、裾合平を経てユコマンベツにいたる道々は、現在すでに開設されたる地点にてただちに中止すること。将来、これを高原温泉につなぐことなどを答申。ただちに会長、理事長より知事に進言する」と報じられた[43]。

これも不可思議な報告である。これまで中止した赤岳観光道路を、将来ユコマンベツ（今日の旭岳温泉）に繋ぐという乱暴な意見がだされていたのである。

北海道自然保護協会の理事会は、1967年末に恵庭岳のスキーコース設置問題や町村金五知事の英断で急拠大雪山赤岳道路問題が解決していたが、1968年に入っても、しかし大雪山縦貫観光道路建設計画について公には議論を開始しなかった。

1968年6月に北海道開発局は、大雪山のど真ん中に大雪山縦貫観光道路を建設する計画を国立公園行政当局に申し出ていた。

1968年の8月16日の理事会は、「開発局道路課長より、新得、天人峡間国道計画について説明」をうけて、北海道自然保護協会の中に「トムラウシ委

員会」を設けて検討することになった。井手理事長、常任理事の籠山京、金光正次、石川俊夫、理事の伊藤秀五郎ら5名が委員となった。

1968年8月22日に開かれたトムラウシ委員会は、『会報』によれば、「新得・天人峡道路について委員内に強硬な反対意見」があったと指摘されているが、明確な方針をださなかった。委員会では、計画には北海道当局から「予算のつく可能性が少ない」とみて、道路についての意見表明を「もうすこし見送ってもよいのではないか」という意見がだされ、「いずれにしても実現の場合は鹿越峠はトンネルを条件とすべきではないか」という意見や、「新得・天人峡道路」を条件付きで認める意見もだされ、意見がまとまらず、「いかにして大雪を守るか、むしろ全山地の保護についてマスター・プランを検討すべし、ということ」になった。

5人の委員からかような幾つもの意見がだされ、委員会として如何に「新得・天人峡道路」に対処すべきか意見の一致をみなかったようである。明らかにトムラウシ委員会あるいは北海道自然保護協会の中に、誰とは確定できないが、大雪山縦貫観光道路・新得—天人峡間国道建設計画に反対しない、あるいは賛成する人たちがいたことがわかる。

1966年に、大雪山赤岳道路建設計画に反対していた北海道自然保護協会が何故、初めから大雪山縦貫観光道路・新得—天人峡間国道建設計画に反対を表明できなかったのか。それは、本節②で明らかにしたように、北海道自然保護協会の体質に起因して、自然保護より開発を重視する勢力が協会内、理事会内に根強く存在していたからであった。

ちなみに北海道自然保護協会の『会報』に意見対立がはっきり報じられていなかったのは、後に問題になるように、会長を先頭に協会内部や理事会内部に意見対立を表ざたにしたくないという隠ぺい体質があったからであった。

その後、トムラウシ委員会は、内部対立を抱えたまま討議を重ね、1968年10月3日の理事会に「中間報告」を提出した。しかし北海道自然保護協会の『会報』では、不思議なことに「中間報告」の内容が公表されなかったのである。

1968年10月4日『朝日新聞』によれば、この「中間報告」の要点は、大雪山系全域を「標高1500メートル以上を高山地帯、それ以下を森林地帯とに分け、当地は、①森林地帯には林道を除いて新しい一般自動車道路は設けない、②高山地帯には自動車道路はいっさい設けず、歩道も新設しない、③高山地

帯のうち、お花畑など、学術的に重要な地域を特別保護地区に指定して、既設の歩道も区域外に移して人間が立ち入ることを禁止する、との措置をとるべきだ」の厳しい提案であった。そしてさらにこの案を煮つめて「開発庁、厚生省、国立公園審議会、道、関係市町村に要望する」という極めて正鵠を射た積極的な大雪山縦貫道路建設反対論であった。

　しかしこの「中間報告」は、『広報』に公表されなかったが、理事会内の一部の理事が『朝日新聞』にリークして、公にされたのである。

　こうした内部に問題を抱えていた北海道自然保護協会は、公にはあいまいな態度を取りつづけていたが、しかし1968年11月9日に開かれたトムラウシ委員会は、これまで「討議した結果」を、第1に、トムラウシ道路については、「鹿越峠の国道は、最低鞍部よりやや北よりの沢ぞいにトンネルによって通ずること」、第2に、トムラウシ委員会は、大雪山委員会に発展させ、トムラウシ道路を大雪全体の中で検討する、という方針をまとめた。[47]

　この報告は、先の「中間報告」を否定し、トムラウシ道路は、設置位置を沢沿いに移し、トンネルを開削して条件付きで計画を認めるということであり、明らかに北海道開発局のルート案を基本的に支持したものであった。

　以上のように、北海道自然保護協会のトムラウシ委員会の大雪山縦貫観光道路建設計画への対応がおかしかった。トムラウシ委員会では、道路計画に反対であったのに、何時のまにか国立公園行政当局の主張していたトンネル化案でトムラウシ道路を認める結果になっている。

　北海道自然保護協会の中の一部の大雪山縦貫道路建設計画反対派は、1968年11月2日（土）の午後1時から札幌の「クラーク会館にて予定の『大雪を守る会』を開催し」た。『大雪を守る会』は、道路建設反対を表面にださずに、「一般市民、学生に呼びかけて、大雪の自然保護につて関心を高めようとして開かれたが、PR不足にて約30名のほどの学生が集まっただけで」盛り上りを欠いた。[48]

　1969年に入ってもなお北海道自然保護協会理事会は迷走していた。

　1969年1月17日の理事会は、トムラウシ委員会の第1次答申を承認し、同年2月1日の理事会でも、トムラウシ委員会第2次答申を承認した。[49]しかし不思議なことに、『会報』ではその内容が何も明らかにされていなかった。

　1969年5月15日に開催された理事会は、「トムラウシ道路問題」を議題としてあげたが、『会報』ではどのような議論がされたか明らかにされていな

い。理事会の後に、北海道自然保護協会の総会が開催され、支部開設のための会則改正がなされた[50]。これは、恐らく理事会内部で、組織のあり方が深刻に論議されていたことを示唆している。

　1969年7月17日の理事会は、トムラウシ委員会を改組して大雪小委員会を組織した。委員には、伊藤秀、井手、金光、石川、高山、明道、奥村、伊尾木（営林局計画課長）が選出された[51]。

　1969年11月20日の理事会では、大雪小委員会の課題となった「トムラウシ道路計画の件」が問題とされ、「明年、雪どけを待って現地調査を行なうことを決定」[52]した。これは、ちょうど国立公園行政当局、北海道開発局、営林局などが、トムラウシ道路計画の現地調査をして、道路計画の是非を決めようとしていたことに符合する。

　理事会では、その後、トムラウシ道路計画を扱った気配はないが、1970年5月19日に開かれた北海道自然保護協会の総会は、「トムラウシ道路問題」を議題としたが、議論の内容は明らかにされていない。

　1970年7月30日に8名で大雪小委員会が開催された。委員会は、「当初に検討されたように頂上部はトンネルをもって貫くということを再確認」し、なお「道路計画は…最終的には決定していない」とあいまいに報告された[53]。この段階でも大雪小委員会は、北海道開発局の建設計画案について賛否を決めかねていたことがわかる。

　1970年10月15日の常任理事会は、「自然公園内での道路建設に当たっては、風致に影響をあたえないような設定がおこなわれるべきであるとし、道路構造令の特例を大幅に適用するよう、要望することを決定」[54]。ちなみに、常任理事会出席者は、16名であったが、札幌営林局佐々木、道土木部鳥谷、道林務部皆川、開発局田口など道官僚が参加していた。

　ここでは一般的な自然保護が指摘されているだけで、トムラウシ―新得道については言及されず、北海道と国立公園行政当局との交渉の行く末を見据えている感じであった。

　1970年11月13日の理事会では、何も問題にされなかった[55]。先に夏に理事会による現地調査が計画されていたが、おこなわれた記録・気配は報じられていない。さらに、大雪小委員会も開催された気配・記録もなかった。その後、トムラウシ道路計画問題は、1971年1月13日の理事会から、1971年9月まで、少なくとも、『会報』上ではまったく問題にされなかった[56]。

北海道自然保護協会は、トムラウシ道路計画問題をめぐって大混乱していて、身動きができなかったことがわかる。しかし北海道自然保護協会内の大雪山縦貫道路建設計画反対派は、賛成派の動きを抑さえ、反対運動をすすめるために、新しい動きを開始していた。

また澎湃として起こってきた各地の自然保護、環境保全の運動を統合するための全国組織として全国自然保護連合結成準備が1971年11月に向て重ねられていたが、北海道自然保護協会の大雪山縦貫道路計画反対派は、1971年5月31日に、全国自然保護連合結成北海道準備会を組織していた。参加団体は、層雲峡観光協会、札幌周辺緑化懇談会、北大自然保護研究会、小樽生物保護研究会、北海道自然保護協会など5団体であった。[57]

さらに北海道自然保護協会内の大雪山縦貫道路計画反対派は、1971年4月17日に旭川市内で「旭川懇談会」を開催して、30名を集め、旭川地区にも自然保護団体結成の機運が醸成された。6月16日に函館市内で北海道自然保護協会函館支部設立について懇談会が開かれていた。[58]

ちょうど大石武一が環境庁長官に任命された1971年7月1日以後にもこうした新組織が続々と組織されていった。1971年7月9日に十勝北海道自然保護協会、7月10日に北海道自然保護協会釧路支部、1971年8月6日に南北北海道自然保護協会が発足した。[59]

北海道自然保護協会は、理事会内部では混迷していたが、幾つかの地域支部ができ、また地域の自然保護団体が設立されて北海道自然保護協会内の大雪山縦貫道路計画反対派は、反対運動の基盤を広げつつあった。

④大石環境庁長官の就任後の大雪山縦貫道路建設計画反対運動
　　―1971年8月～1972年8月―

大雪山縦貫道路建設計画は、1971年夏から工事が開始されることになっていたが、ちょうどその折、総理府の外局として環境庁が6月に設立され、7月1日に環境庁長官に就任した大石武一は、8月に尾瀬縦貫観光道路建設計画の中止を決断し、1972年1月、自然公園審議会はその決定を承認した。

さらに大石環境庁長官は、1971年8月に国立公園内の観光道路建設計画の見直しを指示したため、難問だった南アルプス・スーパー林道も、1971年8月に工事を中断し、新得―トムラウシ―天人峡道路建設計画も、「白紙にもどって再検討されることになった。」[60][61]

こうした大石環境庁長官の英断の後、北海道自然保護協会内の大雪山縦貫道路建設計画反対勢力は、一挙に勢いづいた。
　同じ問題を抱えていた全国各地の自然保護運動も、奮い立った。北海道内でも同じことであった。その頃「北海道では伊達火力発電所建設計画や、苫小牧東部工業基地計画に対しても、反対の住民運動がはげしく盛り上がっていった。」[62]
　北海道自然保護協会の開発反対派は、組織運営の民主化と自然保護理念の純化をめざし、別途に大雪山縦貫道路建設計画反対の自然保護運動を展開していた。
　他方、大雪山縦貫道路建設賛成派も負けていなかった。道路建設賛成派は、1971年8月3日に、北海道自然保護協会会長東条猛猪名で、大石長官、知事、開発局宛に、「道々忠別・清水線（いわゆる天人峡・新得線）道路建設について」という意見書を提出した。[63]
　この意見書は、「大雪山の重要な自然保護にかんがみ、本協会では、先に（1）鹿越鞍部をさけること、（2）山頂部のトンネルによる通過につき、意見具申」したというものであった。
　ここでも、会長東条猛猪らは、明らかに北海道開発局が提案する「新たな計画案」（これは先にみたように、1971年3月決定の『忠別清水線』のこと）について、環境庁自然保護局案に沿って、「鹿越鞍部」を避けろと提案しているのであった。この東条猛猪会長名による意見書は、北海道自然保護協会にたいする事実上の分裂行為であり、環境庁自然保護局の先兵の役割を果たすものであった。
　1972年9月17日『朝日新聞』（北海道版）は、こうした会長の分裂行為を暴露し、東条会長は「北海道自然保護協会会長東条猛猪名で、独断で1971年8月3日に「道々忠別・清水線（いわゆる天人峡・新得線）道路の建設について」という意見書を公表し、「大雪縦貫道路は重大な自然破壊につながらない」旨を主張したと報じた。
　東条会長の動きは、協会理事会の決定と異なる個人プレイであり、会長による北海道自然保護協会の非民主的独断的運営への批判と組織の民主化の必要性として問題化していくことになる。
　それでも組織混乱が整理されるのには、まだ時間を要した。
　1971年9月9日の理事会は、新しい動きをみつつ、トムラウシ道路計画に

ついて「近く開発局側より調査報告があるので、その後にこの問題を検討することになる。」と報じ、当局の動きを静観した恰好である(64)。

1971年10月1日に開催された大雪小委員会では「井手理事長よりこれまでの経緯の説明の後、辻井委員より最近の視察結果の報告があって各委員よりそれぞれ発言あり、最終的な意見として、つぎのようにまとめられた(65)」。

第1に、トムラウシ道路「建設については、現段階では積極的意味が全く認められない」。第2に、「自然保護の立場での充分な調査が」なく、「積極的意味がないのに作るのに反対である。」第3に、「環境庁がもっと積極的に調査すべきである。」

この報告をうけて1971年10月7日に開かれた理事会は、大雪山縦貫道路について、充分な調査報告がない「現時点では、重大な自然破壊につながる可能性の多大な道路建設には反対であることを…決定した(66)。」

この理事会では、これまで理事会の一部にあった条件付きで賛成という意見を完全に否定し、会長派との対決姿勢が示された。しかしその後、『会報』は、協会理事会の大雪山縦貫道路についての動向を、1972年6月28日の理事会までいっさい伝えていない。

1972年6月28日の理事会は、会長の出席のもとに開かれ、「大雪山の道路問題について」論議し、再度意見書をだすことを決定した(67)。しかしことの詳細は何も報じられなかった。

他方、大雪山縦貫道路建設計画反対運動は、おもに北海道自然保護協会内部の反対派の理事たちによって大衆的な運動として積極的にすすめられていた。

その一つは、全国自然保護連合の設立準備であった。1971年5月31日、北海道自然保護協会理事のリーダシップのもとに、「全国自然保護連合北海道準備会」が、札幌周辺緑化協会、北大自然保護研究会、小樽生物保護協会、層雲峡観光協会、北海道自然保護協会などの団体により開催された(68)。

もう一つは、すでにみたように、北海道自然保護協会の地方組織や支部組織を組織していったことであった。

協会内部の積極的な大雪山縦貫道路建設計画反対派の理事たちは、協会の組織強化をめざし、1971年3月に「帯広懇談会」、「釧路懇談会」、同年4月には「旭川懇談会」を開催し、井手理事長、伊藤、斎藤の両理事が出席して「地方にも自然保護団体の早急な結成」を呼び掛けていた(69)。

1971年7月に、北海道自然保護協会の釧路支部、十勝支部が設立され、また南北海道自然保護協会などが組織され、1972年4月に苫小牧自然保護協会、5月に早来町自然保護協会などが設立され、協会の下部組織の拡大強化がはかられた。(70)

　さらに北海道自然保護協会内部の積極的反対派の理事は、「大雪の自然を守る会」という大衆的な自然保護団体を組織し、反対運動を道内の市民に広げようと試みていた。

　1968年に北海道自然保護協会は、「道内の一般市民をはじめ、会員の文化人や自然保護愛好家に呼びかけて『大雪を守る会』を結成して反対運動を盛り上げる」と構想したようであるが、やっと1971年8月に「大雪の自然を守る会」準備会を発足させた。(71)

　1971年8月19日、「自然保護に関心をもつ市民、学生が札幌で『大雪の自然を守る会』準備会を発足させ、道路建設反対のビラをまき、署名運動や街頭デモをはじめた。」(72)

　「大雪の自然を守る会」準備会の代表は、大石環境庁長官と会見し、長官は大雪山縦貫「道路建設反対を表明」した。(73)

　1971年12月、「大雪の自然を守る会・新得」が結成された。「大雪の自然を守る会・新得」は、1971年10月に準備会を組織し、12月には24名の会員で、「会則や組織を持たず、会員の総意と会費とで運営すること、大雪縦貫道一本に絞り、これが終結した時点で解散するとの原則を確認して発足し」、活発な活動を展開した。

　会の報告書は、「多くの論議の末、町当局や商工会との対決は覚悟のうえで、（大雪縦貫道が―引用者）『全町の悲願』ではないという証しを立て、町内世論を喚起することを目標に活動を開始」し、「新聞折り込みチラシ11回、ポスター、立看板、スライド会など、なるべく種々の手段を用いて町民に私達の存在と主張を認めていただけるよう努力した」と指摘している。(74)

　1972年1月14日、正式に「大雪の自然を守る会」が発足した。「守る会」は、「署名を集めたり、パンフを発行するなど、精力的に活動を行なった。夏の現地調査を前に、各報道機関も徐々に大雪山に注目するようになってきた。行政側はひたすら現地調査でほとんど動きがない。」(75)

　「大雪の自然を守る会」は、協会が自然を愛好する学者、文化人、道の上級職員が主導的な役割を果たしていたのと対照的に、学生、市民、主婦の大

衆的な市民が中心になっていた。

　旭川市では、1971年に旭川勤労者山岳会のメンバーが大雪山縦貫道路建設計画反対運動を始めていた。1972年12月に「旭川大雪の自然を守る会」が組織されて、積極的活動をおこなった。⁽⁷⁶⁾

　1972年5月には、第2回全国自然保護連合総会が開催され、自然保護運動が全国的に盛り上がり始めていた。

⑤北海道自然保護協会の再編と行政当局の動揺
　　―1972年8月〜1973年1月―

　1972年7月に第1次田中内閣が成立し、自然保護政策で英断をふるった大石武一に代わって、小山長規環境庁長官が就任した。田中角栄は、もともと大石武一の政策を快く思っていなかったので、小山長規環境庁長官の政策が注目された。

　1972年7月に就任に際し小山長規環境庁長官は、「内閣発足直後に首相から、自然は保護と同時に利用もすべきもの、自然保護も大事だか、むやみに道路に反対してはこまるとクギをさされたと報じられ」ていた。⁽⁷⁷⁾

　さっそく小山環境庁長官は、前大石環境庁長官のとってきたラジカルな自然保護政策を改め、大雪山縦貫道路建設計画の実現に向けて動き出した。小山環境庁長官は、方向転換に際してとる為政者の常套手段である現地調査をおこない、計画に若干の手直しをして、反対派の切り崩しを意図して、新計画案を作成して、改めて計画案の承認を迫ろうとした。

　環境庁自然保護局と北海道開発局は、1972年8月11〜14日に大雪山縦貫道路建設計画の現地調査をおこなった。小山環境庁長官自身は、1972年8月26日、ヘリコプターで現地視察をおこない、その際、1972年9月20日の『朝日新聞』（北海道版）によれば、「〈開発庁原案では自然破壊の恐れがある〉と、建設に同意出来ないとの態度を明らかにし」、「同時に小山長官は〈地表の道路が特別保護地区内に1.4キロも食い込んでいるのは好ましくない。〉としつつ、〈トンネルを延長して特別保護地区を避け、やたらに人が立入らぬようにするなどの条件を満たせばよい〉としていた。」

　この発言は、北海道開発庁の現行の計画案は認められないが、ルート変更をすれば認めるということを意味していた。

　小山環境庁長官は「9月12日の衆議院公害・環境特別委員会で〈道路計画

は、いつまでも宙ぶらりんではダメだ。決断が必要だ〉」と発言し、計画承認の決意を示した。[78]

　実際に、環境庁自然保護局は、9月8日に北海道開発局に大雪山縦貫道路建設計画の問題点を申し入れ、北海道開発局は、9月13日にトンネル延長によるルート変更案を提出した。自然保護局は、9月19日にルート変更に同意し、大雪山縦貫道路建設計画を「許可する方針を固めることになった。そして10月に「開催される自然公園審議会にかけて正式に決定する」ことにした。[79]

　1972年9月20日の『朝日新聞』は、「現行ルートは認められない」と主張していた小山環境庁長官が、1カ月足らず後、環境庁自然保護局と北海道開発庁との間で、まるで予定した手続きをトントンと踏むようにことを運び、19日に「変更ルートが合意された。」と皮肉っぽく報じた。

　同じ『朝日新聞』は、「〈こちらの主張が、ほぼ全面的に認められた〉と喜ぶ道開発局。〈やむを得ないんじゃないか〉とあっさり受け止める道。自然保護か開発か、という問題としては、道内で屈指の課題となり、10年越しの論議を呼んでいた大雪の縦貫道は大詰にきて、問題がさっさと道に持上げられ、十分な論議もなされないまま、建設OK。道はただ、それを見守るだけだった。」と付け加えた。

　さらに同じ『朝日新聞』は、この早業の決定の問題点について、つぎのように報じた。

　「〈変更ルートを出すには、かなり時間をようするのではないか〉―反対派だけでなく、道や、環境庁サイドでも、そのように予測していたが、まさに電光石火というように対案が出された。小山長官の発言当時から〈事前に道開発庁と打合せずみ〉とのウワサがあったが、なにやらそのことが裏付けられたような早業だった。」

　しかし「道庁内部にも、大雪縦貫道に疑問をもっている人たちはいた。現に変更ルートについて〈もっとほかにルートはあるはず〉との声も関係者の中にあった。しかし結局は〈道開発庁の問題なので〉といった形でおわった。変更ルートについて〈環境庁の示した条件を満たすルートだから、建設もやむを得ないのではないか〉との寺田道生活環境部長のことばが、道の姿勢を代表している。[80]」

　こうして大雪山縦貫道路建設計画は、新聞によれば、1972年「10月中ごろに予定される国の自然公園審議会で、全ルートの構想と今年度着工分につい

て承認を得て年度内着工の段取りとなる。その後、各年度着工分については、それぞれ同審議会の承認が必要なことから、工事は、ふもと部分から進み、問題のトンネル部分の着手は、３、４年先になる。」とみられていた。(81)

新聞は、この場合自然保護局は、「道開発庁案を原則的に認めると同時に、①道路を通す山はだを削るが、その土砂を適切に処理する②掘られた所など傷つけられた山はだを緑に戻す③山を痛めないため、緑の利用を考える—といったいくつかの注文をつけており」、「実施設計の段階で、これらの点が留意されることになる。しかし、削りとる土砂を少なくするには緑を多用すれば、経費がかさみ、また自然の景観をそこなう、といった矛盾もでてくる。また、新しい植物を植えるには、周囲の樹木を犯さない種類のものが必要、などの問題がなお残される。」と指摘した。(82)

こうした小山環境庁長官の姑息なやり方は、一方では効を奏し、気の早い新聞などは、「道内の自然保護問題の象徴として争われていた大雪縦貫道路も、こんどの環境庁の建設OKでほぼ決着がついたとみられる。この段階で、建設反対運動はやはり敗北に終わった、とみることも出来る」と報じた。(83)

恐らく反対運動の側でも大きな落胆が生まれたに違いない。例えば、1972年９月20日の『北海道新聞』は、「小山長官来道の折、直接会って中止を進言、その後、"有志"十数人とともに同じ内容の要望書を送って念を押した斉藤雄一道自然保護協会理事（元北大教授・林学）も無念そう。〈あそこには国立公園の特別保護地区というだけでなく、文化財保護法による天然記念物保護区、自然環境保全法の原生保全区域と３重の規制が加えられているところなのに…。ルート変更で多少よくなったとしても荒れるのは避けられないでしょうね。ウーン〉やっぱり政治にはかなわない、という受け止め方。〈この上はせめて、道路を使っての保護区立ち入りだけは止めさせて…〉と注文をつけていた。」と報じた。

こうして大雪山縦貫道路建設計画の変更案を示して、許可を与える姿勢を示してきた小山環境庁長官は、1972年10月31日に、公式に許可をえるために自然公園審議会に諮問した。(84)

しばしば他の反対運動でみられたように計画が行政当局によって認められると反対運動は直ちに終息してしまうのだが、大雪山縦貫道路建設計画反対運動の場合は、容易に終息しなかった。それは、北海道自然保護協会が、会長辞任により組織が再編されて活性化し、反対運動はさらに盛り上がってい

ったからである。

　1972年9月19日に小山環境庁長官が大雪山縦貫道路建設計画に許可を与える意思を示してから、北海道自然保護協会は、1972年9月25日に緊急理事会を、東条会長、今井副会長、犬飼の欠席のもと開催し、「大雪山の道路問題について」論議をおこなった。[85]

　緊急理事会では、北海道開発局開発調整課茅課長補佐、高橋開発専門官が出席し、大雪山縦貫道路について説明し、質疑がおこなわれた。

　協会の方針の説明をうけて後、北海道開発局は、大雪山縦貫道路建設計画のルート変更案についてつぎのように説明した。

　大雪山縦貫道路建設計画は「特別保護地区は回避したこと」、「森林地帯については、美瑛側で1200メートル、新得側で1140メートルにトンネル口を設け」（併せて2340メートルのトンネルを作り）、「急斜は別ルートをもって回避する」ものであり、「条件が守られれば許可するのにやぶさかではない」と指摘された。[86] しかしこの緊急理事会では、変更案の説明をうけただけでとくに進展がみられなかった。

　この緊急理事会の後、1972年10月16日に理事会が開かれた。『会報』では、「東条会長より会長を辞任し、一理事として協力したい旨の申し入れがあり、理事長がこれを披露し、承認する」と報告されている。そして「"大雪縦貫自動車道路『道々忠別・清水線』に対する要望書"を自然公園審議会全委員に送ることに決定、会長・副会長がこれを承諾しない場合は、理事長名で送ることにして了承された。[87]」と報じられた。

　東条会長辞任問題について、『会報』は詳しい説明をおこなっていなので分かりにくいが、要するに、東条会長は、道々忠別・清水線反対の意見書をだすのであれば、会長を辞任するといいだしたので、理事会の多数派は、反対の意見書をどうしてもだしたいので、会長に辞めてもらっても結構、ということになったのである。

　理事会の翌日の1972年10月17日の『朝日新聞』（北海道版）は、東条会長辞任問題の深層を暴露して、つぎのように伝えた。

　理事会では、東条猛猪会長（拓銀頭取）の辞任を決めたと報じた後、「学者、市民を中心とする反対派と東条猛猪会長（拓銀頭取）など財界を中心とする賛成派が対立、協会の姿勢を一本化できなかったが、〈自然保護団体としてあるまじき態度だ〉との突き上げが激化、同問題について最終的な判断を下

第9章　北海道国立公園内の観光道路・オリンピック施設開発計画と自然保護運動　305

す国の自然公園審議会が開かれる土壇場で、やっと（辞任が―引用者）決まった。」

「学界、財界の大御所や行政官庁代表などを中心に構成され、『体制的』と批判されていた同協会は、東条会長の辞任で全面的な改組を迫られ、今後はより急進的な市民団体としての性格を強めていくとみられる。」

さらに、『朝日新聞』（北海道版）は、同協会は、昨年10月に大雪山縦貫道路建設計画について「〈十分な調査が行われていない状態では、重大な自然破壊につながる道路建設には反対〉との態度を内部で確認した。ところが、東条会長は、〈大雪縦貫道は重大な自然破壊につながらない〉として、道路建設を容認する立場だったため、会長名で反対声明をだすことを拒否した。それ以来、大雪縦貫道について環境庁調査、道開発局の新ルート案提出など事態が進んでも、協会は賛成とも反対とも言わないあいまいな立場にいた。」

「同協会は会員500名だが、会長、副会長、45人の理事で構成する理事会でおもに運営している。ところが、理事には、拓銀や北電、建設会社や道、開発局などむしろ開発側にたつメンバーが名を連ねている。また協会の経理も、こうした法人会員の会費や道庁の委託調査費などに依存するところが大きい。また北大など一流教授をそろえた学界代表者も、道などとつながりの深い人が多い。こうした要素が、こんどの大雪縦貫道路問題で、自然保護団体としてすっきりした立場をとれなかった原因と指摘されている。」

さらに『朝日新聞』（北海道版）は、「東条会長の辞任にともない、今後、開かれる協会の総会で開発派の理事をはじめ、かなりの役員が辞任するとみられる。またこれまで非公開で開催されていた理事会など、非民主的な運営方法もあらためられることになりそう。今度の事態は、知事を名誉会長に据えた"道の諮問機関"的な団体から、もっと急進的な市民グループへ脱皮したもので、北海道の自然保護の画期的な転換、とみられている。」

以上のように、『朝日新聞』は、北海道自然保護協会がもっていた組織上の問題点を明確に抉り出した。それは、要するに、一つは、協会は、学界、財界の大御所や北海道行政官庁の代表などを中心に構成されていて、体制的な体質があり、自然破壊をともなう大雪山縦貫道路建設計画への絶対反対を表明することが抑えられてきたという点であり、もう一つは、協会の組織運営が、オープンでなく、体制的な組織に有りがちな、トップダウン型の閉鎖的で非民主的なものだったことであり、それが協会の大衆的な活動を抑制して

きたという点であった。
　井出賁夫理事長は、会長辞任問題について後につぎのように語っている。
　赤岳道路計画を廃止した「町村知事が中央を去って、開発局次官であった堂垣内氏が知事になるに及んで大雪山縦貫道路問題が起ってきた。」「協会の大雪特別委員会は強硬に反対した」が、「この工事の推進者あった知事の財政顧問である東条会長は大雪特別委員会の反対決定を受けて、反対声明を公表するなら自分は会長をやめる、といい出したのである。」
　「環境庁の決定の時期が近づき、全国自然保護連合会理事長であり、環境庁の審議会委員であった中村（芳男—引用者）から北海道自然保護協会が反対決議を出してくれない限りは審議のしようがないといって来たので、理事会の決定の意思を体して私は理事長名で絶対反対を打電すると共に、理事会を開いて（東条会長は欠席）反対を決議した。」(88)
　この証言で当時の協会の混乱の深層がより明解になる。
　こうして北海道自然保護協会は、会長辞任によって大雪山縦貫道路建設計画反対運動を阻害していた大きな障害を取り除き、一挙に活性化し、大雪山縦貫道路建設計画反対運動を前進させた。
　そのスタートを飾るかのように、1972年10月16日に開かれた理事会は、"大雪縦貫自動車道路「道々忠別・清水線」に対する要望書"を自然公園審議会委員宛と北海道開発庁長官福田一宛に提出した。
　この『要望書』の要点は、「北海道自然保護協会は、自然保護のため、大雪縦貫自動車道路に反対する」と述べ、最後に自然公園審議会「各委員におかれましては事の重大さをよくご考慮下さいまして、この路線の実施に反対されるようお願い致すしだいであります。」と結んだ。ここでは、修正案や変更案をともなわない計画への絶対反対の意思が示された。(89)
　さらに1972年10月27日に開催された理事会は会長の欠席のもと、まず環境庁長官小山長矩、自然公園審議会長足立正、自然公園審議会委員各位宛の大雪縦貫自動車道路「道々忠別・清水線」建設に反対する「意見書」を他の自然保護団体と合同でだすことを承認し、理事会の運営に問題があるとして、総会開催の必要を決めた。(90)
　全国の19団体の会長の連名からなる「意見書」の要点は、ここでも先の「要望書」と同じ内容なので紹介を省くが、末尾に「以上の観点からわれわれ自然保護関係団体は、この大雪縦貫自動車道路の建設に断固反対するととも

第9章　北海道国立公園内の観光道路・オリンピック施設開発計画と自然保護運動　307

に関係各位の誠意ある処置を切望するものであります。」と強調し、久々に断固反対の言葉が使われた。

　ちなみに19団体と会長名は、以下のとおりである。

　財団法人日本野鳥の会会長中西悟堂、財団法人日本鳥類保護連盟会長山階芳麿、財団法人観光資源保護財団会長堀木謙三、財団法人世界野生生物基金日本委員会理事長古賀忠道、北海道自然保護協会理事長井手貢夫、財団法人日本動物愛護協会理事長加藤しづえ、財団法人日本山岳会会長三田幸夫、京都大学学士山岳会会長四出井綱秀、財団法人日本ユースホステル協会会長窪川雪夫、財団法人東京都ユースホステル協会会長清水斉、全国地域婦人団体連絡協議会会長山高しげり、大雪の自然を守る会代表西村格、全国自然保護連合会長荒垣秀雄、財団法人山階鳥類研究所理事長山階芳麿、日本生物教育学会会長下泉重吉、日本鳥学会会頭黒田長久、日本魚類学会会長石山礼蔵、財団法人日本植物友の会会長本田正次、日本哺乳動物学会会長今泉吉典。

　これらの団体には、私がこれまでみてきた開発計画反対の意見書類にはみられなかった非常に広範囲の団体が名を連ね、自然保護に直接関連する団体だけでなく、多くの学会、レクリエーション団体、全国地域婦人団体連絡協議会のような市民団体も含まれていて、国民的で広範な反対運動が起きていることを示している。

　こうして、北海道自然保護協会は、正常化の道をあゆみ始めた。

　しかもまだ大石武一前長官の影響が幾分とも残っていた環境庁自然公園行政当局と自然公園審議会は、小山環境庁長官ら政府首脳の意向に反し、大雪山縦貫「道路の必要性が十分に説明されておらず、また自然環境の調査も不十分であるとして、継続審議」に持込んだ。「その間、新聞、テレビなども主として自然保護の立場からこの問題を大きく報じ」、「労働団体も反対運動に立ち上がり」、反対運動をいっそう盛り上げていた。

　とくに1972年1月に正式に北海道自然保護協会と違ってより大衆的な組織として設立された「大雪の自然を守る会」は、地道な活動を展開した。

　「大雪の自然を守る会」は、1972年7月に北海道開発庁に質問状をだし、回答をえた。道路の建設理由について説明をえたといわれている。

　1972年9月の小山環境庁長官による大雪山縦貫道路計画承認の動きの後、「大雪の自然を守る会」は「これを中心とする建設反対についての運動が活発になり、一方地元関係町を中心とする建設促進の運動もおこなわれ、単に

道内のみならず、全国的にこの道路の是非について注目を集めた」[94]。
　すでに述べたように新得町の「大雪の自然を守る会・新得」は、積極的に活動したが、守る会の報告書は、「私達の主張が目に見えない形で町民の間に浸透し」「地区労の反対表明」をもたらし、1973年7月の「町長選挙で推進候補をおさえ、中立候補」を「勝利」に導いた。「この結果は、役場、商工会のいう『全町民の悲願』という虚像は崩れ落ち」、これは「全国的な世論の高まり、自然保護団体の活動とともに、道路計画を中止させた大きな要因の一つであった」と指摘している[95]。
　このような地域の「大雪の自然を守る会」の地味な、しかし積極的な活動があちこちで展開されたようである。
　旭川市の「大雪の自然を守る会」も、活発な反対運動をおこなっていた。
　旭川では、1971年7月に大雪の自然破壊について考える講演会がおこなわれ、参加者50名を集めた。1972年12月7日に「旭川大雪の自然を守る会」が発足した。
　会の発足以来「大雪の自然を守ろうとぞくぞく市民の入会申し込み」があり、1973年2月10日現在会員は「主婦、学生、会社員をはじめ山岳会員、議会議員、文化人など250名」となった。彼らは、「この守る会の輪を一層市民の中に広め、強力な運動を展開していく必要」があるとし、「街頭署名、宣伝、大雪の自然を知る学習討論会、市民集会」をおこなっていった。その結果、「大雪縦貫道路促進期成会に入っていた旭川市が脱会を表明」するという大きな成果を生んでいる[96]。
　1972年10月31日に小山環境庁長官は、新ルートの大雪山縦貫道路建設計画案について自然公園審議会の計画部会（上村健太郎部会長）に諮問した。「その結果、反対意見の強かった大雪山道路…は〈さらに慎重審議されるべきだ〉として保留」となった。審議会では「一部の委員をのぞき、〈世界的にも知られた貴重な自然の中に道路を認めれば、自然破壊を招くばかりではなく、全国各地の公園道路建設をみとめざるをえなくなる〉という学者、専門家の反対意見が多く、結局、採決されず、継続審議となった。」「また、委員の中で大雪山の現地をみたものも少ないので、視察のうえで結論をだすべきだとのこえもあり雪どけを待って視察の上、再度部会にはかるなどといわれている[97]。」
　北海道自然保護協会理事会は、自然公園審議会が決定を下す前に、協会の体質を改め、大雪山縦貫道路建設計画反対をもっと明確に打ち出すために、

臨時総会開催の準備をすすめ、1972年12月1日に北海道自然保護協会は1回目の臨時総会を開催した。

1972年12月1日に開かれた北海道自然保護協会の臨時総会は、「会長辞任にともなう経過報告と事後処理について」という議題で、80名の出席者をもって開かれ、「会長・副会長が大雪山道路問題で理事会と意見が対立辞任、今後の会の運営方法を規約改正をふくめて、総会にはかる必要のあった経過を報告し」、質疑をおこなった。会場での意見は、理事会の提案を支持するもので、さらに規約改正の委員会を組織することを決め、委員を選出し、再度臨時会を開催することを決めた。[98]

こうして北海道自然保護協会は、開発優先主義の強い財界依存の体質から脱却して、大衆的で民主的な運営体制を築いて、再出発することになった。

⑥大雪山縦貫道路建設計画反対運動の盛り上りと道開発庁の計画取り下げ ─1973年1月～1973年10月19日─

(1)大雪山縦貫道路建設計画反対運動の盛り上がり

1973年1月26日に北海道自然保護協会は、2回目の臨時総会を開いて、規約改正案を承認し、選挙管理委員会を組織し、これまでのように理事の選出を内輪で決めていたことを改め、2月20日に民主的な投票によって選出することを決めた。[99]

2月20日の理事選挙では、538名の投票により、3名連記の有効投票数294名によって、20名の理事が選出された。さらに3月17日の理事会は、追加の理事10名を推薦形式で選ぶことにし、道内各地域を代表する理事として4名、市民を代表する理事として3名、さらに残りの3名を後に選ぶことを決めた。[100]

3月31日に開催された新生理事会は、新たな会長に伊藤秀五郎（札幌静修短大学長、生物学）、副会長に斎藤雄一（北大教授、林学）を選出し、理事長制を廃止して、10数人いた常任理事を3名に絞り、久保田敏夫（札幌大学教授、経営学）、辻井達一（北大教授、植物生態学）、西村格（草地生態学、「大雪の自然を守る会」代表）の3名を選出した。[101]

こうして北海道自然保護協会は、組織を整備し再スタートした。

1973年5月31日の理事会は、「北海道商工観光部より依頼があったが、大雪国立公園内の観光を主目的とする道路は、これ以上不要との観点から調査に協力しないことに決定」し、以前にはなかった自立的な協会の姿勢を示し

た。1973年6月9日の理事会は、各種の専門委を設置し、大雪山縦貫道路建設計画問題については、鮫島惇一郎（林野庁職員、林学）を委員長に一つの委員会を発足させた。

大雪山縦貫道路建設計画反対運動そのものは、1973年に入って一層活発化した。

地域の大雪山縦貫道路建設計画反対運動をうけて、「道路建設促進期成会」に参加していた革新市政といわれていた旭川市長が、1973年1月に期成会から脱会した。帯広市長が同年3月にそれにつづいた。地元の大雪山縦貫道路建設推進運動の一角が崩れ、自然保護運動の成果が現われ始めた。

1973年5月26日、27日に山形で第3回全国自然保護連会総会が開催された。北海道自然保護協会からは、斎藤雄一副会長、井手賁夫理事が出席し、大雪山縦貫道路建設計画反対を訴えた。

北海道自然保護協会は、1973年7月18日に、伊藤秀五郎会長名で反対意見書「大雪縦貫道路計画について」を自然環境保全審議会委員長ほか44名宛に向けて、「標記道路計画につきまして、本協会は、大雪山国立公園のもつ意義の存亡にかかわる問題として、建設に反対の意を表明してきました。多くの山岳道路がかけがえのない自然に与えた前例にかんがみ各委員におかれましては本計画の実施に反対せられるようお願い致す次第であります」と訴えた。さらに1973年7月19日に、伊藤秀五郎会長名で、三木武夫環境庁長官宛に、同文の「大雪縦貫道路計画について」の反対意見書を提出した。

北海道自然保護協会は、自然環境保全審議会の動向を注視してきたが、後にみるように、審議会自然公園部会内部で大雪山縦貫道路建設計画に反対する委員が多く、審議会自然公園部会が、部会長を先頭に3名の委員が9月8日から11日まで現地視察をおこなうことを知った。1973年9月3日の協会理事会は、審議会自然公園部会の委員の現地視察について協議し、反対の意思を伝えるために、北海道内の自然保護団体を糾合した反対声明を作り、かつ9月9日に、白金温泉で反対現地集会の開催を決めた。

1973年9月8日から11日に審議会自然公園部会の3名、林修三自然公園部会長、中村芳男（全国自然保護連合理事長）、吉阪隆正（早大教授）の現地視察がおこなわれるということで、9月9日に白銀温泉において、大雪山縦貫道路建設阻止全道集会が13主催団体によって開催された。

参加した13団体名は、以下のとおりである。

第9章　北海道国立公園内の観光道路・オリンピック施設開発計画と自然保護運動　311

　大雪の自然を守る会会長坂本直行、旭川・大雪の自然を守る会会長水野好吉、大雪の自然を守る会新得代表塚本達、北海道自然保護協会会長伊藤秀五郎、十勝自然保護協会西武会長、十勝・山岳連盟会長西部純一、芽室・自然を知る会代表藤村俊彦、大樹自然を知る会代表米山寅吉、帯広公害対策市民会議代表鈴木武夫、帯広自然保護研究会代表村田正則、帯広畜産大学自然探査会代表高倉明正、北海道大学自然保護研究会部長小野沢鉄彦、小樽生物保護研究会部長新海雅典。

　これらの13団体は、明らかに北海道自然保護協会だけでなく、道内各地のさまざまな分野の自然保護団体であり、大雪山縦貫道路建設計画反対運動が道内の広範な広がりをもっていたことを示した。道内の自然保護運動の歴史において初めての盛り上がりを示すものであった。

　13団体連名の「大雪山縦貫道路建設反対に関する要望書」は、自然環境保全審議会会長林修三宛に提出された。(109)

　「要望書」の主旨は、審議会が大雪山縦貫道路建設計画に賛成しないように要請するものであった。また「大雪山縦貫道路建設阻止全道集会」は、集会名で「集会アピール」をだした。(110)

　「アピール」は、大雪山縦貫道路建設計画の廃案を訴え、「これまでの運動が私達に与えた、最大の教訓である自然保護団体の体質を強化し、連帯をつよめ、自然破壊を画策するすべての体制、すべての開発計画、そして今日まで私たちをギマンしてきた道政との対決を一層強化し、日本の自然を全国の仲間達と守り抜く決意をあらためて確認し、集会アピールといたします。」とこれまでにない激しい口調で自然保護を訴えた。

(2)大雪山縦貫道路建設計画をめぐる行政当局の動き

　他方、1973年に入ってからの環境庁自然保護局と北海道開発局の動きについてみておこう。

　すでに指摘したように、1972年12月22日に第2次田中内閣が成立し、穏健派とみられていた三木武夫が、小山長規に代わって環境庁長官に任命された。列島改造論者の田中角栄が、何故穏健な三木武夫を環境庁長官に任命したか、興味深いことである。

　あえて私見を述べるとすれば、三木任命については、以下のような事情があったと考えられる。

1972年7月7日に成立した第1次田中内閣は、かなりラジカルな自然保護政策を展開して自然保護・環境保全運動に油を注ぐことになった大石武一を再任せず、小山長規を環境庁長官に任命した。小山長規環境庁長官は、田中の意をうけて、大石の政策と反対の方向に大きく舵を取り過ぎ、自然公園内の開発を促進する政策を展開し、世論の反撃にあった。

　そこで第2次田中内閣は、小山的政策の行き過ぎを抑えて少し大石前長官よりの政策に揺り戻し、自然保護運動の高揚を抑えようとして、三木武夫を環境庁長官に任命し、後にみるように、自然環境保全審議会自然保護部会長の林修三に「談話」をださせ、大雪山縦貫道路建設計画を中止させることにしたのではなかろうか。

　ともあれ、三木武夫環境庁長官は、1973年に入ると4月に自然環境保全法の施行にともない、自然公園審議会と中央鳥獣審議会を統合して自然環境保全審議会に改組した。それまでに自然公園審議会において決着が付けらなかった大雪山縦貫道路建設計画問題を、三木環境庁長官は「自然環境保全審議会」に継続審議を委ねた[110]。

　そして環境庁自然保護局は、1973年5月17日に表9－4に示したような自然環境保全審議会の委員を選定した。この審議委員の選定は、環境庁長官の任命制になっていたが、実質的には、国立公園行政当局が、政府首脳の意向を伺いつつ、これまでの人事事情に配慮しつつ候補を定め、環境庁長官と意見を調整して委員を決めたのである。

　自然環境保全審議会委員の経歴を分析してみると、一つ指摘できるのは、自然保護意識の強いかつての自然公園審議会の委員が姿を消しているが、新たに自然保護意識の強い委員が何人か選出されていることである。

　全国自然保護連合会から荒垣秀雄、中村芳男らが特別に委員に選ばれ、さらに、マルクス経済学にも通じていた近代経済学の宇沢弘文（東大教授、経済学）と都留重人（一橋大学長）が選ばれていた。それに北海道自然保護協会理事の犬飼哲夫（北大名誉教授、動物学）、元国立公園部の幹部、池ノ上容（千葉大教授）、千家哲麿（国立公園協会理事長）、石神甲子郎（日本自然保護協会常務理事）ら、日本自然保護協会の理事の下泉重吉（国立科学博物館部長）、山階芳麿（山階鳥類研究所長）、吉阪隆正（早大教授）、など数名が委員に選出されていた。

表9-4　1973年の自然環境保全審議会委員リスト

氏　名		職業・略歴
官僚系	林修三	元法制局長官（すぐに自然公園部会長）
	池ノ上容	国立公園部元職員、千葉大教授（造園学）
	石神甲子郎	国立公園部元職員、日本自然保護協会常務理事
	千家哲麿	国立公園部元職員、国立公園協会理事長
政治家	横川信夫	栃木県知事（全国知事会副会長）
	河津寅雄	熊本県小国町長（全国町村会会長）
	北村暢	元全林野委員長、元参議院議員
学者文化人	都留重人	一橋大学長（経済学）
	宇沢弘文	東大教授（経済学）
	犬飼哲夫	北大名誉教授（動物学）、北海道自然保護協会理事
	半谷高久	東京都立大教授（地球化学）
	吉良龍夫	大阪市立大教授（植物学）
	尾留川正平	東京教育大教授（人文地理）
	福武直	東大教授（社会学）
	吉川寅雄	東大教授（自然地理学）
	吉阪隆正	早稲田大教授（建築）
	宝月欣二	東京都立大教授（生物学）
	門司正三	東大教授（植物学）
	宮脇昭	横浜国立大教授（植物学）
	横川光雄	日大教授（造園）
	桧山義夫	東大名誉教授（水産）
	今泉吉典	国立科学博物館研究部長（日本自然保護協会）
	笠松章	国立精神衛生研究所所長
	荒垣秀雄	朝日新聞社友、全国自然保護連合会会長
	志村富寿	毎日新聞論説副主幹
	黒田長久	山階鳥類研究所研究部長
	中西悟堂	日本野鳥の会会長
	山階芳麿	日本鳥類保護連盟会長
	井上靖	作　家
	金井喜久子	作曲家
	東山魁夷	画　家
業界系	中村芳男	全国自然保護連合理事長、登山家
	赤尾好夫	全国日本狩猟倶楽部会長、旺文社社長
	植月浅雄	東京都狩猟友会会長
	徳川義親	大日本狩猟友会会長
	植田守	全国林業組合連合会副会長
	松本守雄	林業信用基金理事長
	頴川徳男	日本林業同友会副会長
	河野鎮雄	国民休暇村協会理事長
	尾之内由紀夫	日本道路公団副総裁
	佐藤肇	日本港湾協会理事長
	法華津孝太	株式会社極洋会長
	森五郎	日本鉱業協会副会長
	山下静一	経済同友会専務理事

注　『国立公園』No.282、1973年5月、33頁から作成。

こうした結果は、かつて高度経済成長期には自然公園審議会の委員が次第に自然保護意識の強い学者・文化人が選ばれなくなったと指摘した事実からやや異なったことである。

　こうした人事は、1971年7月から大石環境庁長官のもとで、自然保護政策の必要を意識した国立公園行政当局の事務方が、大石退任後も、自然保護政策の必要を保持し、自然保護意識の強い数人の学者文化人を委員に推挙したからであり、三木武夫環境庁長官が、前任者の行き過ぎを一部修正するために、それをあえて否定したり、抑圧したりしなかったからだと考えられる。

　1973年6月に自然環境保全審議会の自然公園部会は、大雪山縦貫道路建設計画問題の論議を再開し、7月に自然保護局の事務方から大雪山縦貫道路問題の説明をうけ、8月28日には、北海道開発庁から大雪山縦貫道路の必要性についての説明をうけた。この自然公園部会では、「委員の質問はこの計画の経済的必要についての疑問、資料不足であるとの指摘」がなされ、「道路計画沿線の開発計画についての真疑等に集中した。」

　自然公園部会は、大雪山縦貫道路建設計画について結論をだせず、継続審議とした。1973年9月5日に予定されていた自然公園部会は、道開発局の説明が不十分だったとし、さらに9月19日に審議を延期することにした。

　そして9月8日―11日、改めて自然公園部の「林部会長、石神、中村、吉阪の各委員による計画路線の概括的調査と地元の事情調査が実施」されることになり、その際「賛成、反対両者からの説明、陳情等の聴取がおこなわれた。」

　北海道自然保護協会を中心とした大雪山縦貫道路建設計画反対派は、1973年9月9日に白銀温泉において決起集会を開き、自然環境保全審議会委員3名（林修三、中村芳男、吉阪隆正）の現地視察の際に、反対陳情をおこない、先に示した13主催団体からなる要望書を手渡した。

　1973年9月21日に自然環境保全審議会自然公園部会が開催された。部会で現地調査団は、「調査結果」として「道路を作るとすれば、相当の事前調査が必要であり、やめるならば地元に対する過疎対策が必要である。」「計画路線の相当区間に急傾斜地があり、自然破壊の恐れがある。」「道路の経済的必要性はない。」「袋小路の道路を結ぶ事は必ずしもプラスではない。」などと報告した。

　1973年10月4日の『朝日新聞』によれば、審議会において、大雪山縦貫道

路建設計画は「環境庁や北海道庁では①林業生産の拡大②地下資源の開発③過疎化を防ぎ地域住民の生活安定、などを建設の理由にあげていたが、観光道路の色彩が強く、産業開発の効果は非常に少ないと批判されていた。」

上記の『朝日新聞』は、「現地調査をした結果〈自然を破壊するだけで、開発による効用はほとんどない〉との意見で同審議会がまとまり、9日の同部会で『不許可』の答申が出ることが確定的となり、地元などでの開発反対の声がいっそう強まったためである。同開発庁では〈道路建設に賛成する一部の地元民を説得する時間がほしい〉と環境庁に申し入れ、同部会が19日に延期されたので、環境庁はその日まで同建設計画の取り下げを正式に決めるものとみられる。」と報じた。

さらに『朝日新聞』は、「自然公園部会の現地視察によって不許可の見通しが強まったので、同開発庁では善後策に苦慮①不許可の答申決定を待つ②計画を取り下げる③道路が自然に及ぼす影響を再調査するまで計画を凍結する、との3案を検討したが、審議会の空気から判断して第3案の見込みはまずなく、不許可の答申を待つより、計画を取り下げ、将来、道路建設技術の改良などによって自然環境破壊を少なくできるようになってから再計画した方がよい、との考えになったもの。」と報じた。

他方、「北海道開発庁では、このような審議状況をふまえて種々検討の末、10月19日開催の部会の前日に至り、〈自然を損ねるおそれがあると指摘されている現状にかんがみ、現段階において本計画を推進することは適当でないと考える。したがって道路建設が自然に与える影響等について、今後徹底した調査を実施する。〉として建設計画の協議を取り下げるにいたった。」こうして結局、自然公園部会の「審議案件は、自動的に消滅したこととなり、その結果19日の部会では環境庁長官よりの諮問についても取り消し手続きがとられ、これについての事務局よりの説明がなされた。」[118]。そして翌日、自然環境保全審議会自然公園部会が開かれ、その後の記者会見で、自然公園部会長林修三は、開発庁の「取り下げ」を確認する「談話」を発表した。

この「談話」の「要点」を示せば以下のとおりである[119]。

「道道忠別清水線」について審議した結果、北海道開発局が環境庁にたいする協議の取り下げ、諮問の取消が委員の多くの意見を反映したものであるとして、多くの意見の大要をつぎのように示した。

1 「大雪山国立公園は今日わが国に残されている極めて限られた原始的自

然の地域の一つであり、これを保護、保存することは非常に重要である」、2「大雪山国立公園のみならず、すぐれた自然環境の保全と、その健全な利用という見地から、国立公園等自然公園の保護及び利用のあり方について反省すべき時期に来ている」、3「観光道路の開設がかならずしも過疎解消の決め手となるものではない」。

そして「このような基本的認識に立つとき、今後国立公園等における道路の新設については、慎重であらねばならないばかりでなく、過剰利用の抑制と健全な利用の促進の見地から、場合によっては既存の道路においても、自動車交通の規制を検討する必要があると考えられる。」

「したがって、まず国立公園等における道路の新設については、原則として公園利用の観点とか経済的、社会的観点などから、その道路が是非必要であり、他にこれに代わる適切な手段が見出せないことが前提とされなければならない。さらにその場合においても、事前に当該地域の自然環境について、地形、地質、気象、動植物等の観点から十分な科学的調査をおこない、○原始的自然環境を保持している地域、○亜高山地帯・高山帯・急傾斜地・崩壊しやすい地形地質の地域等緑化復原の困難な地域、○稀少な野生動植物、昆虫等の生息生育または繁殖している地域、○すぐれた景観を保持している地域、など道路建設に伴う人為的要因が大きい自然環境の破壊誘因となるおそれのある地域、あらかじめ慎重にさけるよう配慮されるべきである。

またこれまで道路建設に関連して度々指摘されてきた自然破壊の例を十分考察しそれを繰返すことのないよう、計画、設計、施工等の各段階を通じて、自然破壊に対する影響が最小限度にとどまるような、あらゆる配慮を払うべきであると考える。」

この「林談話」の内容は、一見、大石環境長官の政策を定式化した画期的政策である。確かに、自然保護を願う自然環境保全審議会委員や自然保護局事務当局者の意向を表現していると思われる。

しかし「林談話」の形式と内容を冷静に分析すると、実は、その「談話」は額面通り受け取れない怪しげな側面をもっていた。

そこには、いくつかの重要な問題点が含まれていた。

一つは、そもそも何故このような「談話」がだされたのかという問題である。まずこの談話の意味合いに関連して、何故「談話」であって環境庁の自然保護部会の方針ではなかったのかについて触れて置かなければならない。

第9章　北海道国立公園内の観光道路・オリンピック施設開発計画と自然保護運動　317

　当時の自然公園部会の審議委員であり、長い間、国立公園部の職員として、また同部退職後は日本自然保護協会の理事として活躍してきた石神甲子郎は、審議会での「談話」の取り扱いについて注目すべき証言をおこなっている。

　石神甲子郎は、つぎのように述べている。

　「自然公園部会では、10月19日に『林談話』が審議され、自然保護局は、これを部会の決議としたかったが、できなかった。

　自然保護局は、『林談話』を審議会の公園部会の『決議』として発表する意向もあったが、審議会にて一委員より談話中の原始的自然環境保持地域の道路建設を避けるとの条項は、将来国有原始林経営のための林道建設に支障があると徹底的に反対されたので、ついに部会の総意として、可決することができなかった」[120]。

　この指摘からわかるように、自然保護局は、当初、林談話の内容を「自然保護局の『決議』」として公表したいと考えていた。これは、林談話を自然保護局の政策として公表することを意味した。

　では林談話を自然保護局の政策としてではなく、あくまで「林談話」として発表した理由は何であったのか。石神甲子郎は、「林談話」を「自然保護局の『決議』」とすることに一部の委員が強力に反対したからであったとみている。

　ちなみに、表9－4をみていただきたい。委員の中に、林業関係の審議委員、植田守（全国森林組合連合会副会長）、頴川徳男（日本林業同友会副会長）、松本守雄（林業信用基金理事長）の3名がおり、北村暢は元全林野委員長・元社会党参議院議員であった。

　恐らくこの3名か4名の林業界代表の一人が中心となって談話の審議会の決議化に反対したのであろう。しかし3人が反対したから決議化できなかったわけではない。

　審議会の中には、開発に熱心な業界の委員、日本道路公団副総裁の尾野内、全国町村長会会長の河津、国民休暇村協議会理事長の河野、日本港湾協会理事長の佐藤、日本鉱業協会副会長の松本、経済同友会専務理事の山下、全国知事会副会長の横川などが多数いたのである。

　こうした体制的で開発に熱心な委員が、たまたま説得力を欠いた大雪山縦貫道路建設計画が否定されても、自然公園内の観光道路建設を一般的に否定するような政策を支持するわけがなかった。

私は、「談話」が審議会の決議とならなかった理由を以上のように考える。
　『自然保護事典』の筆者は、「林修三会長がこのような談話を発表した意図は何であったのかは、未だに判然としない」と疑問を呈しているが、それは、当時の環境庁の置かれた状況を冷静に観察すれば、意外に明解になることである。
　もう一つの問題点は、「林談話」の内容の曖昧さである。
　私は、林談話は、つぎのような複合的な理由でだされたと考えている。
　第1に、林談話は、大雪山縦貫道路建設促進派・地元への計画を承認できない理由の言い訳、口実のためにだされたということである。第2に、林自身は、一般的に観光道路の禁止などやる気はないが、大石武一以来自然保護の必要を感じている自然保護局事務局から突き上げられて、「談話」というイレギュラーな公表形式をとった。第3に、大雪山縦貫道路建設計画反対運動の盛り上がりを背景にした委員会内の反対派を抑えられなかったために反対派への妥協策として、「談話」をだした。第4に、林修三は、元内閣法制局長であり、「田中角栄無罪論や靖国懇話会の副会長として首相の靖国神社参拝合憲を唱えている」ような親田中角栄の旧守派でありながら、日本自然保護協会の副会長として自然・環境問題のような新しい時代の問題に取り組んだ彼の2重人格者的性格が根底にあったと思われる。彼は、自然保護を強調する談話を公表することによって、社会的政治的に国民の注目を浴びていた自然環境保全審議会自然公園部会長の面目を保とうとしたのである。
　三つ目の問題点は、大雪山縦貫道路建設計画が審議会自然公園部会の反対によって中止されたが、その中止の仕方である。
　北海道開発庁は、審議会自然公園部会の反対を意識して、計画の中止、断念、廃棄でなく、計画を「取り下げ」たのである。逆にいえば、審議会自然公園部会は、大雪山縦貫道路建設計画を不許可にしたのではなかった、ということである。
　先に紹介した『朝日新聞』が指摘しているように、北海道開発庁は、「不許可の答申を待つより、計画を取り下げ、将来、道路建設技術の改良などによって自然環境破壊を少なくできるようになってから再計画した方がよい、との考え」だったのである。
　計画が不許可となれば、計画の再提起のチャンスはなくなる。「取り下げ」であれば、将来、再提出できるという理屈である。実に官僚らしい姑息にし

て巧みな処理である。立派というしかない。

事実、「1987年の夏、大雪山周辺の市町村が合同して観光開発の協議会の設立総会で、この道路が周辺に点在する観光地を結ぶ動脈として発表され」、大雪山縦貫道路建設計画が再提起されたのである(123)。

談話は、そうした曖昧さをもつことによって、自ら指摘している自然保護の規制を曖昧にしているのである。

最後に指摘すべき問題点は、「林談話」で「今後国立公園等における道路の新設については、慎重であらねばならない」「場合によっては既存の道路においても、自動車交通の規制を検討する必要があると考えられる」と指摘していることである。この指摘は大石環境庁長官のようにすでに決定された計画について認めないという政策ではないという点である。

この点は、南アルプス・スーパー林道建設計画反対派が、林談話をもとに南アルプス・スーパー林道建設計画廃止を求めた時に、環境庁が主張したことで明らかである(124)。

今後、国立公園内の道路建設を認めないという「林談話」の方針に、自然を愛する世論、マスコミ、自然保護団体は、それを支持しかつ期待した。石神甲子郎は、「この林公園部長会長談話は、自然保護局より、都道府県に通達されて、今後の自然公園内の車道計画は、この談話に示された方針により措置されることとなった。」と指摘した(125)。

これは、石神甲子郎が「談話」について書いた1973年末の石神の希望的観測にしかすぎなかった。この方針は、期待に反して、政策化されず、むしろ環境庁の政策は逆の方向にすすんでいったからである。

『自然保護事典』は、「この談話の内容が生かされて、山岳道路が実現しなかったという例をしらない。反対に、林部長のもとで、ビーナスラインや南アルプス林道は許可されている。」と指摘している(126)。

以上のように、大雪山縦貫観光道路建設計画は、北海道自然保護協会を中心とした反対運動の結果、長い道のりをへて、1973年末についに中止されることになった。

小　括

大雪山縦貫道路建設計画の中止は、尾瀬縦貫観光有料道路の中止、日光道

太郎杉伐採計画の中止と並んで、国立公園内の自然保護運動史において特別に意義の大きな出来事であった。

いつものように、大雪山縦貫道路建設計画反対運動が勝利した要因を分析し、本論の小括としたい。

大雪山縦貫道路建設計画反対運動は、尾瀬縦貫観光有料道路建設計画反対運動より複雑であった。それは、反対運動の主体であった北海道自然保護協会が、1966年から1972年まで大雪山縦貫道路建設計画反対を明確に出来ず、大雪山縦貫道路建設計画は、大雪山頂を自然保護地区に指定する代償として1967年に厚生省国立公園行政当局の承認をえて実施寸前までいっていたからであった。

それでも大雪山縦貫道路建設計画反対運動は、一部の自然保護者たちによってくすぶりながらもつづけられていた。そして1971年8月に大石武一環境庁長官が大雪山縦貫道路建設計画の再検討を呼びかけ、大雪山縦貫道路建設計画反対運動は、蘇っただけでなく、北海道自然保護協会が計画賛成派を抑えて計画反対を明確にしたために、一層の盛り上がりを示し、全国的な規模で建設計画反対運動を盛り上げた。

時あたかも三木武夫環境庁長官が就任し、自然保護・環境保全の政策をすすめたため、大雪山縦貫道路建設計画反対運動の盛り上がりを背景に、新たに組織された自然環境保全審議会自然公園部会が、大雪山縦貫道路建設計画の杜撰さを指摘し、特別保護地区での開発を否定し、北海道開発局をして計画を取り下げさせるに至った。

こうした経過を振り返ってみると、大雪山縦貫道路建設計画反対運動が勝利した要因は、まず第1に、北海道自然保護協会が体制的で財界や北海道官僚が支配する体制を克服して、組織の民主化と大衆化をはかり、協会の方針を本来の理念である自然保護に徹したことであった。

こうしたことは、他の地域では実現できていない。日本自然保護協会は、北海道自然保護協会のような体質改善をおこなうことができなかった。

日本自然保護協会が主導した南アルプス・スーパー林道建設計画反対運動の敗北は、まさに日本自然保護協会が内包していた体制的で大衆性を欠いた組織体質に起因していたと指摘できる。

そうした意味で、北海道自然保護協会の組織の民主化と大衆化という体質改善があって、大雪山縦貫道路建設計画反対運動は成功したのである。

とはいえ、大雪山縦貫道路建設計画反対運動が勝利した要因は、他にもある。第2の勝因として、国立公園行政当局が、当初、大雪山縦貫道路建設計画の承認の代償として、大雪山を特別保護地区に指定したことが、皮肉にも、大雪山縦貫道路建設計画を否認する大きな要因になったことも事実であった。自然環境保全審議会自然公園部会は、特別保護地区での開発に否定的であったことは指摘するまでもない。大きな弱点をもっていたとはいえ、国立公園行政当局の特別保護地区指定の努力は、自然保護行政として高く評価しなければならない。

大雪山縦貫道路建設計画反対運動が勝利した第3の要因は、この反対運動が、広範な国民的な支持をえていたことであると指摘しておかなければならない。日本列島の最果ての北海道での大雪山縦貫道路建設計画反対運動は、とかく孤立しがちであったが、1972年の「大雪縦貫自動車道路『道々忠別・清水線』建設反対に関する意見書」に署名した19団体にみられるように、学術団から自然保護団体、観光・レジャー団体まで広範な国民的支持をえていたということも指摘して置かなければならない。こうした状況に、自然保護局や自然環境保全審議会自然公園部会も大きな影響をうけていたということでもある。

なおこの運動に先立ち、厚生省が公認した尾瀬縦貫観光有料道路建設計画を大石環境庁長官のラジカルな政策によって中止された事例は、大雪山縦貫道路建設反対運動に大きな影響を及ぼしたであろうことも指摘しておきたい。

2 支笏洞爺国立公園内の恵庭岳滑降コース開発計画と自然保護運動

(1) 恵庭岳オリンピック施設建設計画の決定経緯

1966年4月にIOCは、1972年冬季オリンピック競技を札幌でおこなうことを決定した。その際にIOCに提出された札幌オリンピック冬季大会組織委員会の施設計画案は、「スキー競技の滑降競技場を、オリンピック村よりの距離、地形等の自然条件から、支笏湖畔の恵庭岳に選定し」、コースのほか、ロープウェイ2基、リフト1基、その他競技場本部、駐車場、スタンドなどの大施設を建設、さらに「札幌—丸駒温泉道のオコタンペ分岐点ポロピナイよ

図9－2　完成した恵庭岳滑降コース

注　1966年5月15日『朝日新聞』（朝刊）より。
　　左から回転コース、真中女子大回転コース、右男子大回転コース。
　　自然破壊が痛々しい。

りオコタンペ湖畔を経てオコタンペ川口に至る車道」を建設するというものであった。[127]

　1966年4月に1972年冬季オリンピック競技を札幌でおこなうことを決定するまでには、大きな問題があった。

　1964年に東京オリンピックが成功裏に終了したが、その準備過程は、戦後の高度経済成長を誘発していく大きな原動力となり、その経済効果は計り知れないものがあった。夢をもう一度、冬季大会オリンピック誘致の活動が活発にすすめられ、「札幌オリンピックの雄大な構想」がつくられた。[128]

　その構想の中に、「1200メートルの恵庭岳に全長3300メートルの男女各滑降コースを新設する」という計画が含まれていた。この男女各滑降コースの候補地となった恵庭岳は、支笏洞爺国立公園内にあったため、開発には自然公園法にしたがって、事前に自然公園審議会の審査をへて厚生省国立公園行政当局の認可が必要であった。

　ところが、「札幌市は、その立候補にさいして、滑走コースは支笏洞爺国立公園内の恵庭岳を使うこととしていたが、自然保護上の調整は、その段階では何も行われていなかった」し、「なんの環境調査もしておらず、机上のプラ

ン」として、IOCに報告して、札幌オリンピック冬季大会の承認をえたという事情があった。[129]

これは、自然公園法上由々しき問題であり、札幌オリンピック冬季大会を誘致しようとしていた関係者、JOCや札幌市などが、厚生省の認可をえずに独断で、恵庭岳滑降コースの設置を決めてしまったということである。

ここから恵庭岳滑降コース計画の問題が起きたのである。

1966年4月にIOCが、1972年冬季オリンピック競技を札幌でおこなうことを決めてから、厚生省国立公園行政当局、自然保護団体や地元は、どのように対応したのであろうか。

（２）オリンピック施設建設計画にたいする国立公園行政当局、北海道自然保護協会の対応

これまでの研究では、1966年4月にIOCが札幌オリンピックを決定する以前に札幌オリンピック招致側が、恵庭岳滑降コース計画案の情報を厚生省や地元の北海道自然保護協会に何時頃から伝えていたか明らかではない。

北海道自然保護協会の『会報』は、1965年12月4日の理事会で、「スキー連盟や市とはなしあうこと」になっていたと報じているが、その前後の様子には何もふれていない。[130] こうした事情からみて、決定以前には北海道自然保護協会は、詳しい情報をえていなかったように思われる。

1966年4月に札幌オリンピック冬季委員会が恵庭岳でスキー競技を開催すると決めて以降、北海道自然保護協会の理事会は、恵庭岳オリンピック施設建設計画についてその是非について白熱した論議を闘わすことになった。

当時をよく知る俵浩三によれば、当初「厚生省国立公園部や北海道自然保護協会の学識経験者の間では、いかにオリンピックのためとはいえ、国立公園内の手つかずの山肌に傷をつけ、コースを新設するなどということは、自然保護の立場からは許されない、という意見が大勢をしめた。」ということである。[131]

1966年5月24日の『朝日新聞』（朝刊）によると、5月に「冬季オリンピックには反対ではないが」、「地元の北海道自然保護協会（会長、東条猛猪北海道拓殖銀行頭取）から物言いがついた」、「冬季オリンピックには反対ではないが、会場を変えられないか―という趣旨で、同協会の井手賀夫理事長（北大教授）がこのほど、この意向をオリンピック冬季大会札幌招致委員会につた

えた。」と報じた。

そして同上の『朝日新聞』は、「恵庭会場は大分以前に候補地として決まっていたもので、誘致運動の間は表立ったこともせず今さらいうのはおかしい。第一、国際的な信用にかかわると、この批判に逆に物言いをつける声も強いようだが…」と付け加えた。

この報道によれば、「恵庭会場は大分以前に候補地として決まっていたもので、誘致運動の間は表立ったこともせず今さらいうのはおかしい」という賛成派の言い分が事実であったかどうかも問題だが、地元に十分な情報を伝えることなく、事前に現地調査などのアセスメント評価もなしに、恵庭岳を候補地に決めて、「今さら」反対はできまいというオリンピック推進側のやり方は、非民主的であり、民主的な社会では許されないことである。

そのことが問題をこじれさせた一因であったが、その上で、北海道自然保護協会の対応にも問題があった。

すでに前節で指摘したように、北海道自然保護協会内には、大雪山縦貫道路建設計画に好意的な会長以下多数の理事や会員がいて、恵庭岳滑降コース計画にも好意的だった勢力があったのである。

そうした事情は、恵庭岳滑降コース開発計画が北海道自然保護協会内でも公然と議論されることが抑えられて、反対勢力の公然たる論議が生まれなかった要因であった。

1966年5月24日の『朝日新聞』の伝えているように、5月の何日かに、井手賚夫北海道自然保護協会理事長は、オリンピック冬季大会札幌招致委員会に会場の変更を要望したが、オリンピック冬季大会札幌招致委員会は、それに応じなかった。

北海道自然保護協会では、その後、議論がつづけられたが、その後の経過をみていると、この会場変更の要求は固執されていなかったようである。

北海道自然保護協会の『会報』によれば、1966年5月28日の同協会の理事会では、「恵庭岳滑降コースについての発言があり」、「新聞報道、協会の立場、など種々、説明意見がある。冬季オリンピックの組織委員会ができたら協会の意見、要望（コース、方法などについて）を共同で話し合ったり、検討するようにもっていくことにする」と決められた。[132]

同じく『会報』によれば、1966年7月1日の同協会の理事会では、札幌市よりオリンピック準備室長・小林氏より事情の説明をうけ、「それについて

種々質問あり。今後、当協会としてもよく検討すべきであり、今後オリンピック事務局ともよく連絡を保つたうえで協議することにしたいとの結論」がだされた。(133)

　これまでは、北海道自然保護協会の理事会は、もっぱら情報の収集に努めていることがわかる。さらに1966年6月10日の北海道自然保護協会の理事会は、恵庭岳滑降コースについて議論し、「自然保護の上から、種々活発な意見が交わされる。結局、当協会としては、恵庭岳に必ずしも反対しないという態度で、今後事情をよく調査してゆくようにする。組織委員会ができたら積極的に働きかけることにきまる。」(134)

　1966年6月段階で、北海道自然保護協会理事会は、「当協会としては、恵庭岳に必ずしも反対しないという態度」を固めたようである。

　しかし当時、北海道自然保護協会理事長であった井手賀夫は、「理事の中には、オリンピック側の当事者がいる一方、自然保護の立場から、滑走コースを恵庭岳のような自然保護上貴重で、しかも札幌近郊にある唯一ともいうべき自然林の中にもうけるべきでない、とする純粋に自然保護の立場に立つ理事がいる」と指摘している。(135)

　こうした一部の理事たちの間でこの計画にたいして、国際組織を使って異議を申し立てる動きがみられた。時期的には不確定で、1966年4月以降と思われるが、北海道自然保護協会の理事4名は、個人的な意見として「できれば滑走コースをもっと便利なところにうつすことができないか、そうすれば、自然保護の問題はもとより、オリンピック終了後も大勢の人々が利用し易く、諸施設に投じた費用も無駄にならずにすむ」という意見書を国際自然保護連合の総会に提出した。しかし「総会としては採択するには至らなかったが」、国際自然保護「連合の代表的メンバーのインスブルックの植物学者ガムスの協力によって、恵庭岳の自然の損傷に反対する文章に、ほとんど全世界の代表の署名が得られた。この署名はIOCのブランデージ会長に送られ、会長からJOCに善処方を求めてきた」。(136)

　その成果をえて「国際スキー連盟アルペンコース小委員長F・シュピース氏」が「恵庭岳滑降コースの決定のためIOCから派遣され」、1967年3月頃までに「現地調査」をおこなった。その現地調査の結果によれば、「①予定コース設定にあたっては、でき得るかぎり樹木を伐採しない配慮がなされていた（同行者の説明）。②予定コースは布キレを巻き、標示してある。」などと報告

されている。⁽¹³⁷⁾

　1966年9月6日『朝日新聞』(朝刊)によれば、1966年9月5日、札幌冬季オリンピック組織委員会のスキー委員会は、代々木の岸記念体育館で会合を開き、恵庭岳については、スキー連盟は、ほかに代替地はないと主張、国立公園行政当局は、同連盟の計画を自然公園審議会にかけることになった。

　こうした札幌冬季オリンピック組織委員会の動きにたいし、1966年10月29日の北海道自然保護協会の理事会では、10月20日の日本自然保護協会の評議員会の席上で、札幌冬季オリンピック組織委員会の木原均氏が、「恵庭の施設は全部撤去するとのべた」旨が報告された⁽¹³⁸⁾。

　1966年9月6日『朝日新聞』(朝刊)は、国立公園協会副会長の藤原道夫の談話として、「立派な原始林を切らなければならないのは大変残念だが、冬季オリンピック開催決定前ならともかく、ここまできた以上はやむを得ないと思う。なるべく被害を少なく必要最低限だけ切開くという方向にすすめる努力をすべきではないか。」と伝えている。すでに1966年5月の段階に、計画やむなしという意見がだされていた。

　国立公園行政当局は、1966年9月以降、自然公園審議会にかけて議論したようであるが、詳しいことはわかっていない。国立公園行政当局は、1966年4月の計画案には初めから疑問を感じ、むしろ反対の意向をもっていたようである。この計画案に、当初、「厚生省の自然公園審議会で反対されていた」との指摘がある⁽¹³⁹⁾。

　以上のように、国立公園行政当局、自然公園審議会、北海道自然保護協会、札幌冬季オリンピック組織委員会は、非公式に、恵庭滑降コースの問題の落としどころを探り合っていたのである。

　要するに問題の焦点は、札幌オリンピックの招致が決定した後なので、いまさら返上も会場変更もできず、という事情があって、北海道自然保護協会内の自然保護重視派の理事が、自然保護のために計画に反対することができず、結局、全体が、恵庭岳山麓オリンピック施設建設計画をできるだけ自然破壊を少なくするような手立てを探すことで、双方が妥協点を探っていたということであった⁽¹⁴⁰⁾。

（3）条件付き恵庭岳開発計画の承認・妥協

　1966年12月1日に北海道自然保護協会の首脳は、『会誌』編集会と打合せ会を開き、国立公園行政当局とも連携しながら、最終的にオリンピック終了後に施設を撤去するという意向を踏まえ、計画案をやむをえないものとして承認する方向でまとまり、北海道自然保護協会長東条猛猪名義でオリンピック組織委員会長宛に「恵庭岳南西斜面におけるオリンピック施設計画について」という「要望書」を提出することを決めた。⁽¹⁴¹⁾

　そして北海道自然保護協会は、1966年12月20日付でこの「要望書」を、オリンピック組織委員会のほか、厚生省国立公園行政当局、文部省、林野庁、国立公園協会、日本自然保護協会にも提出し、さらに1967年2月20日には水田三喜男大蔵大臣、坊秀男厚生大臣にも提出した。⁽¹⁴³⁾

　ちなみに、この要望書は、北海道自然保護協会の首脳の意見であったので、1967年1月28日の北海道自然保護協会理事会で改めて「承認」された。その際に「オリンピックがあまり大規模になるのであれば、恵庭でなくともよいのではないかとの意見」もだされた。⁽¹⁴⁴⁾

　「恵庭岳南西斜面におけるオリンピック施設計画について」と題する「要望書」（1966年12月20日）の要旨は、以下のようなものであった。⁽¹⁴⁵⁾

　第1に「ご承知のように同地区は、特別保護地区のオコタンペ湖に接する原始林地帯であり、恵庭岳南西斜面に近い方には諸所昭和29年15号台風の被害地域もありますが次第に天然更新の行なわれつつある現状にありますだけに、同地区の施設についてはこれを最小限度の規模にとどめ、もしやむを得ず諸般の施設を設けてもオリンピック終了後はいっさいこれを撤去していただきたく、このことを特にここに申し入れる次第です。」

　第2に「施設をいっさい撤去するのみでは伐採その他による荒廃のあとをとどめることになりますのでこれらを植林によって充分整理して、オリンピックによる荒廃の痕跡をあとに残さざるようにしていただきたいのであります。」

　そして「要望書」は、「オリンピック組織委員会が世界の注目と支笏湖恵庭岳周辺の重要なる自然保護とを十二分に自覚されて、その施設運営を致されるよう希望致し具体的与件として、以上の2点を申し入れる次第であります。」と結んだ。

要するに、北海道自然保護協会は、すでに前節でみたように、1966年末には民主的な運営をおこなってこなかったため、内部に積極的な恵庭岳滑降コース建設計画反対の意見を抑えて、1971年に冬季オリンピックを恵庭岳南西斜面に施設をつくるという既成事実を突き付けられ、結局、自然保護のために施設の規模を最小限にし、開発による自然破壊を最小限に抑え、オリンピック終了後は、施設を撤去し、開発前の状態に復元するという妥協案を要望したのである。

　1966年12月以降、国立公園行政当局は、こうした解決案を自然公園審議会の承認の上、許可することになった[146]。

（4）札幌冬季オリンピック終了前後の新たな問題

　恵庭岳滑降コース建設計画問題が決着して、建設工事が開始された頃、恵庭岳滑降コース建設計画に関連して、冬季オリンピック関係者から、二つの問題が提起された。

　一つは、計画の変更、新たな道路計画案の提起である。

　1967年頃に「オリンピック組織委員会はオコタンペ湖上方を通る現在建設中の道路は狭く、且つなだれの危険があるので、滑降レース当日の輸送の万全を期すために、更に恵庭岳の支笏湖側、即ち東南側、丸駒温泉とオコタンペ河口間に2車線の道路計画」をたてていたようである[147]。

　北海道自然保護協会は、すでに1967年に現地の「調査報告」でこの計画に不賛成であると主張していた[148]。

　しかしこの計画案が1969年2月1日に「オリンピック組織委員会の要望を道の土木部長からを理事会に提出」されて、北海道自然保護協会理事会は、「再検討した」結果、「不賛成の旨を理事全員が確認した」[149]。

　そして理事会は、1969年2月6日付けで、町村金五北海道知事宛に「道路計画不賛成」の申し入れをおこなった[150]。その要望書は、「本協会は、去る2月1日の理事会において慎重にこの問題を検討致しましたが、すでに本協会の昭和42年度（1967年度─引用者）調査報告書（会誌第4号所載）にありますとおり、やはり本協会としては、この間に車道を通すことには不賛成であることを確認いたしました。」と指摘した。

　そして反対の「理由」を「この地域は支笏湖において、現在すぐれた原始

的景観の残されているほとんど唯一の場所でありまして、ここに道路を通すことは、支笏湖のもっとも重大なるかなめを失うことになるからであります。」と述べ、「オリンピックの滑走競技の運営のためには、現在建設中の道路に待避線を作るとか、湖をフェリーで運ぶとか、他の適当な方法を工夫されたく存じます。」と述べている。

1970年3月に、町村金五北海道知事は、「新道は作らないで、既存の道路を拡張整備すること」と「裁断」し、オリンピック委員会はそれを了承した。(151)

北海道自然保護協会理事長だった井手賁夫は、この町村の裁断を高く評価し「町村知事の固い決意」と「自然保護に対する深い理解と関心とがなかったならば」「到底この問題は私たちの希望するようには解決されなかったであろう。」と述べた。(152)

札幌冬季オリンピックは、目出度く開会を迎えようとしていた時に、そこに新たな問題が提起された。

1970年に、1971年札幌冬季オリンピックに向けて施設建設の最中、一部の札幌冬季オリンピック関係筋から「仮設施設として承認された滑走コースと付帯施設とをオリンピック終了後も温存して観光用に利用したいとする運動」が起こりつつあった。(153)

1972年2月にオリンピックが終了するや否や、「全日本スキー連盟、北海道体育協会、などは、〈恵庭岳コースはその景観がすぐれ、わが国唯一の国際スキー連盟公認の滑走競技場であるから、これを永久に残し、ユニバーシアード大会などに活用させてほしい〉という趣旨の保存運動を猛烈に展開した。」(154)

しかしこうした要望にたいし、町村金五北海道知事も北海道自然保護協会もこれを認めなかった。

1971年6月に「新設されたばかりの環境庁は"撤去復元"という当初の方針をかえることなく、自然保護への姿勢をしめした」。(155)同年7月に就任した大石武一環境庁長官は、すでに論じたように積極的に自然保護に乗り出し、設立時の約束を破棄して施設を維持・再利用するという計画を認めることはなかった。(156)

結局、札幌オリンピック組織委員会は、1972年6月29日に、会議を開き、「既定方針どおり自然に復元するという同組織委事務局の計画を了承し」、(157)業界の野望は実現しなかった。

（5）札幌冬季オリンピック終了後の復元問題

　恵庭岳滑降コースは、札幌冬季オリンピック終了後に復元されることになった。この「復元計画は、地表の荒廃した斜面を侵食から守るため、山腹土止工などの治山工法が有機的に配され、またコース周辺の林相に類似した森林に回復させるため、アカエゾマツ、トドマツ、ダケカンバ、ナナカマドなどの苗を、画一的にならないように植えることとし、とくに標高の高いところは活着を良くするため、ポット植えとされた。復元費は約２億1000万円で、昭和48年（1973年―引用者）には一応の施設撤去、植林を完了し、49年（1974年）からは補植、下刈り、害虫駆除などの手入れが行なわれている。(158)」。

　当時、この復元に係わっていた俵浩三は、「植林した苗木は、活着、成長とも概して良好であり、また幸にして浸食、土砂崩落、雪崩なども、植林に被害を及ぼすほどには発生してはいない。このまま順調にすすめば、滑降コースの傷跡はしだいに目立たなくなるであろうが、しかし自然界には、いつ、どんな予測しない仕返しがあるかわからない。これからも注意深く復元の進行状況を見守っていかなければならない。」と指摘した(159)。

　そして俵浩三は、「賛否さまざまの意見があったとはいえ、僅か１、２日の催しのために、国立公園内の原始的山岳に、８億円もかけて大きなスキー場をつくり、またそれを撤去、復元するために２億円の費用と、長い年月をかけることになる。このことは自然保護にとって良い教訓だったのであろうか、それとも悪い教訓だったのだろうか。その判断もまた意見のわかれるところであろう。」と付け加えた(160)。

　俵浩三は、この復元工事から30年以上たった2008年につぎのように述べた。
　「跡地の植林は一応の成功をおさめ、山腹が荒廃することもなく緑におおわれた。しかし復元後30年以上をへた現在は、別の深刻な課題が生じている。」と指摘し、「植栽されたものがその後は間伐も行われず放置されたため、森林の〈構成種はほとんど植栽木で、自然侵入種が占める割合が低い〉こと、〈針葉樹の植栽部分は特に密度が高く、下枝が大きく枯れあがって森林の健在性に問題があり、また帯状の植栽地が周辺の天然林との景観的不調和を生じさせている〉ことが矢島崇教授によって指摘されている（矢島崇『恵庭岳・滑走競技場の森林復元』）(161)」と述べている。

こうした問題を起こした原因は、俵浩三によれば、「オリンピック組織が解散し、日本体育協会に引き継がれると、道庁が現場工事を担当することになった」ので、「事後のモニタリングや自然復元への軌道修正の責任体制があいまいなまま、ときが経過した結果、〈従来の林相に早急に回復〉することとは異なる方向にすすんでしまった」ということである。

　俵浩三は、「現在、現場では北海道森林管理局によって少しずつ軌道修正の努力が重ねられている。近年『自然再生事業』が脚光をあびているが、恵庭岳・滑走コースの復元は、自然再生事業が言葉でいうほど簡単ではないことを示している。」と結んだ。

小　括

　恵庭岳をめぐるオリンピック施設建設計画問題は、これまで国立公園内の開発と自然保護の確執問題とくらべかなり特異な事例であったが、しかし飛び切り興味深く、また教訓に富んだものであった。

　本論の小括としてまず論じておきたいことは、この計画を企画したオリンピック組織委員会にたいして、藤島亥治郎が、「自然破壊不感症」と痛烈に皮肉ったことに関連してである。

　東大名誉教授（工学博士）で自然公園審議委員であった藤島亥治郎は、冬季オリンピックの恵庭岳の滑降コース決定について論じた中で、自然破壊を批判しながら、カナダが冬季オリンピック開催の候補地から降りた事情と、その間隙をぬって姑息にオリンピック組織委員会が恵庭岳にオリンピック施設建設の計画を提出したことを、「自然破壊不感症」であると論断した。このことは、われわれに強烈な教訓を与えている。

　そもそもカナダのカルガリーは、「4都市の中で本命とされていた」のであるが、「その附近が国立公園で、禁猟区になっており、そのような所を会場として荒されるのは困るというカナダからの電報や手紙がIOC委員に寄せられた結果」「札幌が第1位にのし上がった」ということだ。

　藤島亥治郎は、「カナダは日本と比較にならぬほど国土は広く人口は少ない。傷つけられぬ自然は到る所にあるにも拘らず、自然破壊のおそれあるカルガリ地区を守ろうとしたのだ。」と指摘する。なるほど、われわれは、カナダ人の自然を愛し、いたずらに開発を認めない国民性を感じ取ることができ

る。
　藤島は、「それに対し、狭い国土にひしめき、都市や開発施設の急激な攻勢で自然地域が次々に侵されてゆく日本で、自然がどうなるかというようなことには全く無関心で、ただオリンピック招致に熱中した」と述べ、自然軽視、開発重視の日本国民の資質を指弾する。
　確かに藤島の指摘するとおり、日本人は自然を軽視し、開発を重視する。1964年の東京オリンピックの場合は、その代表的事例である。政府、実業界、国民全体が、東京オリンピックの名のもとに、すでに指摘したように、観光開発とくに自動車網の建設に励み、自然を破壊し、しかもそれは膨大な資本投資、国民的需要を創出し、国民にそれなりの生活向上を生み出した。
　かつて戦争経済が経済を空虚に盛り上げたように、オリンピックもまた、開発をすすめ、とくにスポーツ業界や観光業界、建設業界を潤した。そして今、2020年の再度の東京オリンピックが景気を盛り上げ、またぞろ自然を破壊して開発がすすめられようとしている。
　聞くところによれば、尾瀬などでも、この2020年東京オリンピックに期待し、ひと儲けしようと業界、自治体、地域住民が動き、これまで自然保護のために築いてきた規制を廃止しようとやっきになっているという。
　ここには、恵庭岳をめぐるオリンピック施設建設問題の反省なり、教訓が何もみられない。しかるがゆえにわれわれは、改めて藤島亥治郎の指摘するように「過去20年の中に急速に発展した観光開発と産業開発の目覚ましさのために、自然保護に徹し切れず、これを認め、あれを許すことを重ねる中に、自然破壊不感症に陥ったことを自覚せねばならない。」
　われわれは、この「自然破壊不感症」の治療に励まなければならない。
　恵庭岳滑降コース建設計画は、結局認可され実現した。
　では何故この大自然を破壊する計画が認められたのであろうか。
　第1に指摘しなければならないことは、オリンピック招致委員会が、姑息にも恵庭岳滑降コース建設計画を国内で承認されることなく、IOCに報告して札幌冬季オリンピック開催の承認をえたということである。オリンピック招致委員会は、既成事実をつくった上で、恵庭岳滑降コース建設計画の承認を迫ったのである。
　既成事実に弱い日本人の体質を見抜いての姑息なやり方は、効を奏して反対運動を抑えることになった。

第2に、とはいえ、地元が恵庭岳滑降コース建設計画を承認してしまった原因を明らかにしておかなければならない。

　第1節で詳論したように、恵庭岳滑降コース建設計画の是非が問題になっていた時期の北海道自然保護協会は、内部に開発に批判的な勢力と、開発に好意的な勢力があり、しかも協会の体質は、財界、北海道庁に大きく依存し、協会の運営もボス支配の傾向が強く、民主的性格を欠いていた。

　そのため、協会の内部に恵庭岳滑降コース建設計画に反対の勢力も存在していたにも拘わらず、公然とした議論が抑圧されて、大衆的な恵庭岳滑降コース建設計画反対運動が起きなかったのである。

　そのため恵庭岳滑降コース建設計画は、すでに決まったことだから反対しにくいという雰囲気のもやもやした中で、北海道自然保護協会の承認をうることになったのである。

　逆にいえば、もし北海道自然保護協会が、早くから財界、道庁依存とボス支配の組織体質を克服していれば、大雪山縦貫道路建設計画を中止させたように、恵庭岳滑降コース建設計画を中止させた可能性が高かった。

　とはいえ、一時、大雪山縦貫道路建設計画が承認されるが、オリンピック終了後に施設を復原させるという付帯条件を付け、自然保護を維持したことの意義は大きかった。

　国際自然保護団体の支援をえて、日本自然保護協会や北海道自然保護協会の中の自然保護重視派は、恵庭岳滑降コース建設計画承認やむなしという大勢の中で、1966年末に、オリンピック終了後に施設を撤去して建設前に地域を復元することを条件に恵庭岳滑降コース建設計画を承認するという妥協的な解決をはかっていった。

　北海道自然保護協会会長を中心とする自然保護を軽視し開発に好意的な勢力がいた中で、こうした妥協的であるが、オリンピック終了後に施設を撤去して建設前のように地域を復元するという自然保護政策を貫いた自然保護派の営為は高く評価されてよい。

　いずれにしろ、恵庭岳滑降コース建設計画にたいする自然保護運動は、妥協的に終わったが、前半で不十分であったが、後半は大きな成功であったといえよう。支笏洞爺国立公園内の自然は、こうして地元の自然保護派の努力と国際的自然保護団体、国立公園行政当局、自然公園審議会内の自然保護を重視する勢力によって守られたのである。

国立公園制度は、だから単なる制度ではなく、国立公園が何らかの程度自然を保護する制度であると理解する人たちの運動による自然保護のための制度であり、自然保護のための砦となっているということである。

注

(1) 前掲拙著『自然保護と戦後日本の国立公園』の第11章第1節「大雪山国立公園内の層雲峡電源開発計画と反対運動」を参照。
(2) 同上、343頁。
(3) 俵浩三「北海道自然保護協会の30年」、『北海道の自然』No.33、北海道自然保護協会、1995年、3頁。
(4) 大雪山のナキウサギ裁判を支援する会編『大雪山のナキウサギ裁判』、緑風出版、1997年、116頁。
(5) 北海道自然保護協会『会報』No.4、1967年5月、1頁。本稿考察にとって重要な資料となる『会報』は、俵浩三先生から提供されたものである。
(6) 同上、6頁。
(7) 同上、6−7頁。
(8) 同上、2頁。
(9) 前掲『会報』No.6、1968年12月、1頁。
(10) 同上、4頁。
(11) 同上、6−7頁。
(12) 俵浩三『北海道・緑の環境史』、北海道大学出版会、2008年、316−317頁。なお俵の論稿では、中止の決断の年月日が記されていないが、前掲『大雪山のナキウサギ裁判』によれば、1967年との指摘がある。116頁。
(13) 前掲『北海道・緑の環境史』、316−317頁。
(14) 前掲拙著『自然保護と戦後日本の国立公園』、第5章、第11章を参照。
(15) 北海道開発協会編『北海道開発局二十五年史』、北海道開発協会、1977年、27−28頁。
(16) 前掲『自然保護事典』①、22頁。
(17) 前掲「北海道自然保護協会の30年」、『北海道の自然』No.33、2−3頁。
(18) 井手賀夫「北海道自然保護協会の発足とその活動」、前掲『北海道の自然』No.33、13−15頁。
(19) 同上、13頁。
(20) 同上、14頁。
(21) 同上、14頁。

(22) 本書第5章を参照。
(23) 前掲『北海道開発局二十五年史』、127頁。
(24) 管理人スズ「大雪縦貫道路に関する調査報告～計画取り下げ40周年の節目を迎えて～」、2013年4月29日、webサイト上の論考、4－5頁。
(25) 「大雪山自動車問題の経過」、『国立公園』No.278、1973年1月、25頁。
(26) 1968年10月4日『朝日新聞』(北海道版)。
(27) 同上。
(28) 同上。
(29) 1972年9月20日『朝日新聞』(北海道版)。
(30) 前掲『北海道・緑の環境史』、320頁。
(31) 同上、320頁。1972年10月4日の『朝日新聞』は「国立公園部はいったん建設を認可した」と報じているが、必ずしも明確に確認できていない。
(32) 前掲『北海道・緑の環境史』、320頁。
(33) 同上、320頁。
(34) 前掲俵『北海道の自然保護』、276頁。
(35) 1972年9月20日『朝日新聞』(北海道版)。
(36) 同上。
(37) 1968年10月4日『朝日新聞』(北海道版)。
(38) 前掲『会報』No.4、1967年5月、1頁。
(39) 同上、6－7頁。
(40) 同上、2頁。
(41) 前掲『会報』No.5、1967年12月、1頁。
(42) 同上、2－3頁。
(43) 前掲『会報』No.6、1968年12月、1頁。
(44) 同上、3頁。
(45) 同上、3頁。
(46) 前掲『会報』No.7、1969年6月、1頁。
(47) 同上、1－2頁。
(48) 同上、1頁。
(49) 同上、2頁。
(50) 前掲『会報』No.8、1970年2月、1頁。
(51) 同上、1－2頁。
(52) 同上、2頁。
(53) 前掲『会報』No.9、1970年12月、2頁。
(54) 前掲『会報』No.10、1971年3月、1頁。

(55) 同上、1頁。
(56) 同上、2頁、前掲『会報』No.11、1頁。
(57) 前掲『会報』No.11、2頁。
(58) 同上、2－3頁。
(59) 同上、3頁、前掲『会報』No.12、1972年6月、1頁。
(60) 本書第Ⅱ部第11章、364頁。
(61) 前掲俵『北海道の自然保護』、276頁。
(62) 同上、278頁。
(63) 前掲『会報』No.12、1972年6月、5頁。
(64) 同上、1－2頁。
(65) 同上、2頁。
(66) 同上、2頁。
(67) 前掲『会報』No.13、1973年6月、3頁。
(68) 前掲『会報』No.11、1971年9月、2頁。
(69) 同上、1－2頁。
(70) 同上、3頁、前掲『会報』No.12、3頁。
(71) 1968年10月4日『朝日新聞』（北海道版）。
(72) 前掲俵『北海道の自然保護』、278頁。
(73) 田代沼次郎「大雪を守る運動の経過と問題点」、前掲『会報』No.14、1973年12月、2頁。
(74) 大雪の自然を守る会・新得「新得町における大雪縦貫道路開削反対運動」、『会報』No.14、1973年12月、4頁。
(75) 前掲「大雪を守る運動の経過と問題点」、『会報』No.14、2頁。
(76) webサイト掲載、旭川『大雪の自然を守る会』ニュース、1号を参照。
(77) 「大雪山自動車問題の経過」、『国立公園』No.278、1973年1月、26頁。
(78) 同上、26頁。
(79) 1972年9月20日『朝日新聞』（北海道版）。
(80) 同上。
(81) 同上。
(82) 同上。
(83) 同上。
(84) 前掲「大雪山自動車問題の経過」、『国立公園』No.278、25頁。
(85) 前掲『会報』No.13、3頁。
(86) 同上、3頁。
(87) 同上、3頁。

(88) 前掲井手「北海道自然保護協会の発足とその活動」、前掲『会誌』№33、1995年、16頁。
(89) 前掲『会報』№13、7頁。
(90) 同上、3頁。
(91) 同上、7－8頁。
(92) 前掲俵『北海道の自然保護』、279頁。
(93) 大雪山の自然を守る会「大雪縦貫道路―行政の動きと反対運動―」、『自然保護』133号、1973年6月、2頁。
(94) 編集部「大雪山道路問題の結果について」、『国立公園』№288、1973年11月、25頁。
(95) 大雪の自然を守る会・新得「新得町における大雪縦貫道路改作反対運動」、前掲『会報』№14、4－5頁。
(96) 前掲旭川『大雪の自然を守る会』ニュース第1号参照。
(97) 前掲「大雪縦貫道路問題の経過」、『国立公園』№278、25頁。
(98) 前掲『会報』№13、1973年6月、3－4頁。
(99) 同上、4頁。
(100) 同上、5頁。
(101) 同上、5－6頁。
(102) 前掲『会報』№14、1973年12月、1頁。
(103) 同上、1頁。
(104) 前掲管理人スズ『大雪縦貫道路に関する調査報告』、webサイト上の論考、5頁。
(105) 前掲『会報』№14、1頁。
(106) 同上、7頁。
(107) 同上、1頁。
(108) 同上、2頁、8頁。
(109) 同上、8－9頁。
(110) 同上、9頁。
(111) 前掲「大雪山道路問題の結果について」、『国立公園』№288、25頁。
(112) 本書第2章、71頁参照。
(113) 前掲「大雪山道路問題の結果について」、『国立公園』№288、25頁。
(114) 1973年10月4日『朝日新聞』（北海道版）。
(115) 前掲「大雪山道路問題の結果について」、『国立公園』№288、25頁。
(116) 前掲『会報』№14、2頁。
(117) 前掲「大雪山道路問題の結果について」、『国立公園』№288、25頁。

(118) 同上、25頁。
(119) 石神甲子郎「林修三自然公園部長談話」、『自然保護』139号、1973年12月、18頁。
(120) 同上、18頁。
(121) 前掲『自然保護事典』①、24頁。
(122) 同上、24頁。
(123) 同上、24頁。
(124) この問題については、本書第Ⅱ部第11章、365頁を参照されたい。
(125) 前掲石神甲子郎「林修三自然公園部会長談話」、『自然保護』139号、18頁。
(126) 前掲『自然保護事典』①、24頁。ただし、1975年に自然環境保全審議会自然公園部会は妙高高原有料道路建設計画を認めなかった。本書第Ⅱ部第12章、408頁参照。
(127) 日本自然保護協会「恵庭周辺冬季オリンピック施設既定方針堅持の意見書」、前掲『意見書集』、90頁。
(128) 1966年4月27日『読売新聞』(朝刊)。
(129) 前掲俵『北海道・緑の環境史』、317頁。
(130) 前掲『会報』No.3、1966年9月、1頁。
(131) 前掲俵『北海道の自然保護』、273頁。
(132) 前掲『会報』No.3、1966年9月、2頁。
(133) 同上、3頁。
(134) 同上、2頁。
(135) 井手貫夫「恵庭岳をめぐるオリンピック施設について」、『自然保護』93・94号、1970年3月、16頁。
(136) 同上、16頁。
(137) 前掲『会報』No.4、1967年5月、2頁。
(138) 同上、1頁。
(139) 1967年3月29日『読売新聞』(朝刊)。
(140) 前掲「自然保護協会の30年」、『北海道の自然』No.33、4頁。
(141) 前掲『会報』No.4、1967年5月、1頁。
(142) 同上、1頁。
(143) 同上、7−8頁。
(144) 同上、2頁。
(145) 同上、7−8頁。
(146) 前掲井手「恵庭岳をめぐるオリンピック施設について」、『自然保護』93・94号、16頁。

(147) 同上、16頁。
(148) 同上、16頁。
(149) 同上、16頁。
(150) 東条猛猪会長から北海道知事町村金五への要望書、「支笏湖畔丸駒～オコタンペ間の自動車道路建設に関する件」、前掲『会報』No.7、1969年6月、3－4頁。
(151) 井手貲夫「恵庭岳のオリンピック道路問題のその後の報告と提案」、『自然保護』97号、1970年6月、11頁。
(152) 同上、11頁。
(153) 前掲『意見書集』、90頁。
(154) 前掲俵『北海道の自然保護』、274頁。
(155) 同上、274頁。
(156) 大石環境庁長官の政策については、本書第Ⅱ部第7章、249頁以下を参照。
(157) 1972年6月30日『読売新聞』（朝刊）。
(158) 前掲俵『北海道の自然保護』、274－275頁。
(159) 同上、275頁。
(160) 同上、275頁。
(161) 前掲『北海道・緑の環境史』、319頁。
(162) 同上、319頁。
(163) 同上、320頁。
(164) 藤島亥治郎「冬季オリンピック―恵庭岳の滑走コースについて―」、『自然保護』55号、1966年7月、2－3頁。

第10章
富士箱根伊豆国立公園内の
観光開発計画と自然保護運動

はじめに
1　富士スバルライン・観光有料道路建設計画
2　富士登山鉄道建設計画と反対運動

はじめに

　本章は、富士箱根伊豆国立公園内の観光開発計画とその反対運動について考察する。
　第1節は、いわゆる富士スバルラインの建設について考察する。高度経済成長期に入って山梨県は、1961年に戦後末期から各地ですすめられた観光有料道路建設計画にならって河口湖畔から富士山五合目までの観光有料道路建設計画をたてた。東京オリンピックに向けた観光開発として計画されたこの道路計画は、観光有料道路建設がまだ自然破壊をするさまがあまり知られていなかったこともあって、安易に国立公園行政当局によって認可された。第1節はこの事情を明らかにする。
　富士登山鉄道建設計画は、戦前から戦後にもたびたび提起されたが、その都度認可されなかったが高度経済成長期に入ってからも二つ提起された。第2節は、結局許可されなかったこの二つの計画について考察する。

1　富士スバルライン・観光有料道路建設計画

（1）富士スバルライン建設計画の立案と国立公園行政当局による承認

　高度経済成長期に入って山梨県は、県の観光開発計画を実現すべく、まず「富士山の自然と観光を内外に紹介するために昭和34年（1959年—引用者）富士山地下鋼索鉄道（モグラケーブル）を設置して標高3776メートルにのぼる計画」をたてた。「ところが、この年の8月、7号大風と伊勢湾台風の襲来となり、未曽有の大災害に逢い、県は一時計画を中止した。」[1]
　「災害の復興が一段落した36年（1961年—引用者）に再び調査に入り、国の機関へも折衝したが、頂上への輸送施設の開設は、富士山の性格上好ましくないとの判断から」、方針を転換し、1951年に道路特別措置法が制定され、「一般の公共事業とは財源を別にして通行者又は利用者からの料金収入をもとに経営される有料道路制度が確立」していたので、山梨県は、1961年「とりあえず富士山五合目までの自動車道路を開設する」計画をたてた。[2]

第10章　富士箱根伊豆国立公園内の観光開発計画と自然保護運動　343

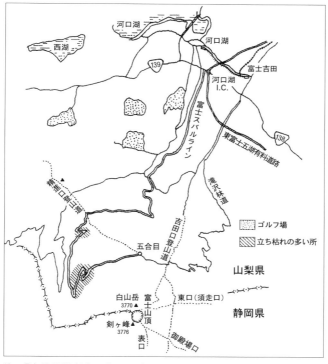

図10－1　富士スバルラインの略図

注　『自然保護事典』①、27頁より。

　具体的にみると、山梨県は、富士山麓開発特別審議会を設置して、1961年3月に山梨県産業振興基本計画を公表した。この山梨県産業振興基本計画によれば、「交通施設整備」計画は、図10－1に示したように「富士吉田―滝沢林道―五合目―小御岳―三合目―河口湖町船津」の道路で、「幅員5.5m」の「富士山五合目回遊道路の建設」であった。

　山梨県は、1961年に富士スバルライン建設計画の認可を厚生省国立公園行政当局に申請した。国立公園行政当局は、五合目以下の開発はこれを認めるという従来の方針にしたがって、自然公園審議会に諮問し、1961年10月6日に審議会の承認をえて、富士スバルライン建設計画を認可した。

　山梨県は、1961年に計画承認後直ちに、東京オリンピックの年を目標に、工費17億円を費やし全長29キロの富士スバルライン建設工事を開始し、1964

年に完成した。(5)

（2）富士スバルライン建設による富士山自然破壊と批判

　こうして出来上がった「富士スバルライン」は、建設に際しては強力な批判が生まれなかったが、建設中あるいは建設後に自然を著しく破壊する事例として厳しく批判されるようになった。
　『自然保護事典』は、「富士スバルライン」について、「日本を代表する自然破壊道路である。北海道から沖縄まで、各地の山岳道路に反対する人たちの出す声明書に、富士スバルラインは必ず登場する。〈山岳自動車道路が山の自然をいかに破壊するかは富士スバルラインの例で明らかに…〉という具合である。」と指摘している。(6)
　それほど自然破壊が問題になった富士スバルライン建設計画にたいしては、他の国立公園内の観光有料道路と同じように、管見する限り、当初、表立った反対意見、反対運動はみられなかったようである。(7)
　富士山の保護運動をおこなった地元の内藤成雄は、富士スバルラインが開通した1964年の「この頃はまだ自然保護団体等による反対運動など殆んどなく、住民は年寄りも子供も気軽に富士山に登れる、この地に客が多く来てくれると喜んでいた時代である。」と述べている。(8)
　スバルライン建設による自然・環境破壊は、要するに、第1に、直接スバルライン建設のための道路工事による自然・環境破壊、第2に、スバルライン営業中に自動車のだす排気ガスや夜間の照明などによる自然・環境の破壊、第3に、スバルライン開業後に大量に建設される観光施設と大量の観光客が生み出す自然・環境破壊である。第4に、スバルラインの建設によって容易化した富士登山により膨大な登山客が送り込まれた結果生み出される自然・環境破壊である。
　『自然保護事典』の「富士スバルライン」の項は、自然破壊の原因別に整理して述べているわけではないが、「スバルラインによる自然破壊は、第一に、沿線に見られるシラビソ、オオシラビソの立ち枯れなど、森林の枯死である。」と指摘した。(9)
　おおよそ第1と第2の問題に関して、同書は、さらに日本自然保護協会富士山麓の会委員の宇佐見章の文章を引用して「かつては、ウラジロモミ、ツ

図10-2　富士スバルラインによる自然破壊

注　宮脇昭『緑の証言』、99頁より。

ガなどの原生林に囲繞されて、昼なお暗く、山の神秘に心うたれ、自ら頭をたれた小御岳神社の神苑も、自家用発電施設、乗用車の乗り入れ、道路建設に伴う土石の掻き落しによって取り残された神域の被害は顕著にして、神前に自ら襟を正すという10年前の神秘感は全く失われ、あまりの変容ぶりにいささか寂しさに耐えない思いがした。」と指摘した。

さらに日本自然保護協会富士山麓の会会長堀内猛貫の文章を引用し「スバルライン工事の飯場が数カ所に設置され、そこから出る残飯、ゴミ、アクタモクタも林中に捨てられたため、ネズミの異常発生が報じられたこともあった。」と指摘した。

また同会の委員宇佐見章の文章、「諸施設の建設は五合目付近の山容を一変し、コンクリートにかためられた山肌、土砂の掻き落しによる樹蔭植物の埋没、原生林中に灰色に変色された樹木の多数入り混じっている見苦しき林相」を引用した。

第3の問題について、同書は、宇佐見章のつぎのような文章を引用した。

「ここ五合目は頂上をめざしての、拠点となるところ」については「軒を並べる売店の販売合戦、休憩場、バス停、県営有料トイレ、バス50台・乗用車300台を収容可能な県営有料駐車場、その付帯施設など密集し、これに要した土地造成のために広域にわたっての自然林が失われたことはまことに遺憾にたえない。」

「まだ時間的にも、登山者も車も少ないにもかかわらず、売店などの廃棄

物の焼却、無造作に捨てられた観光客のゴミから発生する悪臭、売店のオデンの匂いなど入り交っての異様な臭気が湿気を含んだ冷たい気流の中にただよい、私たちの身辺に重苦しくまつわりついていた。」と指摘した。

同書では第4の問題について直接ふれていないが、1964年富士スバルライン建設後の富士登山者の増加は、著しいものがあった。この点については、すでに別稿で論じたが、ここでは、富士スバルラインの営業が、富士の過剰登山を加速し、富士の過剰登山が生み出す自然・環境の破壊を過重していったことを指摘するにとどめておきたい。

こうした『自然保護事典』の厳しい批判にたいして、他方、横浜国立大学の宮脇昭は、『緑の証言』の中で富士スバルラインについて、「自然破壊の問題」を極めて一面的にしか捉えていなかった。

宮脇昭は、第1に、海抜2400メートルに至るスバルラインは、「1200メートルまでの剣丸尾根の溶岩上のアカマツ林までは比較的強い自然であって、道路をつくりっぱなしにしておいてもよかった。」建設時に荒れたが「3年ほどたつと…低木のマント群落や…草本植物のソデ群落が復元してきて、今はみごとな観光道路になっている。」と指摘する。

第2に、「しかし、海抜1900メートル以上のシラビソ、オオシラビソ、トウヒ、コメツガなどの亜高山針葉樹林域までも同じような工事の方法がとられたので、ここはまさに自然破壊のオンパレードになってしまったのである。」と指摘する。

そしてこの地域の自然破壊状況について、「1969、70年に、山梨県林務部の依頼でわたくしが現地調査した結果、道路をつくってから約10年たったにもかかわらず、周辺のシラビソ、オオシラビソが1年に8000本から1万2000本も枯れつづけていた。」「直接の原因は虫害、病害、または土砂崩れなどいろいろある」などと指摘し、道路建設が根本原因でないかのようにいっている。「地域の住民の生活や文化を維持するために、そして他にどうしても代替道路がつけられない場合には、たとえそれが高山の山腹であっても、道路をつくるのはやむをえないだろう。」と指摘する。

こうした宮脇の主張は、道路建設による海抜1900メートル以上のシラビソ、オオシラビソ、トウヒ、コメツガなどの枯れ死だけしかみていない極めて一面的で、近視眼的である。

先に私が指摘したように、スバルラインによる自然破壊は、立木の枯れ死

だけではなく多面的であり、第1に、スバルライン営業中に自動車のだす排気ガスや夜間の照明などによる自然破壊、第2に、直接スバルライン建設のための道路工事による自然破壊、第3に、スバルライン開業後に大量に建設される観光施設と大量の観光客が生み出す自然破壊、第4に、スバルラインの建設によって容易化した富士登山が膨大な登山客が送り込まれた結果生み出される自然破壊などの多面的、総合的なものである。

こうした政府、観光業界、建設業界の観光有料道路建設にたいする寛容にして妥協的な学者たちが、1950年末から1960年代に展開された国立公園内の自然破壊を推進する一助となってきたのである。

こうした日和見的学者と違って、気象庁の富士山観測所に勤務していた経験のある作家の新田次郎は、富士スバルラインにたいして厳しく批判しいている。

新田次郎の「富士山を守れ」という小文が残されている。この小文は、1978年頃のもので、『山梨日日新聞』から、富士山美化キャンペーンに寄せて書いたものであったが、あまりに過激な富士山批判だったために、没となり、後に富士山自然保護運動をおこなっていた医者で作家の内藤成雄に預けられたものである。[12]

「富士山を守れ」はつぎのように指摘している。

「日本人すべての精神的よりどころであり、地球物理学的にも貴重な存在である富士山から植物や岩石を持ち出すのは、それ自体が犯罪であり、これを憎まない者はない。だが、もっと高いところから、目をこらして富士山を見詰めると、高山植物を一本盗んだとか、庭石を一つや二つ運び出したなどうという、小さな自然破壊など問題にならないような合法的自然破壊がなされている。世界中に悪名を流した富士スバルラインがこれである。」

そして新田次郎は、「私は二合目から五合目にかけてあの荒廃ぶりを見て、涙が出てしょうがなかった。自動車道路の犠牲となって亡びて行かねばならない富士山の自然が可哀そうでならない。」

「自然を破壊し、その屍の上に立って景色を眺めていい気になっている観光客もさることながら、日本第一の自然を自らの手で破壊して、日銭を儲ぐ乞食観光を行って、恬然として恥じない山梨県に対して怒りを感じずにはおれなかった。」

しかし新田次郎自身はスバルライン建設当初には、計画に反対したわけで

はなかった。

　スバルラインが完成し、スバルライン建設による自然破壊が顕著になり始めた1964年頃、地元の住民は、スバルライン建設による自然破壊に気づいて、「吉田口登山道を守る会」や「富士の環境を守る会」を結成して、反対の産声を上げた。

　新田次郎の先の発言は、そうした運動に期待して1978年頃書かれたものであった。残念ながら富士スバルライン建設計画には、当初批判的な運動が起きなかったことも事実であった。

（3）補遺―表富士周遊道路・富士山スカイラインの問題

　静岡県も、1950年代に「第6次総合計画」を策定し、そこで「富士山麓の総合計画の一貫として」観光道路建設計画をたて、その柱として、「表富士周遊道路建設」計画を据えた。[13]

　1964年の「スバルラインの開通で富士登山者の多くが山梨側を利用するため、静岡県は登山観光客の面で大きく水をあけられていた。」そこで、静岡県は1966年末に「表富士周遊道路（通称富士山スカイライン）の開発に着工し、その後進性からの脱却につとめた。」[14]

　1970年6月29日の『読売新聞』（夕刊）によれば、表富士周遊道路の「総工費17億円」、1966年末に着工し、1970年6月に開通した。静岡県道路公社の建設になる通称富士山スカイライン「富士山表富士周遊道路（延長34.5キロ）」は、御殿場市五本松（標高830メートル）を起点に、太郎坊（同1300メートル）、高鉢（同1460メートル）を通り、富士宮市山宮の富士登山口一合目へ抜けるメーン・ルート（延長21.5キロ）と、高鉢から分かれて新五合目（標高2360メートル）に至る登山線（13キロ）からなっている。平均幅員6メートル、2車線で、全面アスファルト舗装であった。

　さらに表富士周遊道路に繋がる「富士山ハイウェー」（8.6キロ）が、が7月から開通する。

　これらの観光有料道路は、富士登山を容易化し、すでに別稿でみたように富士登山の過密化を促進する一因となった。

　「表富士有料道路建設でも、スバルラインと同じ破壊がくりかえされた。」[15]のである。しかしこの計画にたいしても、表富士周遊道路建設反対運動は、

管見する限りまったくみられなかったようである。

2　富士登山鉄道建設計画と反対運動

（1）山梨県による「富士山頂までの地下ケーブル」計画の提起

　国立公園行政当局は、戦前・戦後にたびたび提起されていた富士山ケーブル建設計画をあくまで許可しなかった。

　戦前については、内務省と山梨県は、すでに1917年に富士北麓の調査をおこない、観光開発計画をたてながらも、五合目以上の山岳地帯については開発をおこなうべきではないという報告書を提出した。爾来この方針は、富士箱根国立公園の基本方針として維持されてきた。

　戦後についてもたびたび山麓から富士山頂をめざす富士山ケーブル建設計画が提起されたが、国立公園行政当局は、1956年に五合目以上を特別保護地区の候補地に指定した。実際には1996年に指定されるのだが。文部省もまた戦前から願っていた五合目以上の地域の天然記念物「特別名勝」地区の指定を1952年に果たし、五合目以上の鉄道建設を規制する法体制を築いてきた。

　しかし他方、産業が乏しく地元の山梨県側では、富士山観光により地域経済を活性化させようとする意欲が強く、高度経済成長期に入っても、富士山登山鉄道への期待は捨てがたく、2回にわたって計画が提起された。

　高度経済成長期に入ってまもなく山梨県は、「富士山の自然と観光を内外に紹介するために昭和34年（1959年―引用者）富士山地下鋼索鉄道（モグラケーブル）を設置して標高3776メートルにのぼる計画」をたてた。「ところが、この年の8月、7号台風と伊勢湾台風の襲来となり、未曾有の大災害に逢い、県は一時計画を中止した。」

　その代わり、前節で述べたように、山梨県は「災害の復興が一段落した36年（1961年―引用者）に再び調査に入り、国の機関へも折衝したが、頂上への輸送施設の開設は、富士山の性格上好ましくないとの判断から、とりあえず、富士山五合目までの自動車道路を開設することになり、国の許可を得て昭和36年（1961年―引用者）に着工し」、1964年完成した。

（２）「富士山トンネル・ケーブルカー」建設計画の全容と計画の撤回

　山梨県の富士山頂までの地下ケーブル計画が放棄されてから、4年後の1963年9月に、再び今度は、「富士山トンネル・ケーブルカー」建設計画が、地元有力企業の富士急行株式会社によっては提起された。[20]

　富士山麓電気鉄道株式会社の創設者の孫で常務であった堀内光雄は、1960年5月の定期株主総会で社名を富士山麓電気鉄道株式会社から富士急行株式会社に変更し、1960年12月に副社長に就任していた。堀内光雄副社長は、1962年9月に社長に就任し、1963年に経営5カ年計画を発表し、その第1の目標として富士山トンネル・ケーブルカー建設構想を位置づけた。[21]

　富士急行は、1961年に県が計画した案に沿って大規模な富士山ケーブルカー建設計画を提起した。この計画は、1964年に完成した五合目に至る富士スバルラインと、五合目の中腹（「お中道」沿い）に「スカイ・ウエイ」を建設することを前提にし、五合目から富士山頂に向う「トンネル・ケーブルカー」の「未曾有の大計画」であった。[22]

　富士急行社内誌『芙蓉』によれば、富士山トンネル・ケーブルカー建設計画の全容は、以下のとおりであった。

　図10－3、図10－4に示したように、建設地点は、「富士山の南西側（静岡県内）に、頂上から裾野まで一枚板のように続いている溶岩流『支杖流し』で」、「この溶岩流の下を、五合目（標高2500メートル）から頂上（同、3722メートル）まで、山腹に沿ってトンネルをくり抜き、ここにケーブルの路線を施設する計画」であった。[23]

　図10－3に示したように、この計画は、五合目近くの「お中道」と呼ばれる中腹に、スカイラインの途中から富士宮口登山道に繋がる宝永山展望所までスカイ・ウエイを建設し、大沢崩れと宝永山展望所の間に五合目停車場を建設し、五合目の駅舎から山頂（山上線）まで総延長2368メートルの地下ケーブルを建設するというものである。[24]

　「トンネル路線の施工基面は、最深部が地中35.4メートル、地表に最も近い部分地下6.6メートルの深さ」である。「駅舎は、五合目と頂上のほか八合目（標高3400メートル）にも設けられ、ここを中継駅として、五合目からのぼってくる『山麓線』をおり、頂上に向かう『山頂線』に乗りつぐ」という方式で、入口だけが地上に現われ、全線「全部地下」である。八合目で乗換える。

第10章　富士箱根伊豆国立公園内の観光開発計画と自然保護運動　351

図10−3　富士山トンネル・ケーブルカー平面図

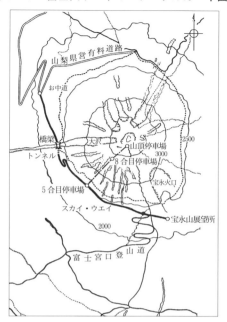

図10−4　富士山トンネル・ケーブルカーの全貌

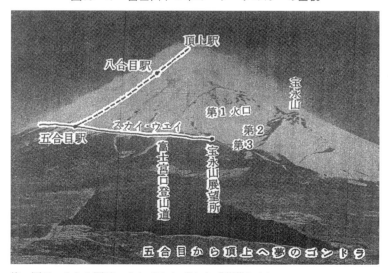

注　図10−3から図10−6までは、いずれも『芙蓉』より。

路線最高勾配は、八合目駅付近が35度の日本最高のものであった。[25]

ケーブルの車両は、山麓線が175名、山上線は120名、所要時間は13分、山麓線8分、山上線5分である。ケーブルカーの年間延べ乗客数は、山麓線60万人、山上線42万人と予想された。総工費は明示されていなかった。[26]

富士急行は、1963年9月12日に、「富士山地下鋼索鉄道」として、運輸省、建設省、厚生省、文化庁の各関連機関に建設許可を申請した。[27]

「トンネル・ケーブルカー」建設計画は、富士スカイラインを前提にし、富士スカイラインの五合目近くの第5ヘアピンカーブから宝永山展望所まで付設するスカイ・ウエイの建設をともなっていた。スカイ・ウエイは、延長8760メートル、全2車線（有効幅員6.5メートル）、全コンクリート舗装道路だった。[28]

こうした富士山の自然の大破壊を前提とする「トンネル・ケーブルカー」建設計画を知った日本自然保護協会は、1964年5月、「富士山の自然保護に関する陳情書」を提出してこの計画に反対を表明した。[29]

「陳情書」は、つぎのように述べた。

「近年、各登山道とも相当の高さまでバスが開通し、登山者数は年々増加する一方で、昭和38年（1963年—引用者）には、総数30数万人の多きに達し」「登山者の激増が山を荒し、きたなくする傾向」をもたらし、「場合によっては、混雑から危険な事態を招き、不幸な事故を起こした事例もある」。

そのため「今日以上にさらにこの山に人工を加え、ことにケーブルなどを架設して、大量に観光客を輸送し、一層の混雑を招来しなければならないという理由は、営利以外には、これを発見することが不可能」である。富士山は国立公園に指定され、五合目以上は、「特別名勝」に指定されており、「登山ケーブル計画の如きは、当局において速やかに不許可の処分をせられ、国の意思を一層明らかにされることを望んでやみません。」と主張した。

1964年5月の日本自然保護協会の反対声明の直後の1964年6月になって、堀内光雄富士急行社長は、突然「このトンネルケーブルの申請取り下げを発表した。」[30]

堀内社長は、6月28日の記者会見で、その理由を「かねてより構想していたトンネルケーブルは、とくに安全性と自然保全について最大の配慮を払ってきたのであるが、自然保護を痛切に必要としている昨今、環境保全の立場から、いささかでも自然をそこなう懸念のないよう期するのが、富士急行の

図10-5　山頂停車場の略図

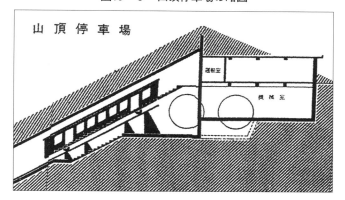

図10-6　八合目駅（乗りつぎ駅）予想図

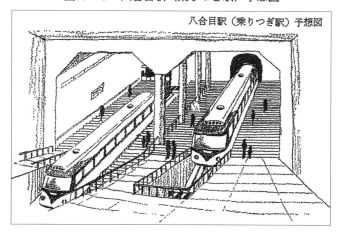

姿勢からいってももっとも重要であり、諸般の情勢を考慮して申請を取り下げたと説明」した。

『富士山麓史』は、計画の取り下げについてつぎのように指摘している。

「マスコミはわいた。共感の拍手を送ってくれた。たしかに、老若男女が真冬でも頂上へ行ける、神々しいご来光を年老いた両親に拝んでもらえる——トンネルケーブルができればこんな朗報はない、出現が楽しみだ——という期待の反面、やはり自然を守る見地から、ない方がベターかも、といった心理は共通してあったのである。それにいかに富士急行だけが最大の自然保護へ

の配慮をしても、他企業等から同様の申請が出された場合、富士急行ほどの配慮をするかどうか、大いに疑問もあった。それに対する牽制の上からも、トンネルケーブル断念は、惜しまれつつも歓迎されたのであった。」[31]

　この突然のトンネルケーブル計画の撤回は、少々不可解であるが、もともと、この計画の提起に際しては、諸官庁の認可の必要、とくに厚生省国立公園行政当局、文部省の許可をうることの困難さについては示唆されていた。[32]

　トンネルケーブル断念の背景には、察するところは、つぎのような事情が考えられる。

　富士急行は、創立45周年の記念事業として国立公園協会に依頼して、富士山の総合調査をおこない、創立45周年にあたる1971年に『富士山総合学術調査報告書』を刊行することにしていた。[33]

　堀内光雄社長は、調査団からこのトンネルケーブル計画の実現が困難である旨を聞かされて、また直接的には、1964年5月に日本自然保護協会の「富士山の自然保護に関する陳情書」がだされたため、富士山トンネルケーブル建設計画を断念したのではないかということである。

　五合目から山頂をめざす登山鉄道建設計画については、地元や全国的な反対の意向が強かっただけでなく、所管官庁、とくに国立公園行政当局、天然記念物を所管する文化庁が強く反対してきた。

　こうして高度経済成長期に入って提起された未曾有の大規模な富士登山鉄道建設計画は、公認されることもなく、富士急行によって自主的に撤回された。こうして富士山の自然の大破壊が回避された。

注

（1）山梨県編『山梨県政百年史』下巻、山梨県、1975年、910頁。
（2）同上、910頁。
（3）富士吉田市編さん室編『富士吉田市史』行政編下、ぎょうせい、1979年、230頁。
（4）「自然公園審議会ニュース」、『国立公園』No.145、1961年12月、26頁。
（5）富士急行株式会社編『富士山麓史』、富士急行、1977年、157頁。
（6）前掲『自然保護事典』①、25－28頁。
（7）私の今の研究段階では、当初の富士スバルライン建設計画にたいする異論、反対運動をみつけることができなかったが、もしそれらがあったのであれば、御教授いただきたい。

（8）内藤成雄『新田次郎の跫音』、叢文社、2003年、102頁。
（9）前掲『自然保護事典』①、26頁、28頁。
（10）本書第4章参照。
（11）宮脇昭『緑の証言』、東京書籍、1983年、98－100頁。
（12）前掲『新田次郎の跫音』、105頁。
（13）静岡県地理教育研究会『富士山世界遺産への道』、古今書院、2000年、206頁。
（14）同上、207頁。
（15）前掲『自然保護辞典』①、28頁。
（16）拙著『国立公園成立史の研究』、第Ⅱ部第1章、155頁以下を参照。
（17）拙著『自然保護と戦後の国立公園』、362頁、参照。
（18）前掲『山梨県政百年史』下巻、910頁。
（19）同上、910頁。
（20）前掲『富士山麓史』、641頁。
（21）同上、634頁、637－638頁。
（22）「トンネルケーブルの全貌」、富士急行社内誌『芙蓉』、1963年10月、秋号、20－25頁。
（23）同上、20頁。
（24）同上、20頁。
（25）同上、21頁。
（26）同上、21頁。
（27）前掲『富士山麓史』、642頁。
（28）前掲『芙蓉』、25頁。
（29）前掲『意見書集』、54頁。
（30）前掲『富士山麓史』、642頁。
（31）同上、642頁。
（32）前掲『芙蓉』、23頁。
（33）前掲『富士山麓史』、847頁。

第11章
南アルプス国立公園内の
スーパー林道建設計画と自然保護運動

はじめに
1 南ア・スーパー林道建設計画の提起と国立公園行政当局の承認
　―1967～1970年―
2 南ア・スーパー林道建設の一時凍結と反対運動の勃発
　―1971年～1974年―
3 南ア・スーパー林道建設工事再開の動きと林道建設反対派の抵抗
　―1975～1977年―
4 山田環境庁長官による南ア・スーパー林道建設工事再開と林道完成
　―1978年～1980年―
小　括

はじめに

　本章は、林野庁の外郭団体として設立された森林開発公団によって立案された南アルプス国立公園内の南アルプス・スーパー林道建設計画とそれに反対する自然保護運動について検討する。

　南アルプス・スーパー林道建設計画は、1967年に立案され、直ちに県道部分の建設工事が開始され、国立公園行政当局の許可をえて1968年に国立公園特別地域にある北沢峠付近の道路建設がすすめられた。北沢峠付近は、もともと地盤が弱く、急斜面の山腹に道路を建設することが困難なうえ、工法が杜撰だったため、大雨や台風、冬季の積雪の融雪圧力、土砂崩れによって道路のあちこちが崩壊し、自然破壊が知られるようになり、1970年頃から林道建設反対運動が起こってきた。

　そのため1971年7月に新設された環境庁の大石武一長官によって、北沢峠付近の道路は、1.6キロを残したまま建設中止とされ、林野庁も北沢峠付近の道路工事を凍結した。

　その後、列島開発ブームを背景に政府や道路建設の主体である森林開発公団の圧力をうけて、歴代の環境庁長官は工事の再開をめざしたが、全国的な自然保護運動の盛り上がりを背景に南アルプス・スーパー林道建設反対運動が激しく展開され、環境庁自然保護局と自然環境保全審議会自然公園部会は、工事の再開を認めなかった。

　しかし1974年頃から、オイルショック後の不況対策として公共事業への期待や林野局・森林開発公団の強力な工事再開圧力が強まり、工事再開を強力にめざす環境庁長官が現われ、環境庁自然保護局もそれに屈して工事再開やむなしの気運が次第に強まってきた。

　南アルプス・スーパー林道建設計画にたいして地元住民や全国の自然保護を重視する自然保護団体は激しく抵抗したが、ついに1978年8月に、自然環境保全審議会自然公園部会も事実上開発を黙認する答申をおこない、環境庁が工事再開を認めて工事は再開され、1989年に南アルプス・スーパー林道は完成した。

　この運動は、敗北したとはいえ、自然保護運動にとって興味深いものであった。本章は、1974年頃までの高度経済成長期を対象にしているが、事態の

推移のためその後についても言及することになった。

1　南ア・スーパー林道建設計画の提起と国立公園行政当局の承認—1967〜1970年—

（1）南ア・スーパー林道建設計画の提起と国立公園行政当局の認可

　南アルプスは、中部山岳国立公園に匹敵する高山地帯であって、戦前から問題となっていた地域であるが、1964年6月に国立公園に指定された。

　南アルプス国立公園は、「駒、鳳凰山系、白根山系、赤石山系の山稜部を主体とし北は甲斐駒ケ岳山系の鋸岳より南は赤石山系の光岳に及ぶ山梨、長野、静岡3県に跨る」3万5798ヘクタールの地域であり、「質においても、成層岩の構造山地としての風景型式を代表するもので、富士山に次ぐ我が国第2の高峰北岳を始めとして、その山岳景観を特色とし」、公園全地域の25.7％の9181ヘクタールが特別保護地区に指定された。[1]

　その南アルプス国立公園のど真ん中に、1967年に林野庁の外郭団体、森林開発公団は、南アルプス・スーパー林道（以後南ア・スーパー林道と略称）建設計画を立案したのである。この林道は、図11−1に示したように、南アルプス国立公園内の、山梨県中巨摩郡芦安村と長野県上伊那郡長谷村との間にある北沢峠（標高2032メートル）をへて結ぶ延長56.6キロの特定森林地域開発林道であった。その道路のうち、山梨県側の芦安—広河原間の24.1キロと長野県側の美和—戸台間の5.9キロは既設林道を改修するものであった。既にこの道路には路線バスが運行していた。

　広河原—戸台間の26.6キロの道路は、新たに計画されたものである。この南ア・スーパー林道建設計画の新設道路の広河原—戸台間のうち、北沢峠付近は自然公園法の定める特別地域に属していた。

　そのため、国立公園行政当局は、国立公園内の観光開発をすすめる当時の政府の観光政策にしたがい、南ア・スーパー林道建設計画について林野庁と事前に協議し、1967年に農林大臣の認可をへて、安易に自然公園審議会の承認をへて、1968年に認可を与えた。[2]

　南ア・スーパー林道建設計画は、当初予算は25.6億円で、1967年に着工し、1972年に完成の予定であったが、1971年10月に大石武一環境庁長官の中止命

図11-1 南アルプス・スーパー林道

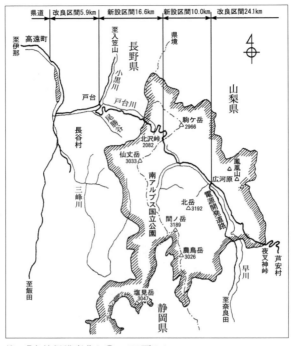

注 『自然保護事典』①、109頁より。

令にあい、1978年に工事が再開され、1980年に完成するまでの最後的な総工費が約49億円となり、そのうち途中で支出された補修費が10億円以上であった。
(3)

南ア・スーパー林道建設計画の目的は、1、未開森林資源の開発、2、伊那谷と甲府を直結する1次産品の流通増大、3、京浜・中京方面からの観光客の増大をはかるというものであった。しかしこの道路の必要性は極めて希薄であり、真の目的は「過疎対策に名を借りた土建屋のための道路」であったといわれている。
(4)

南ア・スーパー林道の敷設される地域の特徴は、地形的には、中央構造線と糸魚川―静岡構造線に囲まれて、南アルプスを横断する極めて脆弱で急斜面にある地域であり、道路敷設には不向きな地域であった。南アルプス国立公園内の核心部を貫く標高2000メートルをこえる北沢峠の一帯は、とくに道

路敷設の困難な地域であり、この地域で道路敷設工事をおこなえば、大規模な自然破壊が予想された。[5]

こうした南ア・スーパー林道建設計画は、目的にかかげられた過疎地域対策、観光業振興の美名に期待する地元の自治体、住民に歓迎され、「南アルプス林道推進協議会」が早くから組織され活動していた。[6]

（２）南ア・スーパー林道建設工事による自然破壊

森林開発公団は、国立公園行政当局の許可をえて直ちに南ア・スーパー林道建設工事をおこなっていった。と同時に南ア・スーパー林道建設にともなう自然破壊がすすんでいった。

植物学者で、日本自然保護協会などで自然保護運動に係わっていた当時横浜国立大学助教授だった宮脇昭は、南ア・スーパー林道建設にともなう自然破壊について、「1968年から本格的な工事がはじまったこの道路は、…大規模な自然破壊をともなってすすめられていった」と指摘し、つぎのように述べている。

「長野、山梨の両県から山に入っていく山腹の工事では、急斜面を削って道路をつけ、削られて出た大量の土砂をブルドーザーでそのまま谷側に落としてしまった。当然、渓谷部の自然はメチャメチャに破壊された。しかもこの地域はフォッサ・マグナと呼ばれる大地溝帯が通っていて、地盤が弱いところが随所にあり、雪どけや豪雨などで工事中に何回も土砂の崩壊がおこっている。また工事がすすむにしたがって、山梨側の県有林は、ブナ林、ミズナラ林のほとんどが、頂上近くまで伐採されてしまった。」[7]

1972年4月16日の『朝日新聞』（朝刊）も、この自然破壊を以下のように報じた。

「長野県の南アルプス・スーパー林道の開設工事現場では、地形や地質を無視した設計計画のため、土砂くずれがひん発している。現地を見た地質専門家は〈道路をつくれるような状態ではない〉と指摘、完成しても崩壊が続いて満足に通れない心配がでてきた。自然保護団体からは〈そんな道路のために貴重な自然を傷つけられてはかなわない。〉と強い反発が出ている。」

「峠付近を除き、両県側ともほとんど工事が終わっているが、ハッパで原生林を吹飛ばし、ブルドーザーで削り取った土砂を、谷へ落す工法」。

「崩落がとくにひどいのは、長野側の上伊那郡長谷村戸台の林道入口付近。急な斜面を削り取って、つづら折りに道路を開いてあるが、雪どけとともに、土砂が一斉にくずれ出した。

この付近の約1キロは、道路上に巨岩がゴロゴロ。昨年までにつくった山側のコンクリート防ぎょ壁がくずれ、斜面の立木が倒れたり、落ちてきた土砂で道路が谷側まで完全に埋まった部分もある。

地すべりは工事開始後、毎年のように雪どけの季節に起った。道が開通しても、この危険は変わらず、積雪と補修で、1年のうち満足に通れる期間はわずかではないかと地質専門家はいう。」

こうした南ア・スーパー林道建設工事にともなう自然破壊の原因は、杜撰な工法と困難な地形条件を無視した設計計画にあった。

1972年4月16日の『朝日新聞』(朝刊)は、専門家である通産省技術院地質研究所の河内洋祐主任研究官のつぎのような意見を紹介している。

「このあたりは戸台構造帯と呼ばれ、古生層の変成岩に中生層が割り込んでいて断層が多く、地質が極度にもろいところだ。計画時に十分調査していたら、道路をつくるはずもない場所だ」。「多少の手当てではほとんど役に立たず、つくってもつくってもくずれる状態が続くだろう」。

図11－2は、長野県上伊那郡長谷村戸台付近の土砂くずれが頻発している

図11－2　初期の破壊の写真（長谷村戸台で）

注　1972年4月16日『朝日新聞』(朝刊)より。

図11－3　1973年6月の長谷村戸台付近の雪どけによる雪崩の様子

注　1973年6月19日『朝日新聞』（夕刊）より。

凄まじい工事現場の写真である。

　また道路完成後に問題になるように、激しい台風によって、林道がズタズタに分断されることになるが、台風に耐えられないような道路計画が問題なのであった。

2　南ア・スーパー林道建設の一時凍結と反対運動の勃発
　　―1971年～1974年―

（1）大石環境庁長官による南ア・スーパー林道建設の一時凍結

　南ア・スーパー林道建設工事がすすんで、工事による自然破壊が顕著になってくると、南ア・スーパー林道建設反対の運動が起きてきた。ことの起こりは、信州大学農学部による調査であった。

後に南アルプス自然保護連合の事務局長になる信州大学農学部講師の伊藤精晤は、この調査を通じて、南ア・スーパー林道建設反対運動が起こってくる事情をつぎのように回顧している。[8]

　1970年5月に南アルプスの戸台川流域を自然休養地にしようとする長野営林局から信州大学農学部に「調査委託」があり、中村建教授のもとに伊藤精晤と学生を含め数名からなる研究調査グループがつくられた。

　彼らは、調査をすすめていく中で、長野県側と山梨県側の両方から北沢峠に向けて南ア・スーパー林道建設工事がすすめられていることを知り、現地調査をすることになった。研究調査グループは、その工事現場ですでに指摘したような「森林自然の破壊の惨状」を目にしたのである。

　研究調査グループは、その現実を前に何をなすべきかを検討し、南ア・スーパー林道建設の目的などを検討し、長野営林局への報告書を提出するに際して「南ア・スーパー林道建設工事の中断」を申し入れた。

　自然破壊をともなう観光道路建設に批判的であった大石武一環境庁長官は、1971年10月に自然破壊をともなってすすめられている南ア・スーパー林道建設工事の中止を命じ、森林開発公団も2年間の工事中止を決めた。[9]

　こうした情況の中で、南ア・スーパー林道に関心をもつ学生たちとすでにビーナスライン建設に反対していた青木正博医師、信州大学農学部教員らは、1973年に伊那谷の地元の自然保護団体、野鳥の会と一緒に、陳情団をつくり、1973年4月5日に「南アルプスの自然を守る会」を結成した。[10]

　長野県自然保護の会（会長青木正博）も、1971年7月18日に、「林道実態調査報告」を公表し、「環境影響の事前調査をないがしろにして着工された林道が、南アルプスの原始自然境で大規模な自然破壊を引き起こしていることを明るみに出した」。静岡自然保護協会（会長、桜庭団吉・静大学長）も1972年に『調査報告書』を公表、自然破壊を告発した。[11]

　全国的なレベルでは、1971年6月にこれまでばらばらに闘っていた各地の自然保護団体は、全国自然保護連合会を結成して、自然保護運動を盛上げていくことになった。[12]

　全国自然保護連合会は、当初、1954年に設立された日本自然保護協会をその中心として国立公園行政当局と2人3脚でおもに国立公園内の自然保護に重要な役割を果たしてきた。[13] 全国自然保護連合の会長には、国立公園協会の会長であり、日本自然保護協会の役員であり、自然環境保全審議会自然公園

部会の委員でもあった荒垣秀雄（元朝日新聞社友）が就任していた。

　大石環境庁長官の南ア・スーパー林道建設工事中止方針は、1972年7月に大石長官が退任した後も、田中内閣の時であったが、後任の小山長規環境庁長官によってあいまいなままだが維持され、1972年12月22日から1974年7月12日まで環境庁長官だった三木武夫のもとでも維持されてきた。

　1973年10月に三木環境庁長官のもとで、自然環境保全審議会・自然公園部会長林修三は、すでに述べてきたように、大雪山国立公園内の大雪山縦貫観光道路計画を自然公園部会で認められそうになかったので、北海道庁に計画を取り下げさせた。こうした大雪山縦貫観光道路計画中止がらみの発言だが、自然公園部会長林は、今後国立公園の観光道路建設を抑制する旨の「林談話」を公表した[14]。

　この「林談話」は、まさに南ア・スーパー林道についても当てはめたいものであったが、実際はそうはならなかった。

　南アルプス自然保護連合は、1976年10月に、この「林談話」に期待して南ア・スーパー林道中止を含意する「公開質問状」を環境庁に提出した。1ヵ月後に自然保護局保護管理課長からだされた回答では、「林修三自然公園部会長談話は、〈今後国立公園等における道路の新設について〉述べられたものと解している」と指摘された。この回答を南アルプス自然保護連合は、「南ア・スーパー林道に適用されることに触れられていないが、…南ア・スーパー林道に適用されるものと考える」と受け止めた[15]。

　しかしこうした理解は、1978年8月に環境庁が工事再開を許可することによって、むなしくも粉砕された。自然環境保全審議会・自然公園部会長の意向と政府、林野庁・森林開発公団の意向とは、同じどころでなく、まったく別ものであった。

（2）凍結後のスーパー林道問題の膠着化と反対運動の盛り上り

　1971年10月の大石環境庁長官による南ア・スーパー林道の建設凍結の決定にも拘わらず、南・スーパー林道建設計画反対運動は当初盛り上りをみせなかったが、ようやく1973年の初め頃から本格化してきた。だが他方では、甘い公共事業の典型であった南ア・スーパー林道建設を推進したい政府、環境庁首脳の巻き返しも激しくなってきた。

政府、環境庁首脳と南ア・スーパー林道建設反対運動の間にあって環境庁自然保護局の事務当局は、初めは大石武一方針を維持しつつ、次第に凍結解除の方へ押し流されつつ揺れていた。

伊藤精晤は、南ア・スーパー林道建設反対運動が起こってくる状況を以下のように述べている。(16)

1973年2月23日、下伊那郡大鹿村の農業小林俊夫を先頭に大鹿村の自然を守る会は、大幹線林道の鳥倉―西股線間の工事中止を陳情した。1973年3月10日、南ア・スーパー林道建設計画に批判的な静岡、山梨、長野3県の住民は、「南アルプス自然保護会議」を静岡市で開催した。

1973年4月5日に「南アルプスの自然を守る会」が、伊那谷の登山団体、野鳥の会、大鹿村の小林俊夫、章子夫妻、伊藤精晤（信大講師）らによって結成された

1973年6月24日に、南アルプスに直接関係のある長野、山梨、静岡の自然保護団体、全国の学者、登山団体、それに全林野労組は、「南アの自然を死に追いやる自動車道路開発をストップせよ」「今ならまだ引返しがつく」といっせいに声をあげ、「長野県自然保護連盟」を立ち上げ、「南アルプス破壊を阻む強い行動を起す」ことになった。(17)

1973年には、全国自然保護連合や静岡と長野の自然保護連盟などは、南ア・スーパー林道建設情況の調査や反対署名集めをおこないつつ、環境庁、国会議員、県などへ陳情をおこなった。(18)

1974年2月22日の『朝日新聞』（朝刊）によれば、2月21日、下伊那郡大鹿村の農民で子連れの「主婦小林静子さんは」、満一歳の次女をおんぶして、環境庁をたずね、江間時彦自然保護局長を通じて三木武夫環境庁長官に南ア・スーパー林道即時中止を直訴して話題となった。

その時に会った江間自然保護局長は、「これらの道路計画は良いものではないと思うので〈建設めざして前向きに〉などと考えないと答え〈陳情に来る人は多いが、あなたのように日本アルプスの奥から赤ちゃんをつれて一人でくる例は珍しい。さっそく長官によく伝えます〉と語っていた。」と報じられている。

この時期には、自然保護局の事務当局は、まだ林道凍結の方針を維持しようとしていたのである。

1974年3月9日に長野県自然保護連盟、その他の団体は、南ア・スーパー

林道建設中止の署名、2万2000名分を衆参両院議長に提出し、南ア・スーパー林道建設中止を陳情した。[19]

1974年5月14日には「長野県の自然保護の会」は、伊那市でシンポジュームを開いた。シンポジュームでは、静岡県自然保護連盟から静岡大学の近田文弘が自然保護問題を、信大農学部の北沢秋司助教授が地質の問題を、伊那野鳥の会の原田貴人会長が北沢峠の野鳥の減少などを報告し、「すでに起こっている自然破壊の一端を示」し、これらの報告は「自然保護のための陳情の理由資料」となった。[20]

1974年6月に、南ア・スーパー林道建設反対の超党派議員が多かったこともあって、衆議院で南ア・「スーパー林道建設中止を求める請願」が採択された。[21]1975年7月には超党派の自然保護議員連盟（会長大石武一）が発足した。[22]

こうしたスーパー林道建設反対運動の盛り上がりの中で、環境庁自然保護局の事務当局は、大石路線を踏襲し「北沢峠通過は許可しない」という方針を維持していたが、1974年6月には森林開発公団は、巻き返しの動きにでた。森林開発公団は、第一種特別地域である北沢峠付近のスーパー林道を建設するために、1968年に厚生省の計画認可条件であった南ア・スーパー林道建設「実施計画書」を提出してきた。

この「実施計画書」は、森林開発公団が1973年10月から「山梨、長野両県と話し合ったうえ、道幅、盛土量、捨土量、樹木伐採量などを盛り込んだ実施設計書」であった。森林開発公団は、これを1974年6月に、環境庁に提出してきたのである。[23]

政府の後押しを背景にして、森林開発公団や地元自治体は、「営林はもとより、過疎地の地域振興を目的にした林道で、全面開通でなければ、その経済価値はほとんどなくなる」と主張し、とくに、行政上の手続き面で、森林開発公団側は、1968年当時「厚生省は自然公園法に基づき、必要な手順を踏み、計画全体に同意している。第一種特別地域について実施計画書を提出するようになっているが、これはあくまで工法についての話し合いをするためのもので、いまさら工事そのものを不許可にする権限はないはずだ。」と主張して、一歩も後ろに引かない勢いであった。[24]

こうした動きに呼応するかのように、1974年7月2日に環境庁長官に就任したばかりの毛利松平は、1974年10月に南ア・スーパー林道を現地視察し、最後的な決着をつけたいという意向を示した。毛利松平は、1971年に就任し

た大石武一環境庁長官の政策をある程度引き継いでいた三木武夫の後任で、三木派であったが、列島改造路線に沿って森林開発公団や地元自治体の要望を入れて、大石環境庁長官の政策を覆す動きに出て来た。

1974年9月頃まで、江間時彦自然保護局長や国立公園行政事務局を中心に「環境庁としては、自然保護の立場から、最終区間の工事を認めたくない意向」であった。[(25)]

しかし南ア・スーパー林道建設反対運動の高揚や環境庁自然保護局の事務当局と林野庁、森林開発公団の対抗関係の中で、政治家の毛利環境庁長官は、1964年10月2日に現地視察をおこなった。毛利長官は、賛成派と反対派に迎えられ、両派の陳情をうけつつ、林道工事の凍結解除という最終的な判断をおこなう構えをみせた。

1974年10月3日『朝日新聞』（朝刊）によれば、毛利環境庁長官の記者会見での発言要旨は以下のとおりであった。

一、視察の結果、ひどい林道であることがわかった。工事に対する配慮が足りなかった。どんな無理をしても、復元工事、交通安全のため補強工事、緑化をやるべきで、林野庁など関係機関に強く申入れている。

一、自然保護の全国的な運動に水をさすつもりはないが、この林道にかける過疎地の住民の悲願にも留意すべきだ。環境問題を考える場合、地元民の意向も判断の要素に入れるべきだ。

一、自然環境保全審議会の意見も聞いて最終的な判断をしたいが、環境庁としても、自然を保護しながら工事をやる方法がないか、検討したい。工事を認めるかどうかは今のところ白紙だが、簡単に建設工事を無にするわけにはいかない。

一、これまでの環境問題は自然保護が第一だったが、過疎対策などほかの観点からの配慮も必要だ。（その意味で）環境問題はいま曲がり角に来ている。（観光道路開発などにストップをかけてきた）長年のツケが回ってきた感じだ。

一、今の自然保護の考え方から、観光のための開通は許されない。全面開通によって観光客の車が殺到するようなら、マイカーの通行禁止など規制の方法がある。

一、いずれにしても、今度の視察で、林道建設に賛否両論があることがわかった。自然環境保全審議会の意見を尊重しながら、早急に結論をだしたい。

以上のように毛利発言は、一方で反対派の意見を汲むようなポーズをみせ

つつ、他方で、地元の過疎対策を前面にだし、工事の再開を示唆し、大石環境庁長官以来すすめられた進歩的かつ画期的な自然・環境保護政策、とくに国立公園の自然保護政策を撤回し、工事続行の最終判断をおこなおうとしていることがわかる。

このような凍結解除の意思を明確にした毛利環境庁長官談話を聞いて、地元は賛否に大きく揺れた。過疎地の地元住民は、凍結解除の動きを歓迎した。

1974年10月11日『朝日新聞』（朝刊）は、上伊那郡長谷村では、「スーパー林道の観光価値に胸をふくらませ、開通を見越して、村営の保養所（100人収容）、観光客の土産用の山菜加工場建設などを進めている。また伊藤忠のような大手商事会社も近くの高原の村有地を買収、別荘地造成を計画中だ。」と観光事業が浸透し始めて過疎地の長谷村の住民が、凍結解除の動きを歓迎し、道路の完成に期待する「地元の表情」を報じた。

他方、南ア・スーパー林道建設反対運動派は、あくまで強気だった。1974年10月11日『朝日新聞』（朝刊）は、長野県自然保護の会の青木正博会長（医師）の主張を伝えている。

オオシラビソ、トウヒなど日本有数の原生林として残っている北沢峠一帯に「林道を通すのは、南アに毒液を注射するようなものだ」、「あの峠一帯は陰樹林帯、植物が身を寄せ合い、日のささない所で新しい芽が育っている。林道が開くと、光が入り風が通り、だんだんと木が枯れてゆく。富士スバルライン周辺の枯木がいい例だ。それに、南アは新潟・糸魚川と静岡を結ぶ中央構造線線上にあり、断層が多い。ここに道を開けば土砂崩落が起きるのは当然だ。こんなところに観光客のマイカーがどっと押し寄せたら事故が多発する。過疎対策は国が農山村に温かい目を注ぐことが必要なのであって、林道建設とは別の次元の問題だ」。

毛利環境庁長官の談話に驚いた南ア・スーパー林道建設反対運動にも大きな動きがみられた。

当時会員70万人を擁した全国自然保護連合会は、1974年5月に「鳥取県の大山で開かれた総会で、南ア・スーパー林道の開通に反対する決議」をおこなった。「毛利長官の発言には警戒心を強め、近く幹部が直接あって長官に真意をただす」ことになった。[26]

さらに全国自然保護連合会は、1974年10月13日に「神奈川県・清川村の国民宿舎『丹沢ホーム』で緊急理事会を開き、15日に代表者が毛利環境庁長官

に会って、南アルプス・スーパー林道問題を中心にした最近の自然保護行政についての同長官の姿勢をただすことを決めた。」[27]

1974年10月16日『朝日新聞』(朝刊)によれば、「毛利環境庁長官は、開発か自然保護かで論議を呼んでいる南アルプス・スーパー林道問題について、15日、〈自然環境を保護するという環境庁本来の基本方針を骨格にして取り組む〉との意向を、環境庁で開かれた全国自然保護連合会(荒垣秀雄会長)の代表者との話し合いの席で述べた。今月2日、現地を視察したあとの記者会見で〈過疎対策のためには林業建設を無にすることは出来ない〉との開発寄りの発言に軌道修正を加えたものである。」

毛利環境庁長官のこの発言は、従来の環境庁の林道工事凍結方針の本当の変更を意図したものだったのか判然としないが、その後、毛利環境庁長官の表立った凍結解除の動きはなくなり、再びしばらく凍結状態がつづくことになった。

南ア・スーパー林道建設反対運動は、なおも継続し新たな盛り上がりをみせていた。

毛利環境庁長官の工事再開発言に危機感を抱いた南ア・スーパー林道建設反対運動派は、自然保護運動の力を結集して環境庁と自然環境保全審議会に圧力をかけるために、1974年11月4日、長野県下16団体、静岡県下5団体、山梨県下3団体に、全国自然保護連合、日本自然保護協会、山梨の連峰スカイライン反対連合などを糾合して、甲府市の山梨大学教育学部に集まり、「南アルプス自然保護連合」(会長・青木正博長野県自然保護の会会長)を結成した。この結成大会で、スーパー林道の自然破壊の実態を報告し会則を決めたあと、同林道建設中止と現状凍結を決議し、環境庁や森林開発公団、林野庁に訴えていくことにした。連合結成のあと会員たちは、甲府市内をデモ行進し、市民にビラを配り、自然破壊阻止を訴えた。[28]

南アルプス自然保護連合は、「南アルプスの林道建設をストップさせよう」と1975年の1月「12日午後、東京・数寄屋橋公園など都内2カ所で子どもを背負った主婦、会社員、学生ら40人が署名運動をした」。スーパー林道は、98％も工事が終わり、残るのは山梨、長野県境にある北沢峠付近2キロだが、ここは、国立公園の特別地域になっていることから、「自然をこわす林道をつくってはいけません」と道行く人に署名とカンパを呼び掛けた。[29]

さらに全国自然保護連合会は、1975年1月17日夜に、林道と林野行政をテ

ーマに「第3回日本の自然を考える夕べ」を東京・新橋のヤクルトホールで開催し、全国各地の自然保護団体など約450人を集めた。

　1975年1月18日『朝日新聞』（朝刊）によれば、公開討論会は、評論家青地晨の司会で岩垂寿喜男（社会党）、林百郎（共産党）、岡本富雄（公明党）、和田耕作（民社党）の各代議士が出席した。自民党の河野洋平代議士は欠席だった。

　論議は、開発か保護かで揺れる北沢峠の部分（約1.6キロ）の工事だけがストップしている南ア・スーパー林道問題が中心になったが、南アルプス自然保護連合の青木正博会長は「地元の開発賛成派は過疎対策になるというが、過疎は工業立国のための農民の貧困が生み出したもので、道一本で解消はしない。南アの自然を守るため未開通部分の建設を中止すべきだ」と語った。また。地元長野県大鹿村で農業を営む小林静子さん（32）も「林道が過疎対策になるという実態のない希望に住民を引きずってゆくことは為政者として間違いだ」と切々と訴えた。

　この集会では日本の自然を守るため「南ア・スーパー林道の中止」と林野庁による「屋久杉の乱伐の即時中止」をすべきだとの決議がなされた。

　1974年12月9日に就任した田中派で建設大臣だった小沢辰夫環境庁長官も参加し、南アルプス自然保護連合の青木正博会長の「建設中止」の要望にたいし、「趣旨はよくわかるので慎重に検討している」と述べ、地元の林道建設賛成派の動きにとくに触れて、「やみくもに開通させるというのでなく、林道の維持管理をどうするのか、事故が起きたら補償をどうするのかなどの利害得失を冷静に考えてほしい」と注文をつける発言をおこなった。

　小沢環境庁長官の発言は、再び林道工事凍結解除への意思がはっきり読み取れるものであった。

3　南ア・スーパー林道建設工事再開の動きと林道建設反対派の抵抗―1975〜1977年―

（1）小沢辰夫環境庁長官の南ア・スーパー林道建設工事再開の動き

　1974年夏に毛利環境庁長官らにより始まった南ア・スーパー林道建設工事再開の試みは、林道工事再開反対運動が激しくなり、環境庁自然保護局の事務当局や自然環境保全審議会自然公園部会内の多くの委員の林道工事再開反

対の動きもあって、しばらく表面化しなかった。

　ところが1974年12月9日に就任した田中角栄総理大臣派の小沢辰夫環境庁長官は、1975年2月に入って南ア・スーパー林道建設工事再開の意向を表明した。

　1975年2月26日の『朝日新聞』（夕刊）によれば、「小沢環境庁長官は26日衆院決算委員会で社会党の原茂氏の質問に答え、長野県と山梨県を結ぶ南アルプス・スーパー林道問題について〈雪どけを待って現地を視察したうえで行政的に決着をつけたい〉と述べた。」

　小沢環境庁長官は「自然保護の立場から原則として観光道路になる南ア・スーパー林道の貫通は好ましくない。このため新潟県の妙高高原の道路新設には反対したほどだ。しかし南ア・スーパー林道の場合は、すでに厚生省が工事着工を認可しており、98％が完成しているという事実もある。そこでこの道路の性格をも見きわめ、現地の住民の考えを聴いた上で開通させるか工事を中止すべきかを決着したい」と答えたという。

　小沢環境庁長官のそうした願いが強まる一方で、南ア・スーパー林道の工事現場では、図11－4に示したように、1975年5月に林道開設の部分に土砂崩れが生じ、夏の開通メドは立たず、工事再開の動きを妨げる事態が進展していた。

　1975年6月8日の『朝日新聞』（朝刊）によれば、「5月はじめ、夜叉神峠から広河原ロッジにかけて、2カ所で1ヘクタールほどにわたる大きなガケ崩れが起き、土止めを突き破って岩石や巨木、土砂が道路を埋めた。

　管理している山梨県では、夜叉神峠の道路にチェーンを張り、一般の車を通行止めするとともに、森林開発公団が補修工事をしているが、6日から7日にかけての降雨で、さらに崩れ、開通のメドが全く立たなくなった。

　通行を許可している部分は37年（1962年—引用者）に山梨県野呂川林道として工事が完了、南・スーパー林道に組み込まれた。13年経過したものの、自然が復元するどころか、毎年、雪どけや梅雨時になると落石や土砂崩落が後を絶たず、昨年は、述べ45日間も通行止めとなった。また8月には、土砂崩れに巻き込まれ、乗用車で通行中の東京の会社員が、9月には車がガケ下に落ち、甲府市内の大学生が死亡する事故も発生した。」

　こうした事故を背景に、南ア・スーパー林道建設反対運動も相変わらずつづけられていた。

図11-4　1975年の土砂崩れの写真

注　1975年6月8日『朝日新聞』（朝刊）写真より。

（2）工事再開の動きの強まりと反対運動の抵抗と動揺

　1975年5月26日『朝日新聞』（朝刊）によれば、1975年5月24日、25日に栃木県日光市総合会館で、全国自然保護連合の総会を兼ねた「第5回全国自然保護大会」が開かれ、全国自然保護連合（荒垣秀雄会長）に加盟している全国の自然保護団体約84団体300人が参加して、地域ごとに取り組んでいるさまざまな問題が提起されて、討議された。

　午前中に「南アルプス自然保護連合会事務局から、連合を代表し、信州大学農学部の亀山章助教授が参加し、南アルプス林道建設中止を大会の宣言とした。」こうして「南アルプス林道の自然破壊に反対する自然保護運動は全国的な問題になり、銀座デモ以来進められた署名運動への協力も全国的な範囲で寄せられた。[30]」

　午後からは「自然保護のつどい」が開かれ、小沢環境庁長官が出席し、参加者と話し合った。その中で小沢環境庁長官は、「南アルプス・スーパー林

道北沢峠の工事中止」の質問にたいし、「私としては、あそこに、これ以上道路をつくることは気が進まない、しかし、早くつくってほしいという要望もあり、環境庁としては、そういった声に対し納得させるだけの材料がいまのところない」と答え、今後の方針について即答を避けた。(31)

　1975年5月27日の『朝日新聞』（朝刊）は、この大会は、「これまでの運動の主流が緑の保全、美しい国土の保全だったことを物語るように、開発の問題が議題の中心となってきた。ところが今度の大会、分科会を通じて、環境汚染防止問題が強く叫ばれたのが目を引いた」と指摘した。

　しかしそのほかに実は、全国自然保護連合内部には、自然保護運動の路線をめぐる深刻な意見の相違が生まれていた。これまでに自然保護運動は、当初、国立公園の自然保護を中心にして厚生省国立公園行政当局と協力してきた日本自然保護協会を軸に展開されてきたが、次第に多様な問題を対象とする運動に広がってきて、質的にも変化が生まれてきていたのである。

　問題は、自然保護運動が反対すべき問題の幅を広げてきたというだけでなく、自然保護運動のすすめ方について内部で意見の相違が出始めていたということである。

　1975年5月27日『朝日新聞』（朝刊）の社説は、この点について婉曲に触れ、「この大会でも、運動のすすめ方について、行政に入って行くべきか、住民運動としての立場を貫くべきかという問題が提起された。それは『参加』か『抵抗』かという、現在の住民運動一般にも通じる課題である。」と指摘した。

　そうした場合、「社説」の指摘するように、運動論的には「時と場所に応じて」『参加』と『抵抗』の両方が必要であり、「当局の側の動きを見きわめながら、敏速柔軟な行動提起をすることが必要とされる」のである。確かにそれは正論であった。

　しかし現実には、行政に参加して運動して行くべきか、行政に頼らずに運動すべきという路線上の対立が生まれつつあったのである。これまで国立公園行政当局と二人三脚的に協力し自然保護運動をおこなってきた日本自然保護運動協会の路線にたいして、全国自然保護連合の内部に批判的な意見、勢力が生まれてきていた。それは、これまでみてきたように、日本自然保護協会は、国立公園行政当局が開発計画に反対している間はいいが、開発計画を認めてしまうと、もはや開発計画に反対しなくなったからである。(32)

　しかもこの路線上の対立の奥に、全国自然保護連合の会長、理事長ら本部

事務局の運動運営の仕方について、地方、下部組織、紛争現場の人たちとの対立が潜んでいたというもう一つの問題があった。

日本自然保護協会の路線につながっていた『参加』型の路線に重きを置く全国自然保護連合の会長、理事長ら本部事務局にたいして、『抵抗』型路線を強調する地方、下部組織、紛争現場の人たちが、激しく反発し、組織のきれつを生んでいたのである。

『抵抗』型路線の人たちは、既に1973年に開かれた羽黒山大会でも「全国自然保護連合の会長・理事長・事務局（いわゆる本部）の姿勢に批判を提起していたのである。そしてこの対立は、1977年の東京全国大会において、役員、事務局の総入れかえに発展していくことになる。

こうした自然保護運動内部の不安と南ア・スーパー林道建設の自然破壊による道路自体の不具合が生じている中で、小沢環境庁長官の工事再開の動きを心配する環境庁自然保護局事務当局は、1975年6月に、先に決めていた林道の経済効果の調査を兼ねて、自然環境保全審議会自然公園部会の5名の委員をともなって、南ア・スーパー林道の現場の実情を視察した。

開発促進期成同盟は多くの人を動員して、審議会委員に陳情をおこなった。「南アルプス自然保護連合も審議委員に南アルプススーパー林道建設中止の理由を説明し、南アの自然保護を陳情した。」

長野県自然保護連盟は、開発促進期成同盟との話し合いを望んだが、受け入れられなかった。そこで1975年7月4日に長野県自然保護連盟は、伊那市で「南アルプススーパー林道シンポジューム」を開催し、住民の参加を呼び掛け、林道工事再開反対を訴えた。

シンポジュームでは、信州大学の斉藤助教授は、森林開発公団が、コンサルタントに依頼しておこなった上伊那郡戸台の「尾勝谷の地質調査報告書」を入手して、「尾勝谷の崩壊に関しその回復工事を完全におこなうことは莫大な費用をかけておこなっても不能である」と報告した。伊藤精晤も「南アルプススーパー林道が長谷村の過疎問題の解決に役立つものでない」と報告した。

その後の1975年7月12〜13日には、「日本自然保護協会と全国自然保護連合が、南アルプス自然保護連合と長野県自然保護連盟の共催で南アルプススーパー林道の現地視察会が行われた。当日は、梅雨末期の集中豪雨にもかかわらず、熱心な会員約40名の参加がえられた。」

1975年7月29日『朝日新聞』（朝刊）によれば、今度は、自然環境保全審議会自然公園部会（林修三部会長）の一部の委員が現地を視察した。
　「視察したのは、林部会長、都留重人一橋大名誉教授、宝月欣二東京都立大教授、荒垣秀雄全国自然保護連合会会長ら8人。27日長野県側に1泊、28日同県上伊那郡長谷村から車で南ア・スーパー林道に入り、地形や道のこう配、土砂崩落の現状を視察したあと、北沢峠（2032メートル）を含む第1種特別地域の未開通部分を歩いて調査、山梨県中巨摩郡芦安村に下りた。
　現地調査後、林部会長は、9月から部会を開き、全会一致を目標に結論を出すと述べただけでの慎重な姿勢を見せたが、都留委員は〈これが果たして純粋な林道なのか〉と観光道路化への懸念を表明。また荒垣委員は、〈北沢峠は風倒木が土壌化し、そこから次の世代が育っており、貴重な場所だ〉と工事中止の報告を表明した。」
　南ア・スーパー林道の現場の破壊状況と以上のような南ア・スーパー林道建設反対派の活発な運動のため、小沢環境庁長官らの工事再開の試みは、なかなか思惑どおりに進展しなかった。
　日本自然保護協会は、7月の現地調査を踏まえて、後の自然環境保全審議会自然公園部会の開催に向けて、1975年9月12日付けで「南アルプス・スーパー林道建設に関する意見書」を公表した。⁽³⁸⁾
　その意見書は「北沢峠付近の道路工法がいかなるものであろうとも、これ以上の原生自然の荒廃をもたらす建設は許すべきではなく、南アルプス国立公園の自然保護の観点からすみやかに同林道を廃止し、自然復元すべきであるとの結論に達しました」と指摘し、南ア・スーパー林道の廃止を要求した。
　自然環境保全審議会の自然公園部会（林修三部会長）は、1975年9月18日、環境庁において開かれ、保護か開発かで林道工事が4年前からストップされている南ア・スーパー林道問題の本格的審議を始めた。
　1975年9月19日『朝日新聞』（朝刊）によれば、この日自然環境保全審議会の自然公園部会の各委員から、反対論のほか、「国立公園の管理が厚生省にあった時代に、林道の開設が承認されている。さかのぼって工事中止をするのはどうか」、「開通で観光事業ができ過疎対策になる」など賛成論がだされ、賛否両論が衝突し、工事中止続行か計画の完全中止か、あるいは工事凍結解除かの決着はつかなかった。「同部会はあと2、3回の審議を重ねることにしているが、次回にも林野庁と工事施行者である森林開発公社の意見を聞く。」

ということになった。

　1975年11月にNHKは、テレビ番組で南ア・スーパー林道問題を取り上げた。番組では、上伊那郡長谷村の「役場の人々、村民が南アルプス・スーパー林道開通を訴える中で、現地の戸台の住民が南アルプス・スーパー林道が村民に価値がないことを正直に発言されていた」という。(39)

　1976年には、長野県議会では、南ア・スーパー林道開発期成同盟の意向を汲んで、林道開発促進の意見書を可決し、伊那市議会でも林道開発促進の意見書を可決して、林道建設中止への反対運動が強まっていた。(40)

　1976年1月13日、日本科学者会議山梨支部は、スーパー林道建設反対の要望書を公表した。1976年1月14日『朝日新聞』（朝刊）によれば、「南アルプス・スーパー林道について日本科学者会議山梨支部（代表幹事中山大樹山梨大教授）は13日、田辺國男山梨県知事や内藤昇同県議会議長に建設中止を求める要望書を出した。同支部は、これまで自然保護と経済効果の両面から検討しているが、貴重な植物が破壊されるうえ、開発によって地元がうるおうことが少ないと結論づけ、建設反対に踏み切った。

　同会議の要請は、工事が凍結されている北沢峠部分の開通中止と広河原から北沢峠までの道路は車道として使用しない、の2点。」であった。

　こうした南ア・スーパー林道問題の膠着状態がつづく中で、1976年7月に、凍結解除の動きを一歩すすめるための動きがあった。

　1976年7月2日『朝日新聞』（朝刊）によれば、それは、環境庁首脳が、1964年頃に、福武直東大教授らに委託した「ビーナスラインの決着をつけ、次の懸案である南ア・スーパー林道の審議促進をねらったものとみられる」、『山岳観光道路の地域社会への経済的影響調査』報告書が、自然環境保全審議会自然公園部会（林修三部会長）に提出されたのである。

　この報告書は、1966年「10月にまとめられた調査だが、これまで公表されておらず」、「調査内容は長野、三重両県の山岳観光道路の地元住民を対象としたものだけに、道路の利点を認めるものが3割から7割に達しているなどが報告」されたため、環境庁事務当局が、審議の重点が開発に傾くことを危惧して公表を控えていたようであった。

　それが公表されたということは、環境庁首脳が、山岳観光道路が地域社会への経済的効果を生むという評価を広めようとしたからであった。

　1976年7月2日『朝日新聞』（朝刊）は、全国自然保護連合会の事務局長は

「もともと自然保護は金にかえられない価値と権利を要求したもので、経済的、社会的メリットだけを自然保護行政のなかで重視するのは危険だ」と批判したと報じた。

1976年9月15日、三木内閣改造の折り、大石武一が農林大臣に指名された。大石武一農林大臣は「環境庁長官当時の発言を貫かれ、南アルプス・スーパー林道の工事再開反対を表明された。南アルプス自然保護連合も青木会長を中心に急遽上京し、南アルプス・スーパー林道の中止を決断するよう丸茂環境庁長官と大石農相に陳情した。」しかし「大石農相は南アルプス・スーパー林道を中止させるべく行政組織を動かすことができず、丸茂環境庁長官も中止の決断に踏み切ら」なかったということであった。[41]

スーパー林道工事再開の試みは、林野庁からもすすめられた。林野庁は、1976年12月13日、約1年ぶりに開催された自然環境保全審議会自然公園部会に工事再開の承認をえようと、北沢峠の工事計画の変更を提案してきた。

この工事計画変更案は「長野、山梨両県境部の北沢峠区間（約780メートル）について、ルートをやや北へずらせ、道路幅を現計画の4.6メートルから3.5メートルに縮小する、というもの」であった。環境庁によれば、「この変更の結果、路面面積は約20％減り、樹木の伐採量は約40％減り、残土処理が不要になるため、現計画よりさらに自然への影響は少なくなる」という。[42]

林野庁のそうした手直しは、反対派にごく一部妥協して、一部の反対派を説得し、強行派を孤立させようとする常套手段であった。

こうして林野庁、環境庁首脳ら林道建設推進勢力は、工事再開の手順を着々と準備していったが、1977年には目立った動きはみられず、膠着状態がつづいた。

そうした状況の中で、全国自然保護連合には大きな問題が生じていた。1975年の大会で組織内部に生じていた路線をめぐる対立が、1977年6月19日、20日に東京で開かれた第7回自然保護大会で、ついに爆発し、会長以下本部役員が全員退陣して、新しい本部体制ができた。[43]

1977年6月24日『朝日新聞』(夕刊)によれば、大会では「運動のすすめ方について、激しい討論がかわされ」、1971「年の連合結成以来3期6年間任にあった荒垣秀雄会長と中村芳男理事長の辞任が承認」され、「政治折衝偏重などと批判された事務局は、全員が入れかわった」のである。

これは、これまで厚生省国立公園行政当局、環境庁成立後には、環境庁自

然保護局と協調して自然保護運動をおこなってきた日本自然保護協会の行政参加型路線の中心勢力であった全国自然保護連合の首脳陣が、「政治折衝偏重」であり、独走的な組織運営をおこない、急速に反動化する環境庁に対決せず、反対運動をもっぱら環境庁への陳情活動に矮小化していたと批判されて退陣したということである。そして陳情活動に飽き足らず、行政に対決していこうとする路線を主張する派が、新しく全国自然保護連合の首脳陣になったということである(44)。

「南アルプス自然保護連合」も会長が荒垣秀雄、理事長が中村芳男であったから、同じ問題を抱えた。

そうした1977年のこと、1976年末の総選挙後に成立した福田赳夫内閣は、1976年12月24日に石原慎太郎を環境庁長官（1977年11月28日まで）に任命した。1977年以降の環境庁の右傾化が予想された。

石原環境庁長官は、「南アルプス・スーパー林道の問題は現地調査を自分で行って決断すると表明した」が、公害問題の多忙で現地調査は実現しなかった。その代り出原自然保護局長が、1977年9月に現地視察をおこなった。その際には、いつものように、林道の反対と促進の両派が、「山梨県側と長野県側の両側で」陳情合戦をおこなった(45)。

「こうした陳情のパターンに飽き足らず」、新たに全国自然保護連合の首脳陣の一人となった連峰スカイライン反対連合の小林賢一郎らは、「北沢峠の現地に出かけ、林道開通反対のアッピールを行なった。」(46)

4　山田環境庁長官による南ア・スーパー林道建設工事再開と林道完成―1978年～1980年―

（1）山田就久環境庁長官による林道建設工事再開と反対運動の終焉

新しい体制の全国自然保護連合は、1978年1月29日に第1回山岳観光道路反対全国交流集会を、東京・渋谷の氷川区民会館で住民運動の代表約50人を集めて開催した。1978年1月30日『朝日新聞』（朝刊）によれば、「この日の集会の焦点は、環境庁に自然環境保全審議会自然公園部会（林修三部会長）が近く最終報告書をまとめて決着をつけようとしている南アルプス・スーパー林道問題」で、「集会では国の自然環境保全策建設工事費の金利負担に悩む

森林開発公団の主張に押されて条件付きで工事再開に賛成するのではないかと憂慮する情勢分析もなされ事態は切迫しているとして、全国自然保護連合会は近く環境庁、林野庁、森林開発公団および自然環境保全審議会の委員に対し、『あくまでも開通反対』と伝えることを決めた。」

　地元市町村の強い期待に加えて、景気浮揚優先や国をあげての公共事業推進ムードの中で、自然環境保全審議会自然公園部会が、1977年暮れから78年初にかけて再開された。

　1978年2月6日『朝日新聞』（朝刊）によれば、自然環境保全審議会自然公園部会の中では、「『開通阻止』と『開通やむなし』の委員の頭数は従来とほとんど変わっていないが、『開通やむなし』の論拠が変わってきた。〈工事が96％も終わっている事情も考えなくてはならない。開通しないでそのままにしていたら、今後の維持管理費が難しくなり、地域の自然環境保全の観点からも望ましくない〉というもので、計画そのものの是非で阻止派と意見を戦わせることを避け、地元の強い要請や、いまさら中止することのマイナス面に対する配慮を促していこうとの態度のようだ。」

　地元ではすでに大きな変化が生まれていた。

　地元の社会党は「開通やむなし」へ立場を変えていた。1978年2月6日の『朝日新聞』（朝刊）は、これまで工事再開反対だった「地元の社会党は開通に反対ではない。条件つき賛成に回らなければならないほど、開通にかける市町村の期待は強い。」と伝えている。

　1977年3月7日『朝日新聞』（朝刊）は、「山梨県と長野県が南アルプス・スーパー林道工事費の地元負担金支払いを拒否している。森林開発公団が先ごろ、負担金計11億円の第1回分納入を求めたのに対し〈全通しなければ林道としての機能が果たせない〉との理由で支払いを保留する方針を打ち出した。」と報じ、これは「自然保護団体には〈全通を急がせるための圧力では〉との見方もある。」と報じた。

　大石武一環境庁長官が1972年7月に1年足らずで辞任し、大石環境庁長官のもとで熱狂的に盛り上がっていた環境庁自然保護局事務当局の自然保護への姿勢は、すでに冷め始めていた。

　1978年2月6日『朝日新聞』（朝刊）は、「長引く不況のもと、産業界や他官庁などの〈きれいごとを言ったって〉の巻き返しに、環境庁の腰がややもするとふらつきがちであることを住民団体は心配そうにみている。〈3、4

年まえまで反対の陳情に行くと、皆さんが頼りですよ、環境庁だけでは力が弱くてどうにもなりませんから、と歓迎されたものだ。それがいまでは同じ担当者が、うちばかりに来てもらってもどうにもなりませんよ、ほかの役所へも行って下さい、という。環境を守るんだ、というあのころの意気込みはどこへ行ったのかと思いますよ〉とある自然保護団体のリーダー。」と報じている。

　林道工事をすすめてきた森林開発公団も追い詰められていた。同じく1978年2月6日『朝日新聞』(朝刊)は、「はじめ、計画では20億円足らずだった総工費は、その後の補修工事などを含めてすでに2倍近くにふくれあがった。工事が延びれば延びるだけ金利もかさむ。まして中止にでもなればあとの管理が地元との間で大問題になるだろうし、公団内部での責任問題も出かねない状況で、公団の大塚武行理事は内々で環境庁へ働きかけてきた事実も認めた。景気浮揚をねらった公共事業優先の53年(1978年─引用者)度予算のなかで、大規模林道建設事業費は前年度当初より37％、スーパー林道建設費も28％と大きく伸びをみせた。〈公共事業消化の意味からも、工事の促進は必要だ〉と公団側は"攻め"の構えも。」と報じた。

　こうした状況の中で、1978年3月23日に開かれた環境庁の自然環境保全審議会自然公園部会(部会長林修三)は、1974年12月に南ア・スーパー林道建設工事を再開すべきかどうかを諮問されて以来、審議を重ねてきたが、ついにこの日「これ以上審議を重ねても意見を一本化することはむずかしい」「これ以上審議を長引かせるべきではない」と判断し、4月末以降に開かれる審議会で、両論を併記した報告書をまとめ、山田環境庁長官に提出することになった。[47]

　こうして、1978年4月27日に開かれた自然環境保全審議会自然公園部会は、賛否両論併記の「意見書」を答申することになった。

　1978年4月28日『朝日新聞』(朝刊)の伝えるところによると、「答申」のうち、この日一致した意見は、「現地が原始山岳景観を備え、登山者の多い国立公園であり、シラビソなど天然林もあり、地質も弱く復元困難な地域であることなどを指摘し〈もし、この道路計画が現時点であらたに提起されたものであれば、開通を肯定し難いことでは意見は共通だった〉」ということだけであった。

　しかしあとは、統一的な意見に達しえず、結局、それぞれ対立した意見を

併記することだけとなった。対立した意見のうち「開通やむなし」とする賛成論は、以下のとおりであった。

　①森林開発公団は既に長野、山梨両県や地元の村などから林道事業費の負担金、賦課金を含め同意を得たうえ工事を進めており、ここで中止すると行政上の一貫性を欠き、国の行政に対する不信を招く。

　②未完成区域について林野庁が設計変更案を出しており、自然の損傷を最小限に抑制する可能性がある。

　③過疎地の人々に村が開けると安心感を与える。

　④このまま凍結すると道路管理者が特定できず、既存の道路全体が荒廃する。

　そして、開通させるに当たっては、「北沢峠部分は、林野庁の修正案通り道幅を縮小し、ルートを駒ヶ岳側に変更する。マイカー規制など自動車利用の適正化をはかる。歩行登山を阻害しないようにする」などの条件をつけることを環境庁に要請するということであった。

　他方「現時点においても道路開発は行うべきではない」とする反対論は、以下のとおりであった。

　①現地は南アルプス国立公園のなかでも景観保護上主要な第一種特別地域である。

　②シラビソなど亜高山帯の天然林があり、野生動物の生息環境が良い。

　③厳しい自然条件のため、自然の改変行為に対し回復力が弱い。

　④小断層が多く破砕帯もあり、地形、地質構造上弱い地域だ。

　⑤利用者の増大により、ごみ、汚物の投棄、植物の踏圧、盗採などをもたらし動植物の生態を乱す。

　⑥森林経営は既開設道路でも対応できる。

　⑦利用期間は5月から10月までの半年間で、道路の効用が低いうえ、現地の過疎化の解消の決め手にはならない。

　さらに「本件は自然保護問題の象徴的ケースであり、道路開設を認めると、他地域の道路開設への悪影響が憂慮される」としている。

　結局、答申は両論を併記しただけだったので、いずれの意見を選ぶかの判断は、答申をうけとった山田久就環境庁長官の判断に委ねるという前代未聞のイレギュラーな形となった。その判断は、もともと工事再開を願っていた政府、環境庁首脳の再開方針を追認するだけのものであった。事実そうなっ

た。

　審議会の意見書について、地元の山梨、長野両県や自然保護団体は一様に「審議会のお墨付きを得て同庁が、近く建設を許可するのは間違いない」と受け止めた。

　建設主体の森林開発公社甲府建設事務所は「許可を得しだい今年中に開通させたい」とし、山梨県も「山村振興に役立つ」と歓迎した。他方では、自然保護団体は「開通促進派に押し切られた」としながら、今後も同庁への反対陳情や林道の自然破壊ぶりの告発をしていく構えを示した。[48]

　環境庁は、この答申をうけて1978年7月から8月にかけて工事再開の詰めに入った。

　まず環境庁は、建前的に1978年7月14日に現地調査をおこない、両派からの陳情をうけ、「条件付きで開通を認める方針」である旨の発言をおこなった。[49]

　山田環境庁長官は、開通の条件について、長野県、山梨県当局と話し合い、1978年8月22日までに同意を取り付けた。

　1978年8月23日『朝日新聞』（朝刊）によれば、環境庁と両県が同意した開通の条件は「①林道の維持・管理は地元が十分に行う②マイカーを規制する③国立公園地域の見直しの3点。このうち問題になっていたマイカー規制について①林業、治山事業用の車両、地域住民の生活上必要と認められる車道、その他、特に必要と認められる車両を除き、シーズン中は山梨県側の旧野呂川林道終点附近から長野県側の国立公園外の適切な場所までの区間は乗り入れを禁止する②長期的には、車両通行が及ぼす環境への影響などを調査検討し、環境庁と連絡協議のうえ調整する③夜間および異常気象時には原則としてすべての車両の通行を禁止する―の3点」であった。

　さらに山田環境庁長官は、林野庁と話し合って、8月17日に同意を取り付ける4条件について合意していた。

　林野庁と合意した開通の条件とは、2県と合意した3条件に加え、「未開設部分は、北沢峠付近の約1.6キロで、スーパー林道の最高部にあたる。山田長官は、このうち、開通を厳しく規制している国立公園第一種特別地域を通る約800メートルの道路幅を、当初計画の4.6メートルから3.5メートル程度に狭めるとともに、峠のくぼみにある湿地を通る約50メートルの区間は当初計画より北寄りに路線を変える」というものであった。[50]

こうして最後に残された北沢峠付近の1.6キロの道路工事が、10月から再開された。
　さて環境庁が南ア・スーパー林道建設工事の再開を許可し、建設工事を再開した後、南ア・スーパー林道建設反対運動はどのようになったであろうか。
　1978年7月16日『朝日新聞』（朝刊）によれば、こうした環境庁の方針大転換に遭遇した長野県自然保護連盟（加藤静一会長）は、7月15日に「南ア・スーパー林道の建設中止をめざし、環境庁に抗議行動を起こすよう要請するアピールを、全国の約200の自然保護団体に出した。」
　その反対アピールは、「最近の環境庁の動向は、環境保全を目的にしない行政官庁に変わり果ててしまったと断言できるところまできた。環境庁の重大な変質に、全国の環境保護団体などがきびしく批判し、国民に託された環境保全保護行政に徹するよう広範な運動を強化しよう」呼びかけ、「環境庁への抗議のほか、自然保護議員連盟（大石武一会長）へも認めさせない行動を強めるよう要請する。」と訴えていた。
　このアピールには、これまで頼りにしてきた環境庁の変質への失望と批判がはっきりと示されている。
　1978年8月25日『朝日新聞』（夕刊）は、長野県自然保護連盟の青木正博会長の談として「もはや環境庁がわずか1.6キロの原生林を守れないなら、これまでの環境庁への陳情、要望するパターンから、政府の林野行政全体を問う運動にすすめなければならないだろう。」と紹介した。
　そしてさらに新しい全国自然保護連合の中心勢力であった「連峰スカイライン建設反対山梨県自然保護連合」（若月昇事務局代表、16団体）では「最近の環境庁の姿勢から見てゴーサインは予想されたこと、と冷静な受け止め方、さっそく抗議ビラの印刷にとりかかるとともに、全国の自然保護団体と連携して工事再開に抗議する現地集会を開くことを計画している。」と報じた。
　しかし南ア・スーパー林道建設反対運動を支援してきた日本自然保護協会は、『自然保護のあゆみ』において、南ア・スーパー林道建設反対運動について論じているが、道路工事再開についてどのように反応したかについて何も明らかにされていない。
　南ア・スーパー林道建設反対運動のもっとも中心的な組織であった南アルプス自然保護連合は、環境庁の道路工事再開について、どのように対応したのであろうか。

第11章　南アルプス国立公園内のスーパー林道建設計画と自然保護運動

　南アルプス自然保護連合の事務局長であった伊藤精晤は、1978年10月の南ア・スーパー林道の工事再開に際し「小林賢一郎さんと連峰スカイライン建設反対連合と全国自然保護連合の方たちは、現地に入り抗議活動を行うことにした」とだけ指摘し、南アルプス自然保護連合がどう対処したか直接的には何も言及していない。[51]

　新しい全国自然保護連合派の大西将之は、南アルプス自然保護連合について「1978年8月に環境庁が北沢峠の工事を認可した時以来"環境庁の決定には反対しない"という一部役員のために全く機能を失い、〈自然保護運動は敗北した〉といって運動から退いた会長が死去して雲散霧消してしまった」と指摘している。[52]

　全国自然保護連合は、どうかといえば、すでに1977年5月に日本自然保護協会寄りの本部体制を入れ替えて、日本自然保護協会の路線とは異なって環境庁国立公園行政当局とも対決していく路線で自然保護運動を展開していた。

　新しい全国自然保護連合の人たち、とくにそれに参加していた小林賢一郎ら連峰スカイライン建設反対連合の人たちは、少人数ながら現地で抗議活動をおこなっていた。

　工事再開認可後の南ア・スーパー林道建設計画反対運動は、「環境庁の認可時点で運動から退いた人もいたが、環境庁が何といおうと、たとえ開通しようが林道には反対していく、という立場の、新生した全国自然保護連合会加盟団体の有志が集まった」人たち、おもに南アルプスに隣接する山梨県で闘っていた小林賢一郎ら連峰スカイライン建設反対連合の人たちは、1978年10月始めから「北沢峠現地闘争団」を組織して闘争を開始した。[53]

　1978年10月7日『朝日新聞』（朝刊）によれば、北沢峠現地闘争団の活動は、おおよそ以下のようなものであった。

　「南アルプス・スーパー林道開通工事に反対している全国自然保護連合（大浜清理事長）さん下の自然保護団体員は、山梨県中巨摩郡芦安村の北沢峠付近の林道工事現場付近で、座り込みなどの現地反対行動を起こした」。さる「4日に5人、5日に7人がテントなどを持ち込んで泊まり込んでいるが、今後、5、6人ずつが2泊3日程度の交代制で冬まで闘争を続けることにしている。」

　さらに「北沢峠現地闘争団」は、「山梨県側工事先端部での座り込みを行い、同時に甲府、東京で記者会見」をし、全国自然保護連合理事長は「森林開発

公団理事長に工事中止を申し入れた。」「現地座り込み闘争は10月15日まで、さらに1979年も5月から6月にかけて断続的に行なわれた。」「関西・北陸・四国からも同志が駆けつけてくれたが、全工事期間を通して座り込むことは現実的の力量から不可能であり、結果的には座り込めなかった期間の工事により北沢峠の林道は開削されてしまった。」

　その意義を『自然保護事典』は、「海抜2000m、車の終点から3時間歩いて達するこの北沢峠にこれだけの全国的な支援、参加があったということは、北沢峠がそれだけ多くの問題を内包していたということであり、環境行政に対する批判が強まったことを示している。」と評した。

　しかしこの実力闘争は、現地に5、6人が断続的に張り付く散発的なものでしかなく、例えようもないが、1960年前後の三池闘争が、全国から大動員して集まった数万の労働組合員が、三池炭鉱の現地で炭鉱労働者を支援し経営者に対決したのとは、規模において根本的な違いがあった。これは、自然保護の実力闘争が、まだほんの少数派の現地運動でしかなかったことを象徴するものであった。

　ただし自然保護運動に、規模こそ小さいが、これまでまれにしかなかった「座り込み実力闘争」という形を持ち込んだことの意義は大きい。こうした闘争形態が後に一般化していくことになる。

　現地闘争団は、北沢峠の林道が開通してからも反対運動をつづけ、1979年11月12日に「北沢峠で行なわれた『完工式』に合わせて、現地集会を開催、あくまでこの林道の廃道化をめざして闘いをすすめることを確認した。」「翌日の各紙の見出しには〈怒声飛ぶなか、完工式〉〈公団側120人ひっそり、反対派は9人で規制〉「波乱含みで完工式〉とあった。」

　1979年11月12に森林開発公団が林道の完成式をおこなった当日、「長野県の南アルプス自然保護連合の人々は、戸台で集会を開き、今後の自然保護運動の方針を話合った。青木会長はこの集会を護れなかった北沢峠の自然保護のためにと、『北沢峠鎮魂葬送の集い』だとして声明を発表した。」と指摘されている。

　この声明は、現地闘争団が少人数ながら闘いを続行しているのと対照的に、南アルプス自然保護連合による林道建設反対運動の敗北宣言であり、終焉声明であったように思われる。

　1980年6月に開通式がおこなわれたが、『自然保護事典』も、伊藤精晤稿も

運動については何も触れていない。1980年9月27日『朝日新聞』（夕刊）が、自然保護団体は「60年代の開発ブームに乗ったこの林道が、今後どのような結果をもたらすか、80年代は監視の時代」といっているとしか伝えていない。

『自然保護事典』の田村義彦の論稿は、現地闘争団は、林道開通後も林道反対運動をおこなったと述べているが、その後発展した形跡に言及していない。

その後、林道が開通して、台風などの被害がでて南ア・スーパー林道が再び話題になると、1982年12月17日に日本山岳会は、「林道の利用度が極めて低く、地域の発展に役立っていない。異常気象による被害の反覆発生が予想され、その都度、多額の税金が費やされる」ので、「南アルプス・スーパー林道の修復工事をやめるよう」という要望書を提出し、農水省、山梨、長野両県に提出したといわれている。[58]

しかしそうした散発的な反対運動はあっても、かつてのような全国的なつながりをもった南ア・スーパー林道反対運動はもうみられなかった。

ちなみに1980年6月11日『朝日新聞』（夕刊）は、1980年の林道開通式以来、「南アルプス・スーパー林道」という名称から、「スーパー」という文字が消えて、ただの「南アルプス林道」となったと報じた。南ア・スーパー林道反対運動は、基本的には、「スーパー」という文字とともに、消滅したのである。

（2）南ア・スーパー林道完成後の自然破壊と過疎化対策の失敗

南ア・スーパー林道は、1979年末に林業振興と過疎化対策としての観光振興を目的としてついに完成した。しかし南ア・スーパー林道開通後に待っていたのは、林道建設反対派が主張してきたように、脆弱かつ不利な地形に強引に造成された林道が、すでに建設当初から部分的に証明済みであったとはいえ、数回にわたる台風によって容赦なくずたずたに破壊され、南アルプスの貴重な自然・生態系の破壊をもたらしたということであった。そして、さらにこうした利用価値のない林道が何ら過疎対策にならず、崩壊をつづける林道の補修費や維持費が、地元自治体の財政負担として重くのしかかり、住民の生活を圧迫するだけだということを赤裸々に明らかにした。

1981年9月1日『朝日新聞』（朝刊）は、「南ア林道はもろかった」と題してつぎのように報じた。

「南アルプスの山岳地帯は先月22日から23日にかけて台風15号による集中

図11－5　1981年8月の台風による林道被害

注　1981年9月1日『朝日新聞』（朝刊）より。

図11－6　1982年8月の台風10号による林道の崩壊

注　『自然保護事典』、113頁より。

豪雨に見舞われ、広河原で320ミリの雨量を記録した。」「台風15号による豪雨で、山梨側の一部で崩壊、一番ひどいところで約20メートルにわたって道路が消滅した。南ア林道は、動植物の宝庫を通過し、自然破壊の恐れがあるほか『地質が弱く危険』と自然保護団体などから指摘されていたが、開通から1年そこそこで、『警告』通りになった。

　山梨県などの調べによると、道路の崩壊が起きているのは、南アルプス北岳への登山基地になっている広河原から奥へ約2キロの地点。自然保護団体が道路建設反対の理由の一つにあげていた、『危険な破砕帯』を通っている部分だ。

　朝日新聞社機から見ると、山岳地帯を沢沿いに走る幅4.6メートルの道は、約80メートルの間の3カ所寸断。特に1カ所は、約20メートルにわたって路床が約200メートル下の沢に落ち、宙づりになったガードロープだけを残して道路は跡かたもなくなっている。

　この崩壊部分以外でも、道路沿いの斜面は随所で削り取られている。さらに、広河原からでも赤沢にかかるコンクリート橋が土石流で押し流されている。」

　1982年の8月に台風10号が、9月にも台風18号が南アルプス林道を襲った。この2回の台風被害について、1983年6月23日『朝日新聞』（朝刊）は、つぎのように報じている。

　「南アの主峰、北岳への登山基地の広河原。西ゴウロ沢から大量の土砂が流れ落ち、駐車場が車ごと埋まったところだ。きれいに片付いていたが、沢を見上げると、土石を食い止めるはずのコンクリート堤が、いくつも壊れたままになっていた。林道から分かれた北岳登山道のつり橋は、片側が『へ』の字型に曲ったままだ。

　北沢峠の3キロほど手前の北沢橋近くで、またも目を見張った。沢の上30メートルほどの所を通る林道は、沢側の斜面を支えるコンクリート壁もろとも、延長約70メートルも壊れ落ちている。自然の猛威に息をのむばかりだ。

　昨年の被害がひどかったのは〈推定700ミリもの何十年に一度という豪雨のため〉と山梨県林務部はいう。北沢橋近くの大崩落について県南アルプス林道管理事務所は〈地滑りしやすい地盤に盛り土して、特に壊れやすい所だった〉と説明している。だが、山梨学院大の浜野一彦教授（応用地質学）は指摘する。〈南ア林道一帯に、糸魚川―静岡線と呼ばれる活断層がある。全国

で地質の最も不安定な道路の一つで、崩れるのは当然です〉」。

　ちなみに被害額についてみれば、1982年「8、9月の台風10、18号の豪雨により、山梨側の被害は林道崩壊や橋流失など計190カ所、被害額は約7億1000万円。このうち51カ所（約6億7000万円）には99.2％の国庫補助が認められた。長野側は55カ所（約1億6700万円）に国が97.3％補助。両県を合わせて一夏の災害復旧に、林道建設費の約6分の1にのぼる国民の税金8億円以上を注ぎ込まねばならなくなった。」

　さらに1983年8月17日、18日の両日にも台風5号が南アルプス林道を襲った。1983年8月22日『朝日新聞』（朝刊）は、つぎのように報じた。

　「台風5号がもたらした大雨で、山梨県側を中心に21カ所で土砂の崩落被害を受けていることが、21日までの同県南アルプス林道管理事務所の調査でわかった。林道部分が数10メートルにわたって崩れ落ちた所もあった。南ア林道は、自然破壊のほか、当初から『地質が弱く危険』と指摘されていたが、一昨年、昨年の豪雨被害に次ぐ3年連続の台風パンチ。一昨年から一部区間通行止めになったままの山梨県側（24キロ）の復旧工事にも大きく影響しそうで、傷口をさらに広げた形だ。

　南ア林道は、台風が過ぎ去った18日午後から、同林道管理事務所の手で復旧作業が進められているが、被害個所は山梨県の起点から長野県境までの間に点在している。多くは崩れた土砂が林道をふさいだ被害で、ブルドーザーが出て、これまでに大方は除去し終わった。しかし、起点の夜叉神登山口から約4キロ入った大谷地内では、林道が10数メートルにわたり、100数10メートル下の沢に崩れ落ちた。車は通行止めとなり、直径50センチほどの木が、何本も土砂になぎ倒されている。」

　「相次ぐ豪雨被害で、山梨県側は現在も一般車両の通行が禁止され、観光、登山客もそっぽを向いたまま。59年（1984年─引用者）中に全面開通を目指す復旧工事に影響が出るとみられ、スーパー林道をめぐる論議がさらに広がりそうだ。」

　以上みてきたように、どだい台風国の日本で、台風に耐えられない道路は、建設すべきではない。反対派や専門家の反対論を押し切って強行的に建設された結果が、以上のような惨憺たる自然破壊であった。政治家たちや過疎対策として要求した地元自治体、それを支持してきた住民の責任は重い。

　また地元住民の悲願であり、過疎化対策として政治家によって建設された

南ア・スーパー林道は、しかし過疎対策にならず、崩壊をつづける林道の補修費や維持費が、地元自治体の財政負担として重くのしかかり、住民の生活を圧迫した。

長野、山梨両県は、南ア・スーパー林道の開通によってこの地域に観光客を呼ぼうとする観光振興対策を講じた。長野県長谷村と山梨県芦安村の自治体は、観光客目当てにバス経営をおこなった。しかし十分機能しない林道のため、大きな赤字を生み、自治体財政を圧迫した。訪れる多くの観光客は、観光公害をも持ち込んだ。

1980年9月27日『朝日新聞』(夕刊) は、「やはりきた観光公害」と題しつぎのように報じた。

「自然保護論議を呼んだ南アルプス林道に両村営バスが走り始めて20日、昔ながらの登山者は数が減り、代わって親子連れや団体などハイカーが大手を振って歩くようになった。両役場の調べでは、バス開通以来、峠に入った観光客、登山者は3700人、秋の同峠ではかつてないことだ。観光開発をテコに過疎脱出に夢を脹らませる二つの村にとってまずまずの成果。が、標高2000メートルの峠周辺は『観光公害』もいっきょに背負いこむことになった。

村営バスで北沢峠にやってくる人の3分の1は、重いリックをかついだ登山者だが、残りの3分の2は、軽装のハイカー、観光客。革ぐつやヒール姿も多い。

山道にあわない革ぐつで、登ったため、沢にかかる細い丸木の橋から足を踏み外してズブぬれ、という人もいる。コップ酒やかんビールを飲みながら登る団体もいる。今のところ、登山道や林道に目につかないものの、目につかない木陰の草むらには、空きかんやビニール袋がポイポイ捨てられるようになった。

植物を持っていく観光客もいるという。仙水峠に近い北沢小屋 (芦安村) の小屋番の話では、連休中、コメツツジを根から掘り出してビニール袋につめた中年の男がいた。問い詰めると〈落ちていた〉。小屋番は"盆栽ツアー"も心配している。」

こうした観光公害は、どこの山岳観光地でも起きていることであるが、予算がなくて放置すれば、山はさらに荒廃する。

過疎対策の頼みの綱であった観光客用のバス運営も、機能不十分な林道のため、不振であった。1981年9月30日『朝日新聞』(朝刊) は、つぎのように

報じている。

「スーパー林道の先輩格、開通して1年余りの南アルプス林道（山梨―長野）は、林業開発、観光収入、雇用増のどの点でも地元の期待を裏切り、台風で壊れて重い財政負担を地元にも背負わせた。

同林道の開通後をみると、山梨県芦安村が走らせたバスの年間輸送目標は3万9000人だが、利用客は目標の3分の1以下（8月下旬まで）で、赤字。林道の年間維持費2500万円に、台風15号で崩れた部分の改修費約3000万円（うち県負担分約1000万円）がのしかかった。」

翌年の1983年6月29日『朝日新聞』（夕刊）も、つぎのように報じた。

「南アルプス林道は、開通して今月で丸3年。観光など多目的スーパー林道として、計画当初から過疎解消の夢を地元にふりまいてきた。だが、一昨年に続いて昨年も台風の豪雨で寸断され、山梨側は今年も、クルマが一部区間しか通れそうにない。出費がかさむばかりで、主目的の林業振興はおろか、過疎対策としてもほとんど役に立たず、奥地の廃道を求める声さえ出て来た。スーパー林道を考え直す時期にきたようだ。」

台風や豪雨により被害林道のうけた被害額は、膨大なものとなった。

1983年6月29日『朝日新聞』（夕刊）によれば、1982年「8、9月の台風10、18号の豪雨により、山梨側の被害は林道崩壊や橋流失など計190カ所、被害額は約7億1000万円」であった。おもに国庫補助によって賄われたが、すべて国民の税金であった。

地元負担は、1982年「8月の台風被害でも、山梨側は6カ所で約2000万円、長野側は10カ所で約1000万円。国庫補助分を除いて昨年分と合わせ、林道を移管されている山梨県は約5200万円、長野県長谷村は約700万円を背負い込んだ。」

「両県と長谷村の負担金は、これだけではない。南ア林道建設費は48億8400万円だが、このうち28％の約13億6700万円を両県が約20年かけて森林開発公団に返済する。山梨県の年額は約8500万円、維持費も年間」2000万円か「3000万円かかる。長野県の返済額は約3500万円、維持費」2000万円か「3000万円は長谷村の負担だ。」

こうして、過疎対策のはずの林道建設は、自治体への大きな財政負担を課したのである。

すでに指摘したように、1980年に芦安村と長谷村が開始した村営バスの営

業は、思わしくなかった。1983年6月29日『朝日新聞』(夕刊)によれば、村営バス営業は、つぎのような状態であった。

「両村は、観光客を運ぶバスを走らせた。山梨側は広河原―北沢峠(10キロ)、長野側は戸台口―北沢峠(22.8キロ)で、どちらも1日4往復。マイクロバスで55年(1980年―引用者)9月から営業を始め、2年目からは6月15日から5カ月間とした。

乗客が年間3万人なら収支トントンで、数年後には黒字になると、芦安村は皮算用していた。だが、1年目は約8800人、2年目約1万9000人、3年目約4700人、3年間で約1900万円の赤字になった。今年は走れそうにもなく、更に赤字が増えそうだ。一般会計予算6億円前後で、この負担は重い。

長谷村は、年間2万5000人を乗せ、ほどほどに利益をあげようと意気込んでいた。だが、最初の年に約8600人、2年目約2万人が乗って約200万円の黒字になったが、昨年は約9000人に落ち込み、こちらも3年間で約900万円の赤字を抱え込んだ。」

過疎化対策の観光事業は、赤字経営に悩んでいたのである。

本来林道の建前的な目的であった林業についても、林業振興どころか、過疎対策にもならず惨憺たるものであった。1983年6月29日『朝日新聞』(夕刊)は、つぎのように報じている。

「開通して3年間木材を1本も伐り出さなかった。芦安村の林業者は5人だけで、わずかな植林や下草刈りしかしていない。

山梨県には、61年(1986年―引用者)度から県有林の伐採計画がある。だが、実施できそうもない。安い外材を大量に輸入できる限り、人件費が高くつく国内材は太刀打ちできないからだ。長野県側でも伊那営林署はこの先5年間、沿線では伐採を予定していない。

それに、標高約1600メートルから上は亜高山帯で、山梨側だと広河原あたりから北沢峠まで、ここのシラビソ、コメツガなどの原生林は、林業上の利用価値が乏しいといわれる。国立公園第1種特別地域でもあり、保全のための規制も厳しい。」

「だから観光客を呼び込んで過疎対策に、ということになる。だが、〈木材を切り出せるわけではなし、観光に使えねえ。といっても、いま、もうかっているのは土建屋と旅館だけ。おれんとこは関係ない〉と芦安村の農林業者。望月儀清村長も、〈村営バスは大誤算。大きな財政負担になった。林道開通後

も、旅館や山小屋の利用客がそれほど増えたとはいえない〉と浮かぬ顔だ。
　ただ、奥地でも治山事業や造林で毎年、30人から50人の村民が働けるようになったし、村が袋小路ではなくなったのが救い、同村長はいう。」
　以上のように、南ア・スーパー林道は、地元民の生活を潤わせるどころか、その脆弱さのために、自然破壊を生み、過疎対策の一つであった林業に何らの貢献もせず、過疎対策の目玉であった観光事業にも成果を生まず、地元住民に大きな犠牲を課すだけだった。
　1983年6月29日『朝日新聞』(夕刊)は、「当初から建設に反対してきた全国自然保護連合会(井手敏彦理事長)は〈スーパー林道として地元に利益にならず、かえって重荷になった。今後も同じで、地元の大多数の人にも不必要ではないか〉とみる。だから。夜叉神登山口から奥の林道を廃止する方がよい、昨年から今年にかけて環境庁長官と山梨県知事に申し入れた。」と報じた。
　これが南ア・スーパー林道建設の帰結なのである。

小　括

　以上にみてきたように、南ア・スーパー林道建設反対運動は、環境庁の建設工事凍結解除によって、空中分解して敗北した。
　南アルプス自然保護連合の事務局長だった伊藤精晤は、「南アルプス自然保護の十年」という論文の最後で、「南アルプス自然保護運動の広範囲な運動の広がりと問題の社会的、歴史的広がりを総括してみることは、私にはできない。」と述べている[59]。
　南アルプス自然保護運動に関わってきた運動のリーダーとしては、この発言は、大変無責任である。私は、彼が、この運動の敗北について何らか総括して欲しかった。
　この運動に深く関わっていた日本自然保護協会は、どうだったろうか。日本自然保護協会編『自然保護のあゆみ』は、南ア・スーパー林道建設反対運動について、比較的多く論じたが、日本自然保護協会が環境庁の工事再開にどう対応したかについてはまったく言及していない。日本自然保護協会は、南ア・スーパー林道建設に反対してきたのだから、環境庁が工事再開を許可

したことについて、あるいは南ア・スーパー林道建設反対が敗北したことについて、何らか言及すべきであった。日本自然保護協会に都合の悪いことには言及しないという悪弊が感じられる。

　新たに編成された全国自然保護連合は、十分とはいえないが、南ア・スーパー林道建設反対運動を環境庁への依存から脱却すべきだったと総括しているように思われる。

　私は、ここで南ア・スーパー林道反対運動は何故に敗北したかについて分析し、小括としたい。

　南ア・スーパー林道反対運動敗北の原因は、ごく一般的にいえば、南ア・スーパー林道反対運動が弱かったからである。では何故、南ア・スーパー林道反対運動は弱かったのだろうか。

　南ア・スーパー林道建設反対運動が弱かった原因として第1に指摘したいのは、南ア・スーパー林道建設反対の法的根拠が著しく弱かったということである。

　国立公園内の開発を阻止する有力な法的根拠は、開発対象地域が、特別保護地区に指定され、あるいは天然記念物とくに特別天然記念物に指定されていることである。しかし南ア・スーパー林道敷設地域にはそうした指定がなかった。

　国立公園行政当局は、1968年に提起された南ア・スーパー林道建設計画が、特別保護地区に属していないことから、安易に計画を許可してしまった。このことが、南ア・スーパー林道建設反対運動の成功を危うくする大きな原因となったのである。

　もし南ア・スーパー林道建設計画を葬り去りたかったら、少なくとも南ア・スーパー林道建設計画が提起される1965年以前に、南ア・スーパー林道建設敷地一帯を特別保護地区に指定しておかなければならなかったのである。

　第2に指摘すべきことは、そもそも南ア・スーパー林道反対運動が起きたのは、林道建設工事が94％終了し、あと1.6キロの北沢峠付近の特別地域の道路建設の時であったということである。

　確かに、普通地域での建設工事の杜撰さと、地形、地質の困難さのため、自然破壊が顕著になって南ア・スーパー林道反対運動が起きたわけであるが、その反対運動は、国立公園行政当局がすでに認めていた計画を94％終了したところで、計画を中止させるには、あまりにも条件が不利であったというこ

とである。反対運動が敗北するのは、むしろ必然にさえみえる。

　ところが、たまたま就任した環境庁長官が、大石武一で、国立公園の自然保護に特段の理解があって、従来の政治手法を無視して南ア・スーパー林道建設を凍結してしまった。これを機に南ア・スーパー林道反対運動は盛り上がってきた。

　しかし環境庁長官大石武一の任期は、たったの１年だった。彼が退けば、環境庁の体質は、以前の厚生省国立公園行政当局の体質に逆戻りしてしまった。逆戻りした国立公園行政当局のもとでは南ア・スーパー林道建設を中止し、あまつさえ道路建設計画を94％終了した段階で廃棄する条件は、ほとんどなくなったのである。

　第３に指摘すべきことは、94％完成した道路建設計画を葬り去るような強力な反対運動が生まれなかったということである。あるいは、南ア・スーパー林道反対運動は、環境庁長官大石武一のおこなった政策を実行しつづけるように政府を追込むことに成功しなかったということである。

　南ア・スーパー林道反対運動、あるいは、それを全国的に指導していた全国自然保護連合会は、行政に参加すべきか独自に運動すべきかで分裂し、環境庁首脳陣が工事再開に傾いていくのを阻止できず、むしろ自然保護運動の有力な勢力は、国立公園行政当局が工事再開を追認するのを傍観していたのである。

　こうした弱点をもった自然保護運動が、困難な94％完成した道路建設計画を廃棄させることなど無理な話であったのである。

　第４に指摘しておけば、地元住民が南ア・スーパー林道に幻想をいだいて賛成し、地元住民の多くが南ア・スーパー林道反対運動に参加しなかったことである。本来反対運動の強さは、尾瀬や上高地や北海道でみられたように地元住民の反対運動への参加が大きいことである。

　第５に指摘しておきたいことは、大雪山縦貫道路建設計画反対運動のように、運動の中心であった北海道自然保護協会が、自らの組織のもつ財界や北海道庁への依存体質を克服し、自然保護理念を堅持し、首脳陣の独断的協会運営を民主化し、市民大衆を基盤とした民主的な組織に改編して、ひとたび国立公園行政当局が許可した計画を強力な運動によって中止させたように、南ア・スーパー林道建設反対派が、運動を先導していた日本自然保護協会や全国自然保護連合会の体制依存体質、首脳陣中心の運動スタイルを克服して、

環境庁に工事再開の許可をさせないような強力にして全国的で大衆的な運動を組織できなかったことである。

　南ア・スーパー林道建設反対運動は、敗北したとはいえ、国立公園の自然保護運動に多くの貴重な教訓を残したと指摘できる。この運動からわれわれは、多くを学び取ることができる。

　以上が南ア・スーパー林道建設反対運動の小括である。

注

（1）「国立公園体系の整備答申さる」、『国立公園』No.146・147、1962年1・2月、57頁、「知床・南アルプスの2国立公園誕生」、『国立公園』No.177、1964年8月、5頁。
（2）大西将之「南アルプス・スーパー林道」、前掲『自然保護事典』①、106頁。
（3）前掲『自然保護のあゆみ』、271頁。
（4）前掲『自然保護事典』①、106－107頁。
（5）同上、106頁。
（6）前掲『自然保護のあゆみ』、275頁。
（7）宮脇昭「南アスーパー林道の強引な工事」、前掲『緑の証言』、94－96頁。
（8）伊藤精晤「南アルプス自然保護の十年」、青木正博編著『自然保護への道』、ほうずき書籍、1984年、40－54頁。
（9）前掲『自然保護のあゆみ』、272頁。
（10）前掲『自然保護への道』、340頁
（11）前掲『自然保護のあゆみ』、272頁。
（12）前掲『自然保護事典』①、6頁。
（13）Webの「全国自然保護連合とは」を参照。
（14）本書Ⅱ部第9章を参照。
（15）伊藤精晤「南アルプス国立公園及び南アルプススーパー林道に関する公開質問状―回答文」、『自然保護』177号、1977年1月、14頁、16頁。
（16）前掲伊藤「南アルプス自然保護の十年」、前掲『自然保護への道』、47頁、43頁。
（17）1973年6月19日『朝日新聞』（夕刊）。
（18）前掲『自然保護事典』①、108頁。
（19）1974年10月11日『朝日新聞』（朝刊）。
（20）前掲伊藤「南アルプス自然保護の十年」、前掲『自然保護への道』、46頁。
（21）前掲『自然保護事典』①、108頁。

（22）同上、318頁。
（23）1974年9月30日『朝日新聞』（夕刊）。
（24）同上。
（25）同上。
（26）1974年10月11日『朝日新聞』（朝刊）
（27）1974年10月14日『朝日新聞』（朝刊）。
（28）前掲『自然保護事典』①、110頁。
（29）1975年1月13日『朝日新聞』（朝刊）。
（30）前掲「南アルプス自然保護の十年」、前掲『自然保護への道』、48頁。
（31）1975年5月26日『朝日新聞』（朝刊）。
（32）拙著『自然保護と戦後日本の国立公園』、第5章、191頁を参照。
（33）前掲『自然保護事典』①、111頁。
（34）前掲「南アルプス自然保護の十年」、前掲『自然保護への道』48頁。
（35）同上、48頁。
（36）同上、49－50頁。
（37）亀山章「南アルプス・スーパー林道現地調査の報告と問題点」、『自然保護』159号、1975年8月、3頁。
（38）日本自然保護協会編『日本自然保護協会による意見書・陳情書集』第二集、日本自然保護協会、1989年、15－16頁。
（39）前掲「南アルプス自然保護の十年」、前掲『自然保護への道』49頁。
（40）同上、49頁。
（41）同上、50頁。
（42）1976年12月14日『朝日新聞』（朝刊）。
（43）前掲『自然保護事典』①、111頁。
（44）同上、111頁。
（45）前掲「南アルプス自然保護の十年」、前掲『自然保護への道』、50－51頁。
（46）同上、51頁。
（47）1978年3月24日『朝日新聞』（朝刊）。
（48）1978年4月28日『朝日新聞』（朝刊）。
（49）同上。
（50）1978年8月18日『朝日新聞』（朝刊）。
（51）前掲「南アルプス自然保護の十年」、前掲『自然保護への道』、51頁。
（52）前掲『自然保護事典』①、111頁。
（53）同上、112－113頁。
（54）同上、112－113頁。

(55) 同上、113頁。
(56) 同上、113頁。
(57) 前掲「南アルプス自然保護の十年」、前掲『自然保護への道』、52頁。
(58) 前掲『自然保護のあゆみ』、277－278頁。
(59) 前掲「南アルプス自然保護の十年」、前掲『自然保護への道』、53頁。

第12章
他の国立公園内における開発計画と
自然保護運動

はじめに
1 　上信越高原国立公園内の観光開発計画と自然保護運動
2 　磐梯朝日国立公園内の月山スカイライン建設計画と自然保護運動
3 　吉野熊野国立公園内の大台ケ原観光有料道路建設と自然保護運動

はじめに

　高度経済成長期における国立公園内の開発計画には、これまでに論じてこなかったケースはまだたくさん残っている。本章では、第1節で上信越高原国立公園内の開発計画、苗場山スキー場開発計画と妙高観光有料道路計画、それにたいするほぼ成功をおさめた自然保護のための反対運動について考察する。
　第2節では、前節と同じように、磐梯朝日国立公園内の月山スカイライン建設計画と反対運動について考察する。
　第3節では、吉野熊野国立公園内の大台ケ原観光有料道路建設計画と自然を守る運動について考察する。
　高度経済成長期における国立公園内の開発計画とその反対運動で注目すべきケースは、その他に立山、屋久島、西表島、瀬戸内海などの問題があったが、本書では、紙数の関係で検討を省かざるをえなかった。これらの問題については、今後の研究課題としたい。

1　上信越高原国立公園内の観光開発計画と自然保護運動

（1）苗場山スキー場建設計画と行政当局による規制

　「苗場山は、新潟、長野県境に位置する標高2145メートルの山で、地形的には盾状火山とされていたが、最近の報告によると苗場山・神楽ヶ峰、霧ノ塔などを合わせた一つの円錐成層火山で、侵蝕により頂部を失ったものとされている。
　山頂部は緩斜面の台地状で、南北3km、東西2.5kmに亘る地域は高層湿原を形成する、すぐれた景観を呈している。」「また神楽ヶ峯から三俣にかけては、ゆるやかな地形となっており、上部には上ノ芝、中ノ芝、下ノ芝と呼ばれる草原が広く続いている。[1]」
　苗場山は、日本百名山の一つであり、尾瀬ほどではないが、登山者の間では、隠れた人気のある山であった。

政府の観光開発政策により、多くのスキー場が開発されてスキーの大衆化がすすんできたという社会情況を背景に、スキー場開発に熱心だった国土計画株式会社は、1960年に「苗場山とその山麓一帯の観光開発の構想のもとに、苗場本峰までのロープウェイ架設・既存宿舎の増設及びスキーコースの設置」計画をたて、厚生省に「許可申請」をおこなった。

　『国立公園』誌に掲載された「苗場山麓スキー場」という小文は、国土計画株式会社の苗場山麓スキー場の計画決定にいたるまでの経過を詳しく論じている。

　国立公園行政当局は、国土計画社の申請をうけて、「山頂部の高層湿原は、厳重に保護を要するものであり、従って、ロープウェイ架設に伴う自然の破壊及び山頂部の湿原等の保護」の必要を感じて、「多数の利用に適するかどうかについて、直接現地調査」をおこなった。

　国土計画社の計画を知った日本自然保護協会は、1961年8月1日『朝日新聞』（朝刊）によれば、1961年7月20日から8日間、苗場山の学術調査をおこなった。調査団は、団長の日本山岳協会の武田久吉会長、下泉重吉東京教育大学教授、北沢猛東京都立大学助教授、浦本昌紀山階鳥類研究所長など植物学、動物学などの専門家18名であった。

　調査の目的は、「苗場山一帯の原始林を保護地区に指定する必要があるかどうかを決めるため」であった。

　新聞の指摘しているように「苗場山一帯はオノのはいっていないブナの原始林が予想以上に多く、頂上には奥日光の尾瀬ヶ原におとらない大湿原地帯があり、学術的にみても興味のあるところだ」。

　「苗場山は学術的にみて貴重な地帯だ。自然保護地区に指定して、将来開発計画がすすめられた場合、学術的な立場から保存のために計画を変更してもらえるようにしたい。」との下泉東京教育大学教授の談話を紹介した。

　国立公園行政当局は、この計画で「特に問題となったのは、ロープウェイの架設とスキー場の新設であり、特に重要なのは、神楽ヶ峰と苗場山頂を結ぶロープウェイ架設計画であった。」と考えていたが、調査の結果を考慮して、「山頂部の高層湿原は、厳重に保護を要するものであり、従って、ロープウェイ架設に伴う自然の破壊及び山頂部の湿原等の保護の観点から」、「国立公園部の方針として、神楽ヶ峰上方におけるロープウェイ架設は適当でないという結論となった。」

1964年8月24日『朝日新聞』（朝刊）によれば、1964年に新潟と長野の両県の教育委員会は、「山頂一帯が東京の観光開発会社によって荒される心配がでてきたので、いまのうちに国の天然記念物保護地区の指定を受けて保護しようと、…共同で資料をつくり提出することになった。」

　国立公園行政当局の指導に沿って、国土計画社は、1964年7月に、「前回の申請内容を一部変更して再度申請書を提出してきた。その主な内容は、苗場山頂までのロープウェイを中止し三俣から神楽ヶ峰までとしたことである。」[6]

　これにたいし国立公園行政当局は、「神楽ヶ峰までのロープウェイの架設についても、全面的にこれを是」とせず、「スキー場の設置のみにとどめるべきではないか」という意見を抱いていたようである。

　そのためその後、国土計画社は、1968年2月に、スキー場については、「大ノ芝（下ノ芝の誤植ではないか―引用者）から鉢巻峠にかけての国有林を前橋営林局が国設スキー場として管理する意向」を示し、さらに「新潟県総合開発計画上の豪雪山村地域開発の一環としてスキー場設置の強い要望があったことなどから苗場山一帯の公園計画の検討が急がれること」になった。

　こうした苗場山頂一帯の自然を保護するため、国立公園行政当局は、1969年2月10日に上信越高原国立公園に属する苗場山の山頂部、南北3キロメートル、東西2.5キロメートル、613.4ヘクタールを、「高層湿原を形成する、すぐれた景観を呈している」として特別保護地区に指定した。そのうえで、[7] 国立公園行政当局は、苗場山一帯の公園計画の検討にあたって、基本方針として4点を提起した。すなわち（1）スキーコースは、下ノ芝から三俣までの林間を利用、コースの選定には「立木の伐採が最小限」とする。（2）「ロープウェイは架設せず」、（3）スキーリフト等の設置をできる限り「登山歩道沿線特別地域外に配置すること」。（4）苗場山頂の利用施設は既存のママとする。

　こうした国立公園行政当局の方針にしたがった形で、国土計画社は、1969年4月にさらに申請をおこなってきた。

　自然公園審議会は、これを審議し、委員から幾つかの意見がだされ、国土計画社への対応を示し、1969年5月1日に苗場山麓スキー場開発計画を承認し、厚生省国立公園行政当局はこれを認めた。

　国土計画社と新潟県の苗場山一帯のスキー場建設計画は、日本自然保護協会、国立公園行政当局、文部省（とくに新潟、長野両県の教育委員会）の反対意

図12-1　苗場山麓スキー場計画案変更後のスキー場概念図

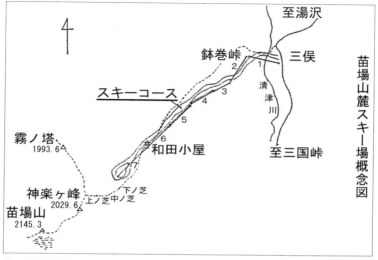

注　「苗場山麓スキー場」、『国立公園』No.239、1969年10月、27頁。

向があって、必ずしも大衆的な反対運動が起きることなく、その重要な部分が撤回されて、放棄された。

　苗場山スキー場建設計画問題は、自然公園審議会を含め国立公園行政当局レベルの努力で、国立公園内の重要な地域の自然保護に成功した事例として記憶しておきたい。

（2）妙高高原観光有料道路計画と反対運動

　新潟県は、これまで全国的にすすめられてきた国立公園内の観光有料道路建設ブームを背景に、1960年末に、やや遅れて観光開発による地域活性化を意図して、上信越高原国立公園内の妙高山麓に妙高高原観光有料道路建設計画を策定した。

　この計画は、赤倉温泉・赤倉スキー場のある妙高山麓の中腹に「国道18号線と県道妙高高原停車場杉野沢線に面し、観光を目的として、標高900mより1450mにわたり、延長19.3kmの妙高高原有料道路」を建設しようとするものであった。[8]

図12−2　妙高高原有料道路建設計画

注『自然保護』121号、1972年6月、17頁。

　1970年8月26日、新潟県の地元妙高町議会は、妙高高原有料道路建設計画を促進するための決議をおこなった。

　新潟県は、1971年6月に新設の環境庁に妙高高原有料道路建設計画の許可申請を提出し、環境庁は、ただちに自然公園審議会に諮問した。新潟県の地元住民は、新しく任命された環境庁長官が尾瀬の観光道路建設を中止したことに危惧を感じ、1971年9月14日に、環境庁自然保護局に、建設促進の陳情をおこなった。

　1972年はじめ、この妙高高原有料道路建設計画にたいし京都大学の学者グループ（多田政忠京大名誉教授ほか13名、四手井綱英、加藤泰正、今西錦司、桑原武夫、西堀栄三郎、今西寿雄、中尾佐助、吉良竜夫、藤田和夫、梅棹忠夫、小野寺幸之助、安田武の各氏13名）は、1972年のはじめに妙高高原有料道路計画に反対する「要望書」を環境庁、新潟県知事、妙高高原町長に提出した。

　「要望書」は、「妙高山の中腹部を半周にわたって通る道路は、妙高山の自然景観を著しく破壊する。この地方の気候的特色からみて、植生の回復には長年月を要する。山ひだを横断する舗装道路という地形的特色から、地表、地下の流水に変化をきたし、山すそ地帯の井戸、灌漑水に影響し、豪雨の際に災害のおそれもある」と反対の理由を述べた。

新潟県は、すでに建設省の許可をえており、地質調査を新潟大津田禾粒教授に、植生調査を横浜国大宮脇昭助教授に委託し、環境庁への申請を準備していた。

もっともこの調査で宮脇は、「原生林を避けて広葉樹と草原を通るコースなので、工事の際植栽手段に努めれば自然破壊はない」と報告したが、『自然保護』誌の編集部は、彼の調査について「だがもっと幅広い調査をしなければ必ず破壊されるという意見も強く、道路の本質を問わぬ植生のみの調査に疑問を投じている」とつけ加え、開発に甘い宮脇の御用学者ぶりを明確に批判した(13)。

しかし日本自然保護協会は、京都大学の学者グループの「要望書」をうけて、1972年10月30日に、「妙高高原有料道路建設計画反対意見書」を提出し、つぎのように反対の根拠を述べた(14)。

この計画は「修験道の聖山妙高山の端正な山容を、あたかも眉間に傷つけるごとく真横に切断して、自然景観をはなはだしくそこなうものであります。さらに、火山の高標高地帯は自然条件がきびしく、池の平・地獄谷の大崩落に見るごとく、著しく地形の崩壊をまねく恐れがあります。」

また「国立公園の利用上からみても、スキー場を幾重にも横断し車道を建設することは、スキー利用上重大な危険を齎すことになります。しかも、標高の高い山腹の車道建設は、沿線に将来無秩序な建造物増設の誘因ともなります。すなわち、いずれの点よりみても、国立公園の自然保護及び利用上より、この車道建設は許可すべきではありません。」「よって、…この有料車道建設計画に対する反対意見書を提出いたします。」と結んだ。

国立公園行政当局は、妙高山頂一帯、2151ヘクタールを、その重要性に鑑みて、上信越高原国立公園内の他の地域と一緒に1969年に特別保護地区に指定していた(15)。

新任の大石環境庁長官は、これ以上国立公園内の観光道路建設を認めないという方針のもとに、日本自然保護協会の意向をうけて、この計画を認めなかったので、妙高高原有料道路建設計画は宙に浮いてしまった(16)。

しかし1972年7月に大石環境庁長官が辞任して、妙高高原有料道路建設計画の動向が不安視されたが、後任の小山長規環境庁長官は、大石環境庁長官が尾瀬観光有料道路建設を中止させるなどラジカルな自然保護政策をすすめてきた後だけに、急に方針転換もできずにいた。

三木武夫環境庁長官のもと、1973年5月に新設された自然環境保全審議会の自然公園部会長林修三は、1973年10月に大雪山国立公園道道忠別清水線の諮問にからんで、「今後国立公園等における道路の新設については、慎重でなければならないばかりでなく、過剰利用の抑制と健全な利用促進の見地から、場合によっては既存の道路においても、自動車交通の規制を検討する必要もあると考えられる。」との談話を発表し、これまでの観光政策にブレーキをかけた(17)。

　こうして妙高高原有料道路建設計画案は「約2年半にわたり事実上審議が"凍結"されてきた(18)」。しかし1974年3月に、三木武夫環境庁長官のもとで、環境庁は、自然環境保全審議会自然公園部会長林修三の方針に沿って、新潟県の「妙高ハイランドウェイ」建設計画について諮問の取消を求めていた(19)。

　小沢辰夫環境庁長官は、選挙母体の新潟県入りした1975年1月に「妙高有料道路は認めない」と声明をだし、「これを受け県当局も計画を断念、さる20日付で同庁に申請取り消しを伝えた(20)。」

　自然を守る新潟県民連絡会議・副会長細谷一は、「我々が地元を中心に上越地方で約1万5000人の反対署名を集めれば、それに対抗して、建設賛成の署名を3万5000人集める。といったぐあいに、賛成派は、地元町長を先頭に権力にものを言わせ、組織的にかつ巧妙に署名活動を展開した。」と語った。

　地元では反対運動が、賛成運動より劣勢であったようにみえ、「新潟出身の環境庁長官であるから妙高については認めるのではないかという心配があった」中で、小沢環境庁長官が、妙高高原有料道路計画を認めなかったことにたいし、細谷一は、郷土の代議士小沢長官に「敬意を表したい」と指摘した(21)。

　1975年3月28日の自然環境保全審議会自然公園部会は、妙高高原有料道路建設計画撤廃を決めた(22)。その結果、新潟県の「計画撤回という形で最終的な決着を見た(23)」。

　以上のように、妙高高原有料道路建設計画案は、国立公園行政当局、日本自然保護協会、京大学者グループなどの反対により実現しなかった。1960年代には、多くのスキー場が国立公園内の貴重な自然地域で許可されていったことを思うと、この計画の否認は隔世の感がある。また、1974年3月にだされた自然環境保全審議会自然公園部会長林修三の『談話』の方針が、生かされたまれな事例であった。

2　磐梯朝日国立公園内の月山スカイライン建設計画と自然保護運動

　磐梯朝日国立公園の一角にある月山は、日本百名山の一つとして有名なだけでなく、出羽三山の一つとして東北地方の宗教登山の場として民衆に親しまれた山であり、関東圏から遠く離れた閑静な地域にあり、古くから夏スキー場としても広く民衆から愛された山であった。

　すでにたびたび論じてきたように、1950年代末から1960年代の半ばにかけていわゆる何々スカイラインと呼ばれる山岳観光有料道路が各地の国立公園内に建設されていった。その名目は、地域経済の活性化であった。

　多雪地帯で多くの過疎地域を抱えていた山形県は、1960年代末に地域経済の活性化をめざして遅ればせながら、この月山に山岳観光有料道路を建設し、山岳観光を活性化し、地域経済を繁栄させたいと考えた。

　後にみる「月山スカイライン」反対運動の地元のリーダーであった石塚和雄は、「東北における観光開発の進展をみると、今後の広域開発の可能な最大のポイントのひとつとして、月山を含む磐梯朝日国立公園地域が浮かび上ってくる。事実、月山南麓を通る予定の東北高速道仙台―酒田線の計画と関連して、沿道の志津附近と西蔵王に建設省の大リクリエーションセンターの計画が進められている。これとの関連で北から羽黒山・月山・湯殿山の出羽三山を連絡する車道の建設が地元の要望であり、この月山高原ライン計画はこの要望に応えようとする形ですすめられたものである。」と指摘している。(24)まさに正鵠を射た発言であった。

　1970年春、山形県当局は、羽黒山から月山八合目までの既設車道の改修調査費3000万を予算化し、1970年8月、「工事の実施時期になって、八合目から頂上付近をへて南面志津口に至る車道建設に急変した」。急遽作られた山(25)形県の観光有料道路「月山スカイライン」計画は、相当に行き当たりばったりのずさんな計画であった。

　その計画の要点は、図12－3に示したように、第1案は「みだヶ原より特別保護地区の西部をたどって九合目付近に至り、ここで同地区を東西に横断、東斜面に出てから南下し、志津に至るもの（別図の①）」であった。「上案が実現できない場合の第2として、みだヶ原から直ちに特別保護地区の東部を伝って南下し、志津に至るもの（別図の②）」であった。(26)

図12-3　月山山頂道路計画概念図

注　『自然保護』100号、1970年10月、19頁。

　ともあれ山形県当局は、1970年8月中に「A航測の請負いで詳細な航空写真測量の他に、一部約2キロにわたり2メートル幅の伐開を伴う地上路線測量までが強行される事態となった。」(27)

　この調査は、先の計画案の②案に沿ったものであり、②案は「森林限界以高の特別保護地区を全面的に貫通するものであった。そして、『大雪域』などのわが国のもっとも代表的な雪田草原地帯、みだが原のオゼコウホネの池塘をもつ湿地帯、夏に森邦彦氏によって発見された遺存林的なアオモリトドマツ林など、月山でももっとも学術的価値が高く、かつ人為的破壊に弱い植生の地域のすべてを通過するという、自然保護の観点からは最悪のルート設定である。」と指摘した。(28)

　1970年8月末にそうした事態を知った山形大教員グループは、それを放置できないと会合を重ね、1970年9月16日に計画に反対する山形大教員グループの「月山山頂道路計画（月山高原ライン）に関する意見書」を作成して関係機関に提出した。(29)

ちなみに意見書に署名したのは、山形大学理学部生物学教室の山本護太郎、大津高、山本光男、横山宣夫、山形大学教育部生物学教室の伊倉伊三美、鈴木庄一郎、山形大学教養部生物学教室の石塚和雄、斎藤員郎の８名に加えて、さらに「日本自然保護協会東北支部」であった。

この意見書の反対の論拠は、５点であった。すなわち、

１、月山の特別保護地区を全面的に通過する観光車道の建設計画は、これまで許された例はなく、許されるべきではない。

２、わが国でも代表的な雪田草原（湿性お花畑）や池塘をもつ湿性植生によって占められ、珍奇な動植物の育地でもある特別保護地区は、車道建設・群衆の踏圧などの人為的影響には極度に弱くかつ恢復が期待できないので、計画は認められない。

３、月山の特別保護地区を所有している出羽三山神社は、頂上直通の車道の設置をのぞまず、伝統的な宗教徒歩登山が望ましい。

４、月山では、現行の１時間30分程度で山頂に達せる大衆的な登山を維持すべきで、建設省・運輸省のすすめている大レクリエーション構想と結びつけ、月山を蔵王山など同様に、無努力にして「ハイヒール」で山頂に達する安易な遊園地化は認められない。

５、月山の東斜面は極端な豪雪地域であり、車道が開通したとしても、補修・維持・除雪に莫大な労力と費用が必要となる、よって計画は望ましくない。

「以上の諸点から考えて、本車道計画は全面的に特別保護地区、しかも森林限界以高の雪田草原・湿原を主体とした地域を通過するという、他に類例をみない非常識かつ危険なルートの選定がおこなわれており、かつ月山が現在持っている大衆的・信仰的な登山・ハイキングの山としての性格を全く破壊して、安易な大衆的遊楽地と化するという意図が明白であって、自然保護と大衆の健全な自然享受という目的に副わない暴挙であるといわざるをえない。」と結んだ。(30)

1970年９月中旬に、山形大教員グループは、この意見書を、新潟県、厚生省国立公園行政当局、日本自然保護協会など関係各方面に送ってアピールし、反対運動を展開した。(31)

その後、庄内地元有志による「出羽三山の自然を守る会」の設立が準備され、反対運動が進展した。「山形県学術調査会の学者有志による県当局への

意見具申もおこなわれた」。1970年10月中旬には、横浜国大宮脇昭研究室との協同のもとに、問題地域の「植生の現地調査」がおこなわれた。⁽³²⁾

　こうした山形大教員グループの反対運動が実って、「厚生省国立公園部当局」は、「明確な路線不許可の態度表明」をおこない、山形県当局も、「計画再検討の動き」を示した。10月26日に、山形大教員グループの反対派は、県土木部次長・特別道路建設主幹・観光課長」と会談し、「今回の路線計画の白紙撤回・全面的再検討、地上測量量杭の撤去、無断測量に関する厚生省当局への謝罪の3点を「確認」した。

　その後も反対派の運動はすすめられ、1970年11月7日に準備がすすめられていた「出羽三山の自然を守る会」が発足し、同会は、「文化庁・県文化財委などとの連絡のもとに、月山地域の天然記念物化指定の検討」をおこなった。⁽³³⁾

　結局、『自然保護のあゆみ』や『自然保護行政のあゆみ』では、何の言及もされていないが、月山スカイライン建設計画は、国立公園行政当局の不許可意向と強力な反対運動によって、山形県により放棄された。月山スカイライン建設計画の不許可は、環境庁設立前の1967年の自然公園審議会の政策提言に沿った国立公園行政当局による自然保護等の一つの成果であった。

　月山スカイライン建設計画反対運動の成功は、あまり広く知られていないが、成功の要因は、計画対象地が自然公園法により特別保護地区に指定されていたことを根拠に国立公園行政当局が頑張ったことと、山形大教員グループを中心に地元の計画反対運動が熱心にすすめられたことであった。とくに地元住民による計画賛成の動きがみられなかったことも成功の遠因だったように思われる。

3　吉野熊野国立公園内の大台ケ原観光有料道路建設と自然保護運動

（1）大台ケ原観光有料道路計画の杜撰さと反対運動

　日本自然保護協会の文書が指摘しているように、「吉野熊野国立公園の特別地域大台ケ原山の山頂付近は貴重な原生林に被われております。最高峰の日出嶽とその南につづく正木が原一帯は、トウヒを主体とする亜熱帯性の針葉樹林でありまして、近畿以西ではほとんどみることができませんし、また

図12-4 大台ケ原有料道路の略図

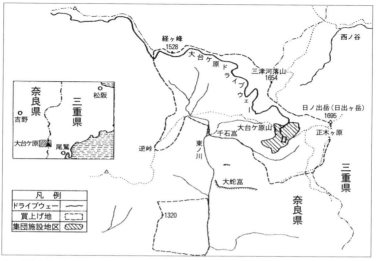

注 『自然保護事典』①、61頁。

　大台とよばれる経が峯の南斜面および三津河落山の西斜面一帯はブナとウラジロモミを主木とする、全く人の手の加わらない美林でありまして、日本の温熱帯を代表するブナ林とウラジロモミ林がこんなに見事な混合林となっている例は非常にめずらしく、学術上非常に貴重な原生林であります。
　そしてここには日本特産のカモシカ・クマ・鹿などの哺乳類をはじめコマドリ・ルリビタキ・メボソ・ゴジュウカラなどの亜高山鳥が密度高く多数に棲息し、この山の名を負うオオダイガハラサンショウウオなどもすんでいて他にかけがえのない貴重な地域であります。」(34)
　この地域は、古くは明治の頃から貴重な自然地域として自然保護運動によって守られ、さらに昭和に入ってからは、国立公園指定運動によって自然を保護するため国立公園に指定されてきた地域であった(35)。
　ところが、戦後も押し迫った頃、奈良県は、政府の「道路整備特別措置法」による高速有料道路建設政策に沿って、吉野郡川上村伯母峯から日出ヶ岳のすぐ下の上北村大台ケ原まで通じる大台ケ原観光有料道路計画を策定して、1958年11月10日に国立公園行政当局の許可をうけた(36)。認可をうけると直ちに奈良県は、1958年11月から工事に始めて、1961年7月に完成した(37)。

大台ケ原ドライブウェー建設の目的は、「大台ケ原の雄大な景観美（冬季は絶好のスキー場として）を一般に開放するとともに、沿線2600ヘクタールの森林資源の開発に寄与するため」であった。(38)

　当時、奈良県と近畿地方の観光資本は、新しい観光の目玉をもとめて、また製紙会社も、伐採の容易な地域の原生林を伐採し尽くしていて、沿線2600ヘクタールの新たな森林伐採をもとめて、大台ケ原ドライブウェー建設を計画したというわけである。

　奈良県営大台ケ原観光有料道路、通称大台ケ原ドライブウェーは、総工費3億4000万円、全長16.2キロ、幅4－6メートル、敷地面積だけで80ヘクタールの道路であった。(39)

　1950年代末から1960年代の前半期には、政府の観光政策に後押しされて国立公園内で多数の観光有料道路が建設されたが、ほとんど問題視されなかった。国立公園行政当局も、計画の審査で厳しさを欠き、事前に十分な調査もおこなわれずに、安易に計画を承認してきた。

　しかし黒三、黒四のダム建設の経験もあり、工事によって自然破壊が著しいことが予想されたので、国立公園行政当局は、無条件で許可したわけではなく、道路建設に当たって「残土は風致維持上支障のない箇所に処すること。切取り及び盛土法面には張芝その他により緑化修景をおこなうこと」などの条件をつけて承認したのであった。しかし後にみるように、業者も自治体もこの条件をまったく守らなかった。(40)

　宮脇昭は、後に道路建設予定地域が「急斜面でひだの多い弱い自然が多いので、地元の生態学者たちは、計画を中止したほうがよい、どうしてもつけるのなら事前に十分調査をして、生態学的に見分けて、弱い自然は避けて通すべきだとたびたび忠告した。」と指摘した。(41)

　しかし当時は、一般的にみて国立公園内の観光有料道路建設にたいする反対運動はなく、奈良県でも大台ケ原観光有料道路建設計画反対運動は、明確な形で起こらなかったようである。

（2）大台ケ原観光有料道路建設工事の困難・杜撰さによる自然破壊

　田村義彦によれば、「工事期間は2年7ヵ月余りであったが、全線が海抜1000メートル以上の高地を峰通しで通るため、大台ケ原特有の豪雨と冬季の

第12章　他の国立公園内における開発計画と自然保護運動　415

図12－5　大台ケ原の有料観光道路による自然破壊

注　宮脇昭「大台ケ原・大杉谷の植生の概観」、『自然保護』85号、1969年6月、5頁より。

積雪、凍結で工事は難航し」、「実質の工事期間はせいぜい1年半といわれており、1日30メートルのハイペースで進行した極めて短期間の突貫工事であった。」

　そのため、自然保護の配慮を欠いた「工法は、山肌をブルドーザーで削り、岩石地帯は発破でとばし、削った土石はその場で谷側に押し出すいわゆる『押し出し工法』で行われ、そのために開かれた道路の谷川の樹林はほとんど枯死し、谷は埋められて水を失った。」「その上、山止め工、土抱え擁壁が完全でなく、しかも、断層帯に沿って作られた道路は、開通後も路面、法面の崩壊がたえず、現在（1994年）もまだ続いている。」「工事に伴う伐採と二次的な山腹の崩壊に伴う倒木・枯木によって、道路周辺の樹木のない空間は幅員の数倍にも及び、森林植生への影響は52.2ヘクタールにまでひろがっている。」という。

　1971年奈良県から依頼された調査の結果にふれて、宮脇昭も、1970年の台風によって普通道路が何でもなかったにも拘わらず、「現代技術の粋を集めて新しくつくったはずの有料道路が」、「ズタズタになってしまっていた」、「海抜1300メートル以下のところであれば、どんなに緑を破壊しても3～5

年もたてば復元する」のに、「ここでは、9年経ってもたえず土砂が動いて、自然林の主木であったウラジロモミ、ブナ、あるいはトウヒなどの樹高20メートル以上の大木、直径1メートル以上の大木がその後も枯れている。」と工事の自然破壊の凄まじさを指摘している。

ただし開発による自然破壊について判断の甘い宮脇昭は、いつものように開発に同情し、海抜1300メートル以下であれば道路建設も結構だといい、観光有料道路建設による自然の全体的な破壊・環境汚染の深刻な実態に目をつむっている。

ちなみに富士スバルラインは、16キロの道路を3年数ヶ月の工事期間であったが、大台ケ原ドライブウエーの場合の工事期間は、「2年7カ月」であり、如何に突貫工事であったかわかる。

大台ケ原ドライブウエーは、かくして「富士スバルラインなどと並んで"日本三大悪路の一つ"といわれた」所以である。

田村義彦によれば、聖地大台ケ原は、1961年に大台ケ原ドライブウエーの開通以後、「年間に車両が10万台、25万人の観光客が気軽に物見遊山にやってくる観光地と堕した。」この観光客が、「残された原生林」に「深刻なダメージを」与えた。

田村義彦は、大台ケ原ドライブウエーの開通によって生じた自然破壊と環境悪化についてつぎのように指摘する。

 1「樹木、稚樹、コケ、山草の討伐、盗掘」、2「野生動物の密漁、マニアによる鳥の捕獲、昆虫採集の増加」、3「利用者の踏み込み、ゴミ投棄による林床植物の破壊と裸地化」、4「利用者・自動車の騒音、排ガス、ゴミ投棄による野生生物の生息環境への悪影響」、5「里山動物（キツネ、カラス）の侵入による生態系の攪乱」、6「ドライブウエー法面の裸地化、異種の植物の侵入」、7「宿泊施設の残飯、屎尿の渓谷への流入による富栄養化並びに発電用重油の渓谷への流入による悪影響」。

以上のように、大台ケ原ドライブウエーの開通は、多数のマイカー、バスなどの自動車が多数の観光客を大台ケ原周辺に運ぶことによって、膨大な自然・環境の破壊を招いた。

しかしそれだけではない。大台ケ原ドライブウエーの開通は、ドライブウエーの周辺の自然林の伐採を活発化し、自然破壊を生み出したことを指摘しておかなければならない。

田村義彦によれば、これまで「厳しい自然条件と人為が加えられなかったことで長い間その生命を保ちえた」「大台ケ原の原生林は」、「1961年のドライブウェーの開通によって、沿線の原生林（国立公園普通地域）が、北村林業、山陽パルプなどによって、ほぼ10年間で伐採し尽くされた。」

この結果は、「そこに棲む動植、鳥、昆虫たちの生存の基盤を奪った」だけでなく、「皆伐跡地」は、植生がむずかしく、土地流失が起き、荒廃しているということである。

（3）大台ケ原観光有料道路経営の赤字と同観光有料道路の無料化

杜撰な計画によって建設された大台ケ原ドライブウェーは、建設後、巨大な自然・環境破壊をともないつつ、膨大な赤字経営に陥っていった。

田村義彦によれば、大台ケ原ドライブウェーは「完成したものの、当初の予想を裏切り、有料道路としては膨大な赤字となった」。すなわち、「総工費3億4000万円全額が起債で、20年後の1980年に元利合計5億円を返済したが、その間の通行料収入は年間最高2000万円にすぎず、合計2億1000万円を一般会計から補填した」という。

つまり、大台ケ原ドライブウェーの総工費3億4000万円と利子分1億6000万円、総額5億円は、20年間で返済されたが、そのうち総額2億1000万円が赤字で、奈良県の一般会計から補填されたということである。大台ケ原ドライブウェーの経営は、毎年平均1000万円強の赤字をだしていたということである。

大台ケ原ドライブウェーの自然破壊のひどさに直面していた奈良県は、1970年に宮脇昭に調査を依頼した。その調査結果を踏まえて、宮脇昭は、「こうも荒廃していては面白くないと誰も来る人がなくなってしまい、当時は月平均15台しか車が通らなかった。そのため有料道路で切符を切る人の給料も出せない状態だったという。」と述べている。

そして荒廃を「復元するためにどのくらいかかるかという調査を、当時、緑地関係の専門家が計算したところ、もちろんもとの森にすることは不可能で、なんとか土砂の崩壊をとめて、見かけ上だけでも安定した緑にしようとするだけで、じつに15億円もかかってしまうことになったのである。」

大台ケ原ドライブウェーの建設は、20年間で2億1000万の赤字をだし、破

図12-6　大台ケ原の伐採による自然破壊

注　『自然保護』151号、1974年12月より。

壊された自然を修復するために15億円相当の損害を与えたことになる。

　以上のように、不必要この上なかった大台ケ原ドライブウエーの建設は、自然の大規模な破壊をもたらし、巨額な空費・浪費をもたらし、ひいては県民に大きな負担を課し、県民の生活を圧迫したのである。

（4）製紙会社による自然林の伐採計画と自然保護運動

　大台ケ原ドライブウエー建設計画にたいしては、強力な反対運動は起きなかったようで、その為もあってドライブウエー開通後、これまで地理的な要因で抑制されてきた本州製紙による原生林の伐採が急激に進展した。

　田村義彦によれば、当地の主要な所有者であった本州製紙は、「ドライブウェイ開通後たった4年間で普通地域を切りつくし皆伐の波は山上台地の特別地域に迫った」、そして1965年に「西大台の特別地域に689ヘクタールのブナ原生林」の内、「247ヘクタールの伐採許可の申請」を厚生省国立公園行政当局にだした。(53)

　国立公園行政当局は、林業による自然破壊の実情を認知し、「これを許可

することは貴重な資源をうしなうばかりでなく、国立公園ついての自然景観を全く損うものである」るとして、「伐採を不適当として留保し」てきた。(54)

そして、国立公園行政当局は、1967年度に破壊対象地を府県に買収してもらう政策を提起した。すなわち国立公園行政当局は、1967年度予算に「この様な地域を関係府県が買収するために国庫補助費を計上し、奈良県に対しては大台ヶ原山原生林買収方を申し入れ」た。しかし「その国庫補助率が1/2であったために、県は他の類似の用地買収費との均衡上、即ち近畿圏緑地保全法による補助率は2/3、古都保存法による補助率は4/5であるために、国家の施策として不均衡であるとして県で受け入れ兼ねて」いた。(55)

一方、本州製紙側は、「適当な価格で買収されるならばこれに応ずる」が「もし現状のまま推移するならば行政不服審査を申し立てても伐採を強行する」という意向を示していた。(56)

他方では、1965年に本州製紙が所有地の特別地域の247ヘクタールの原生林の伐採許可を申請したので、「普通地域の皆伐のひどさに目覚めた学者、登山者、学生、市民などが、『ブナ林を守れ』の運動を起した。」(57)

1961年3月に関西の山歩きのグループが作った大阪青雲会という登山者49名ほどの小さな団体があった。(58)

運動の起きたきっかけについて、大阪青雲会会員であった溝口照之進は、つぎのように語っている。

1967年9月に「例会で大台ヶ原から大杉谷への行程のさい、大台教会山ノ家の宿泊時に主人の田垣内さんより大台ヶ原の原生林伐採の話を聞いて、これは大変なことになった。何とかこの貴重な原生林を保存する事が出来ないものかと話し合った結果、この山の一大事を世間の人々に知っていただき、またひろく人々に自然の大切さを訴えるために、この山で地元の人々と共に、『自然祭』を開く事が最もよい方法ではないかという事になり、それからこの大台ヶ原の原生林を守るために開く『自然祭』運動に会員一同、すべてを投げうってこれに取り組んだのです。」(59)

ちなみに『自然祭』について、溝口照之進は「我々の提唱した『自然祭』とは、日本古来の自然崇拝の心情を現代に生かし、自然の恩恵に感謝し、そして自然愛護の心を日本人の常識としてこれをひろく人々に浸透させるというものです」と語っている。(60)

1968年6月14日に、日本自然保護協会は、国立公園行政当局の買収工作や

地元の自然保護運動の動きを知って、「大台が原原生林買収に関する陳情書」を提出し、国立公園行政当局に、1、「全地域を国費をもって国有地に買収」するよう「努力」されたい。2、もしそれが困難であれば、次善の策として、「都道府県が買収するための国庫補助率を少なくとも2/3」として買収することを陳情した。(61)

こうした日本自然保護協会の発言もあって、地元で大台ケ原の自然を守ろうとする運動が進展した。

大阪青雲会の溝口照之進は、1968年12月に山岳会の会誌『青雲会』24号に「大台ケ原の原生林を守るために『自然祭』を開こうと呼びかけ」、各方面より反応があって、地元で大台ケ原の原生林を守る「推進運動」が始まった。(62)

1969年1月30日に県下で1969年1月、青雲会をはじめ、13団体と約80名の個人会員をもって、「大台ケ原の自然を守る会」が結成されて、組織的な運動が始まった。(63)

1969年1月、厚生省国立公園行政当局は、林野庁が国有林として買い上げるという方策で林野庁と意見の一致をみたが、「大台ケ原の自然を守る会は」、「政府案では保護に欠けるとして、あくまで保護のため買収を求め」た。(64)

1969年3月、大阪青雲会の総会が開かれ、『自然祭』を大台ケ原山頂で開くことと、「会をあげてこの運動に取り組むことを決定」し、「署名、カンパ運動」を開始し、「地元団体、山岳会他諸団体に協力要請」をおこない、反対運動のパンフレットを作製した。さらに1969年4月、大阪青雲会は、「大台ケ原・原生林守る有志の会」を結成し、全国にキャンペインをおこなった。(65)

1969年12月6日に「大台ケ原の自然を守る会」は、第1回総会で、「大台ケ原保護のマスタープラン」を作成し各方面に呼びかけた。その要点は、1「民有地をすべて公有化し、完全に保護の体制をとる」、2「公有化したこの地域を特別保護地区、さらに天然記念物に指定し生物を保護する」、3「施設、道路の完備＝特にドライブウェーの整備」など、自然団体として立ち入った自然保護政策を提起した。(66)

「大台ケ原の自然を守る会」は、1970年1月から3月にかけて、「自然祭開催打合せ」をおこない、5月23日、24日に「自然祭」を開催することを決定した。(67) 1970年5月23日、24日の両日に開かれた『自然祭』には「参加人員約200名、参加団体16団体」で、各新聞社が取材に集まった。(68)

1970年7月3日、同会は、「奈良県知事、県会議長、県観光課長宛」に

「大台ケ原山原生林の保護と自然祭を県の行事として開催してほしい旨の請願書及び470名の署名簿を提出」し、『朝日新聞』に掲載してもらう。1970年7月8日、「県観光課長より、主旨に添うよう検討する旨、通知」があった。奈良県は、大台ケ原の自然を守る方向に理解を示した(69)。

1971年6月に環境庁が設置され、7月に環境庁長官に就任した大石武一は、画期的な自然保護政策を実施していく中で、1972年5月に奈良市で開かれた全国自然保護連合主催の第2回全国自然保護大会に出席し、「大台ケ原を視察して保存を図るべく努力することを表明した(70)」。

環境庁は、大台ケ原の自然を守る会の国有化案や本州製紙が「同地の山林の樹木を伐採したいが、社会的な影響もあるので、むしろ環境庁で買い上げを希望しているということを聞いて」、「国立公園内の重要な地域の民有地を買い上げて保護をはかるという構想を打ち上げた(71)」。

環境庁は、本州製紙の私有地を「国費での買い上げは難しい」が、大阪で「大阪府が公債を発行して土地の買い上げを先行させ、あとから国がその全額を分割して、補助金として大阪府に公布する方式」を踏襲し、「この方法を大台ケ原の買収に当てはめ」、「一応買上げ総額を60億円として所用の費用を算出し(72)」た。

1973年2月に環境庁は、「特定民有地等買上交付地方債元利償還金等補助金交付要綱」を作成し、「自然保護のための民有地が買い上げられることになった。」これは「都道府県に対し買上げ地方債を認め、国が元利償還金について補助金を交付するというものである(73)。」

こうして奈良県は、1974年に「本州製紙所有地670ヘクタールを20億8000万円（土地4億8000万円、立木16億円）」と、1975年に「岩崖地の民有地14ヘクタール1億4000万円（土地9000万円、立木5000万円）で買い上げた。」奈良県の場合は、国庫補助率が、特別に10/10であった(74)。

大台ケ原の買上げ地域は、10年間の元利償還が終わって、1984年2月に環境庁が所管する国有地となった(75)。

「一応、自然保護運動の成果として民有地買上げ措置が作られ、ブナ原生林の皆伐を食い止めることができたといえる」が、問題は残った(76)。

しかしその後の大台ケ原有料道路のあり方をめぐって、観光的利用と自然保護が衝突し、対立していくことになるが、この問題は、高度経済成長期以後の問題として、今後の検討課題としたい。

小　括

　大台ケ原観光有料道路建設計画にたいしては、当初、反対運動が起きなかったが、その後、観光有料道路建設によって大台ケ原の自然が大幅に破壊され、これまで伐採が困難であった地域の原生林が伐採され、大台ケ原の原生林が破壊された。

　これらの地域は、私有地のため貴重な原生林であったが、特別保護地区に指定することが拒まれてきた。従って大台ケ原の原生林の伐採は、厚生省も認めざるをえなかった。

　はからずも大台ケ原の自然を守る運動が起き、日本自然保護協会による大台ケ原の自然保護の陳情もあって、国立公園行政当局は、何らかの対応を迫られた。そこで国立公園行政当局は、本州製紙の所有地を買い取る方策を追求し、国による買収が困難なことから、奈良県が公債を発行し、国が補助金を貸与して奈良県に買収させて、債務返済後に、国有地にするという方策を生み出した。こうしたシステムが、自然保護運動を背景にして作られたことの意義は大きい。

　大台ケ原の自然は、極めて限定されていたとはいえ、大台ケ原の自然を守る運動によって、遅ればせながら守られた。吉野熊野国立公園内の自然保護は、明治以来の自然保護運動によって、とくに大正期から国立公園指定運動を通じて、また戦後には北山川電源開発計画反対運動によって、守られてきた。こうした運動の歴史は、大台ケ原の原生林保護運動に生きていたと評価できる。

注
（１）「苗場スキー場問題」、『国立公園』No.239、1969年10月、27頁。
（２）同上、27頁。
（３）同上、27－29頁。
（４）同上、28頁。
（５）同上、28頁。
（６）同上、28頁。
（７）同上、27頁。
（８）前掲『意見書集』、105頁。

第12章　他の国立公園内における開発計画と自然保護運動

（9）前掲『自然保護のあゆみ』、418頁。
（10）1975年3月29日『読売新聞』（朝刊）。
（11）前掲『自然保護のあゆみ』、420頁。
（12）「妙高々原有料道路計画に反対―京大教授らの要望書」、『自然保護』121号、1972年6月、17頁。
（13）SOSニュース「妙高有料道路建設に待った」、『自然保護』116号、1972年1月、19頁。
（14）前掲『意見書集』、105－106頁。
（15）本書第5章、177頁参照。
（16）前掲大石『尾瀬までの道』、73－80頁。
（17）前掲石神「林修三自然保護部会長談話」、『自然保護』139号、18頁。
（18）1975年3月29日『読売新聞』（朝刊）。
（19）同上。
（20）自然を守る新潟県民連絡会議・副会長細谷一「妙高有料道路認めぬ！小沢環境庁長官語る」、『自然保護』153号、1975年2月、14頁。
（21）同上、14頁。
（22）「自然保護ニュース」、『自然保護』156号、1975年3月、19頁。
（23）1975年3月29日『読売新聞』（朝刊）。
（24）石塚和雄「『月山高原ライン』問題について」、『自然保護』108号、1971年5月、6頁。
（25）同上、6頁。
（26）山形大教員グループ「月山山頂道路計画（月山高原ライン）に関する意見書」、『自然保護』100号、1970年10月、18頁。
（27）前掲石塚「『月山高原ライン』問題について」、『自然保護』108号、6頁。
（28）同上、6頁。
（29）前掲「月山山頂道路計画（月山高原ライン）に関する意見書」、『自然保護』100号、19頁。
（30）前掲石塚「『月山高原ライン』問題について」、『自然保護』108号、6頁。
（31）同上、6頁。
（32）同上、6頁。
（33）同上、6頁。
（34）日本自然保護協会「大台が原山原生林買収に関する陳情書」（1968年6月14日）、前掲『意見書集』、80頁。
（35）拙著『国立公園成立史の研究』、『自然保護と戦後日本の国立公園』の吉野熊野国立公園についての言及を参照されたい。

(36) 『国立公園』No.109、1958年12月、24頁。
(37) 田村義彦「大台ケ原ドライブウエーの自然破壊」、『自然保護事典』①、59頁。
(38) 同上、59頁。
(39) 同上、59頁。
(40) 同上、59頁。
(41) 宮脇昭「莫大な復旧となった大台ケ原有料道路」、『緑の証言』、101－102頁。
(42) 前掲田村「大台ケ原ドライブウエーの自然破壊」、『自然保護事典』①、59頁。
(43) 同上、60頁。
(44) 前掲「莫大な復旧となった大台ケ原有料道路」、『緑の証言』、101－102頁。
(45) 本書第Ⅱ部第10章、343－344頁、前掲『自然保護事典』①、59頁。
(46) 前掲『自然保護事典』①、60頁。
(47) 同上、69頁。
(48) 同上、69－70頁。
(49) 同上、62－63頁。
(50) 同上、60頁。
(51) 前掲「莫大な復旧となった大台ケ原有料道路」、『緑の証言』、102頁。
(52) 同上、102頁。
(53) 前掲「大台ケ原ドライブウエーの自然破壊」、『自然保護事典』①、63頁。
(54) 前掲『意見書集』、81頁。
(55) 同上、81頁。
(56) 同上、81頁。
(57) 前掲「大台ケ原ドライブウエーの自然破壊」、『自然保護事典』①、63頁。
(58) 溝口照之進「『日本自然祭』を提唱」、『自然保護』108号、1971年5月、8頁。
(59) 同上、8頁。
(60) 同上、8頁。
(61) 前掲『意見書集』、80－81頁。
(62) 前掲「『日本自然祭』を提唱」、『自然保護』108号、9頁。
(63) 同上、8頁。
(64) 前掲「大台ケ原ドライブウエーの自然破壊」、『自然保護事典』①、63頁。
(65) 前掲「『日本自然祭』を提唱」、『自然保護』92号、9頁。
(66) 菅沼孝之「『大台ヶ原の自然を守る会』について」、『自然保護』92号、1970

年1月、9頁。
(67) 前掲「『日本自然祭』を提唱」、『自然保護』108号、63頁。
(68) 同上、9頁。
(69) 同上、9頁。
(70) 前掲「大台ケ原ドライブウエーの自然破壊」、『自然保護事典』①、63頁。
(71) 宇野佐『国立公園に魅せられて―自然公園行政に関わった三十年の追憶』、2013年、私家版、168頁。
(72) 同上、172頁。
(73) 前掲「大台ケ原ドライブウエーの自然破壊」、『自然保護事典』①、63頁。
(74) 同上、64頁。
(75) 同上、64頁。
(76) 同上、64頁。

あとがき

　本書を終えるにあたって、最後に私の国立公園研究の総括的反省を記しておきたい。

　私は、日本の国立公園について、形成期を含め戦後と高度経済成長期の国立公園制度の基本的な構造について、初めて総合的かつ批判的に研究したと自負している。

　その場合強調できることは、第Ⅰ部で国立公園を法的に規定された国立公園の基本的な構造を明らかにしてきただけでなく、第Ⅱ部において、そうした基本構造の国立公園のもとで、開発をめぐって開発当事者、政府、国立公園行政当局と各種の自然保護団体、地域住民、市民、学者・文化人、いわば広範な国民が、国立公園の自然を保護すべく如何に闘ってきたか、それは時として敗北した場合も勝利した場合もあったが、そうした国立公園の自然保護運動が国立公園制度を下から支えてきたことを明らかにしてきたことである。

　しかし、論ずべき幾つかの重要な問題を残してきた。

　その一つは、私がこれまで強調してきたように日本の国立公園は財政的に貧弱で管理機構も脆弱であったのであるが、それにも拘わらず日本の国立公園制度は、少なからず一定程度の成果を残してきているという事実について十分に実証的に論ずることができなかったことである。

　かつて前著『国立公園成立史の研究』（229頁）で、開発の著しい箱根について論じた際に、「戦前の段階で箱根を国立公園に指定したことは、国立公園の意義をひろめるために、大いに意義のあったことと考えている。しかも戦後の開発がすすんでしまった今日でさえ、駒ケ岳から芦ノ湖を眺望すれば、箱根を国立公園に指定した意義は相当に残っていることが理解できる。箱根の国立公園指定は、自然保護運動をささえ、箱根の乱開発を規制し、自然・環境の保護にかなりの程度機能してきたと確信できる。

　地元の人たちの書いた『ケンペル・バニー祭―箱根の自然保護のあゆみ』は、戦後の箱根の自然保護運動が、尾瀬の自然保護運動のように華やかな全国的な規模のものではなかったけれど、国立公園規定を盾に地味でささやか

ながら展開してきており、また今日も続いていることを紹介している。」と指摘した。

そして戦後箱根の自然保護運動に大きく貢献した生物学者木原均のつぎの言葉「ある人達は私に忠告して、箱根はもう手遅れだという。仮にそうであっても、瀕死の重病患者に万全の医療を尽くすように、箱根を守りたいと思う。私の見るところでは箱根の荒廃はそれほどでもない。神山、駒ケ岳にはまだそこなわれていない自然の林がある。」を引用してした。

こうした指摘と感慨は、国立公園全体にいえることである。しかし私は、戦後から高度経済成長期の国立公園を検討する際に、このことを十分に意識して論じてこなかった。従って、私の国立公園研究は、とかく国立公園の欠陥、弱点をあげつらうことに偏してきたと誤解されかねないところがあった。真意はそうではなかったとここで強調しておきたい。こうした問題をどこかで十分に論じておきたいと考えていた。

また私は、国立公園行政当局、国立公園行政に関わってきた多くの職員、レンジャーの方々が、国立公園制度の健全な機能、自然保護の役割を果たすために日夜努力され奮闘されてきたことを見聞してきて、その都度、本書においてもそのことに言及してきたが、国立公園の欠陥、弱点を強調するあまり、その言及は十分ではなかったと反省している。

もう一つの反省したい点はつぎのことである。

私は、国立公園内の開発や過剰利用が自然や環境を破壊してきたことを強調してきたのであるが、その後事態がどのようになったかについての実証的な研究をおこなっていないということである。

例えば、拙著『自然保護と戦後日本の国立公園』で黒四ダムの建設は、黒部峡谷の自然を破壊し環境を悪化させたと主張してきたのだが、ダム建設が、その後に自然と環境にどのような影響を与えてきたかについて何も論じてこなかった。ダム建設による黒部川流量の激減が、具体的に黒部川流域の自然体系、環境にどのような悪影響を及ぼしたか、あるいは富山湾の魚介類にどのようなダメージを与えたか、などについて何も実証的に論じてこなかった。

また本書でも、尾瀬や富士山の過剰利用とそれの生み出した弊害、自然、環境の破壊について論じてきたのであるが、その後、尾瀬や富士山の過剰利用とそれの生み出した自然、環境の破壊がどうなったか、あるいは、南アルプス・スーパー林道は、あれほど酷い自然破壊をもたらしたが、その後どう

なっているのか、についても何も論じていない。

　確かにこれらの問題は、戦後なり高度経済成長期の国立公園研究の段階で必ずしも即答できる問題ではなかったが、しかし言いっぱなしというのでは無責任のそしりを免れない。本書でも、そうした問題について多少でも並行的に論じるべきだったと今は反省している。

　しかし80歳になった私には、残念ながら今後そうした問題を解決する研究をおこなうことはほぼ確実に不可能である。そうした問題については、何としても若い研究者の研究に期待するしか術はない。

　最後に一言。すでに指摘したことであるが、本書では、当初予定していた高度経済成長期の国立公園内の自然保護にとって重要な問題であった、屋久島、西表島、瀬戸内海の開発計画、さらに立山アルペンルート開設計画、日光スーパー林道建設計画などそれらの開発計画にたいする自然保護のための反対運動、尾瀬一ノ瀬の駐車場建設計画問題や上高地のマイカー規制問題などについても論じることができなかった。これらの問題については、ある程度出来上がっているので、今後、折をみて公表していきたいと考えている。

著者略歴

村串仁三郎（むらくし・にさぶろう）
　1935年　東京生まれ
　1958年3月　法政大学社会学部（2部）卒業
　1963年3月　法政大学大学院社会科学科経済学専攻修士課程修了
　1969年3月　同博士課程単位取得満期退学（1982年経済学博士取得）
　1969年4月　法政大学経済学部専任助手、1970年助教授、80年教授
　2006年3月　同大学定年退職（同年4月法政大学名誉教授）
　専門は労働経済論、鉱山労働史、現代レジャー論、国立公園論など

主な著書

『賃労働原理―『資本論』第一巻における賃労働理論―』（日本評論社、1972年）
『賃労働理論の根本問題』（時潮社、1975年）
『日本炭鉱賃労働史論』（時潮社、1976年）
『明延鉱山労働組合運動史』（恒和出版、1983年）
『日本の伝統的労資関係―友子制度史の研究』（世界書院、1989年）
『日本の鉱夫―友子制度の歴史』（世界書院、1998年）
『レジャーと現代社会』（編著、法政大学出版局、1999年）
『国立公園成立史の研究』（法政大学出版局、2005年）
『大正昭和期の鉱夫同職組合「友子」制度―続日本の伝統的労資関係』（時潮社、2006年）
『自然保護と戦後日本の国立公園』（時潮社、2011年）

主な論文

「研究回顧・『資本論』から鉱夫の歴史・レジャー・国立公園の自然保護史の研究へ」（上、下）、『大原社会問題研究書雑誌』No.565、No.566、（2005年12月号、2006年1月号）
その他論文多数

高度成長期日本の国立公園
―自然保護と開発の激突を中心に―

2016年5月30日　第1版第1刷　定価＝3500円＋税
　　　著　者　村　串　仁　三　郎　ⓒ
　　　発　行　人　相　良　景　行
　　　発　行　所　㈲　時　潮　社
　　　　　174-0063　東京都板橋区前野町4-62-15
　　　　　電　話　(03) 5915-9046
　　　　　ＦＡＸ　(03) 5970-4030
　　　　　郵便振替　00190-7-741179　時潮社
　　　　　URL http://www.jichosha.jp
　　　　　E-mail kikaku@jichosha.jp
　　　　印刷・相良整版印刷　製本・仲佐製本

乱丁本・落丁本はお取り替えします。
ISBN978-4-7888-0710-5

時潮社の本

大正昭和期の鉱夫同職組合「友子」制度
続・日本の伝統的労資関係
村串仁三郎　著
Ａ５判・上製・430頁・定価7000円（税別）

江戸から昭和まで鉱山に組織されていた、日本独特の鉱夫職人組合・「友子」の30年に及ぶ研究成果の完結編。これまでほとんど解明されることのなかった鉱夫自治組織の全体像が明らかにされる。『大原社問研雑誌』『図書新聞』で詳細紹介。

自然保護と戦後日本の国立公園
続『国立公園成立史の研究』
村串仁三郎　著
Ａ５判・上製・404頁・定価6000円（税別）

戦前の国立公園行政が戦時総動員体制に収斂され、崩壊をみるなかで戦後の国立公園行政はあらたなスタートを余儀なくされた。戦後の国立公園制度が戦前の安上がりで脆弱な制度を見直す中でどのように成立したのか。上高地、尾瀬、黒部などの電源開発計画と、それに拮抗する景観保護運動の高まりを詳細に辿り、今日の環境行政の原点を問う画期的労作がここに完結！

国際環境政策
長谷敏夫　著
Ａ５判・上製・200頁・定価2900円（税別）

農薬や温暖化といった身近な環境問題から原子力災害まで、環境政策が世界にどのように認知され、どのように社会がこれを追認、規制してきたのかを平易に解き明かす。人類の存続をめぐる問題は日々新たに対応を迫られている問題そのものでもある。

危機に立つ食糧・農業・農協
―消えゆく農業政策―
石原健二　著
Ａ５判・上製・264頁・定価3000円（税別）

とどまらない資源の収奪とエネルギーの消費のもと、深刻化する環境汚染にどう取り組むか。身のまわりの解決策から説き起こし、国連を初めとした国際組織、NGOなどの取組みの現状と問題点を紹介し、環境倫理の確立を主張する。